# Harz

Sabine Gorsemann · Christian Kaiser

**Gratis-Download: Updates & aktuelle Extratipps der Autoren**

Unsere Autoren recherchieren auch nach Redaktionsschluss für Sie weiter. Auf unserer Homepage finden Sie Updates und persönliche Zusatztipps zu diesem Reiseführer.

Zum Ausdrucken und Mitnehmen oder als kostenloser Download für Smartphone, Tablet und E-Reader.
**Besuchen Sie uns jetzt!**
**www.dumontreise.de/harz**

Reise-Taschenbuch

# Inhalt

| | |
|---|---|
| Der Harz persönlich | 6 |
| Lieblingsorte | 12 |
| Schnellüberblick | 14 |

## Reiseinfos, Adressen, Websites

| | |
|---|---|
| Informationsquellen | 18 |
| Wetter und Reisezeit | 20 |
| Anreise und Verkehrsmittel | 22 |
| Übernachten | 24 |
| Essen und Trinken | 26 |
| Aktiv sein, Sport, Wellness | 28 |
| Feste und Veranstaltungen | 32 |
| Reiseinfos von A bis Z | 35 |

## Panorama – Daten, Essays, Hintergründe

| | |
|---|---|
| Steckbrief Harz | 40 |
| Geschichte im Überblick | 42 |
| Innere Werte – zur Geologie des Harzes | 48 |
| Natur im Umbruch – Harzwälder und ihre Bewohner | 51 |
| Das Bodewerk – Harzwasser für Mitteldeutschland | 54 |
| »Herr Heinrich saß am Vogelherd« – die Wiege des Deutschen Reiches | 56 |
| Der »Satan von Allstedt« – Luthers Gegenspieler Müntzer | 59 |
| Der »Sachsenspiegel« – Ursprung der deutschen Rechtsprechung | 61 |
| Das KZ Mittelbau Dora – mörderische Wiege der Raumfahrt | 62 |

# Inhalt

| | |
|---|---|
| Nach der Wende – Harzorte in West und Ost | 65 |
| Kunst im Bergbau | 67 |
| Der Fachwerkbau – Architektur aus Gerüst und Geflecht | 70 |
| Goethe, Heine, Fontane – der Harz in der Literatur | 73 |
| Mit Volldampf voraus – die Harzer Schmalspurbahnen | 75 |

## Unterwegs im Harz

| | |
|---|---|
| **Goslar und Umgebung** | 80 |
| **Bergbau, Kunst und Kultur** | 82 |
| Goslar und der Rammelsberg | 83 |
| Altstadt | 84 |
| Zur Neuwerkkirche | 86 |
| Frankenberg | 94 |
| Zum Zwinger | 95 |
| ›Museumsufer‹ | 95 |
| Ausflüge | 103 |
| | |
| **Clausthal-Zellerfeld und Oberharz** | 104 |
| **Bergstädte und Badeseen** | 106 |
| Clausthal-Zellerfeld | 106 |
| Hahnenklee-Bockswiese | 117 |
| Innerstetal | 119 |
| Lautenthal | 121 |
| Altenau | 123 |
| Rundwanderung am Bruchberg | 132 |
| Sankt Andreasberg | 133 |
| Wanderung entlang der Wasserwege | 139 |
| | |
| **Wernigerode und Brockengebiet** | 140 |
| **Alte Städtchen, magischer Berg** | 142 |
| Wernigerode | 142 |
| Wanderung durch die Steinerne Renne zum Ottofelsen | 149 |
| Per Schmalspurbahn zum Brocken | 151 |
| An der Harzquerbahn | 157 |
| Braunlage | 160 |
| Torfhaus | 164 |

# Inhalt

| | |
|---|---|
| Bad Harzburg | 165 |
| Ilsenburg | 169 |
| Wanderung durch das Ilsetal | 171 |

## Das nordöstliche Harzvorland — 174
**Fachwerkstädte und Felsentürme** — 176
| | |
|---|---|
| Halberstadt | 176 |
| Quedlinburg | 186 |
| An den Harzrand | 194 |
| Gernrode | 194 |
| Bad Suderode | 198 |
| Stecklenberg | 198 |

## Der Unterharz — 200
**Felsklippen, Höhlen und eine romantische Schlucht** — 202
| | |
|---|---|
| Blankenburg | 202 |
| Nach Elbingerode hinauf | 209 |
| Westlich der Rappbodetalsperre | 211 |
| Hasselfelde | 212 |
| Bodetal | 216 |
| Treseburg | 217 |
| Thale | 218 |
| Wanderung durch die Bodeschlucht | 224 |
| Zur Harzhochstraße | 226 |

## Östliche Harzausläufer und Mansfelder Land — 230
**Natur- und Industrielandschaft** — 232
| | |
|---|---|
| Harzgerode | 232 |
| Durch das Selketal | 233 |
| Burg Falkenstein | 236 |
| Ballenstedt | 238 |
| Hettstedt | 241 |
| Mansfeld | 245 |
| Lutherstadt Eisleben | 246 |
| Wippra und Umgebung | 247 |
| Sangerhausen | 252 |
| Allstedt | 255 |

## Der Gebirgsrand von Süd bis West — 256
**Gebirg-Feeling am Harzrand** — 258
| | |
|---|---|
| Der Kyffhäuser | 258 |
| Goldene Aue | 260 |
| Stolberg und das Thyratal | 261 |
| Nordhausen | 265 |

# Inhalt

| | |
|---|---|
| Ilfeld und Neustadt | 271 |
| Bad Sachsa | 275 |
| Kloster Walkenried | 275 |
| Bad Lauterberg | 277 |
| Herzberg | 280 |
| Osterode | 283 |
| Bad Grund | 285 |
| Seesen | 288 |
| | |
| Register | 292 |
| Autoren/Abbildungsnachweis/Impressum | 296 |

## Auf Entdeckungstour

| | |
|---|---|
| Ausgezeichnete Kunst in Goslar | 92 |
| Welterbe Rammelsberg | 96 |
| Auf den Spuren des Oberharzer Wasserregals | 124 |
| Von Schierke über den Brocken | 154 |
| Architek-Tour durch die Altstadt von Halberstadt | 180 |
| Reichsgeschichte(n) rund um den Schlossberg | 190 |
| Felsenhüpfen auf der Teufelsmauer | 206 |
| Industriegeschichte rund um das Mansfeld-Museum | 242 |
| Nordhausen – Promenade zwischen alt und modern | 266 |
| Israel Jacobson – auf den Spuren eines Reformers | 290 |

## Karten und Pläne

s. hintere Umschlagklappe

▶ Dieses Symbol im Buch verweist auf die Extra-Reisekarte Harz

# Liebe Leserin,
# lieber Leser,

*schon Heinrich Heine zog es während seines Studiums von Göttingen in den Harz, und so lag auch für mich, Christian Kaiser, während meiner Göttinger Studienzeit dieses Waldgebirge nahe. Ob mit dem Sportkurs zum Skilaufen oder mit dem Geografieseminar zum Oberharzer Wasserregal, das wir erforschten und wertschätzten, lange bevor es den Titel UNESCO-Weltkulturerbe bekam.*

*Mit dem Wasser war man auch gleich beim Bergbau, der zwar auch oberirdisch viel Sehenswertes hinterlassen hat, aber unter Tage natürlich besonders spannend ist: Im Harz gibt es für Besucher zahlreiche Angebote ›einzufahren‹, um vor Ort nachzuvollziehen, wie hier früher gearbeitet wurde. Da fast jede Grube anders ist, hält auch jeder Besuch neue Attraktionen bereit, sodass man sich nahezu zum Bergbauspezialisten entwickeln kann und den Harz von seiner interessantesten Seite kennenlernt.*

*Von der geschichtlichen Seite her lernte ich, Sabine Gorsemann, den Harz kennen, und das ebenfalls auf Studienfahrten, allerdings ab Bremen. Besonders die Orte rings um das Bergland herum strotzen nur so vor historisch bedeutsamen Stätten und Geschichten, seien es Goslar, Quedlinburg, Nordhausen oder Lutherstadt Eisleben.*

*Gemeinsam entdeckten wir später das Reisen und Wandern als wichtigen Lebensschwerpunkt. So kamen wir u. a. auch wieder in den Harz, neben dem Besuch historischer und bergmännischer Stätten besonders auch zum Wandern, im Winter gern mit Brettern unter den Füßen. Zugegeben, die ausgedehnten Fichtenäcker, die besonders die westlichen Harzhänge überziehen, können ohne Schnee auch recht eintönig wirken, aber nach und nach haben wir unzählige Rosinen in dem Kuchen gefunden, auf die wir in unserem Buch hinweisen. Und es gibt kaum etwas Schöneres als nach einem langen Tag in der Natur in einer schönen Unterkunft gut zu essen und in warmem Wasser oder Sauna zu entspannen.*

*Mit unserem Buch wollen wir Ihnen all diese und viele weitere Impressionen genauer vorstellen und hoffen, dass wir damit zum Gelingen Ihrer Harzreise beitragen.*

Marktplatz von Wernigerode mit dem Rathaus

Leser fragen, Autoren antworten
# Der Harz persönlich – unsere Tipps

### Nur wenig Zeit? Der Harz zum ersten Kennenlernen

Viele Norddeutsche besuchen den Harz vor allem auf winterlichen Tagesausflügen zu den Loipen und Rodelhängen – und erleben ihn dabei alles andere als einsam. Und auch viele Biker sind während der Sommermonate auf ihren Maschinen oft tageweise auf den gewundenen Bergstrecken des Mittelgebirges unterwegs.

Doch für ein erstes wirkliches Kennenlernen der Region empfiehlt sich ein verlängertes Wochenende. Ein guter Stützpunkt ist beispielsweise das malerische Städtchen **Wernigerode** am Nordrand des Harzes: Der **Nationalpark Harz** mit seinen abwechslungsreichen Wanderrouten liegt direkt vor der Tür, und mit der dampfbetriebenen **Brockenbahn** erreicht man bequem den berühmten Gipfel. Geschichte wird bei einer Besichtigung des Schlosses – dem ›Neuschwanstein des Nordens‹ – oder bei einem Ausflug zum nahe gelegenen **Kloster Drübeck** greifbar, und nach Beendigung des Sightseeings lässt es sich in der Altstadt Wernigerodes herrlich bummeln.

### Welche kulturellen Highlights sollte man nicht verpassen?

Da wäre an erster Stelle unbedingt **Goslar** zu nennen, eine der bedeutendsten Städte des mittelalterlichen

Der Harz zum ersten Kennenlernen

# Der Harz persönlich – unsere Tipps

deutschen Kaiserreichs. Highlights sind nicht nur die historische Altstadt mit der Kaiserpfalz, sondern auch das Museumsbergwerk Rammelsberg, dessen frühere Erzausbeute den Aufstieg der Stadt ermöglichte. Beide gehören übrigens zum UNESCO-Weltkulturerbe.

Diesen Status teilen sie sich u. a. mit einem weiteren Harzer »Muss«, dem **Oberharzer Wasserregal**. Als Relikt aus Bergbauzeiten durchzieht es mit seinen Gräben und Teichen den Oberharz um Clausthal-Zellerfeld herum und ist vielerorts beschildert.

Am Südharzrand sollten Sie das frühmittelalterliche **Kloster Walkenried** nicht verpassen, und im nördlichen Harzvorland ist das überaus schmucke Fachwerkstädtchen **Quedlinburg** unbedingt einen Besuch wert. Sehenswert ist auch **Burg Falkenstein** im landschaftlich schönen **Selketal** – eine Ritterburg wie aus dem Bilderbuch!

## Und was gehört zu den Natur-Highlights?

Da ist natürlich der bereits erwähnte **Nationalpark Harz** mit dem sagenumwobenen **Brocken**. Es ist ein Berg der Extreme: Dem rauen Klima mit heftigen Stürmen und eisigen Wintern trotzt eine karge, hochalpine Vegetation.

Weitere sehenswerte Naturphänomene sind u. a. die berühmten **Tropfsteinhöhlen** in **Rübeland** und bei **Thale** die von steilen Felsklippen flankierte **Schlucht der Bode**: Die schroffe Klamm ist von mehreren Aussichtsplätzen aus zu bewundern – sowie auf einem wildromantischen Weg oberhalb des Flusses zu durchwandern.

## Welche Wandergebiete sind am schönsten?

Bei rund 8000 km beschilderten Wanderwegen nicht leicht zu beantworten, zudem kommt es natürlich auch auf die eigenen Vorlieben an. Der Bro-

Sehenswürdigkeiten und Wanderregionen

## Der Harz persönlich – unsere Tipps

cken ist zweifellos *das* Top-Ziel vieler Wanderer, allerdings sind die beiden Aufstiege zum Gipfel oft entsprechend überlaufen.

Ein abwechslungsreiches Wandergebiet ist die Oberharzer Hochfläche rund um **Clausthal-Zellerfeld** mit ihren Bergwiesen und den vielen Teichen, die unterwegs zum Baden verlocken. Durch steileres Terrain wandert man von **Altenau** auf den Bruchberg oder rund um **Sankt Andreasberg** – schöne Aussichten inklusive. Eine sehr hübsche Kurztour ist – trotz seines etwas kitschigen Namens – der Liebesbankweg rund um **Hahnenklee**.

Kleinere Klettereinlagen sind auch im Kerngebiet des Nationalparks Harz zu finden, so etwa die **Schnarcherklippen** bei Drei-Annen-Hohne, der **Ottofelsen** bei Hasserode oder die Kuppe des **Achtermann**.

An den Harzrändern graben sich die Täler der Bode, Selke und Ilse besonders reizvoll in die Hänge ein und Wanderer lassen hier den Autolärm weit hinter sich. Unter den Fernwanderwegen, die den Harz durchziehen, ist der **Harzer Hexenstieg** von Osterode nach Thale zu Recht besonders beliebt; auf gut hundert Kilometern führt er durch alle harztypischen Naturräume.

### Und wo kann man gut radfahren?

Besonders Mountainbiker haben den Harz für sich entdeckt, und vor allem für diese Sportart wurde generell viel getan im Harz. Unter dem Label Volksbank Arena sind inzwischen mehr als 2200 km als MTB-Strecken der unterschiedlichsten Schwierigkeitsgrade markiert. Aber natürlich sind überall auch ganz normale Radtouren auf wenig befahrenen Nebenstraßen oder Forstwegen möglich. Nicht vergessen darf man aber, dass fast überall

Mit der Seilbahn zum Hexentanzplatz in Thale

mit Steigungen und Gefälle zu rechnen ist, auch im Harzvorland.

### Wo ist es abseits der üblichen Touristenorte schön?

Viele kleine Weiler, die vor Jahrzehnten noch in bescheidenem Maße am Fremdenverkehr teilhatten, wirken heute so verschlafen, als stünde hier die Zeit still – Entschleunigung pur. **Sieber** ist so einer, zwischen Herzberg und Sankt Andreasberg im schmalen Bachtal gelegen. Wander- und MTB-Strecken kreuzen, Spielplatz und Freibad bieten familiäre Sommerfrische, und ein schiefergedecktes Kirchlein hält mit gelegentlichen Orgelkonzerten die Fahne der Kultur hoch.

**Lonau,** am Straßenende im Nachbartal, **Stecklenberg** bei Bad Suderode oder **Questenberg** bei Sangerhausen liegen ähnlich im touristischen Abseits, ohne jedoch reizlos zu sein. Unsere Nummer eins abseits der Hauptrouten ist **Straßberg** mit dem Bergwerksmuseum Grube Glasebach.

# Der Harz persönlich – unsere Tipps

## Und was tut sich Neues im Harz?

Das Bestreben, die Attraktivität des Harzes touristisch besser zu vermarkten, ist in den letzten Jahren klar erkennbar. Nehmen wir **Torfhaus** als Beispiel: Wo noch vor einem Jahrzehnt heruntergekommene Gastwirtschaften die Straße säumten, wurde inzwischen ein ansprechendes Nationalparkhaus neben den Rodelhang gebaut. Neue Ferienhäuser und Erlebnisgastronomie haben sich neben dem riesigen, mittlerweile kostenpflichtigen Parkplatz etabliert.

Oder **Braunlage**: Dort wurden 2014 eine Beschneiungsanlage und ein neuer Skihang in Betrieb genommen. Auch die Nutzung der Abfahrten außerhalb der Skisaison wurde ausgebaut; Monsterroller und MTBs sausen nun Pisten und Forstwege bergab.

Nicht alle der ehemaligen Kurbäder der Harzregion haben das Versiegen einstiger – staatlicher – Geldquellen überlebt. Leider wurde 2013 das neue Kurzentrum von 1996 in Suderode mit seiner schönen Therme geschlossen, soll voraussichtlich aber 2018 wieder öffnen. Andere Kurbäder werden schon durch neu gestaltete Wellnessanlagen und Thermalbäder modernen Ansprüchen gerecht und machen den Harz zu einem El Dorado für Spa-Fans.

## Wie könnte eine Rundtour durch den Harz aussehen?

Einen guten Querschnitt durch Kultur und Landschaft der Region bietet folgende Tour, für die man etwa zwölf Tage einplanen sollte.

**Tag 1 und 2:** Der erste Tag steht für eine Besichtigung Goslars zur Verfügung, der zweite ist dem Schaubergwerk Rammelsberg gewidmet.

**Tag 3:** Eine kleine Rundtour führt durch den westlichen Oberharz: über Langelsheim nach Lautenthal, Hahnenklee, Clausthal-Zellerfeld und entlang der Okertalsperre und durch das Okertal zurück. Unterwegs bietet sich eine Grubenfahrt in Lautenthal, ein Besuch der Stabkirche von Hahnenklee, ein Bummel durch Zellerfelds Kulturmeile oder eine Schifffahrt auf der Okertalsperre an.

**Tag 4:** Über Bad Harzburg und Torfhaus geht es nach Braunlage. Unterwegs lassen sich ein Bummel durch den beschaulichen Kurort einbauen oder bei Torfhaus ein Spaziergang zum Torfhausmoor.

**Tag 5:** Er wird in Braunlage verbracht, wo man zu Fuß oder per Gondelbahn den Wurmberg erreicht, eine Wanderung im Nationalpark z. B. nach Schierke einplant oder den lebhaften Ferienort für sich entdeckt.

**Tag 6:** Über Sankt Andreasberg mit der sehenswerten Grube Samson geht es nach Bad Lauterberg, wo man nach einem Bummel durch den hübschen Kurpark oder die gemütliche Innenstadt den Tag in einer der Wellnessoasen ausklingen lassen kann.

**Tag 7:** Nach einem Besuch des Klosters Walkenried geht es weiter über Ilfeld nach Stolberg. Unterwegs sollte ein Abstecher in das idyllische Dorf Neustadt und zur Burgruine Hohnstein eingeplant werden.

**Tag 8:** Die intakte Fachwerkstadt Stolberg füllt den achten Tag mühelos

**Rundtour durch den Harz**

Blick von der Rabenklippe zum 1142 m hohen Brocken, dem höchsten Berg des Harzes

mit Besichtigung und Bummeln aus, ergänzt vielleicht durch einen Besuch des Schlosses oder der Thyra-Therme.

**Tag 9:** Über Straßberg mit der spannenden Grube Glasebach, den hübschen Kurort Alexisbad und die unbedingt sehenswerte Burg Falkenstein geht es nach Quedlinburg, dessen Fachwerkcharme sich auf einem Abendspaziergang genießen lässt.

**Tag 10:** Nach der Besichtigung des Domschatzes geht es nach Thale weiter, wo eine kurze Wanderung ins Bodetal und eine Seilbahnfahrt zum Hexentanzplatz auf dem Programm stehen. Dann fährt man nach Wernigerode; ein Stadtbummel beschließt den Tag.

**Tag 11:** Von Wernigerode aus kann man entweder eine Fahrt mit der Brockenbahn auf den Gipfel unternehmen oder man fährt nur ein Teilstück mit der Harzquerbahn bis Drei-Annen-Hohne und wandert durch die Steinerne Renne zurück.

**Tag 12:** Wer noch Zeit hat, sollte abschließend noch einen Abstecher nach Ilsenburg machen, dort z. B. ein Stück in das romantische Ilsetal wandern und unterwegs dem Kloster Drübeck mit seiner romanischen Kirche einen Besuch abstatten.

## Und zum Schluss noch unser ganz persönlicher Tipp

Sightseeing informativ und aktiv – diese Kombination bietet sich im **Mansfelder Land** an. Schon von Weitem fallen die riesigen Kegel der Abraumhalden auf, Überbleibsel ehemaligen Kupfererzabbaus. Im Mansfeld-Museum wird diese Industriegeschichte lebendig, bevor man sich aufs Rad schwingt und die verschiedenen, bis zu 150 m hohen Spitzkegel auf einer abwechslungsreichen Rundtour ansteuert (s. S. 242). Achtung: eigenständige Haldenbesteigungen sind verboten. Seltene offizielle Termine unter »Haldenbesteigung« googeln.

**NOCH FRAGEN?**
Die können Sie gern per E-Mail stellen, wenn Sie die von Ihnen gesuchten Infos im Buch nicht finden:
gorsemann-kaiser@dumontreise.de
info@dumontreise.de
Auch über eine Lesermail von Ihnen nach der Reise mit Hinweisen, was Ihnen gefallen hat oder welche Korrekturen Sie anbringen möchten, würden wir uns freuen.

**Der Hauch des Mittelalters –
im Klostergarten Neuwerk, S. 90**

**Persönlich und gastfreundlich –
Reginas Café in Zellerfeld, S. 114**

# *Lieblingsorte!*

**Aussichtsreiche Bergkuppe –
die Achtermannshöhe, S. 162**

**Eine ganz eigene Stimmung umweht das
ehemalige Kloster Wendhusen, S. 221**

Romantischer Brunnen – im Kurpark
von Bad Suderode, S. 196

Beschaulicher Naturgenuss –
am Ufer der Wippertalsperre, S. 248

Die Reiseführer von DuMont werden von Autoren geschrieben, die ihr Buch ständig aktualisieren und daher immer wieder dieselben Orte besuchen. Irgendwann entdeckt dabei jede Autorin und jeder Autor seine ganz persönlichen Lieblingsorte. Dörfer, die abseits des touristischen Mainstream liegen, eine ganz besondere Aussicht, Plätze, die zum Entspannen einladen, ein Stückchen ursprüngliche Natur – eben Wohlfühlorte, an die man immer wieder zurückkehren möchte.

Frei- und Jugendstil – im Badehaus
in Nordhausen, S. 268

Verwunschen – Burgruine Hohnstein,
S. 272

# Schnellüberblick

**Goslar und Umgebung**
Kaiserpfalz, Silberbergwerk und Kunstzentrum – Goslar, eine der bedeutendsten Städte des mittelalterlichen deutschen Kaiserreichs, und das benachbarte einstige Erzbergwerk Rammelsberg stehen zu Recht auf der Liste des UNESCO-Welterbes. S. 80

**Clausthal-Zellerfeld und der Oberharz**
Enge Täler, kleine Bergorte, Gruben, Gräben und Teiche: Natur- und Kulturlandschaft zugleich. S. 104

**Wernigerode und Brockengebiet**
Berühmte Fachwerkstadt, ein sagenhafter Gipfel, rings herum der Nationalpark Harz. Bekannte Urlaubsorte wie Schierke und Braunlage liegen mitten im Wander- und Wintersport-Eldorado. S. 140

**Der Gebirgsrand von Süd bis West**
Vom Kyffhäuser-Gebirge im Südosten bis zu den Harzausläufern im Nordwesten säumen viele historische Städtchen den Harzrand. Zu den Highlights gehören neben den Kurorten das Welfenschloss in Herzberg, Kloster Walkenried oder die Fachwerkstadt Stolberg. S. 256

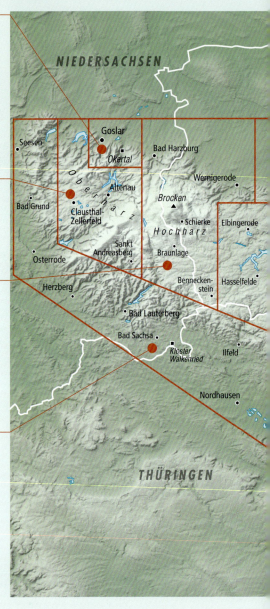

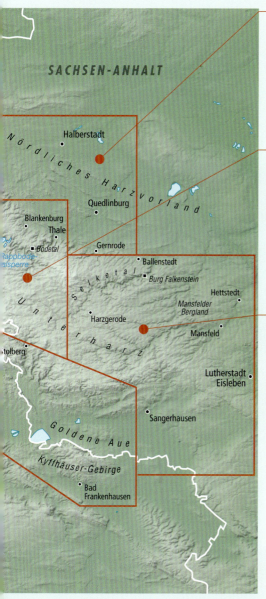

**Das nordöstliche Harzvorland**
Den Harzrand säumen idyllische Kurbäder, markante Felsen und pittoreske Burgruinen. Besonders beeindruckend sind Halberstadt und Quedlinburg.
S. 174

**Der Unterharz**
Sanft gewellte Hochebenen umgeben die Rappbodetalsperre, das untere Bodetal ist eine spektakuläre Schlucht. Tropfsteinhöhlen und Bergwerke locken unter Tage, und in Hasselfelde entführt eine Westernstadt in eine ganz andere Welt.
S. 200

**Östliche Harzausläufer und Mansfelder Land**
Alte Erzhütten und Kurbäder, die Bilderbuchburg Falkenstein und eine schöne Bachaue im Selketal. Zwischen Hettstedt und Sangerhausen schlug einst das Herz des ›roten Mansfeld‹. Auf die Spuren Luthers und Müntzers trifft man nicht nur in Eisleben.
S. 230

# Reiseinfos, Adressen, Websites

**Auf dem Domplatz von Halberstadt, dem »Tor zum Harz«**

# Informationsquellen

## Infos im Internet

Im Internet finden sich zahlreiche Links zum Thema Harz:

**www.harzgeschichte.de**
Noch ein kleiner Internetreiseführer, der sich schwerpunktmäßig mit der Geschichte der Region beschäftigt und in vielen Links weiterführt.

**www.harzinfo.de**
Die offizielle Site des Harzer Tourismusverbandes e.V.: alles zum Tourismus, inkl. Unterkünfte für rund 250 Mitgliedsorte.

**www.buch-den-harz.de**
In 16 verschiedenen Kategorien stellen Unternehmen ihre Angebote vor: z. B. von Last Minute bis Wanderurlaub oder Familienreisen bis Single-Reisen.

**www.harzluchs.de**
Auf rein privater Basis bietet hier Hans Jürgen Koch sehr schöne Harzfotos an. Darüber hinaus gibt es auch weiterreichende Informationen und Links.

**www.harz-online.de**
Eher kommerzielle Site zum Tourismus, inkl. Unterkünfte und Buchungsmöglichkeiten.

**www.info-harz.de**
Alles zum Thema Tourismus, inkl. Unterkünfte nach Ortschaften sortiert.

**www.harzregion.de**
Die Site des Regionalverbandes Harz e.V. mit Sitz in Quedlinburg. Zusammenschluss der Landkreise Harz, Mansfeld-Südharz, Nordhausen, Goslar und Göttingen (in letzteren ist seit 1.11.2016 der ehemalige Landkreis Osterode am Harz eingeschlossen). Hier gibt es u. a. Hinweise auf kulturelle Projekte, sowie Ausführungen und Faltblätter zum Geopark und den Naturparks.

**www.oberharz.de**
Die offizielle Website für den Oberharz. Infos und Links zu allen Orten, Übernachtungsmöglichkeiten, zu den Themen Aktivurlaub, Kultur und Natur.

**www.harz-urlaub.de**
Stark erweitertes Informationsportal zu Unterkünften (nach Orten getrennt), Sehenswertem und Aktivitäten jeder Art. Eine Besonderheit sind die Infos zu barrierefreiem Urlaub. Achtung: Vergisst man im Domainnamen den Bindestrich, kommt man auf die Website von Bad Sachsa.

**www.harz-travel.de**
Über 2000 Ferienhäuser und -wohnungen im Harz sind hier zu finden. Auch als Last-Minute-Angebot zu buchen.

**www.meine-urlaubswelt.com**
Ferienhäuser und -wohnungen für ganz Deutschland, hier den Unterpunkt Harz wählen.

**www.bettundbike.de**
Das Übernachtungsverzeichnis des ADFC für ganz Deutschland. Man kann seinen Ortswunsch anklicken. Außerdem erhält man u. a. Infos und Karten zum Radfernweg Weser–Harz–Heide, dem Harzrundweg und dem Radweg Saale–Harz.

**www.schneenews.de**
Infos zu allen niedersächsischen Win-

## Informationsquellen

tersportgebieten. Mit Schneehöhen, Betriebszeiten der Lifte, Temperaturen, Zustandsberichte von Rodelhängen und Loipen.

**www.harz-ski.de**
Alle Wintersportinfos zu Hahnenklee, St. Andreasberg und den fünf Oberharzer Wintersportgebieten.

## Fremdenverkehrsämter

Die Adressen der örtlichen Tourist-Informationen mit Telefonnummern und Internetverbindungen befinden sich bei den entsprechenden Kapiteln im Text. Umfassende Informationen zum Harz erhalten Sie beim:

**Harzer Tourismusverband (HTV)**
Marktstr. 45
38640 Goslar
Tel. 05321 340 40
Fax 34 04 66
www.harzinfo.de

## Lesetipps

**Belletristik**
**Heinrich Heine:** Die Harzreise, Hamburger Lesehefte Verlag, Husum, Nr. 159. Eine preiswerte Ausgabe des noch heute lesenswerten und wohl berühmtesten Klassikers der Harzliteratur, in Heines typischem Stil zwischen lustig und bissig verfasst.
**Eberhard Horst:** Geliebte Theophanu, Rowohlt, Reinbeck 2004. Unter etlichen Romanen über die byzantinische Königin an der Seite Ottos II. der überzeugendste. Hier wird die Geschichte der Ottonen lebendig, die sich zwischen Quedlinburg und Gandersheim ereignete.
**Karin Kersten:** Hohe Tannen, Klopfer & Meyer, Tübingen 2007. Heimatroman einmal anders: Großstadtmenschen kehren in ihr kleines Harzdorf zurück. Originell-ironisch werden Lebensumbrüche in einer Gruppe nicht mehr ganz junger Menschen geschildert.
**Dietrich Kühn:** Sagen und Legenden vom Harz und vom Kyffhäuser, Wartburg Verlag, Weimar 2002.
**Wolfgang Schade:** Es gab einmal eine Zeit – Neue Harzgeschichten, Verlag Neue Literatur, Jena 2005. Kurzgeschichten, die Sagenhaftes und Aktuelles aus dem Harz verbinden.
**Bernd Wolff:** Winterströme. Goethes Harzreise 1777. Erzählung, Verlag der Nation, Berlin 1986. Der junge Goethe flüchtet vor den Zwängen seines Amtes als Legationsrat in Weimar ebenso wie vor der Gefühlsverwirrung durch die Beziehung zu Charlotte von Stein. Die winterliche Harzreise und der dramatische Aufstieg zum verschneiten Brocken werden einfühlsam geschildert.
**ders.:** Im Labyrinth der Täler. Goethes zweite Harzreise, Pforte Verlag, Dornach 2005. Ein weiterer historischer Roman auf der Basis von Goethes Briefen und Aufzeichnungen, ebenso lesenswert.

**Sachbücher**
**Rainer Eisfeld:** Mondsüchtig. Wernher von Braun und die Geburt der Raumfahrt aus dem Geist der Barbarei, Reinbek 2000.
**U. Fuhrmann/R. Vogt:** Die Steine am Hexentanzplatz, Verlag Janos Stekovics 2005.
**Ilse Henneberg (Hg.):** Niedergefahren zur Hölle – Aufgefahren gen Himmel. Wernher von Braun und die Produktion der V2-Rakete im KZ-Mittelbau-Dora, Donat Verlag 2002.
**Wilfried Ließmann:** Historischer Bergbau im Harz, Springer Verlag 2009.

Weitere Bücher zur Geschichte des Harzes finden Sie unter www.harz-geschichte.de.

# Wetter und Reisezeit

## Klima

Wie Nordwestdeutschland liegt auch der Harz in der Westwindzone, d. h. Wind und Wolken kommen zu jeder Jahreszeit meist vom Meer und führen daher viel Feuchtigkeit mit sich. Der Harz zwingt nun durch seine Höhe die Luft zum Aufsteigen und damit zum Abkühlen, sodass sie weniger Feuchtigkeit halten kann. An den Westhängen kommt es zu Steigungsregen, während es dagegen in Lee, also dem windabgewandten Südosten, trockener bleibt. In Zahlen ausgedrückt: Seesen am Westharzrand verzeichnet pro Jahr ca. 860 mm Niederschlag. Clausthal-Zellerfeld im Oberharz bereits über 1300 mm, der Brocken das Maximum mit 1770 mm, Harzgerode im östlich angrenzenden Unterharz nur noch 635 mm und im Mansfelder Land, zwischen Lutherstadt Eisleben und Halle, liegt sogar Deutschlands Trockenpol mit durchschnittlich 426 mm – entsprechend viel Sonnenschein hat die östliche Harzregion!

Gegenüber dem norddeutschen Tiefland sinken die Temperaturen im Harz natürlich entsprechend der Höhe, sodass man zwar ähnliche Wetterlagen findet, es aber im Harz etwas kühler bleibt. Der Klimawandel machte sich in den letzten Jahren zwar durch einige recht milde Winter bemerkbar, aber dennoch sinken die Temperaturen in der kalten Jahreszeit oft unter Null. So hat man zumindest gute Chancen, den Harz tief verschneit zu erleben – kein Vergleich mit dem Schmuddelwetter im Flachland. Für den Brocken haben die Statistiker im Durchschnitt 120 Schneetage im Jahr errechnet. Am höchsten Harzgipfel bleiben häufig Wolken hängen, die nicht nur zu den Niederschlägen, sondern auch bis zu 300 Nebeltagen führen. Da es hier oben aber oft auch sehr stürmisch ist, hat man gute Chancen, dass die Nebelwolken bald wieder weggeblasen werden. Wer es genau wissen will, sollte sich bei folgender Adresse informieren: www.wetter.com, hier nach ›Wetterstation Brocken‹ suchen.

**Klimadiagramm Wernigerode**

## Die beste Zeit für ...

### Städtereisen
Die reizvollen Harzstädte wie etwa Goslar oder Quedlinburg sind sicherlich im Frühling oder Herbst am günstigsten zu bereisen. Es ist nicht zu warm, und kein Schneematsch behindert die Erkundungen.

### Aktiv- und Wanderurlaub
Aktivurlaub ist praktisch zu jeder Jahreszeit reizvoll. Zu Fuß oder per Rad die Natur zu entdecken bietet sich

# Wetter und Reisezeit

Während der Wintermonate sind die Höhenlagen des Harzes oftmals tief verschneit

natürlich im Sommer an, denn zu heiß wird es im Wald nie und Badeseen sorgen zudem für Erfrischung.

Zum Wandern eignen sich das spätere Frühjahr und ebenso der Herbst. Gerade der Mischwald zeigt sich dann von seiner farbenprächtigsten Seite.

### Winterurlaub

Skifahren ist je nach Schneelage im Oberharz etwa von Dezember bis März möglich, wobei an Wochenenden die Parkplatzsuche wegen des großen Andrangs besonders in Ortschaften schwierig sein kann.

## Kleidung und Ausrüstung

Generell sollte man mit wechselnden Wetterlagen rechnen, d. h. sowohl Regenzeug bzw. einen Schirm einpacken wie auch Badezeug und Sonnenschutz. Bei jeder sportlichen Betätigung in der Natur tut ein trockenes und warmes Ersatzkleidungsstück für die Pause gute Dienste. Im Winter muss man sowieso entsprechend warm bekleidet sein, auf Ski- und Wandertouren auch an Proviant und Getränke denken, denn Einkehrmöglichkeiten bestehen nicht überall. Wer sich im Harz in eine Ferienwohnung einmietet, muss in der Regel Bettwäsche und Handtücher selbst mitbringen, wenn er sie nicht gegen Gebühr vor Ort leihen will.

### Reisezeit im Winter

Vorsicht: Ausgebucht ist der Harz regelmäßig um das Wochenende des Schulhalbjahreswechsels – Ende Januar/Anfang Februar –, das zahlreiche Familien für einen viertägigen Winterurlaub nutzen.

# Anreise und Verkehrsmittel

## Anreise

### ... mit dem Auto
Der Harz ist von allen Seiten her gut zu erreichen. In den **Ostharz** gelangt man ab Halle auf der B 80 bis nach Lutherstadt Eisleben und weiter nach Sangerhausen oder über die B 180 zur B 242 nach Mansfeld. Direkt am **Westharz** vorbei führt die A 7 mit der Abfahrt Seesen. Von da führt die gute Schnellstraße B 243 am **Südharz** entlang bis Bad Lauterberg und als normale Bundesstraße bis Nordhausen, weiter auf der Autobahn A 38 bis Sangerhausen und der B 86 bis Mansfeld.

Der westliche **Nordharz** ist auf der A 7 Abfahrt Rhüden und dann B 82 bis Goslar zu erreichen oder mittiger von der A 2 Berlin-Ruhrgebiet ab Kreuz Braunschweig-Süd über die A 395 bis Vienenburg. Von hier führt die Schnellstraße B 6 bis Goslar oder über Ilsenburg, Wernigerode nach Blankenburg. Von da aus geht es auf der normalen B 6 nach Quedlinburg und Aschersleben und weiter nach Süden auf der B 180 bis Hettstedt und zur B 242.

### ... mit der Bahn
Nachdem 2005 die Rübelandbahn eingestellt wurde, gibt es nur noch zwei Möglichkeiten, auf Normalspur in den Harz zu gelangen: Mit der ›Wipperliese‹ ab Klostermansfeld nach Wippra oder mit der Deutschen Bahn von Süden nach Stolberg. Fast alle Städte am Harzrand haben einen Bahnhof und sind durch Regionalverbindungen zu erreichen. Die Hauptzuglinien berühren den Harz aber nicht.

Die **Harzer Schmalspurbahnen (HSB)** verbinden als Harzquerbahn Wernigerode und Nordhausen mit Abzweig zum Brocken, ferner führt die Selketalbahn von Quedlinburg via Gernrode bis Harzgerode und Hasselfelde mit Anschluss zur Harzquerbahn. Infos bei der Deutschen Bahn: www.reiseauskunft.bahn.de, Tel. 0800 150 70 90 (gebührenfrei) und den Harzer Schmalspurbahnen: www.hsb-wr.de, Tel. 03943 558-0.

### ... mit dem Bus
Das Fernbus-Unternehmen MeinFernbus verbindet den Süden und Norden des Harzes bis zu 2 x tgl. u. a. mit Berlin, Kassel, Düsseldorf sowie Hamburg, Erfurt und München. Näheres unter www.meinfernbus.de.

Auch das Unternehmen Flixbus bedient den Harz (www.flixbus.de). Beide fahren aber nur an den Harzrand und nicht ›in die Berge‹.

### ... mit dem Flugzeug
Die nächstgelegenen Flughäfen mit Linienverkehr sind in Hannover (Tel. 0511 97 70, www.hannover-airport.de) und in Leipzig/Halle (Tel. 0341 224 11 55, www.leipzig-halle-airport.de). Von beiden Flughäfen reist man dann per Bahn oder Mietwagen in den Harz weiter.

Besitzer von Kleinflugzeugen können den Flugplatz Ballenstedt/Quedlinburg am nördlichen Harzrand anfliegen (Gesellschaft für Flugplatzentwicklung Ballenstedt/Quedlinburg mbH, Rathausplatz 12, 06493 Ballenstedt, Tel. 039483 215, www.flugplatz-ballenstedt.de).

---

**Vorsicht bei Eis und Schnee**
In der kalten Jahreszeit kann eine Winterausrüstung für den Harz notwendig sein. Es sind mindestens M+S-Reifen, eventuell auch Schneeketten erforderlich.

## Anreise und Verkehrsmittel

# Reisen in der Urlaubsregion

**Auto**
Die Ost-West-Hauptachse im Harz ist die B 242 (Harzhochstraße) Seesen–Clausthal-Zellerfeld–Braunlage–Harzgerode–Mansfeld. Die beste Nord-Süd-Querung ist die B 4 Bad Harzburg–Braunlage–Nordhausen oder ab Braunlage B 27 nach Bad Lauterberg. Vom Schnellstraßennetz um den Harzrand führen diverse kurvenreiche, aber landschaftlich schöne Straßen in den Harz hinein, sodass das Fahren hier – mit Pkw oder Motorrad – einen eigenen Erlebniswert darstellen kann.

Die großen Leihwagenfirmen haben ihre Stationen nur in Orten am Harzrand, z. B.:

**Avis**
Goslar, Tel. 05321 39 350 10
Nordhausen, Tel. 03631 46 11 91
Halberstadt, Tel. 03941 44 11 14
Quedlinburg, Tel. 03946 88 05
Wernigerode, Tel. 03943 262 91 72

**Europcar**
Goslar, Tel. 05321 251 38
Nordhausen, Tel. 03631 98 81 56
Wernigerode, Tel. 03943 553 93 80

**Sixt**
Goslar, Halberstadt, Wernigerode,
Tel. 01806 66 66 66
Nordhausen, Tel. 03631 90 22 66

**Hertz**
Halberstadt, Tel. 03941 56 82 76
Nordhausen, Tel. 03631 47 10 87
Braunlage, Tel. 05520 930 60

**Bus**
Ein Urlaub mit öffentlichen Verkehrsmitteln ist zweifellos möglich und hat, wenn man die Harzer Schmalspurbahnen mit einschließt, seinen eigenen Reiz. Das öffentliche Bussystem im und am Harz ist relativ umfassend. So ist jeder Ort per Bus zu erreichen, wenn auch mehr oder weniger häufig oder mit Umsteigen. Nützlich sind die Busse bei Streckenwanderungen, besonders für die Anfahrt, um den Rückweg zu Fuß ohne Zeitdruck unternehmen zu können.

Die regionalen Busbetreiber haben sich zu folgenden größeren Verbünden zusammengeschlossen:

**Verkehrsverbund
Süd-Niedersachsen (VSN)**
Tel. 0551 99 80 99
www.vsninfo.de

**Verbund Region Braunschweig (VRB)**
Tel. 0531 383 20 50
www.vrb-online.de

**Harzer Verkehrsbetriebe (HVB)**
zuständig für den Ostharz
Tel. 03943 564 110
www.hvb-harz.de

---

**HATIX – das Urlaubsticket**
Bei Übernachtung in den Gemeinden Ballenstedt, Blankenburg, Halberstadt, Harzgerode, Ilsenburg, Oberharz am Brocken, Quedlinburg, Stolberg, Thale und Wernigerode erhält man nach Bezahlung des Gästebeitrags vom Gastgeber automatisch das Harzer Urlaubsticket (HATIX) für die Zeit des Aufenthalts. Mit diesem kann man alle öffentlichen Bus- und Straßenbahnlinien im Landkreis Harz bis hin nach Braunlage und Bad Harzburg sowie einige Linien im Landkreis Mansfeld-Südharz umsonst benutzen. Nähere Informationen unter www.hatix.info.

# Übernachten

Fast möchte man von einem Überangebot von Unterkünften im Harz sprechen – gehören doch die Zeiten touristischer Hochkonjunktur der Vergangenheit an. Manchen älteren Hotels, Pensionen und Appartementhäusern sieht man einen gewissen Niedergang denn auch an, während andere sich frisch renoviert und modern ausgestattet präsentieren. Dem Harz ist in den 1960er- bis 1980er-Jahren kaum eine Bausünde erspart geblieben, im Westen ebenso wie im Osten. Und so wirkt manche Gaststube und das eine oder andere Pensionszimmer noch so wie zu dieser Zeit – Retrostil im Original sozusagen. Dennoch finden sich in und um den Harz zahlreiche schöne Unterkünfte, vom renommierten Wellnesshotel über mit persönlichem Engagement geführte Familienpensionen bis zum individuellen Ferienhäuschen.

## Informieren und Buchen

Unter »Infos im Internet« (s. S. 18) sind u. a. die wichtigsten Websites zum Thema Unterkunft aufgeführt. Natürlich weisen auch die Seiten der Fremdenverkehrsämter einzelner Orte und Regionen diese auf.

## Hotels und Pensionen

Besonders in den Städten am Harzrand ist ein stabiles Angebot an gehobenen- und Mittelklassehotels zu finden, die vielfach nicht allein auf Urlauber, sondern auch auf Geschäftsreisende eingestellt sind. So stellt Seesen z. B. einen beliebten Stützpunkt für Besucher der Messen in Hannover dar und ist während dieser Zeiten denn auch oft ausgebucht.

In den Kur- und Urlaubsorten bieten die Hotels der Vier- und Fünf-Sterne-Kategorien durchweg auch Wellnesseinrichtungen, von der traditionellen Sauna bis hin zu regelrechten Badelandschaften, außerdem vielfach auch Anwendungen. Einfachere, meist ältere Häuser können mit diesen Angeboten nur über den Preis konkurrieren, sodass eine Übernachtung im Doppelzimmer dort manchmal schon für 20 € p. P. angeboten wird. Größere Hotels dieser Art werden oft von Veranstaltern pauschaler Busreisen gebucht, was für Individualreisende störend sein kann. Der Übergang zwischen einfachem Hotel und Pension ist ansonsten fließend, Pensionen sind jedoch oft persönlicher geführt, es geht familiärer zu – Ausnahmen bestätigen auch hier die Regel.

## Ferienwohnungen und -häuser

Diese Art zu wohnen ist bei Harzurlaubern sehr beliebt, das Angebot ist groß und vielfältig. Häufig bieten Privatleute eine einzelne **Ferienwohnung** an, teils im eigenen Wohnhaus. Größere Appartementhäuser, wie sie in den 1970er- und 1980er-Jahren z. B. auf dem Glockenberg in Altenau, in Hohegeiß, Hahnenklee oder Sankt Andreasberg errichtet wurden, werden teils von einer zentralen Verwaltung betreut, sodass man zwischen verschiedenen Wohnungen wählen kann. Diese Anlagen sind äußerlich nicht unbedingt sonderlich ansprechend, aber die Unterkünfte funktional und preiswert. Zudem ist der Blick aus dem achten Stock hinaus über die

## Übernachten

Harzhügel schöner als von außen auf das Hochhaus.

**Ferienhäuser** sind weniger zahlreich, doch auch hierbei gibt es große Unterschiede. Einige Ferienparks bestehen aus Einzelhäusern wie der bei Clausthal: Am Rande des Oberen Hausherzberger Teiches verteilen sich die Nurdach- und Holzhäuser in lichtem Mischwald. Eine neuere Holzhaussiedlung liegt am Rande von Hasselfelde. Privat angebotene Ferienhäuser außerhalb solcher Parks liegen zumeist in den Orten, selten in einsamen Lagen, da der Harz weitflächig den jeweiligen Forstämtern unterstellt ist.

Im östlichen Harz findet man zu Ferienwohnungen umfunktionierte ehemalige Ferienlager aus der DDR-Zeit, oft in naturnaher Umgebung und manchmal mit nostalgischem Charme. Und auch in neuester Zeit sind, z. B. in Hasserode, Ferienwohnungen entstanden, die zugleich mit angeschlossenen Freizeiteinrichtungen werben. Die Nutzung sogar des Spaßbades ist inklusive.

## Jugendherbergen

Jugendherbergen bieten preiswerte Übernachtungsmöglichkeiten für alle Altersgruppen (JH-Ausweis vorausgesetzt). Man findet sie sowohl in historischen Altstädten wie in Quedlinburg als auch in ruhiger Waldlage wie z. B. in Braunlage. Alle haben Mehrbettzimmer, einige auch Familien- oder Doppelzimmer, daneben Aufenthaltsräume und Freigelände mit verschiedenen Freizeit- und Sportanlagen wie Ballwiese, Tischtennisplatten, Grill- und Spielplatz. Natürlich werden die Unterkünfte gern von Schulklassen und Gruppen genutzt, darauf sollte man als Gast eingestellt sein. Informationen gibt es bei:

**DJH-Landesverband
Sachsen-Anhalt e. V.**
Leiterstr. 10
39104 Magdeburg
Tel. 0391 532 10 36 00
Fax 0391 532 10 29
www.djh-sachsen-anhalt.de

**DJH-Landesverband Hannover e. V.**
Ferdinand-Wilhelm-Fricke-Weg 1
30169 Hannover
Tel. 0511 164 02-22 und -37
Fax 0511 164 02-32
service@djh-hannover.de
www.lvb-hannover.jugendherberge.de

**www.jugendherberge.de**
Überregionale Seite des Deutschen Jugendherbergswerks mit Adressen im Harz

## Camping

Reizvoll gelegen sind viele der zahlreichen Campingplätze, meist inmitten von Wald, in einem hübschen Bachtal oder an einem Badesee. Die Belegung mit durchreisenden Gästen und Dauerplatzinhabern ist unterschiedlich, meist stehen verschiedene Areale für beide Gruppen zur Verfügung. Das Campingangebot findet man unter den regionalen Unterkunftsverzeichnissen der Fremdenverkehrsbüros. Und wer mit dem Wohnmobil unterwegs ist, findet dort auch ausgewiesene Stellplätze mit Strom- und Wasserversorgung, die am Rande vieler Ortschaften liegen.

### Kurtaxe
Diese genuin deutsche Erfindung wird auch im Harz erhoben, und zwar zusammen mit dem Übernachtungspreis. Zzt. liegt sie bei 1–2,50 € p. P. und Tag.

# Essen und Trinken

Mit Ausnahme der wenigen Gourmet-Restaurants im oder am Harz hat fast jede Harzer Gaststätte Schnitzel in mannigfachen Variationen im Angebot, die man somit als *das* typische regionale Gericht bezeichnen könnte. Die hiesige Gastronomiebranche startete sogar den Versuch, mit der Kreation eines ›Blaubeerschmand-Schnitzels‹ eine neue harzerische Variante des Küchenklassikers zu etablieren – allerdings mit mäßigem Erfolg. Harzer Wild und einheimische Forellen bereichern die meisten Speisekarten, die im Wesentlichen unter dem Begriff »gutbürgerlich« firmieren. Und so gilt für manche Gaststätte: Die 1960er-Jahre lassen grüßen, was Koch- und Einrichtungsstil angeht. Ein gewisser Wandel zu moderneren Küchenkreationen (leichter, frischer, saisonaler und regionaler) greift nur allmählich unter den Gastronomen Raum. Lokale mit diesem Ansatz werden im vorliegenden Buch den herkömmlichen Schnitzelbratereien vorgezogen, denn diese findet man sowieso überall. Ein Blick auf die Speisekarte hilft natürlich auch hier bei der Auswahl – kommt der Koch ohne einen einzigen Topf in seiner Küche aus, da jedes Gericht gebraten, überbacken oder frittiert wird? Dann heißt es wohl besser: Hände weg.

## Traditionelle Gerichte

Die traditionellen Speisen der Einwohner hatten vor allem das Ziel, die schwer arbeitenden Familienmitglieder bei geringen Kosten satt zu bekommen, denn die Löhne in den Bergwerken waren allzu niedrig. Wichtige Grundlagen bildeten Gemüse und Obst, dazu gab es manchmal günstiges Schweinefleisch oder noch seltener Fisch. Mitunter brachten auch Pilze, wilde Beeren und unrechtmäßig organisiertes Wild aus den Harzwäldern etwas Abwechslung in den Speiseplan der ärmeren Leute.

Vielen Harzer Spezialitäten sind diese Ursprünge noch anzumerken. Kartoffeln spielten seit ihrer Einführung um 1750 eine Hauptrolle darin, etwa bei **Birnen, Klößen und Speck**, einem Gericht aus Kartoffelknödeln, gebratenen Speckstreifen und Kompott, oder bei **Hackus und Knieste**: Halbierte Kartoffeln (Knieste) werden in der Schale mit Salz, Kümmel und Öl auf dem Blech gebacken, dazu isst man gewürztes Schweinemett (Hackus) mit Gewürzgurken- und Zwiebelwürfeln. Verschiedene Sorten Kohl gehörten zur Alltagskost der Harzer; Braunkohl mit geräucherter Schmorwurst oder **Stolberger Lerchen** (s. S. 264) sind auch heute noch ein beliebtes Winteressen. Gelegentlich findet man echte Traditionsgerichte auch auf den Speisekarten, so etwa **Runx Munx**, ein Gemüseeintopf aus Rüben, Kohl, Kar-

### Unser Tipp

**Gasthof Tanne –
Harzküche vom Feinsten**
Ein kreativer Mix aus gehobener internationaler und bodenständig-regionaler Küche prägt den Stil im Hotelrestaurant Tanne in Braunlage. Besonders urig sitzt man im Altbau an gescheuerten Holztischen. Empfehlung für das ›Probeessen‹: Versuchen Sie das Harzmenü! (s. S. 161).

# Essen und Trinken

Selten ein Harzer und nie ein Roller: Der Magerkäse wird dennoch gerne mit dem Harz in Verbindung gebracht

toffeln und Äpfeln, mit saurer Sahne angemacht. Auch das Harzmenü im Hotel Tanne in Braunlage (s. S. 26) bietet häufig regionale Spezialitäten, und im Frühjahr findet man vielerorts Bärlauchgerichte.

## Harzer Spezialitäten

Viele Fachgeschäfte in der Region führen gute **Fleisch- und Wurstwaren** vom heimischen Wild. Auch Fleisch vom Harzer Rotvieh wird mancherorts angeboten. Diese alte Rinderrasse, die noch vor wenigen Jahren fast von den Hochweiden verschwunden war, wird mittlerweile wieder erfolgreich gezüchtet.

Neben dem **Gebäck der FRIWI-Werke** in Stolberg und dem in jedem Supermarkt erhältlichen **Harzer Käse** haben einige Getränke überregionale Bekanntheit erlangt, vor allem das **Hasseröder Pilsener** aus Wernigerode, der **Schierker Feuerstein** oder der **Nordhäuser Doppelkorn.** Ohne Prozente kommt hingegen Mineralwasser wie **Harzer Grauhof** und **Okertaler** aus.

Wer nun meint, das erste alkoholfreie Bier käme aus Clausthal-Zellerfeld, der befindet sich im Irrtum, denn es wird seit seiner Einführung 1979 in Frankfurt am Main produziert. Gute regionale **Biere**, die den Vertriebsweg jedoch nur wenig aus dem Harzraum heraus finden, sind etwa das Altenenauer Alt, das man in manchen Lokalen gezapft bekommt, und das preisgekrönte Bier der Wippraer Museumsbrauerei, das dort auch in schönen, altmodischen Bügelflaschen erhältlich ist.

# Aktiv sein, Sport, Wellness

Viele Freizeitsportarten sind in der Harzregion möglich, seien es Reiten, Golf, Klettern oder Gleitschirmfliegen. Über die zentralen Tourist-Informationen wird man über diese Angebote informiert, außerdem findet man entsprechende Hinweise im Regionalteil dieses Buches. Umfassende Auskünfte gibt auch der Harzer Tourismusverband (s. S. 19).

## Radfahren/Mountainbike

Radfahren ist sehr beliebt in der Region, besonders Mountainbiker haben den Harz für sich entdeckt. Im Prinzip eignen sich alle Forst- und Waldwege für diese Trendsportart. Unter dem Namen »Volksbank Arena Harz« sind mehr als 70 MTB-Routen ausgewiesen, nach Schwierigkeitsgrad blau, rot bzw. schwarz und mit Radsymbol markiert. Sie umfassen mittlerweile weit über 2000 km und fast 60 000 Höhenmeter, zu finden sind die Strecken unter folgenden Adressen:

**www.volksbank-arena-harz.de**
Hier findet man u. a. GPS-Track-Downloads, außerdem Bezugsadressen für Kartenmaterial, Verleihstationen etc.

**www.harzinfo.de**
Offizielle Webseite des Harzes mit Touren für Rad- und Rennfahrer auf.

**www.harzagentur.de**
Harzagentur in Clausthal-Zellerfeld, im Outdoor Center Harz, Altenauer Str. 55 (in der alten JH. Hier gibt es auch 100 Leih-Mountainbikes!

Was macht man mit Skihängen und den dazugehörigen Liften im Sommer? Eine erste Antwort gab man in Braunlage am Wurmberg durch den Einsatz von **Monsterrollern**, mit denen man – jetzt auch in Hahnenklee – zu Tal fahren kann. Aber auch Mountainbiker lieben es bergab zu sausen. So gibt es mittlerweile **Bikeparks** mit diversen **Downhill**-Strecken in Braunlage, Hahnenklee, Schulenberg, St. Andreasberg und an der Rosstrappe bei Thale. Auf Nachfrage wurde uns versichert, dass im Prinzip die Wege für Wanderer und Rad-Abfahrer getrennt sind, denn Begegnungen dieser beiden können vor allem für die Fußgänger unbekömmlich sein, da sie ja nicht mit Helmen und Protektoren ausgerüstet sind.

Doch trotz ausgewiesener MTB-Routen und Bikeparks ›verirren‹ sich hin und wieder Mountainbiker auf Wanderwege, was oft beiden Seiten den Spaß verdirbt.

Natürlich sind auch ganz normale Fahrradtouren auf den Forstwegen oder wenig befahrenen und landschaftlich schönen Nebenstraßen möglich. Im Innerstetal wurde z. B. eine alte Bahntrasse zur beschaulichen Radstrecke umgestaltet.

Die Regionalkarte des ADFC verzeichnet die zahlreichen Touren in und um den Harz (s. S. 18, www.bettundbike.de).

## Skaten/Skiken

Das Skaten ist ebenfalls auf etlichen Strecken möglich, etwa auf autofreien Asphaltwegen entlang der Stauseen. Eine Trainingsstrecke für Skiker – sie nutzen eine Art Kurzski mit Rollen und zum Antrieb Stöcke – findet man bei Zellerfeld am Waldkurpark (s. S. 110).

# Aktiv sein, Sport, Wellness

## Wandern/Nordic Walking

Der Harz ist *das* klassische **Wandergebiet** im norddeutschen Raum; Tausende von Kilometern umfasst das Netz der vom Harzclub markierten Wege, die im Prinzip an jeden Harzort anknüpfen. Auch Fernwanderwege sind beschildert, z. B. der abwechslungsreiche Harzer Hexenstieg, der von Osterode bis Thale führt. Gute Regionalkarten, etliche Wanderbücher und Prospekte helfen bei der Auswahl der Touren. Zwei Dinge sollten bei der Planung berücksichtigt werden: Achten Sie darauf, dass die Tour nicht nur auf Forstwegen verläuft, die sind oft geschottert und das ist für die Füße ermüdend, und wählen Sie Routen, die nicht nur durch Nadelwald führen, das langweilt das Auge. Schöne, abwechslungsreiche Routen führen z. B. entlang von Gräben und Teichen des Oberharzer Wasserregals, durch schöne Bachauen und lichten Laubwald im Unterharz, zu spektakulären Klippen im Brockengebiet oder aussichtsreichen Bergrücken über den Südflanken des Harzgebirges. Tipps und einige Touren sind in die Regionalkapitel eingefügt.

Da die Touren nie querfeldein führen (dürfen), weder Bäche zu furten noch Steilabstiege zu bewältigen sind, braucht man an sich keinen Wanderstock. Dennoch sind in zunehmender Zahl Menschen sogar mit zwei Stöcken unterwegs – **Nordic Walking** gehört zu den im Harz beliebten Trendsportarten. Zentren hierfür findet man u. a. in Altenau, Bad Harzburg, Blankenburg, Braunlage und Thale. Verschiedene Routen sind ausgeschildert, Kurse werden angeboten. Nordic-Walking wie auch Wandertouren werden zudem von vielen Tourist-Infos organisiert, was einem die Routenplanung erspart. Auch GPS-Strecken gibt es bereits. Zum Schluss noch die Bitte an die Fans des Stockwanderns, Asphaltpads aus Gummi zu verwenden, die zu jedem richtigen Stock dazugehören und auch

**Allein auf dem Brocken?**
Stop and Go droht auf dem Brockenanstieg an schönen Frühlingswochenenden, z. B. Himmelfahrt oder Pfingsten. Dann plant wohl fast jeder Harzbesucher eine Gipfeltour. Da es nur wenige Routen durch den Nationalpark gibt, wird es auf diesen dann sehr voll. Wenn möglich, weichen Sie auf einen Werktag aus – dann haben Sie den Gipfel fast ganz für sich allein.

# Reiseinfos

**Wildwasserfahren ist auf der Oker möglich**

nachzukaufen sind; sie dämpfen das Geklapper auf steinigem Untergrund erheblich!

## Wassersport

An vielen Harzer Gewässern finden Wassersportler und Angler Raum für ihr Hobby. Die Grane-, Ecker- und Rappbodetalsperre sind allerdings fürs Baden gesperrt, da sie wichtige Trinkwasserspeicher darstellen. Freigegeben sind die Talsperren der Innerste, Wipper, Oder und Oker und die Vorsperre der Rappbode bei Wendefurth. Im Umland des Harzes sind auch der Süße See und die Talsperre Kelbra attraktive Wassersportreviere. Kanufahrer finden auf der Oker unterhalb der Staumauer eine kurze, aber reizvolle Wildwasserstrecke, ansonsten eignen sich eher die Unterläufe der Harzgewässer fürs Paddeln. Bootsverleihstellen sind im Regionalteil genannt. Zahlreiche Badeseen und Freibäder, oftmals in schöner Lage, und etliche Freizeitbäder sorgen für Badespaß im Überfluss.

## Klettern und Schweben

Der deutsche Alpenverein hat im Harz über 200 Kletterfelsen eingerichtet, die allerdings nur etwas für gut ausgebildete und -gerüstete Profis sind. Alternativen gibt es in den **Hochseilparks** von Bad Harzburg, St. Andreasberg, Blankenburg, Thale oder im Ilsetal. Hier kann man (gut gesichert) durch die Baumkronen kraxeln, balancieren und unterschiedlichste Stationen bewältigen. In Bad Harzburg gibt es zudem den **Baumwipfelpfad**, auf dem man in 8–22 m Höhe entspannt durch die Baumkronen wandern und diese an vielen Stationen erkunden kann. Dieser bequeme Weg ist sogar für Rollstühle geeignet.

Die Hochseilparks enden meist mit einer Seilrutsche zurück zum Boden. Aber auch hierzu gibt es an der Rappbode-Talsperre noch eine Steigerung. Bei Megazipline ›fliegt‹ man 1000 m lang an einem Stahlseil, allein oder zu zweit, 120 m hinab – Adrenalin pur, Videokamera ausleihbar. Wem das noch nicht reicht, kann nebenan die Staumauer der Talsperre Wendefurth 43 m hinunterlaufen – immer mit Blick in den Abgrund.

## Wellness/Kuren

Im Harz gibt es neben Kneipp- und Moorheilbädern auch zahlreiche Luft-

## Aktiv sein, Sport, Wellness

kurorte und Erholungsorte mit unterschiedlichem Kurangebot, heute tendenziell weniger in Kurhäusern, sondern ambulant organisiert. Vieles, was der Verbesserung der Gesundheit dient, wird heute auch unter ›Wellness‹ gefasst. Die Übergänge zwischen medizinischem und Wohlfühlbereich sind dabei fließend, die Angebote breit gefächert. Fast jedes gehobene Hotel bietet inzwischen Wellness. Außerdem findet man herrliche Thermen mit gesundem Wasser aus Sole-, Schwefel- oder Calciumquellen in den klassischen Kurbadeorten Bad Harzburg, Bad Lauterberg und Bad Suderode – dies sind dann keine trubeligen Spaßbäder, sondern wirkliche Oasen der Entspannung.

## Wintersport

Im Winter sind etwa 500 km Loipen für **Skilangläufer** gespurt und **Winterwanderwege** geräumt, diverse Rodelbahnen und sogar einige Alpin-Skihänge präpariert. Während der Harz für Langläufer jeder Könnensstufe ein ideales Terrain bietet, sollte man das Prädikat ›alpin‹ nicht allzu ernst nehmen. Harzer Skihänge sind eher etwas für Anfänger, Könner müssen auf den längeren Pisten eher schieben oder sich an den steileren eben nach zwei Minuten wieder in der Liftschlange einreihen – aber das nimmt man für ein erstes Schnuppern auf Skiern doch gern in Kauf.

Die besten und längsten Abfahrten bietet sicher der Wurmberg, zumal die Kabinenseilbahn einen reibungslosen Transport auch größerer Skifahrerzahlen gewährleistet. Auch in Hahnenklee läuft eine Seilbahn, in Sankt Andreasberg ein Sessellift, ansonsten gibt es Schlepplifte. Der Matthias-Schmidt-Hang in Sankt Andreasberg bietet kurze, aber unterschiedlich steile Abfahrten und eine Halfpipe. **Snowboarder** finden auch an Wurmberg und Sonnenberg eine Piste extra für ihren Sport. **Rodeln** ist ebenfalls vielerorts möglich, besonders beliebt ist Torfhaus mit seinem speziellen Lift, der die Schlitten den Hang wieder hochzieht. In Braunlage führt ab der Mittelstation am Wurmberg eine lange Rodelbahn zu Tal, in Sankt Andreasberg ist das Teichtal oberhalb des Kurparks ein beliebter Rodelhang; und letzlich kann man jeden verschneiten, baumfreien Hang hinuntersausen.

Die Wintersportkarte Harz listet alle Möglichkeiten und ist über die Tourist-Infos der einzelnen Orte erhältlich. Allerdings erweist sie sich nicht immer als zuverlässig. Und damit ist nicht die Banalität gemeint, dass sich ohne Schnee eben »nichts schiebt«, sondern, dass einige Kommunen angesichts unzuverlässiger Schneeverhältnisse offenbar ihre Loipenfahrzeuge gleich ganz eingemottet haben. Ein Anruf bei der jeweiligen Touristinfo über den Loipenzustand vermeidet mühevolles Spurenlegen. Zum Trost sei aber gesagt, dass auch ungespurte Routen immer schnell durch ortskundige Langläufer erschlossen werden, deren Spur man einfach folgt – man lässt sich schließlich den Spaß nicht so schnell verderben.

Auch **Schlittschuhlaufen** ist im Harz möglich, unabhängig von den Außentemperaturen in den Eisstadien von Braunlage und Bad Sachsa, in der Saison auf den natürlich entstandenen Eisbahnen z. B. in Bad Harzburg, Hahnenklee, Hohegeiß oder Schierke. Die Seen und Teiche frieren natürlich auch häufig zu, hier sollte man jedoch Verbots- und Warnschilder ernst nehmen, die über die Tragfähigkeit der Eisdecke informieren. Auch eine andere Sorte Schilder findet sich an den Winterrouten und enthält die Bitte an Wanderer, die Skiloipen nicht zu benutzen, da diese durch die Fußspuren zerstört werden.

# Feste und Veranstaltungen

Früher galt der Harz als mystischer Ort: unwegsam, dunkel, neblig. So vermutete man hier Geister oder Götter; heilige Stätten und Opferplätze entstanden. Als mit dem Christentum nur noch ein Gott erlaubt war, ging manche alte Tradition in die neuen Sitten ein.

## Walpurgisfeiern

So wurde das alte Frühlingsfest zu Ehren Wotans mit dem Namensfest der heiligen Walburga kombiniert, und die Walpurgisnacht war entstanden. Sie wird in den meisten Harzer Ortschaften begangen, wobei sich nicht nur kleine Kinder als Hexen und Teufel verkleiden. Besonders bekannt sind die Feiern bei Thale auf dem – nomen est omen – Hexentanzplatz und in Schierke, wohin man sozusagen vom Brocken ausgewichen ist. Dass auf dessen Gipfel das wilde Treiben von Hexen und Teufeln vor sich gehe, hat durch Goethes »Faust« einen enormen Bekanntheitsgrad und neuen Unterhaltungswert bekommen, stammt aber aus älterer Zeit und hat einen überhaupt nicht lustigen Hintergrund – der für den heutigen Festrummel aber kaum von Bedeutung ist.

> **Wo gibt es was?**
> Veranstaltungshinweise findet man im jährlich erscheinenden Veranstaltungskalender des Harzer Tourismusverbandes, Marktstr. 45, 38640 Goslar, Tel. 05321 340 40, Fax 05321 340 66, www.harzinfo.de (unter diesem Link kann man Veranstaltungen nach Ort, Thema und Zeit aussuchen).

Auch hier im Harz wurden nämlich vom 15. bis 18. Jh. tausende ›Hexen‹ gefoltert und verbrannt. Einst als weise Frauen verehrt, wurden sie durch die Kirche verteufelt. Der »Hexenhammer« von 1486 bezichtigte sie, den Menschen auf sieben Weisen zu schaden – alle verhinderten Zeugung und Geburt. Die Hexen wurden wegen ihrer Kenntnisse über Geburtenkontrolle angegriffen. So galten denn auch die Hebammen als die schlimmsten Hexen, die »alle andern an Bosheit übertreffen«.

Das heilkundige Tun war der Kirche seit je her ein Dorn im Auge, stammte es doch aus heidnischer Zeit und ging mit Zaubersprüchen einher. Weshalb aber nun dieser Holocaust? Im 15. Jh. hatte die Pest Europas Bevölkerung um fast 40 % dezimiert; Könige und Kirche sahen sich mit einem Mangel an Untertanen konfrontiert. So wurde das Wissen über das Kinderkriegen verfolgt und damit die Frauen, die es hatten.

Und wie passt nun das wilde Treiben auf dem Blocksberg ins Bild? Sicher spielen durch Folter erzwungene ›Geständnisse‹ eine Rolle, auch Naturdrogen wie das Bilsenkraut, das u. a. bei rituellen Festen verwendet wurde und Flugträume verursachte – davon scheinen die Gefolterten zu berichten.

## Alte Bräuche

Am Pfingstmontag wird in Questenberg mit dem **Questenfest** ein alter germanischer Sonnenkult gefeiert. Dann wird der Baum auf der Queste mit einem neuen Kranz geschmückt. Das **Finkenmanöver** ist ein alter Bergmannsbrauch. Hierbei wird ausge-

Feste und Veranstaltungen

# Veranstaltungskalender

**Januar**
**Schlittenhunderennen:** in Hasselfelde und Bennekenstein

**Februar**
**Schlittenhunderennen:** in Clausthal-Zellerfeld
**Winterfest:** bei Stolberg, Feb.
**Meisterschaft im Setzbügeleisen-Eisschießen:** in Braunlage, Ende Feb./Anfang März, ähnlich dem Eisstockschießen, nur lustiger, 2018 immerhin die 22. Auflage.

**März/April**
**Osterfeuer und Osterfeste:** in zahlreichen Orten der Region
**Ostersonderzug der Brockenbahn mit Brunch:** ab Wernigerode
**Walpurgisnacht:** am 30. April, wird fast überall begangen, besonders natürlich auf dem Hexentanzplatz bei Thale

**Mai**
**Kastanienblütenfest:** in Bad Harzburg, Buden und Musik an der Bummelallee
**Wildparkfest:** in Wernigerode, Mai, familienfreundliches Fest im Wildpark Christianental
**Altstadtfest:** in Osterode, klassische Mischung aus Livemusik, Kleinkunst und Marktständen vor schöner Kulisse rund um den Kornmarkt
**Oberharzer Bergbauernmarkt:** in Zellerfeld, Mai–Okt. jeden Do ab 17 Uhr, saisonale und regionale Produkte direkt vom Hersteller

**Mai/Juni:**
**Kaiserfrühling:** in Quedlinburg, Pfingsten, Mittelalterfest rund um den Burgberg
**Finkenmanöver:** in Bennekenstein, Pfingstmontag, der traditionelle Wettstreit der gefiederten Sänger
**Viehaustrieb:** in Wildemann, Pfingstsonntag. Der alljährlich gewählte Hirte treibt die Kühe auf die Bergwiesen.
**Tage der Kleinkunst:** in Goslar, Kultur und Unterhaltung an verschiedenen Aufführungsorten.

**Juni**
**Wiesenblütenfest** in Sankt Andreasberg, u. a. Kuhaustrieb
**Rosenfest:** in Sangerhausen. Die neusten Züchtungen werden vorgestellt.

**Juli**
**Galopprennwoche:** in Bad Harzburg, Juli, wichtigstes Pferdesportereignis der Harzregion
**Ritterturnierspiele:** auf der Burgruine Regenstein bei Blankenburg, Ende Juli, buntes Mittelalterspektakel vor passender Kulisse
**Tag des Bergmanns:** in Wettelrode, Mitte/Ende Juli. Am Röhrichschacht werden Alltag und Tradition der Bergarbeiter wiederbelebt.
**Hüttentag:** in Mägdesprung bei Harzgerode, Ende Juli. Die historische Schmiede Carlswerk steht im Mittelpunkt der Veranstaltung.
**Waldfest:** am Josephskreuz bei Stolberg, 2. Julihälfte, traditionelles Heimatfest mit Harzer und Brauchtum.

**August**
**Jodlerwettstreit:** in Clausthal-Zellerfeld, Anfang Aug. (Fortsetzung s. S. 34)
**Köhlerfest:** am Stemberghaus bei Hasselfelde, Anfang Aug. Die historische Köhlerhütte demonstriert die alte Technik.

Reiseinfos

## Veranstaltungskalender

**Lerchenfest:** in Stolberg, Mitte Aug., historisches Stadtfest in der Fachwerkstadt
**Nacht der 1000 Lichter:** im Europa-Rosarium Sangerhausen, Mitte Aug. Saisonausklang bei stimmungsvoller Beleuchtung und mit großem Feuerwerk.
**Salz- und Lichterfest:** in Bad Harzburg, 2. Augusthälfte, Musik und Kultur in der festlich beleuchteten Innenstadt
**Juesseefest:** in Herzberg, Mitte/Ende Aug., familienfreundliche Veranstaltung rund um den Stadtsee
**Schlossfestspiele:** in Wernigerode, gesamter Aug., klassisches Konzertprogramm in festlichem Rahmen.

### September
**Harzer Jodlerwettstreit:** in Altenbrak, Anfang Sept., der bekannteste Sängerwettstreit dieser Art im Harz
**Sehusafest:** in Seesen, Anfang Sept., das bedeutendste historische Fest der Region, mit zahlreichen Akteuren und Wettspielen
**Altstadtfeste:** in Goslar (Anfang Sept.) und Halberstadt (Anfang Sept.)
**Kuhball:** in Schierke, Ende Sept., ländliches Fest mit Viehtrieb, Folklore und Unterhaltung
**Wiesenmarkt:** in Eisleben, Mitte Sept., großes Volksfest mit Fahrgeschäften, Schützenwettbewerb und Festzelt
**Kastanienfest:** in Bad Harzburg, letzter Sonntag im September, Live-Musik, Buden, verkaufsoffener Sonntag

### Oktober
**Kaiserringverleihung und Kaisermarkt:** in Goslar, Anfang Okt., das wichtigste Ereignis der modernen Kunstszene vor Ort und ein Stadtfest
**Burgfest:** auf Burg Falkenstein, Anfang Okt.

### Dezember
**Weihnachtsmärkte:** in Halberstadt, Quedlinburg, Osterode, Goslar, Seesen und Eisleben, 1. Advent bis Weihnachten
**Adventsmärkte:** Kleinere Märkte werden tages- oder wochenendweise in vielen kleineren Orten der Region abgehalten.

zählt, wessen Vogel am häufigsten anschlägt. Tierschützer kritisieren jedoch das monatelange Einsperren der Vögel in kleine, verdunkelte Käfige. Auch im Harz werden vielerorts kunstvoll aufgetürmte **Osterfeuer** entzündet, um die dann getanzt wird.

## Historische Feste und Jahrmärkte

Zahlreiche Feste der Harzregion thematisieren die Zeit des Mittelalters. Das bekannteste ist das **Sehusafest** in Seesen mit historischem Markt und Schlachtgetümmel. Auf der Burgruine Regenstein messen sich an Ostern Wikinger und am 3. Wochenende im Juli Reitersleut' bei Wettkämpfen. Auch der Kaiserfrühling in Quedlinburg spielt sich vor historischer Kulisse ab.

**Schützenfeste** sind vielerorts das wichtigste Volksfest. Das größte findet in Goslar statt.

Der **Viehaustrieb** wird in Wildemann, Sankt Andreasberg und Buntenbock gefeiert.

# Reiseinfos von A bis Z

## Apotheken

Die Apothekendichte ist recht gut im Harz, fast jeder kleinere Ort hat eine. Die Öffnungszeiten und Notdienste werden dort ausgehängt.

## Ärztliche Versorgung

Wie es sich für Kurorte gehört, finden sich in vielen Harzorten zahlreiche Arztpraxen, darunter Orthopäden, Internisten und Allgemeinmediziner. Auch Kurkliniken sind vorhanden. Kuren müssen vor der Reise über die Krankenkasse bzw. -versicherung beantragt werden, Arztbesuche werden wie zu Hause auch über die Krankenkassen abgerechnet.

## Diplomatische Vertretungen

**Schweiz**
Otto-von-Bismarck-Allee 4a
10557 Berlin
Tel. 030 3 90 40 00
Fax 3 91 10 30
ber.vertretung@eda.admin.ch

**Österreich**
Stauffenbergstr. 1
10785 Berlin
Tel. 030 20 28 70
Fax 229 05 69
berlin-ob@bmeia.gv.at

## Feiertage

Im Harz gelten die im protestantischen Norden Deutschlands üblichen, also Neujahr, Karfreitag, Ostersonntag und -montag, 1. Mai/Tag der Arbeit, Himmelfahrt, Pfingstsonntag und -montag, 3. Oktober/Tag der Einheit, 25./26. Dezember/1. und 2. Weihnachtstag.

## Geld

Geldautomaten gibt es in jedem größeren Ort. Nahezu alle Hotels, Restaurants und viele Geschäfte akzeptieren die Bankkarte oder auch Kreditkarten.

## Kinder

Der Harz ist ein ideales Familienreiseziel, für Kinder jeder Altersstufe bietet er zahlreiche Aktivitäten und Attraktionen, vom Toben und Spielen umsonst und draußen bis hin zu Spaßbädern, die keinen Wunsch offen lassen. Auch viele Unterkünfte und Lokale sind auf kleine Gäste eingestellt. Kinder sehen die Welt mit anderen Augen. Da ist es ein riesiger Unterschied, ob man nur zu einer **Burg Falkenstein** fährt oder in eine spannende, alte Ritterburg, wo es gleich beim Eingang die passenden Ritterhelme zum Selberbasteln gibt und zudem riesige Vögel aufs Wort gehorchen. Auch Fahrten mit richtigen Dampflokomotiven der **Brockenbahn**, schwindelerregenden Seilbahnen bei **Thale**, Monsterrollern am **Wurmberg** oder ein Besuch der **Westernstadt Pullman City 2** bei Hasselfelde lassen sich vermutlich besser ›verkaufen‹ als ein schlichter Spaziergang.

Dennoch ist nicht nur Teures im Angebot: Zahlreiche Spielplätze, Natur- und Bergbaupfade, Wildgehege und Badestellen kann man entweder kostenlos oder gegen ein geringes Entgeld benutzen.

Kindgerechte Angebote sind im Reiseteil dieses Buches aufgeführt, den eher kommerziellen Bereich deckt

# Reiseinfos

auch die Broschüre »Hits für Kids« ab, welche über die Harzer Tourist-Informationen zu beziehen ist. Auch unter www.harzinfo.de sind unter »Spaß pur« zahlreiche Links zu Aktivitäten und Freizeitgestaltungen für Kinder geschaltet.

## Nationalpark

Seit 2006 sind die ehemaligen beiden Nationalparks im Ost- und Westharz zum ersten länderübergreifenden Nationalpark in Deutschland zusammengeschlossen. Der Nationalpark Harz umfasst nun mit einer Fläche von 25 000 ha im Wesentlichen das Gebiet rund um den Brocken.

Darüber hinaus gibt es viele Naturparks und Naturschutzgebiete, die schöne Wälder und Täler – etwa das Bode- oder Selketal – vor der Zerstörung bewahren sollen, gleichzeitig aber auf gekennzeichneten Wegen für Besucher zugänglich sind. Infos gibt es unter www.nationalpark-harz.de.

## Notruf

**Polizei:** 110
**Rettungsdienst und Feuerwehr:** 112

**Pannenhilfe des ADAC:** 01802 22 22 22
**Sperrung von Bank- und Kreditkarten:** 116 116

## Öffnungszeiten

**Banken:** in der Regel Mo–Fr 9–12 und 14–16 Uhr
**Geschäfte:** in kleineren Orten meist noch Mo–Fr 9–18 und Sa 9–12/14 Uhr, oft mit einer Mittagspause von ein bis zwei Stunden, in Städten und Einkaufszentren auf der grünen Wiese meist mindestens bis 20, manchmal bis 22 Uhr und das auch am Samstag.
**Post:** Kernzeiten sind etwa 9–13 und 14.30–17.30 Uhr, gelegentlich etwas länger.

## Reisen mit Handicap

Immerhin 18 Unterkünfte, die auch für Rollstuhlfahrer (mit /ohne Hilfe) geeignet sind, findet man unter www.harz-online.de/barrierefrei. Die Harzorte Wernigerode, Ilsenburg und Blankenburg informieren unter www.barrierefrei-im-Harz.de.

Die örtlichen Tourist-Informationen geben Auskunft darüber, welche Sehenswürdigkeiten für Rollstuhlfahrer

---

**Preisniveau und Reisekosten**

Das Preisniveau bei **Unterkünften** liegt gegenüber anderen deutschen Urlaubsregionen eher etwas niedriger, vor allem im Vergleich zur Küste. Ein ordentliches Doppelzimmer bekommt man in vielen Pensionen für etwa 50 €, ebenso viel muss man für eine Ferienwohnung rechnen, die dann aber für 3–4 Personen geeignet ist. Im Mittelklassehotel zahlt man etwa ab 70 €, gehobene Hotels kosten ähnlich viel wie andernorts. Im Luxusbereich kommt man durchaus auf 150 € für ein Doppelzimmer.
Im **Restaurant** liegen die Preise für Hauptgerichte etwa zwischen 8 und 18 €, kleinere Gerichte bekommt man etwa ab 5 €.
Eintrittspreise für **Museen** liegen je nach Angebot meist zwischen 3 und 6 €, für Besucherbergwerke und Höhlen zwischen 5 und 10 €.
**Freibäder** kosten etwa 2–3 €, die großen Spaßbäder und Thermen beginnen bei 2,50 € pro Stunde.

# Reiseinfos von A bis Z

**Freier Eintritt mit der HarzCard**
Museen und Burgen, Thermen und Bergwerke – gut 120 Einrichtungen sind mit der HarzCard frei: Man zahlt für 48 Std. 29 € oder kann sich für 51 € vier Tage im Jahr frei auswählen – auch eine Hin- oder Rückfahrt mit der Brockenbahn ist eingeschlossen (Tel. 05321 340 40, www.harzcard.info).

zugänglich sind. Generell kann man sich auf den asphaltierten Wegen entlang vieler Talsperren gut mit dem Rollstuhl durch die Natur bewegen, in Orten muss man die Steigung mancher Straße bei der Fortbewegung bedenken, wie etwa in Sankt Andreasberg, Schierke, Clausthal-Zellerfeld oder Braunlage. Ein rollstuhlgerechtes Besucherbergwerk ist Büchenberg bei Elbingerode, das mit einem Aufzug zugänglich ist. Auch die Höhle Heimkehle bei Stolberg ist für Rollstuhlfahrer geeignet.

## Souvenirs

Allgegenwärtig sind die beliebten **Brockenhexen**, aber auch **Schnitz- und anderes Kunsthandwerk** gibt es vielerorts, z. B. in der Zellerfelder Münze oder im Großen Heiligen Kreuz in Goslar. **Glaskunst** findet man u. a. in Derenburg, **Getöpfertes** in der Werkstatt Schellbach in Blankenburg. Harzer **Mineralien** werden z. B. in den Bergwerksmuseen von Sankt Andreasberg und Elbingerode angeboten.

Zu empfehlen sind auch vergänglichere Mitbringsel, z. B. aus den regionalen Fleischereien. Harzer **Wildprodukte** gibt es etwa beim Wildhandel Reise in Wippra, deftige **Wurstwaren** aus eigener Schlachtung beim Hofladen Karries in Trautenstein. Kultstatus erlangt hat **Kukkis Erbsensuppe**, erhältlich in Dosen oder in den zwei Feldküchen zwischen Braunlage und Elend und in Drei-Annen-Hohne. Harztypisches **Gebäck** bietet der Brockenbäcker in Tanne. Souvenirs in flüssiger Form stellen die **Kräuterliköre** dar, allen voran ›Schierker Feuerstein‹ und ›Harzer Grubenlicht‹.

## Telefonieren

Öffentliche Telefonzellen finden sich noch in allen größeren Ortschaften, ihre Anzahl sinkt aber im Handy-Zeitalter auch im Harz. Der Kauf einer Telefonkarte empfiehlt sich, da die meisten Telefonzellen Kartentelefone sind.

**Internationale Vorwahlen:**
Deutschland 0049
Schweiz 0041
Österreich 0043

**Beliebtes Souvenir: Brockenhexen**

# Panorama – Daten, Essays, Hintergründe

Blick von der Burgruine Regenstein über die für den Harz so typischen Nadelwälder

# Steckbrief Harz

## Daten und Fakten
**Lage und Fläche:** Die fast 100 km lange und etwa 35 km breite Gebirgsscholle des Harzes erhebt sich als waldreicher Höhenrücken markant über dem Kulturland der umliegenden Tiefebenen. Im Nordwesten grenzt er an das Städtchen Seesen, im Südosten läuft er bei Lutherstadt Eisleben sanft in das Mansfelder Land aus.
**Größte Städte:** Am Harzrand: Goslar (41 800 Einw.), Nordhausen (41 700 Einw.), Halberstadt (40 500 Einw.), Wernigerode (33 100 Einw.). Im Harz: Clausthal-Zellerfeld (15 800 Einw.), Harzgerode 8100 Einw.), Braunlage (6800 Einw.).
**Höchste Erhebungen:** Brocken (1142 m), dann gefolgt vom Wurmberg (971 m), Bruchberg (928 m) und Achtermann (926 m).

**Reichsadler am Marktbrunnen in Goslar**

## Politik und Verwaltung
Bis zur Wende wurde der Gebirgsrücken quer über das Brockenmassiv hinweg von der deutsch-deutschen Grenze durchschnitten, seitdem haben die Bundesländer Niedersachsen, Sachsen-Anhalt und mit dem Landkreis Nordhausen auch Thüringen Anteil am Harz. Deren Landeshauptstädte Hannover, Magdeburg und Erfurt liegen ebenso weit von der Harzregion entfernt wie die größeren Wirtschafts- und Siedlungszentren.

## Geografie und Natur
Der Name Harz stammt von dem althochdeutschen »hart« (Wald, Höhe), und um viel Waldland in höheren Lagen handelt es sich bei diesem Gebirge. Die größten Waldflächen liegen auf niedersächsischem Gebiet. Dort nimmt der Wald 83 % der Gesamtfläche ein, wovon 72 % Fichten sind. Waldsterben ist auch im Harz ein Thema; zwar ist die Luftverschmutzung in den letzten Jahren etwas zurückgegangen, aber der Klimawandel hat zu weniger Niederschlag geführt, was die Fichtenwälder, die eigentlich ihre Heimat in höheren Lagen haben, geschwächt hat. Das bietet dem Borkenkäfer bessere Bedingungen, sodass diese Wälder seit der Jahrtausendwende zunehmend geschädigt werden.

Im Nationalpark Harz, der gut 10 % der Harzfläche ausmacht, wird der Wald nun wieder sich selbst überlassen. Die schlecht geeigneten Fichtenbestände weichen hier allmählich Arten, die besser an die Standortbedingungen angepasst sind. Im Harz gibt es zehn Talsperren, die dem Hochwasserschutz, z. T. auch der Trinkwasserversorgung dienen. Fast jeder Harzfluss wird früher oder später aufgestaut, so die Bode, Ecker, Grane, Innerste, Oker, Oder, Söse und Wipper. Die höchste deutsche Staumauer mit 106 m erhebt sich am Rappbodestausee, der mit mehr als 100 Mio. m³ auch das größte Sammelbecken im Harz darstellt.

## Bevölkerung
In der Harzregion leben insgesamt etwa 600 000 Menschen. Der Harz selbst ist

dünn besiedelt; nur wenige Orte erreichen Einwohnerzahlen von mehreren Tausend. Das Gros der Bewohner lebt am Harzrand, wo es etliche mittelgroße Städte gibt.

## Geschichte

Die Geschichte des Harzes ist untrennbar mit dem Bergbau verbunden. So war der Harz im Mittelalter das bedeutendste Industriegebiet Deutschlands, aus dem Ende des 17. Jh. sogar Fachleute für den Silberbergbau nach Kongsberg in Südnorwegen abwanderten. Erst in der jüngsten Vergangenheit haben die letzten Bergwerke ihre Stollen geschlossen.

Rings um den Harz wurde aber auch ›große‹ Geschichte geschrieben, besonders während der Zeit der Ottonen, dem frühesten Herrschergeschlecht, unter dem sich ab dem 10. Jh. ein im weiteren Sinne ›deutsches‹ Reich entwickelte. Spuren dieser Blütezeit finden sich z. B. in Quedlinburg. Doch auch territoriale Herrscher und ihre Machkämpfe prägten die Region, so z. B. die Auseinandersetzung zwischen Heinrich dem Löwen und Friedrich Barbarossa, in deren Folge die regionale Zerstückelung des Harzes fortschritt. Zahlreiche Ruinen von Burgen und Pfalzen zeugen von dieser Entwicklung. Mit Luther und Müntzer traten im 16. Jh. zwei Reformatoren auf die Bühne der Weltgeschichte, die beide ihre Wurzeln in der Harzregion hatten – Luther in Mansfeld, Müntzer in Stolberg. Und so wurde auch der Harz zum Schauplatz für Reformation und Bauernkriege.

In der neueren Zeit spielte die Region eher eine Nebenrolle in der großen Politik. Die Harzer Bevölkerung hatte ähnliche Probleme zu bewältigen wie die in anderen Regionen Deutschlands auch; seien es die Verheerungen des Dreißigjährigen Krieges, die napoleonische Herrschaft oder der Zweite Weltkrieg und die anschließende Teilung.

## Wirtschaft

Nach dem Ende des Bergbaus ist heute neben dem Tourismus die Forstwirtschaft wichtigster Wirtschaftsfaktor. Am Harzrand findet man einige größere Industriebetriebe z. B. in Ilsenburg, Hettstedt und Wernigerode. Ansonsten herrscht hier die Landwirtschaft vor, vereinzelt auch Obstanbau, während Gewerbe stadtnah eher im mittelständischen Maßstab stattfindet.

Auch die Wasserwirtschaft hat im Harz eine große Bedeutung. So wird an acht Staumauern Energie erzeugt. Fünf Stauseen dienen der Trinkwasserversorgung u. a. von Hannover, Braunschweig, Wolfsburg, Bremen, Halle und Magdeburg. Alle Anlagen dienen auch dem Hochwasserschutz.

## Tourismus

Das wichtigste Standbein der Harzer Wirtschaft ist nicht erst seit heute der Tourismus. Offiziell gezählt wurden 2015 im Harz und Harzvorland 6,52 Mio. Übernachtungen. Spitzenreiter war erneut Wernigerode inkl. Schierke mit 1,15 Mio. Übernachtungen vor Braunlage mit 0,78 Mio. Zum Vergleich: Goslar kam 2015 erstmals über 0,4 Mio. Übernachtungen. Die offizielle Statistik erfasst allerdings nur Häuser mit mehr als neun Betten, sodass die meisten Ferienwohnungen und viele Pensionen nicht mitgezählt werden. Die Mehrzahl der ausländischen Besucher kommt aus Dänemark und den Niederlanden.

# Geschichte im Überblick

## Vorgeschichte und Besiedelung

**200 000 v. Chr.**
Erste altsteinzeitliche Menschen leben nachweislich im Vorland des Harzgebirges.

**50 000 v. Chr.**
Funde in den Karsthöhlen um den Harz deuten auf Lagerstätten von Jägern hin.

**10 000 v. Chr.**
Nach dem Ende der letzten Kaltzeit durchstreifen steinzeitliche Jäger und Sammler die Region.

**2000 v. Chr.**
Übergang von der Jungsteinzeit zur Bronzezeit: Erste bäuerliche Siedlungen entstehen am Nordrand des Harzes. Im Ostharz wird erster Kupferabbau betrieben.

**800 v. Chr.**
Mit dem Beginn der Eisenzeit wird im Harz übertägig Erz abgebaut und verhüttet.

**Zeitenwende**
Germanische Stämme sind nachweisbar: Die Hermunduren leben im Ostharzgebiet, die Cherusker westlich des Gebirges. Weiter südlich besiedeln Kelten die Region.

**ab 375 n. Chr.**
Durch die Völkerwanderung bildet sich eine Vorherrschaft der Thüringer im Osten des Harzes heraus.

## Franken und Sachsen

**531**
Franken erobern das Gebiet mithilfe ansässiger Sachsen. Die Harzregion wird lose an das Fränkische Reich angegliedert, bleibt aber Einflussgebiet der Sachsen.

**772–804**
In den Christianisierungsfeldzügen Karls des Großen werden die Sachsen unterworfen.
In der Harzregion werden Klöster gegründet: Wendhusen bei Thale, Drübeck bei Ilsenburg und Michaelstein bei Blankenburg. Halberstadt wird Bistum.
Der Harz ist nun Grenzland zwischen dem Fränkischen Reich und den von Osten einwandernden Slawenstämmen. Die Karolinger setzen Markgrafen zur Grenzsicherung ein, Burgen werden errichtet, in deren Umfeld erste Handelssiedlungen entstehen. Das Harzgebirge fällt wie alles unkultivierte Land an die Krone und wird karolingisches Jagdrevier.

**843**
Karolingische Reichsteilung im Vertrag von Verdun: Das ostfränkische Reich wird von mächtigen Stammesherzögen dominiert, darunter den Sachsen.

## Das frühe Deutsche Reich

**919** Der Ludolfinger Sachsenherzog Heinrich I. wird von anderen Stammesfürsten zum König gewählt – damit gilt er als erster deutscher König und Begründer des Ottonischen Kaisertums.

**919–1024** Herrschaft der Ottonen. Die Harzregion wird Kernland der deutschen Kaiser und erlebt eine wirtschaftlich-kulturelle Blütezeit. Wichtige Basis hierfür sind die Silbererzfunde am Rammelsberg bei Goslar. Zahlreiche bedeutende Pfalzen der Wanderkaiser entstehen, z. B. in Goslar, Quedlinburg, Allstedt und Tilleda. In den Harzwäldern werden königliche Jagdhöfe – z. B. bei Hasselfelde – angelegt. Erste Verbindungswege wie der Kaiserweg von Nordhausen nach Goslar führen durch das Gebirge. Rodungen werden besonders rings um Klostergründungen vorgenommen: Die Orte auf ›-rode‹ entstehen.

**1024–1125** In der Herrschaftszeit der fränkischen Salier behält die Harzregion ihre zentrale Bedeutung für das Reich, unter Heinrich III. erlangt Goslar seine größte Bedeutung. Bei dessen frühem Tod 1056 ist sein

**Friedrich I. Barbarossa: Kaiserpfalz in Goslar**

Sohn Heinrich IV. erst sechs Jahre alt, und der Hochadel nutzt diesen Umstand zu eigener Machtentfaltung. Heinrichs späterer Kampf gegen diese Bestrebungen führen im Harzraum zu Aufständen des sächsischen Adels und zur Zerstörung der großen Reichsburgen wie der Harzburg. Im Kampf mit dem Adel und der Kirche – im Investiturstreit beharrt Papst Gregor VII. darauf, statt des Kaisers die hohen Kirchenämter im Reich zu besetzen – wird die Macht der Krone dauerhaft geschmälert.

**1150–1181** Die Eroberungspolitik des mächtigen Welfenherzogs Heinrich der Löwe führt zu zahlreichen Machtkämpfen in der Harzregion: Osterode, Halberstadt und Nordhausen werden von Heinrichs Truppen zerstört. Kaiser Friedrich I. Barbarossa setzt sich schließlich gegen den Welfen durch und teilt dessen sächsisches Herrschaftsgebiet auf.

**ab 1200** Die Harzregion zerfällt in der Folge in verschiedene weltliche und geistliche Territorien. Die zahlreichen Harzer Grafen, darunter die von Regenstein, Wernigerode, Hohnstein, Mansfeld und Stolberg, befehden sich immer wieder und sorgen für wechselnde Herrschaftsverhältnisse. Zahlreiche Grafenburgen entstehen rings um den Harz, im Oberharz beginnt der Erzbergbau.

**1348** Die Pest bringt den Bergbau für lange Zeit zum Erliegen.

**14. Jh.** Die Städte gewinnen an Eigenständigkeit gegenüber Kirche und Grafen; zahlreiche Harzrandorte treten der Hanse bei, darunter Goslar, Nordhausen und Halberstadt. Die Bildung von Innungen und Zünften führt zur weiteren Stärkung des Bürgertums. Auf dem Lande verschlechtern Missernten und drückende Abgaben die Lebensbedingungen. Zahlreiche Siedlungen verfallen, besonders in den höheren Lagen des Harzes.

## Reformation, Bauernkriege und Dreißigjähriger Krieg

**ab 1517** Luthers Thesen über das Christentum, die »Freiheit eines Christenmenschen« und seine Kritik an der Institution Kirche finden im Harzraum großen Anklang und breiten sich schnell aus.

**1525** Angesichts des aufbegehrenden Volkes predigt Luther auf Einladung des Grafen Botho III. in Stolberg bereits vergeblich über Gewaltlosigkeit und gottgewollte Obrigkeit. Im Bauernkrieg eskaliert längst der schwelende Unmut der Landbevölkerung gegen die zunehmende feudale Ausbeutung. Im Harz werden das Kloster Walkenried und die Burg Hohnstein von Bauernhorden eingenommen. In der Schlacht bei Frankenhausen kommt es am 15. Mai jedoch zur vernichtenden

Der Reformator bei der Übersetzung der Bibel: Szene aus dem Sockelrelief des Luther-Denkmals in Lutherstadt Eisleben, der Geburtsstadt Luthers

Niederlage der 5000 aufständischen Bauern, Handwerker und Bürger unter Führung von Thomas Müntzer.

**1520–1620** Die sieben freien Oberharzer Bergstädte werden gegründet; der Bergbau nimmt im ganzen Harzer Raum einen kräftigen Aufschwung.

**1618–1648** Der Dreißigjährige Krieg verwüstet die Harzregion. Wechselnde Truppen besetzen, plündern oder zerstören zahlreiche Orte, Burgen und Klöster. Nach dem Ende des Krieges werden die Gebiete in und um den Harz neu aufgeteilt, wobei Brandenburg und Braunschweig besonders profitieren.

### Das 18. und 19. Jh.

**um 1720** Der Dammgraben vervollständigt das Oberharzer Wasserregal und macht die Abflüsse aus dem Brockengebiet für die Gruben in Clausthal und Zellerfeld nutzbar.

**ab 1730** Die Aufforstung der für den Bergbau weitgehend abgeholzten Harzhänge vor allem mit Fichten beginnt.

| | |
|---|---|
| **1775** | Die Bergakademie Clausthal wird gegründet, Vorläufer der Technischen Universität. |
| **1803–1815** | Die napoleonische Eroberung erreicht den Harz, der zunächst von Franzosen besetzt wird. Ab 1807 gehören weite Teile der Harzregion zum Königreich Westfalen und werden von Napoleons Bruder Jérôme regiert. Im Wiener Kongress werden vor allem dem Königreich Preußen große harzerische Besitzungen zuerkannt. |
| **ab 1843** | Mit dem Bau der ersten Eisenbahnlinien beginnt die Industrialisierung des Harzrandes. Zugleich erlebt der Fremdenverkehr einen Aufschwung. Die ersten Kurbäder entstehen. |
| **1886** | Der Harzklub, der sich dem Wandern, Naturschutz und der Heimatpflege verschreibt, wird gegründet. Viele Wanderwege werden angelegt und markiert. |

## Weimarer Republik und Drittes Reich

| | |
|---|---|
| **1920–1931** | Zahlreiche Streiks finden besonders in den Grubenrevieren des Mansfelder Berglandes statt; 1930 sind 14 000 Kumpel wochenlang im Ausstand gegen die Mansfeld AG. |
| **1941** | Die durch alliierte Luftangriffe zerstörte Waffenschmiede von Peenemünde wird in unterirdische Harzhöhlen verlegt. Bei Nordhausen entsteht das berüchtigte KZ Mittelbau Dora mit zahlreichen Außenlagern. Am Nordrand des Harzes betreibt das KZ Buchenwald ähnliche Stätten der Vernichtung. |
| **1945** | Anfang April werden Nordhausen und Halberstadt durch Bombenangriffe der Alliierten weitgehend zerstört. |

## BRD und DDR

| | |
|---|---|
| **ab 1945** | Nach dem Ende der Nazi-Herrschaft befindet sich zunächst die gesamte Harzregion unter amerikanischer Besatzung. Im Juli ziehen sich die Westalliierten jedoch aus dem östlichen Teil des Harzes zurück, nicht ohne zuvor dort reiche Beute gemacht zu haben: Produktionsunterlagen, technische Geräte, Bestände an Silber und Kupfer, außerdem wichtige Fachleute wie die Ingenieure der V2-Rakete um Wernher von Braun werden mitgenommen. Die Grenzlinie zwischen den Besatzungszonen verläuft von nun an mitten durch das Harzgebirge. |
| **ab 1949** | Mit der Gründung der BRD und DDR wird diese Situation befestigt. Im Ostharz wird der Wiederaufbau der zerstörten Industrieanlagen und Städte betrieben; Mansfeld und Sangerhausen stellen wichtige |

| | Erzreviere dar, Hettstedt, Ilsenburg und Thale Zentren der Metallverarbeitung. |
|---|---|
| **1961** | Am 13. August wird die Mauer in Berlin gebaut. Der Brocken ist ab jetzt für jeden Besucherverkehr gesperrt. |
| **1960–80er-Jahre** | Der Harztourismus nimmt in beiden deutschen Staaten deutlich zu: In der DDR entstehen betriebliche und gewerkschaftliche Ferienheime, in der BRD entwickeln sich etliche Harzorte zu wichtigen Kurbädern. |
| **1989** | Die Reisefreiheit für DDR-Bürger tritt in Kraft. Am 3. Dezember wird der Brocken geöffnet. |
| | **Nach der »Wende«** |
| **1990** | Am 3. Oktober wird mit dem Einigungsvertrag die DDR aufgelöst und geht in der BRD auf: Die »Wende« ist vollzogen. |
| **1990er-Jahre** | Bewohner und Besucher beider Harzteile erkunden die jeweils andere Seite. Insgesamt jedoch sinkt der Harztourismus und formiert sich neu: während kleinere Orte um Aufmerksamkeit ringen, steigt der Ansturm auf den Brocken und bedeutende Kulturstätten. |
| **2006** | Die beiden Nationalparks im Hochharz und Oberharz werden zu einem drei Bundesländer übergreifenden Nationalpark vereinigt. |
| **2009** | Ein kommunaler ›Ost-West-Konflikt‹ entbrennt zwischen der Samtgemeinde Oberharz rund um Clausthal-Zellerfeld und einer neu zu gründenden Einheitsgemeinde um Elbingerode. Streitpunkt ist der Begriff ›Oberharz‹ im Gemeindenamen. Vor Gericht siegen die Elbingeroder, die nun seit 2010 in der Stadt Oberharz am Brocken leben. |
| | Am 18. Juli stürzt im kleinen Ort Nachterstedt, nahe der Schnellstraße Quedlinburg–Aschersleben, eine Fläche von 350 x 120 m mitsamt zwei Häusern und drei Menschen in den Concordia-See ab. Ursprünglich befand sich hier bis 1991 ein großer Braunkohle-Tagebau, der in der Folge zum See geflutet wurde. |
| **2013** | Ein Gutachten nennt einen erhöhten Grundwasserdruck und kleinere seismische Aktivitäten als Ursachen des Abrutsches am Concordia-See. Im selben Jahr werden 13 benachbarte Wohnhäuser wegen Absturzgefahr abgerissen. |
| **2017/18** | Der Concordia-See muss weiterhin gesperrt bleiben. Ob er 2018 wieder geöffnet wird, wird das Landesbergamt entscheiden. |

# Innere Werte – zur Geologie des Harzes

400 Mio. Jahre Erdgeschichte sind im Harzgebirge auf engstem Raum versammelt. Ob reiche Erzgruben und verzweigte Tropfsteinhöhlen, fossilienreiche Sedimentschichten und steil aufragende Sandsteinmauern, verwitterte Granitblöcke und Felsburgen oder Calzium- und Solethermen – die inneren Werte des Harzes begegnen einem auf Schritt und Tritt und bereichern die Reise.

## Von der Auffaltung zur Überflutung

Der Harz ist der nördlichste Teil des ehemaligen Varizischen Gebirges, das vor gut 350 Mio. Jahren entstand, als die damaligen Kontinente Laurussia und Gondwana zusammenstießen und sich zu Pangäa vereinigten. Diese Faltung dauerte ungefähr die 80 Mio. Jahre der Karbonzeit. Gegen Ende dieser Gebirgsbildung, vor ca. 295 Mio. Jahren, als sich die horizontalen Druckverhältnisse entspannten, stiegen saure Schmelzen auf und blieben als Granitplutone weit unter der damaligen Festlandoberfläche stecken.

Im folgenden Perm wurde das Varizische Gebirge durch Erosion so weit wieder abgetragen, dass zum Ende dieser Periode auch der Bereich des heutigen Harzes durch das Zechsteinmeer überflutet wurde. Bis auf kurze Festlandepisoden blieb das Gebiet fast das gesamte folgende Erdmittelalter hindurch unter dem Meeresspiegel. In diesen 150 Mio. Jahren lagerten sich Sedimente der Trias, des Jura und der Kreide auch auf das alte Gebirge mit seinen jüngeren Plutonen ab.

## Das Wirken der Plattentektonik

Gegen Ende der Kreidezeit kollidierte die Afrikanische Platte mit der heutigen Europäischen und die Bildung der Alpen begann. Dieser Prozess wirkte sich auch in Norddeutschland aus. Der hiesige Teil des starren Varizischen Gebirges zerbrach in mehrere Schollen, die gegeneinander verschoben und unterschiedlich herausgehoben wurden. Der Harz begann in dieser Saxonischen Gebirgsbildung seine heutige Gestalt anzunehmen. Er wurde nach Norden aufgeschoben, sodass die angrenzenden Ablagerungen des Erdmittelalters sich im Norden steil aufrichteten (z. B. in der Teufelsmauer) und der Harz die Form einer Pultscholle erhielt: steil aufgerichtet zur sogenannten Harznordrandstörung, eher sanft abfallend nach Süden.

In den gut 60 Mio. Jahren des Tertiär wurden die aufliegenden Sedimentschichten des Erdmittelalters fast vollständig wieder abgetragen und das Gebirge eingeebnet. So stehen im Harz fast ausschließlich Gesteine des Erdal-

**Scharzfelder Einhornhöhle**

tertums, des Variszischen Gebirges an, die sich zudem weiter anhoben. Auch die Plutone wurden von ihren Deckschichten befreit, sodass der Brocken oder auch das Rambergmassiv bei Thale an die Erdoberfläche gelangten.

In die Zeit der Saxonischen Gebirgsbildung fällt auch die Entstehung der Mineral- und Erzvorkommen des Harzes, denn im Inneren des Gebirges bildeten sich Spalten- und Bruchsysteme, in denen sich heiße, mineralhaltige Lösungen absetzen konnten.

## Die heutige Gestalt des Harzgebirges

Während das jüngste geologische Erdzeitalter, das Quartär, mit seinen Eiszeiten in den letzten 2 Mio. Jahren die gesamte Landoberfläche nördlich des Harzes gestaltete, blieb der Harz selbst einigermaßen unbehelligt, da die Gletscher der Elster- und Saale-Eiszeit nur den Mittelgebirgsrand, z. B. bis Friedrichsbrunn, erreichten. Im Harz konnte lediglich ein kleiner Plateaugletscher nachgewiesen werden, der im Bereich von Brocken, Acker und Bruchberg allerdings keine nennenswerte erodierende Kraft entfaltete. Nach der letzten Kaltzeit verschwand allmählich die Tundrenvegetation und vor etwa 10 000 Jahren entstand ausgedehnter Nadelwald, der bis auf die Gipfellagen bald seinerseits von Laubwald abgelöst wurde. Jetzt tauchten auch die ersten steinzeitlichen Menschen auf, die als Jäger und Sammler umherzogen.

## Geologie erleben

Sehenswerte geologische Sammlungen bieten das **Museum Goslar** mit seiner Ausstellung zur »Quadratmeile der Geologie« und die **TU Universität Clausthal** mit ihrer mineralogischen Abteilung, im **Schaubergwerk und Museum Rammelsberg** wird die Entstehung der Erzlagerstätten veranschaulicht. In der **Teufelsmauer** zwischen Blankenburg und Ballenstedt tritt die Aufrichtungszone der Nordrandstörung in steilen Felsmauern zutage. Granitfelsen treten um den Brocken herum in den **Feuerstein- oder Hohneklippen** auf und Tropfsteine in den Höhlen bei **Bad Grund** und **Rübeland**.

Beeindruckende Gesteinsformationen: die Teufelsmauer in der Nähe von Quedlinburg

# Natur im Umbruch – Harzwälder und ihre Bewohner

Bergbau, Jagd, Forstwirtschaft und Klimawandel – die Natur des Harzes war immer wieder Veränderungen unterworfen und ist es noch heute. Nicht alle sind schlecht. So entstehen im Nationalpark Harz rund um den Brocken inzwischen wieder artenreiche Urwälder, wo noch vor wenigen Jahrzehnten monotone Fichtenforste standen. Das bedeutet neuen Lebensraum für den wieder angesiedelten Luchs.

## Vom Urwald zum Nutzwald

Nachdem die Eiszeiten vorbei waren und das Klima wieder wärmer wurde, kam der Wald vor ca. 10 000 Jahren zurück und bildete nach und nach einen Urwald aus Laubbäumen wie Buchen, Eichen, Ahorn und Eschen. Nur in den Gipfellagen fand man Bergfichtenbestände.

Das änderte sich im Mittelalter durch den Bergbau und das Hüttenwesen. Die Wälder wurden großflächig gerodet, wie die Ortsnamen auf ›-rode‹ belegen. Als das Holz knapp und der Harz seinem Namen kaum noch gerecht wurde, sah sich die Obrigkeit genötigt, gegen diese erste Umweltkatastrophe einzuschreiten. Es war der Beginn des modernen Forstwesens, und man pflanzte zur Wiederaufforstung ab dem 18. Jh. auch in tieferen Lagen großflächig Fichten an, die schnell und gerade wachsen. Zudem brachte ihr Einsatz im Grubenbau auch Sicherheitsvorteile, denn wenn der Druck auf Fichtenholz zu groß wird, fängt es an zu knirschen und sich zu verdrehen – ein Warnsignal an die Bergleute, das Revier zu verlassen. Hartholz hingegen hält dem Druck stand oder zerbricht ohne Vorwarnung.

Da der Harzer Bergbau mittlerweile zum Erliegen kam, ist für die Fichtenäcker der heutigen Zeit nur noch ihr schneller und gerader Wuchs maßgebend. Insbesondere im Oberharz bedecken diese Wirtschaftswälder riesige Areale und verhüllen in ihrer dunklen Eintönigkeit alle landschaftlichen Konturen. Da die angepflanzten Sorten nicht im Harz heimisch waren, sondern eher ins klimatisch mildere Flachland gehörten, kam es immer wieder durch Stürme, Borkenkäfer und in neuerer Zeit zudem durch den sauren Regen zu erheblichem Waldsterben.

## Zurück zur Natur

Nachdem Sachsen-Anhalt 1990 und Niedersachsen 1994 jeweils eine Schutzzone um das Brockenmassiv eingerichtet hatten, fiel zum 1. Januar 2006 auch diesbezüglich eine Grenze: Der erste länderübergreifende Nationalpark war geschaffen, in dem Flora und Fauna der Harzwälder sich nun ungestört entwickeln sollen. Wo der Mensch nicht mehr eingreift, kann man den Prozess der Renaturierung bereits beobachten. Zwischen dem Totholz allmählich absterbender Nadelbaumbestände finden sich schon wieder frische Triebe vieler Laubbaumarten, die ihre alten Standorte zurückerobern.

Im Unterharz gewinnt man einen Eindruck von den ursprünglichen Waldbeständen, die sich in Zukunft auch im Nationalpark wieder entwickeln sollen, denn hier existieren noch viele Misch- und auch reine Laubwälder. Letztere erfreuen im Frühjahr zudem mit zahlreichen Frühblühern wie Anemonen, Leberblümchen oder Buschwindröschen. Auch in den weiten Bachauen sind verschiedentlich Auwälder erhalten, in denen Eschen- und Weidenarten gedeihen. Auf sonnigen Hängen und in weiten Talböden lockern blumenreiche Wiesen die dominierenden Waldgesellschaften auf, und in den Quellgebieten der Bachläufe finden sich Moore.

## Die Fauna der Harzwälder

Der Wildreichtum der Harzwälder lockte schon in vorhistorischer Zeit Jäger in die unzugängliche Bergwelt. Auch heute bietet der Harz zahlreichen Tieren einen wichtigen Lebensraum. Doch trotz der großen Anzahl sind sie im Wald oft nur schwer zu beobachten. Reh- und Rotwild kann man recht häufig antreffen, gelegentlich vielleicht noch das seit 1906 im Harz heimische Wildschaf oder Mufflon. Auch Wildschweine kommen in der Harzregion zahlreich vor. Unter den Raubtieren des Harzes ist der Fuchs am häufigsten anzutreffen, Dachs und Marder seltener. Zudem konnte die scheue Wildkatze hier überleben. Der Waschbär ist dagegen ein neuer Bewohner, dessen schnelle Ausbreitung mit Sorge beobachtet wird. Die großen Raubtiere, also Bär und Wolf, wurden schon vor Jahrhunderten ausgerottet, ebenso wie der Luchs. Letzterer feiert heute ein glänzendes Comeback als Aushängeschild der Harznatur.

## Rückkehr der Luchse

Nachdem 1816 der letzte Luchs erlegt worden war, dauerte es bis zum Jahr 2000, dass diese Großkatze wieder im Harz auftauchte. Bis 2006 wurden nach und nach 24 Luchse ausgewildert und beobachtet. Bis 2010 wurden 18 Verluste registriert, denen allerdings 86 in Freiheit geborene Jungtiere gegenüberstehen. Auch die Fressgewohnheiten der Raubtiere mit den Pinselohren wurden genau studiert. Neben kleineren Säugetieren reißen die Luchse besonders Rehe, gelegentlich auch Rothirschkälber, Schafe und Ziegen. Deren Besitzer werden natürlich entschädigt. Wer die scheuen Tiere sehen will, hat die Möglichkeit, das Schaugehege bei der Waldgaststätte Rabenklippe (s. u.) südlich von Bad Harzburg zu besuchen.

Auch der Auerhahn wurde im Harz wieder angesiedelt, nachdem er zu Beginn des 20. Jh. ausgestorben war. Seit 1978 wurden die etwa gänsegroßen Tiere gezüchtet und ausgewildert. Fast 1000 Auerhähne und -hühner sind so in die Freiheit entlassen worden; ihr Bestand unterliegt aber dennoch deutlichen Schwankungen. In der ehemaligen Auswilderungsstation im Herzberger Ortsteil Lonau lassen sich die schönen Vögel beobachten. Vom Dorfgemeinschaftshaus führt ein Spazierweg zu drei Volieren (s. S. 282).

### Luchsschaugehege an der Rabenklippe
Das erste hier im Jahr 2000 eingezogene Luchspaar ist mittlerweile gestorben, jetzt ist die zweite Generation mit Pamina und Tamino zu erleben. Erfreulicherweise hat Pamina seit 2013 Nachwuchs und auch Tamino ist nicht mehr Junggeselle. Die beiden Kleingruppen sind in zwei Gehegen zu beobachten, was bei den scheuen Tieren aber nicht immer gelingt.
Wer sichergehen will, besucht eine öffentliche Fütterung, bei der man auch etwas über die Tiere erfährt (ganzjährig Mi und Sa 14.30 Uhr, Eintritt frei, Spende erwünscht, s. S. 169). Die 3- bis 4-stündige Wanderung zur Rabenklippe ist unter www.luchsprojekt-harz.de beschrieben. Bei schlechtem Wetter kann man auch die umfangreiche Ausstellung zum Luchs im Haus der Natur in Bad Harzburg (Kurpark) besuchen oder den ›grünen Harzer‹, einen Erdgas-Bus Nr. 875 zur Rabenklippe benutzen (April–Mitte Nov. 5 x tgl.).

# Das Bodewerk – Harzwasser für Mitteldeutschland

**Im Windschatten des ›Regenfängers‹ Harz liegen relative Trockengebiete, deren Niederschläge für die Versorgung von Ballungsräumen nicht ausreichen. Fernwasserleitungen aus dem Harz versorgen sie: Das Bodewerk stellt dabei das größte Trinkwasserreservoir Deutschlands dar.**

## Von der Planung ...

Um 1890 entstanden erste Pläne einer Bodetalsperre zur Stromerzeugung. Bei Thale sollte eine 150 m hohe Staumauer das Tal abriegeln, sodass die spektakuläre Bodeschlucht auf 19 km Länge untergegangen wäre – und mit ihr Altenbrak und Treseburg. Bereits 1900 kam die Idee eines Systems von vier Stauseen zwischen Königshütte und Thale auf, in der man die Aspekte Energiegewinnung und Hochwasserschutz kombinierte. Nach weiteren zehn Jahren berücksichtigte ein neuer Entwurf auch die Trinkwasserversorgung und verwarf den Stausee bei Thale. Nun sollten Vorsperren in Warmer und Kalter Bode den Hochwasserschutz in die oberen Flussläufe verlagern. Besonders die Schneeschmelze im Brockengebiet führte zu regelmäßigen Überschwemmungen. Während des verheerenden Hochwassers im Jahr 1925/26 wälzten sich statt der üblichen 4–5 m³ etwa 330 m³/Sek. zu Tal.

## ... zur Verwirklichung

Nach Gründung der DDR griff man die Idee Bodewerk wieder auf, und 1952

**Wasserreservoir für Mitteldeutschland: die Rappbodetalsperre**

erfolgte die Grundsteinlegung für die Rappbodetalsperre, das Kernstück des Systems. Als die Staumauer am 7. Oktober 1959 pünktlich zum 10. Jahrestag der DDR eingeweiht wurde, hatte man etwa 850 000 m³ Beton verarbeitet. Auf einer Sohlenbreite von 80 m und auf einer Länge von 415 m war die mit 106 m höchste Gewichtsstaumauer Deutschlands entstanden. Ihr Inneres durchziehen 2,5 km Kontrollgänge, Messinstrumente zeigen mögliche Veränderungen in der Außenhaut an. Stahl wurde nicht verwendet, um Korrosionsprobleme auszuschalten; man geht bei einer solchen Konstruktion von etwa hundert Jahren Lebensdauer aus.

Im unbesiedelten Tal dahinter entstand der heutige, weit verzweigte Stausee, der gut 100 Mio. m³ Wasser fasst. Während die Staumauer wuchs, wurden auch die vier Vorsperren sowie der knapp 2 km lange Überleitungsstollen von Königshütte begonnen. Als jüngster Teil des Bodewerks entstand 1966/67 die Talsperre Wendefurth, die dem Hochwasserschutz und zugleich dem Pumpspeicherkraftwerk Hohenwarte dient. Einzig die Warme Bode erhielt keine Vorsperre; das dafür ausersehene Gebiet lag damals im ›Feindesland‹, und die BRD-Regierung sah sich nicht zu solcher Gefälligkeit veranlasst.

## Vom Harz nach Halle – die Fernwasserleitungen

Heute wird das Wasser der Bode und ihrer Nebenflüsse in den Vorsperren gesammelt, von grobem Material gereinigt und zur Rappbodetalsperre geleitet – bis auf einen ›Rest‹ von 2 m³/Sek., der den natürlichen Weg durch die Bode nimmt. Täglich werden 140 000 m³ Wasser durch ein Kraftwerk und dann zur Aufbereitungsanlage bei Wienrode geschickt, wo die Fernwasserleitungen nach Magdeburg und Halle beginnen.

Besonders eindrucksvoll überblickt man die Rappbodetalsperre vom Parkplatz der Urania (s. S. 214), schöne Wanderungen zum Stausee lassen sich ab Hasselfelde unternehmen, und das ›gerettete‹ Bodetal zwischen Treseburg und Thale ist ohnehin ein »Muss« jeder Harzreise.

# »Herr Heinrich saß am Vogelherd« – die Wiege des Deutschen Reiches

Am Ostrand des damaligen christlichen Abendlandes wird Sachsen im 10. Jh. zum Ausgangspunkt der ersten deutschen Reichsgründung – die politische Peripherie rückt für ein Jahrhundert ins Zentrum. Eine Blütezeit beginnt, die in der gesamten Region bis heute Spuren hinterlassen hat.

## Das Ende der Franken

Kaum hundert Jahre nach dem Tod Karls des Großen war das Fränkische Reich in drei Teile zerfallen, und Karls Nachfahren hatten die Macht im Ostfränkischen Reich an den erstarkenden Hochadel verloren.

Eine wichtige Rolle bei dieser Entwicklung spielten die wiederholten Angriffe von Normannen und Ungarn an der Ostgrenze des Landes, gegen die sich die Zentralgewalt zunehmend als unfähig erwies. Innerhalb der Stammesgebiete der Bayern, Thüringer, Franken, Schwaben und Sachsen nutzten daher führende Adelsfamilien ihre Heeresdienste für das schwache Reich dazu, ihre politische Stellung auszubauen und fortan den Herzog-titel zu tragen. Als solche herrschten sie faktisch wie Könige über ihre Territorien. Der 911 von diesen Stammesherzögen zum König gewählte Konrad von Franken versuchte denn auch vergeblich die Zentralgewalt wieder zu stärken.

## Sagenhafter Heinrich

In der Einigungspolitik gescheitert, bestimmte Konrad den mächtigsten Sachsenherzog zu seinem Nachfolger, den Liudolfinger Heinrich. Der Sage nach befand sich dieser auf der Vogeljagd in seinen Harzer Stammlanden, als ihn im Jahre 919 die Nachricht seiner Wahl erreichte. Wo dieser ›Vogelherd‹ genau lag, ist zwar nicht sicher, allerdings beanspruchen die Quedlinburger den legendären Ort für sich, wie der Straßenname ›Finkenherd‹ am Fuße des dortigen Burgbergs belegt.

Anders als die Sage es überliefert, wurde Heinrich nicht mit Zustimmung aller Stammesherzöge zum König erhoben, sondern zunächst nur durch die Franken und Sachsen. So musste Heinrich nicht nur die übrigen Herzöge in Lehnsverhältnisse zur Krone drängen, sondern hatte in Arnulf von Bayern auch einen Gegenkönig vom Thron zu stoßen. Letztlich aber spielte der Erfolg seiner ›Ostpolitik‹ die wichtigste Rolle für den Bestand des jungen Reiches: Nachdem er von den Ungarn einen Waffenstillstand erkauft hatte, stellte Heinrich ein Heer gepanzerter Reiter auf und ließ zahlreiche befestigte Burgen entlang der Ostgrenzen errichten, die er mit Gefolgsleuten besetzte. 928/29 konnten entlang der Elbe und an der Havel

**In der Stiftskirche Quedlinburg wurde Heinrich einst begraben**

verschiedene Slawenstämme unterworfen werden, und 933 wurden die Ungarn in der Schlacht an der Unstrut vorläufig zurückgeschlagen.

## Genialer Otto

Nach Heinrichs plötzlichem Tod 936 fand er auf dem Burgberg von Quedlinburg, seiner Lieblingspfalz, die letzte Ruhestätte. Die Königswahl seines Sohnes Otto I. durch die Großen des Reiches verlief einstimmig, dennoch musste dieser wenige Jahre später Aufstände der Herzöge niederschlagen, die Herzogtümer fielen an Gefolgsleute Ottos. Auch nach außen war Otto als Heerkönig erfolgreich: 955 wurden die Ungarn in der legendären Schlacht auf dem Lechfeld bei Augsburg vernichtend geschlagen. Auf zwei Zügen über die Alpen konnte Otto die politischen Wirrnisse in Italien für sich ausnutzen.

Gegen die Zusicherung, den römischen Kirchenstaat zu schützen, wurde er 962 von Papst Johannes XII. zum Kaiser gekrönt. Das deutschrömische Kaisertum war damit begründet und sollte später unter dem Namen »Heiliges Römisches Reich Deutscher Nation« firmieren. Mit dem Oströmischen Reich, dessen süditalienische Gebiete nun direkt an Ottos Einflussbereich grenzten, kam es nach Waffengängen letztlich zur gegenseitigen Gebietsanerkennung. Diplomatisch wurde dies 972 durch die Vermählung des Kaisersohnes Otto II. mit Theophanu besiegelt, einer Nichte des oströmischen Kaisers. Theophanu brachte später als Kaiserin die byzantinische Kunst und Kultur in die Pfalzen der Harzregion und spielte zeitweilig als Regentin für ihren minderjährigen Sohn Otto III. eine Rolle in der Reichspolitik.

Nördlich der Alpen schwächte Otto die Macht der Herzöge zunehmend durch die Einsetzung geistlicher Reichsbeamter in Grundherrschaften. Die Ehelosigkeit dieser Bischöfe und Äbte verhinderte die Erblichkeit ihrer Güter, sodass der Kaiser die Kontrolle darüber behielt. Bei seinem letzten großen Reichstag, 973 in Quedlinburg, war Otto der Große auf dem Höhepunkt seiner Macht angelangt. Nach seinem Tod im selben Jahr blieb der Harz noch weitere hundert Jahre Kernland des Reiches und erfuhr eine politische und wirtschaftliche Bedeutung, die die Region bis heute nicht wieder erlangt hat.

## Das Erbe der Ottonen

An vielen Orten rings um den Harz kann man dem Erbe dieser vergangenen Blütezeit begegnen. Frühromanik ist erhalten in der **Stiftskirche St. Cyriakus** in Gernrode und der **Klosterkirche St. Wiperti** in Quedlinburg. Byzantinische und mittelalterliche Kunst der Ottonenzeit beherbergen die Kirchenschätze in der **Stiftskirche von Quedlinburg** und dem **Halberstädter Dom**. Das Leben der Wanderkaiser veranschaulicht das **Freilichtmuseum Königspfalz Tilleda** am Kyffhäuser, und eine Ausstellung zur Geschichte der Ottonen, »Portal zur Geschichte«, wird in der **Stiftskirche Bad Gandersheim** (Di-So 11–17 Uhr, Nov.–Feb. nur 12–16 Uhr, 3 €) gezeigt. Die **»Straße der Romanik«** führt zu weiteren Baudenkmälern der ersten Jahrhunderte deutscher Geschichte. Auch im **Schlossmuseum auf dem Burgberg von Quedlinburg** wandert man »Auf den Spuren der Ottonen« und die Ausstellung »Geschichte und Propaganda« erläutert den missbräuchlichen Umgang der Nationalsozialisten mit der ottonischen Vergangenheit.

## Der »Satan von Allstedt« – Luthers Gegenspieler Müntzer

Thomas Müntzer bei einer Predigt (Holzschnitt aus Johann Lichtenberger, Prophecien und Weissagungen, 1527)

**Mit seinen Wittenberger Thesen trat Luther 1517 eine Protestbewegung gegen die korrupte Papstkirche und ihre Ablasspolitik los, die bis zu seiner Ächtung auf dem Reichstag zu Worms 1521 alle Reformwilligen vereinte. Mit Luthers Flucht auf die Wartburg verlor diese Bewegung jedoch ihre Leitfigur.**

## Getrennte Wege

Während Luther unter dem Schutz des Fürsten Friedrich der Weise versteckt auf der Wartburg mit der Übersetzung der Bibel ins Deutsche begann, verbreitete sich draußen die protestantische Bewegung, spaltete sich jedoch auch zugleich. Die einen gaben sich mit kirchlichen Reformen zufrieden und bezogen die Forderung Luthers nach der »Freiheit eines Christenmenschen« ausschließlich auf den religiösen Lebensbereich, wohingegen andere einen Schritt weiter gingen und darunter auch den Ruf nach gesellschaftlichen Veränderungen verstanden. Zu Letzteren gehörte Thomas Müntzer, der zum bedeutenden Gegenspieler Luthers wurde.

Thomas Müntzer, um 1489 in Stolberg geboren, traf nach Studium und Priesterweihe 1519 in Wittenberg auf den Reformator, an dessen Vorlesungen und Disputationen er teilnahm. Bald entwickelte Müntzer eigene Ideen, die ihm Zurechtweisungen, später die Ablehnung Luthers eintrugen. Ein Streitpunkt war Müntzers Auffassung von der »lebendigen Offenbarung«, nach der jeder Gläubige ohne die

Vermittlung von Priester und Bibel das Wort Gottes in sich trage: Eine solche Emanzipation in Glaubensdingen war weder den Obrigkeiten noch den Lutheranern geheuer.

## Müntzer in Allstedt

Mit Müntzers Amtsantritt 1523 in der St. Johanneskirche von Allstedt beginnt die bedeutendste Phase seines Wirkens. Er krempelte das kirchliche Leben in der kleinen Ackerbürgerstadt um, predigte auf Deutsch und führte den – noch heute üblichen – Gemeindegesang ein. Er übersetzte Liturgie und Kirchenlieder in der »Deutschen Messe« und ließ seine Schriften in der eigenen Druckerei vervielfältigen. Zu den brisantesten gehört seine »Fürstenpredigt«, 1524 in der Schlosskapelle von Allstedt vor dem kursächsischen Herzog Johann gehalten. Er versucht ihn darin von seinen Reformen zu überzeugen und wagt sogar die offene Drohung: Wo Fürsten nicht »das Christentum mit uns bekennen, wird ihnen das Schwert genommen werden.« Dies verweist auf Müntzers Nähe zu den Bauernunruhen, die auch in Allstedt bereits schwelten. Ein Protest gegen klösterliche Abgaben und der folgende Brand der Klosterkapelle – von Müntzer als »Spelunke der Abgötterei« bezeichnet – eskalierten 1524 zur bewaffneten Konfrontation. In seiner »Bundespredigt« rief Müntzer zum Zusammenschluss aller Gläubigen auf: Der Allstedter Bund, 1523 gegründet, erhielt großen Zulauf und zählte bereits ein Jahr später über 500 Mitglieder aus Allstedt und Umgebung. Der Kurfürst verbot den Bund und den Gottesdienst Müntzers.

**Panorama-Museum**
Die Schlacht wird in Werner Tübkes Rundgemälde bei Bad Frankenhausen eindrucksvoll in Szene gesetzt. Panorama-Museum, Tel. 034671 61 90, www.panorama-museum.de, April–Okt. Di–So 10–18, Juli/Aug. auch Mo 13–18, Nov.–März bis 17 Uhr, 6 €.

## Von der Kanzel in den Krieg

Nach Verhören floh Müntzer vor der Verhaftung nach Mühlhausen, wo er 1525 mit den süddeutschen Bauernaufständen in Kontakt kam. Luther, der in Müntzer inzwischen den »Satan von Allstedt« sah, predigte derweil »Wider die räuberischen und mörderischen Rotten der Bauern«. Im April erreichten die Unruhen Thüringen. Müntzer setzte sich an die Spitze der Aufständischen, die am 15. Mai in der Schlacht bei Frankenhausen vom Heer der Fürsten vernichtend geschlagen wurden – die Anführer, darunter Müntzer, wurden nur Wochen später hingerichtet. Damit waren in der Harzregion die Bauernkriege beendet.

# Der »Sachsenspiegel« – Ursprung der deutschen Rechtsprechung

**Auf dem Vorgelände der Burg Falkenstein erinnert ein Gedenkstein an den ›Spiegler‹ Eicke von Repgow. Er gilt als der ›Vater‹ der Rechtsprechung und der Prosa in deutscher Sprache.**

Im »Sachsenspiegel« schrieb um 1230 Eike von Repgow auf Anregung des ansässigen Grafen ein bis dato mündlich überliefertes sächsisches Gewohnheitsrecht auf Deutsch nieder, das zunehmend konkurrierenden ausgesetzt war: Nach dem Decretum Gratiani galt der Grundsatz, wo kein geschriebenes Recht existiere, hätten die tradierten Sitten der Väter Gültigkeit. Seit das Kirchenrecht um 1140 erstmals vollständig schriftlich erfasst war, verloren regionale Rechtstraditionen an Boden. Im Gebiet um den Harz bestanden zudem verschiedene Heimatrechte nebeneinander, bedingt durch die von den Ottonen hierher geholten Siedlergruppen. Diese besaßen nach damaliger Auffassung per Geburt und Zugehörigkeit ein jeweils eigenes Recht, das neben dem der Sachsen weiterbestand. Das Bedürfnis nach Vereinheitlichung und zugleich Abgrenzung vom Kirchenrecht kam also von zwei Seiten. So wurde das Recht der Sachsen nun schriftlich wiedergegeben, ›gespiegelt‹.

## Weitreichende Wirkung

Es ist zwar nicht belegt, aber naheliegend, dass der Edelfreie Eike von Repgow bei seinem Lehnsherrn auf der Burg Falkenstein arbeitete. Der ›Spiegler‹ muss eine vermutlich theologische Bildung genossen haben und wird in verschiedenen Rechtsdokumenten des frühen 13. Jh. genannt. Mehr ist über den Verfasser, der etwa von 1180 bis 1235 gelebt hat, nicht bekannt.

Der »Sachsenspiegel« wurde somit das erste Prosawerk in deutscher Sprache. Unzählige Male kopiert und glossiert, wirkte sich diese ›private‹ Gesetzessammlung, der nie eine herrschaftliche Anerkennung zuteil wurde, auf spätere Gesetzeswerke von Holland bis nach Osteuropa aus, dort besonders im Gebiet des Deutschen Ordens.

Im »Sachsenspiegel« wird zwischen Land- und Lehnsrecht unterschieden. Während letzteres in 78 klar umrissenen Artikeln das Verhältnis zwischen Lehnsherrn und Vasallen umschreibt, enthält das Landrecht u. a. Elemente des Familien- und Erbrechts, des Verfassungs- und Strafrechts. Es behandelt den Wahlvorgang bei der Amtseinsetzung von Königen wie auch Vorfahrtsregeln auf Landstraßen – ein wahrhaft umfassendes Werk. Nicht genannt wird das Stadtrecht, das sich zu dieser Zeit erst entwickelte und nicht den Status gewohnheitsmäßiger Sitten hatte. So traten die Kodizes bedeutender Städte wie Magdeburg bald neben den »Sachsenspiegel« und füllten diese Lücke. Im mitteldeutschen Raum wurde noch bis ins späte 19. Jh. auf dieser Grundlage Recht gesprochen.

# Das KZ Mittelbau Dora – mörderische Wiege der Raumfahrt

Bei Bombenangriffen der Royal Air Force auf Nordhausen am 3. und 4. April 1945 wurden 74 % der Innenstadt zerstört und 8800 Menschen kamen zu Tode, was einem Anteil von 21 % der Bewohner entspricht. Auch in der Boelcke-Kaserne starben sehr viele Menschen, deren Tod aber ohnehin beabsichtigt war. Denn in dieses Außenlager des KZ Mittelbau-Dora kam nur, wer bereits als »unbrauchbar« abgestempelt war: nun ein Todeslager in doppelter Hinsicht.

## Zwangsarbeit und Vernichtung

Der Tod war auch sonst in der Umgebung von Nordhausen – im Zentrum des Reiches – allgegenwärtig, denn eines von über 40 Außenlagern und Arbeitskommandos des KZ Mittelbau befand sich in nahezu jedem Ort. Von den rund 60 000 Häftlingen kamen 20 000 zu Tode. Das Zentrum des KZ war das Lager Dora, am Südhang des Kohnsteins gelegen.

In dem Anhydritgestein des Berges hatte man schon ab 1936 (weitsichtig) ein riesiges Stollensystem als unterirdisches Treibstofflager geschaffen, das durch eine 70 m dicke Gesteinsschicht geschützt war. Als am 17./18. August 1943 die Produktionsanlagen der von Goebbels propagierten Vergeltungswaffe, der V2-Rakete, in Peenemünde durch Luftangriffe zerstört wurden, begannen bereits zehn Tage später Aufräumarbeiten im Kohnstein und unmittelbar danach die Neu-Errichtung dieser kriegswichtigen Raketenfabrik im sicheren Berg. Auf dem angrenzenden Gelände davor wurde das Konzentrationslager angelegt, in dem die unter unmenschlichen Bedingungen zur Arbeit gezwungenen Häftlinge vegetierten.

Auch viele Techniker, Ingenieure, Meister und Facharbeiter wurden von der Ostsee in den Harz umgesiedelt, um die Arbeit in der Fabrik voranzutreiben und Endabnahmen durchzuführen. So waren bis zu 5000 deutsche Arbeiter mit 6000 Häftlingen in der Serienproduktion eingesetzt, weitere knapp 1000 Offiziere und Soldaten überwachten die Produktion. Selten dürfte es dabei kollegial zugegangen sein, Übergriffe auf die Häftlinge, Hinrichtungen und Ermordungen waren an der Tagesordnung. Nicht jeder der deutschen ›Kollegen‹ war vielleicht mit dieser Behandlung einverstanden, dachte aber vermutlich auch zuerst an sich selbst: Wer sich für einen misshandelten Gefangenen einsetzte, wurde selbst zum Häftling.

## Die Produktion der V2

Schon im Januar 1944 verließen die ersten V2-Raketen den Kohnstein, insgesamt wurden hier fast 6000 Stück produziert. Eingesetzt wurden sie gegen London, über Zielen in Belgien und Frankreich. Makaber ist, dass es bei der Produktion der Waffe sogar mehr Opfer gab als bei ihrem Kriegseinsatz.

Der ›Vater‹ der V2 und Chefingenieur der NS-Waffenschmiede, Wernher von Braun, soll entsetzt gewesen sein, als er von den Einschlägen in London erfuhr. Das überrascht, denn ihm konnte nicht entgangen sein, dass die gute Besoldung und Befreiung vom Kriegsdienst einiger hundert Ingenieure und Techniker nicht der Verwirklichung seiner privaten Raketenträumereien galt. Auch was ein KZ war, dürfte ihm bekannt gewesen sein, denn es existiert mit Datum des 15. August 1944 ein Brief von ihm, der belegt, dass er sich »in Buchenwald einige weitere geeignete Häftlinge ausgesucht« und beim Kommandanten des KZ »ihre Versetzung in das Mittelwerk erwirkt« habe. Und auch im Mittelbau selbst hielt er sich 15- bis 20-mal auf, wie er gegenüber amerikanischen Untersuchungsbehörden 1969 einräumte. Nicht berichtet hat er offenbar, was der polnische Häftling Adam Cabala bezeugt: »Neben der Ambulanzbude lagen tagtäglich haufenweise die Häftlinge, die das Arbeitsjoch und der Terror zu Tode gequält hatten. Prof. Wernher von Braun ging daran vorbei, so nahe, dass er die Leichen fast berührte.« Offenkundig war ein solch Menschen verachtendes Verhalten seinerzeit normal, denn auch andere Wissenschaftler, Offiziere und Vertreter der Industrie besichtigten die Produktion in der Fabrik – ohne ein Wort des Protestes. Ausgerechnet der damalige Reichsminister für Bewaffnung und Munition Albert Speer empfand hingegen bei seinem Besuch am 10. Dezember 1943 die hohe »Sterblichkeit« als »störend«, da »produktionshemmend«.

Als die Amerikaner am 11. April 1945 das Lager Mittelbau Dora befreiten, fanden sie nur einige Hundert Kranke und Sterbende vor, denn die Mehrheit der Häftlinge war auf Todesmärsche durch den Harz geschickt worden, wo viele der ausgezehrten Menschen an Erschöpfung zugrunde gingen.

## Forscher und Opportunisten

Die Fabrik im Kohnstein wurde von den Alliierten systematisch nach verwertbarer Waffentechnologie durchforstet. Der Löwenanteil wurde in die USA exportiert, doch fanden auch die später eintreffenden Sowjets noch Brauchbares. Ähnlich verfuhr man mit den Spezialisten, die bald ohne viel Federlesen in ihre neuen ›Heimatländer‹ integriert wurden: Wernher von Braun ergab sich zielgerichtet den Amerikanern, um gemeinsam mit vielen früheren Peenemünder Kollegen weiter an seinem Traum zu basteln. Auch die Russen bekamen ihre deutschen Raketenfachleute, wie Helmut Gröttrup. Man kann nicht erwarten, dass irgendeiner dieser Spezialisten bei seiner weiteren ›rein wissenschaftlichen‹ Forschung irgendwann einmal über den Begriff ›Kalter Krieg‹ gestolpert wäre. Sie waren lupenreine Opportunisten, oder, um es mit Brechts »Galilei« zu sagen: »ein Geschlecht erfinderischer Zwerge, die für alles gemietet werden können«.

Die Eingänge in den Kohnstein wurden nach dem Krieg gesprengt, die Stollen dahinter haben hingegen Weltkrieg und Kriegsende überstanden. Doch inzwischen sind Teile der unterirdischen Fabrik zerstört, denn das Deckgebirge von ehemals 70 m Mächtigkeit ist heute nur noch 30 m dick: Die Treuhand hatte den Berg nach der Wende an eine Firma veräußert, die Anhydrit abbaut. Da die Stollen mittlerweile unter Denkmalschutz stehen, ist dieser Konflikt ausgestanden.

### Führungen
Im Rahmen einer Führung kann man die KZ-Gedenkstätte Mittelbau-Dora besichtigen. Das Außengelände ist auch ohne Führung einsehbar.
**Besucherinformation:** Tel. 03631 495 80, www.dora.de, Nov.–Feb. 10–16, März–Okt. 10–18 Uhr, Mo immer geschl.; (kostenlose) Führungen Di–Fr 11 und 14, Sa/So 11, 13, 15, März–Okt. auch 16 Uhr, Dauer 90 Min.

### Spuren der Todesmärsche
Die Arbeitsgemeinschaft »Spurensuche« hat Überlebende befragt und die Todesmärsche erforscht. Entlang der Routen von Osterode nach Oker und von Wieda nach Wernigerode wurden Gedenkstelen errichtet, die der gestorbenen oder erschossenen Opfer gedenken. Näheres zu dieser beeindruckenden Vergangenheitsbewältigung unter www.spurensucheharz.de.

# Nach der Wende – Harzorte in West und Ost

**Den Blick nach vorn gerichtet: Sommerrodelbahn in Wippra**

**Die gesellschaftlichen Veränderungen der letzten Jahrzehnte haben im Harz ihre Spuren hinterlassen. Nach der Wende mussten sich nicht nur im Osten die Menschen auf so manche neue Gegebenheit einstellen. Zwei Beispiele illustrieren dies.**

## Bad Grund

Im Jahr 1992 wurde der Bergbau in Grund – betrieben seit 1317 – eingestellt, obwohl die Erzlager noch für 20 bis 40 Jahre Förderung gereicht hätten. Zwar galt die Grube noch in den 1980er-Jahren als eine der modernsten weltweit, dennoch fällte die Preussag das Urteil ›unrentabel‹, nachdem die internationale Konkurrenz zunehmend billigere Erze auf den Markt warf. So gab es für die Grube ›Hilfe Gottes‹ keine Hilfe mehr. Heute ist die letzte Schachtanlage Knesebeck ein Museum.

Auch die Grenzöffnung nebenan wirkte sich eher negativ auf die Entwicklung aus. Man war nicht mehr Zonenrandgebiet, doch wer auch immer auf dieser Basis Fördergelder erhalten hatte: Sie wurden gestrichen. Tages- und Wochenendtouristen blieben aus; sie erkunden auf ihren Ausflügen jetzt den Ostharz oder die neuen Bundesländer, das Angebot war eben größer geworden. Umgekehrt jedoch stellte sich kein andauernder neuer Besucherstrom ein, zog es die DDR-Bürger eher in fernere Gebiete oder dank massenhafter Freisetzung aus ›Lohn und Brot‹ gar nicht mehr in die Fremde.

Einen weiteren Bruch im wirtschaftlichen Gefüge ergab das veränderte

Kurverhalten. Früher ließ man sich bereits mit 40 oder 50 Jahren zu Bade-, Kneipp- oder Trinkkuren verschicken: Das förderte die Gesundheit, kostete meist keine Urlaubstage und wurde weitgehend durch die Krankenkasse getragen. Heute ist der Eigenanteil für solch eine Kur erheblich höher, die Genehmigungspraxis zurückhaltender, und die Kurorte konkurrieren europaweit. Zudem ist das Wetter weiter südlich sonniger und Fliegen wird immer billiger. In Bad Grund brach der gesamte Kurbetrieb mehr oder weniger zusammen, die Kuranlagen waren insolvent und wurden privatisiert. Abwanderung war die Folge, und die Altersstruktur im Ort änderte sich, denn die älteren Bewohner blieben.

Ein Verein zur Förderung des Tourismus übernahm inzwischen den Kurbetrieb. Die zuvor öffentlich Bediensteten wurden unter neuen Bedingungen möglicherweise wieder angestellt. ›Verschlankung‹ der Bürokratie heißt der hierfür übliche Euphemismus, was letztlich nur bedeutet, dass die Betroffenen den Gürtel enger schnallen mussten.

So kommt es, dass sich mittlerweile vom Solehallenbad über die Tourist-Information bis zum Kurhaus alles in privater Hand befindet, was Besuchern des netten und durchaus besuchenswerten Ortes allerdings kaum auffallen dürfte.

## Wippra

Wer in Wippra eine Tourist-Information sucht, tut dies inzwischen vergeblich: Die Zeiten, als der FDGB-Feriendienst etliche Tausend Besucher pro Saison betreute, sind Vergangenheit, und nach der ersten Welle neugieriger Westbesucher ebbte der Strom der Urlauber in den 1990er-Jahren merklich ab. So wurde das Büro denn bald nach der Jahrtausendwende geschlossen, Tourismus findet nur noch in kleinem Rahmen statt.

Traditionell hatten die Wippraer jahrhundertelang vor allem von Forst- und Landwirtschaft gelebt, seit dem Bau der Wippertalbahn waren auch die Kupferschiefer-Reviere im Mansfelder Land erreichbar, und so mancher Kumpel kam aus dem Wippertal. Doch bereits zu DDR-Zeiten verlagerte sich der Bergbau Richtung Sangerhausen, und Wippra wurde nun zum Erholungsort ausgebaut, in das die Werktätigen zum Wandern und Baden kamen.

Das Besuchertief der Nach-Wendezeit nahm man in Wippra nicht tatenlos hin. Eine Mischung aus kommunaler und privater Initiative stellte in den letzten Jahren ein kleines Repertoire touristischer Angebote vor, allen voran die Museumsbrauerei, die Sommerrodelbahn und seit 2011 der Kletterpark. Wie vielerorts im Osten wurden öffentliche Mittel in die Verbesserung des Ortsbildes investiert. Auch alteingesessene Freizeiteinrichtungen wurden erhalten, etwa das charmant-schlichte Freibad oder der naturkundliche Lehrpfad nahe der Wippertalsperre.

Und dennoch: Wer sich heute als Tourist nach Wippra verirrt, findet ein verschlafenes Dörfchen vor. Und auch das Bürgermeisteramt, in dem wir noch so tatkräftig in unseren Recherchen unterstützt wurden, hat nun seine Tore geschlossen: Seit 2008 ist Wippra kein eigenständiger Ort mehr, sondern als Stadtteil von Sangerhausen eingemeindet worden. Doch trotz alledem: Irgendwie ist Wippra einer unserer Lieblingsorte, den wir bei einer Harzreise immer wieder gern besuchen.

# Kunst im Bergbau

In der Bergmannssprache steht der Begriff ›Kunst‹ für die Erfindungen und Techniken, die es den Menschen ermöglichten, lange vor der Industrialisierung hunderte Meter tief und kilometerweit in den Berg vorzudringen. Diese Kunst prägt auch heute noch die Kulturlandschaft des Harzgebirges mehr als jede Kunstrichtung im engeren Sinne.

Nachdem bereits seit dem 9. Jh. Erze im Unterharz und bei Goslar abgebaut wurden – ab 1200 auch im Oberharz –, kam der Bergbau vom 14. bis zum Beginn des 16. Jh. fast zum Erliegen. Gründe hierfür stellten Pestepidemien dar, politische Wirren und technische Probleme. Letztere waren am ehesten zu lösen. Die ab 1520 einsetzende Blütezeit des Harzer Bergbaus führte zu mehreren wichtigen Erfindungen, die von hier aus ihren Siegeszug durch die Reviere Europas antraten. So gesehen steht die Wiege der Bergbautechnik im Harz.

## Das Problem der Wasserlösung

Je tiefer man in den Berg einfuhr, desto schwieriger wurde die **Entwässerung** von Schächten und Stollen. Anfangs schöpften Bulgenknechte das Wasser mit Ledereimern ab und reichten es, auf langen Leitern stehend, nach oben weiter. Damit konnte natürlich keine größere *Teufe* (Tiefe) erreicht werden. Daher baute man

**Ein geniales technisches Prinzip: die Wasserkunst in der Grube Samson**

Wasserlösungsstollen, die das Wasser der Schwerkraft folgend aus dem Berg führten. Sobald die Grube aber unter deren Niveau reichte, tauchte das Problem von Neuem auf. »Wasser durch Wasser heben« war die Devise.

## Wasserrecht und Bergfreiheit

Zu diesem Zweck wurde mit den Bergfreiheiten auch das ›**Wasserregal**‹ eingeführt, im Ober- wie im Unterharz. Durch Königsrecht (rex, regis, lat. = König) wurde die Nutzung der Wasserkraft gestattet, mit deren Hilfe Wasserräder angetrieben wurden, welche wiederum über Hebelkonstruktionen die ›Künste‹ antrieben. Aber das Wasser musste zunächst einmal zu den Wasserrädern geleitet werden und zwar unabhängig vom Wettergeschehen, sodass Stausysteme notwendig waren. Damit sind die Elemente des Oberharzer Wasserregals beschrieben, die noch heute vielerorts zu finden sind. Ein vergleichbares System bestand weiter östlich im Unterharz bei Harzgerode.

Im Oberharz wurden von 1530 bis 1870 120 Teiche, 500 km Gräben und 20 km Wasserläufe geschaffen, von denen heute noch 65 Teiche und 70 km Gräben sowie die Wasserläufe durch die Harzwasserwerke in Betrieb gehalten werden, die die Anlagen zur Trinkwasserversorgung nutzt. Die Gräben wurden nahezu parallel zu den Höhenlinien angelegt, während Wasserläufe zur Abkürzung der Gesamtstrecke ebenfalls nahezu horizontal durch den Berg getrieben wurden. Der Sinn dieser Bauwerke bestand darin, das Wasser möglichst »hoch zu halten«, um später die Fallenergie nutzen zu können. Kleiner Tipp am Rande: Ein Wanderer, der solch einem Graben folgt, muss niemals klettern.

Mit den so betriebenen Künsten wurde jedoch nicht nur das Wasser entfernt, sondern auch der Transport von Material und später auch Arbeitern bewerkstelligt, zudem Pochwerke zur Zerkleinerung des Erzes betrieben.

## Das Prinzip der Fahrkunst

Als der 28-jährige Goethe in seiner Funktion als Geheimer Legationsrat 1777 noch mittels Leitern in die Grube Samson eingefahren war, notierte er: »Ward mir sauer.« Obwohl er nur 400 m abgestiegen war und dort auch keine zehn Stunden geschuftet hatte.

Waren die Bergleute zunächst über Leitern, Rutschen oder an Seilen eingefahren, so stellte die Erfindung der Fahrkunst 1833 dagegen eine kaum zu überschätzende Verbesserung dar. Sie bestand zunächst wie andere Künste auch aus den Grundelementen eines hölzernen Gestänges, das über Wasserräder in Bewegung gesetzt wird, in diesem Fall vertikal und gegenläufig. An beiden Stangen sind Trittbretter angebracht, jeweils versetzt im Abstand von 3,20 m. Und so funktioniert eine Fahrt nach unten: Man betritt ein Brett A1, hält sich fest und gleitet mit ihm 1,60 m nach unten, während ein benachbartes Brett B2 gleichzeitig 1,60 m nach oben gekommen ist. Auf gleicher Höhe wird das Brett gewechselt. Nun stellt die Kunst ihre Ausgangslage wieder her, d. h. Brett A1 saust wieder 1,60 m hoch und Brett B2 mit dem Passagier weitere 1,60 m hinunter. Nun ist man bereits 3,20 m abgefahren und findet neben sich das Brett A2, das 3,20 m unter Brett A1 angebracht ist. Schnell wird gewechselt, dann geht das A-Gestänge wieder 1,60 m abwärts, das B-Gestänge entsprechend aufwärts, und so weiter. Wer jetzt noch beantworten kann, wieso der Einstieg immer auf A1 erfolgt, ein Brett B1 also fehlt, und auf gleicher Höhe kein Gegenverkehr möglich ist, hat das Prinzip verstanden.

Die Fahrkunst war für die Bergleute ein Segen, denn nun konnte die Einfahrt in der Hälfte der Zeit bewältigt werden, die Ausfahrt – auf Leitern oft mehrere Stunden nach anstrengender Schicht – verkürzte sich sogar auf ein Viertel. Auch die Zahl der Unfälle ging durch die Fahrkunst erheblich zurück, denn die Konzentration auf das Umsteigen war eher zu leisten, als nach getaner Arbeit noch zweimal per Leiter die Höhe des Empire State Building zu erklimmen.

1834 brachte die Erfindung des Drahtseils durch den Clausthaler Bergrat Julius Albert weitere Erleichterung bei der Beförderung von Mensch und Material im Bergbau. Die 1775 gegründete Bergakademie in Clausthal sorgte zunehmend für den naturwissenschaftlich und technisch qualifizierten Nachwuchs, seit 1968 als Technische Universität.

### Harzer Roller im Kanarien-Museum Sankt Andreasberg

Tiroler Bergleute brachten 1730 die ersten Kanarienvögel mit nach Sankt Andreasberg, und schnell war das Interesse für die Zucht und besonders den Verkauf der Tiere geweckt. Wilhelm Trute unterwies die ersten Kanarien im rollenden Gesang, der ihnen den Namen ›Harzer Roller‹ einbrachte. Da die Vögel schnell Geräusche nachahmen, können sie das Rollen in 4 bis 6 Wochen erlernen – so wurden auch die Spatzen verscheucht, denn tschilpende Kanarien waren weniger erwünscht. 1883 betrieben bereits gut 350 Familien die Vogelzucht, und 1888 soll ein Kanarienhahn 15 bis 24 Mark, die nicht singfähige Henne 1,50 Mark eingebracht haben. Der Tageslohn eines Bergmanns betrug zu dieser Zeit 2 Mark.

Wieso haben sich gerade Bergleute mit den Kanaris beschäftigt? Die Vögel erfreuten unter Tage nicht nur durch ihren Gesang und schufen so ein kleines Gegengewicht zur harten Arbeit, sondern sie wurden bei mangelhafter Atemluft unruhig und fingen an zu schmatzen. Ihr Hecheln nach Luft zeigte den Bergleuten, dass auch sie besser die Grube verlassen sollten. In Kohlegruben bemerkten die Harzer Roller auch eher schlagende Wetter: wenn der Methangehalt der Luft sich der Explosionsgrenze näherte. Im Ruhrgebiet waren die Vögel bis 1951, in England und Südafrika sogar noch bis 1996 im Einsatz. Und um abschließend ein Missverständnis zu beseitigen: Auch laut Duden ist der ›Harzer Roller‹ ein Kanarienvogel, während der ›Harzer‹ dort als Käseart vorgestellt wird. Dieser Handkäse wird zwar in Rollenform angeboten, darf sich aber eigentlich nicht mit dem anderweitig vergebenen Titel schmücken.

Im Museum Sankt Andreasberg (s. S. 136) ist eine typische Vogelküche aus dem 19. Jh. zu besichtigen. Eine Originalwerkstatt zeigt, wo früher die ganze Familie ›Vuchelheisle‹ für den Transport herstellte. Auch einige lebende Exemplare des Harzer Rollers sind zu sehen und zu hören (Mo–Sa 9–12.30, 13–16, So 10.30–12.30, 14–16 Uhr, Tel. 05582 12 49, 3,50 €).

**Erdgeschoss, erster Stock, Dachgeschoss: Die Bezeichnungen für eine ›Etage‹ lassen noch die Entwicklung im Fachwerkbau erkennen. Nirgendwo ist diese so vollständig nachvollziehbar wie in Quedlinburg, denn die Stadt hat nicht nur ein Fachwerkmuseum, die Altstadt ist selbst eines und gilt mit ihren über 1300 erhaltenen Fachwerkhäusern als eines der bedeutendsten Flächendenkmäler Deutschlands.**

Doch ist auch der Besuch des Fachwerkmuseums im engeren Sinne eine unbedingt lohnende Ergänzung zu ist durch dunkle Holzpfosten in senkrechte Gefache gliedert. Die von der Grundschwelle bis zum Dach reichenden Ständer werden hierbei von waagerechten Deckenbalken durchschossen, die das Gebäude in verschiedene Etagen aufteilen – in diesem Fall in zwei, selten in mehr als drei **Geschosse**. Außen ragen die Zapfen dieser Deckenbalken aus der Wand hervor, wo sie mittels senkrechter Pflöcke stabilisiert werden. Nur an der Schmalseite des Hauses ist außen ein Balken als waagerechte Teilung zu sehen. Gänzlich unsichtbar bleiben die Verstrebungen, die mehrere Gefache

# Der Fachwerkbau – Architektur aus Gerüst und Geflecht

einer Stadtbesichtigung. Auf anschauliche Weise wird in den restaurierten Räumen des fast 700 Jahre alten Holzgebäudes die Geschichte des Fachwerkes erläutert, besonders die Quedlinburger Ausprägung und Vielfalt dieser Wohnform.

## Urtyp: Der Ständerbau

Das Museumsgebäude selbst repräsentiert einzigartig die älteste Fachwerkbauweise und ist schon von außen eine genauere Betrachtung wert: Der weiß getünchte Langständerbau

**Beeindruckende Fachwerkhäuser sind überall im Harz anzutreffen, besonders viele in der Altstadt von Quedlinburg**

verbinden und die Konstruktion versteifen. Die Gefache des so entstandenen Gerüsts wurden anschließend gefüllt (»ausgefacht«), wofür in der Frühzeit Stroh-Lehm-Gemische und mit Lehm beworfene Flechtwerke aus Ästen verwendet wurden.

Eine solche »Lehmstakenausfachung« fand sich 1966 bei der Sanierung des heutigen Museumsgebäudes nur noch zu geringen Teilen, während das tragende Gerüst noch zu 65 % aus den ursprünglichen Fichtenhölzern besteht. Deren Alter wird heute auf 600 bis 700 Jahre bestimmt, sodass man als Entstehungszeit des Hauses das 14. Jh. annimmt. Das Gebäude war bis 1965 bewohnt und immer wieder verändert worden. Heute erscheint es wieder als sehr ursprünglich und schlicht.

## Erfolgsmodell: Der Stockwerkbau

Schmuckvollere Fachwerkbauten wurden auch in Quedlinburg erst mit dem Übergang zum Stockwerkbau üblich, der eine stabilere Weiterentwicklung darstellte. Die langen Ständer – eine Schwachstelle der alten Bauweise – wurden nun auf je eine Geschosshöhe gekürzt und auf einer Schwelle errichtet, sodass mit den jeweils miteinander verzapften Querriegeln, Deckenbalken und diagonalen Streben jedes **Stockwerk** eine bauliche Einheit darstellte. Mehrere davon konnten sozusagen übereinandergestapelt werden, wobei die Deckenbalken des unteren die Fußböden des oberen Stockwerks tragen.

Oft kragen die so entstehenden Etagen nach oben immer weiter vor, was für weitere Stabilität sorgt: Die Wände jedes Stockwerks belasten das frei vorragende Ende der Deckenbalken und erzeugen in diesen eine Spannung, die einem Durchbiegen der Fußböden in der Hausmitte entgegenwirkt. Außen sind sogenannte Knaggen dann zur weiteren Stabilisierung unter den vorstehenden Balkenköpfen angebracht und stellen optisch die Verbindung zum Ständer her. Die in der Fassade sichtbaren Teile der Holzkonstruktion boten sich natürlich für Verzierungen an, die sich mit der Zeit änderten und somit eine zeitliche Zuordnung der Häuser für den Betrachter möglich macht.

## Schmucke Vielfalt aus vier Jahrhunderten

In der gotischen Form des frühen 15. Jh. sind Treppenfries, Hohlkehlen- und Birnstabprofil häufig zu finden, während die Balkenköpfe ab 1450 oft zu runden Schnürrollen geformt werden, die Schwellen zu Schiffskehlen ausgearbeitet. Ab 1600 herrscht besonders der Diamantschnitt mit einer pyramidenförmigen Zuspitzung vor. Der niedersächsische Fachwerkstil lässt Übergänge zum thüringischen erkennen, bei dem die Gefache unter den Fenstern mit V-förmig oder als Andreaskreuz gestaltet sind.

Die dekorativen, für den Harzer Fachwerkstil insgesamt typischen Rosetten unterhalb der Fenster finden sich auch in Quedlinburg ab 1550 zahlreich und prägen den Stil der Häuser bis ins 17. Jh. Dann setzt eine Wendung zu schlichterer Dekoration ein, um 1800 empfand man diese Bauweise als nicht mehr ›modern‹, sodass das Fachwerk zunehmend kaschiert wurde. Diese und zahlreiche weitere Entwicklungen des Fachwerks werden im Museum vorgestellt.

---

**Quedlinburger Fachwerkmuseum Ständerbau**
Wordgasse 3, Tel. 03946 38 28, April–Okt. Fr–Mi 10–17, 10–17 Uhr, Nov. bis März geschlossen, 3 €.

**Sehenswertes Fachwerk**
**Orte:** Neben Quedlinburg seien Stolberg, Goslar, Osterode und Wernigerode genannt.
**Einzelobjekte:** das Gildehaus Rose in Quedlinburg (Breite Straße), Haus Krummel in Wernigerode (Breite Straße), die Alte Münze in Stolberg (heute Museum, Niedergasse), das Ritterhaus in Osterode (heute Museum, Rollberg) und Haus Brusttuch in Goslar (heute Hotel, Hoher Weg).

# Goethe, Heine, Fontane – der Harz in der Literatur

Zwar hätte Johann Wolfgang von Goethe wohl kaum mit ›Brocken-Benno‹ (s. S. 157) mithalten können, aber zu seiner Zeit lag er mit drei Brockenbesteigungen – einer sogar im Winter – sicherlich auf einem der vorderen Plätze. Der Harz insgesamt hatte es dem reisefreudigen Dichter angetan, und so verlegte er auch im »Faust« seinen Hexensabbat auf den Brocken.

## Dichtung und Wahrheit

Vier Harzreisen unternahm **Goethe**, und bereits auf seiner ersten fand 1777 die winterliche Expedition statt. Der 28-jährige Jurist, seit kurzem Geheimer Rat des Herzogs Carl August von Sachsen-Weimar und mit seinem »Werther« bereits berühmt geworden, stand zwischen Beruf und Berufung – es galt eine Identitätskrise zu überwinden. An Charlotte von Stein schrieb er: »Ich hab an keinem Orthe Ruh, ich hab mich tiefer ins Gebürg gesenckt, und will morgen von da in seltsame Gegenden steigen, wenn ich einen Führer durch den Schnee finde.« 1783 und 1784 zog es ihn wieder in den Harz, nun besonders zu geologischen Forschungen. Die raue Harznatur inspirierte ihn aber auch zu schwärmerischen Gedichten wie der »Harzreise im Winter«, in dem man allerdings das Gebirge selbst nur im Titel wirklich erkennen kann.

## Schwärmerei und Ironie

Ganz anders die »Harzreise« von **Heinrich Heine**, der 1824 einer Route folgte, die bei Göttinger Kommilitonen seiner Zeit üblich war und die man anhand seiner Beschreibungen auch heute noch nachvollziehen kann. In seiner augenzwinkernd-ironischen Art gibt er eine gelungene Beschreibung des Harzes und seiner Bewohner und egal, wo man als heutiger Besucher in ein Bergwerk einfährt, die Schilderung Heines über seinen Besuch in Clausthals Schächten sollte man zuvor gelesen haben – auch in den kleinsten Rucksack passt das preiswerte »Hamburger Leseheft« Nr. 159 des Husum Verlags. Neben dieser »Harzreise« führt der Verlag noch zwei weitere Ausgaben dieses amüsanten Werks, eine sogar bebildert.

**Joseph von Eichendorff** hinterließ ebenfalls Reiseeindrücke in literarischer Form. Sein »Tagebuch einer Harzreise 1805« strahlt ganz das Lebensgefühl des Romantikers aus. So schwärmt Eichendorff: »Mit trunkenem Entzücken genossen wir, an die Ruinen des alten Brockenhauses gelehnt, das himmlische, unbeschreibliche Panorama …«, wo Heine 20 Jahre später ironisiert: »Andere bereiten sich zum Abmarsch, schnüren die Ranzen, schreiben ihre Namen ins Gedächtnisbuch, erhalten Brockensträuße von den Hausmädchen: da wird in die Wangen gekniffen, gesungen, gesprungen, gejohlt, man fragt, man antwortet, gut Wetter, Fußweg, Prosit, Adieu. Einige der Abgehenden sind auch etwas angesoffen, und diese haben von der schönen Aussicht einen doppelten Genuss, da ein Betrunkener alles doppelt sieht.«

Auch den jungen **Hans Christian Andersen** führte 1831 eine Deutschlandreise in den Harz. Er versuchte – offenkundig erfolgreich – eine Sinnkrise zu bekämpfen, worin ihn die »Harzreise« Heines unterstützte. An dessen unbekümmerter Art nahm er zunächst Maß, um dann seine Schrift »Schattenbilder von einer Reise in den Harz ...« später wieder etwas abzumildern. Erfreulicherweise ist seine Erstfassung noch immer im Buchhandel erhältlich (Insel Verlag).

## Natur und Gesellschaft

Hingegen siedelt **Theodor Fontane** 1886 seine »Cécile«, ein kritisches Sittenbild der preußischen Gesellschaft, teilweise in der Region um Thale und das Bodetal an: »Die Hexen sind hier Landesprodukt und wachsen wie der Rote Fingerhut überall auf den Bergen umher. (...) Die Landschaft ist hier gesättigt mit derlei Stoff, und was mich persönlich angeht, so darf ich nicht verschweigen: Als ich das Bodetal passierte, war mir's, als ob hinter jedem Erlenstamm eine Hexe hervorsähe.«

**Hermann Löns** verarbeitete den Harz gelegentlich in seinen Tiergeschichten wie »Wald und Heide«, und Julius Wolff hinterließ mit dem »Raubgrafen« 1912 einen opulenten, historischen Harzroman.

## Harzer Herkunft

Eine ganze Reihe bekannter deutscher Schriftsteller kommt aus dem Harz und seinem Umland. **Novalis**, 1772 als Friedrich von Hardenberg bei Hettstedt geboren, lässt seine Mansfelder Herkunft nur selten in seinen romantischen Werken anklingen. Ähnliches lässt sich für **Friedrich Gottlieb Klopstock** sagen, der 1724 in Quedlinburg das Licht der Welt erblickte, wo ihm ein Museum gewidmet ist. Aus Molmerswende bei Harzgerode stammt **Gottfried August Bürger**, der neben dem »Münchhausen« vor allem antifeudale Balladen wie »Der Bauer an seinen durchlauchtigsten Tyrannen« oder »Der Raubgraf« verfasst hat. Auch sein Geburtshaus ist heute Museum.

**Der Heinrich-Heine-Weg führt Wanderer durch das idyllische Ilsetal**

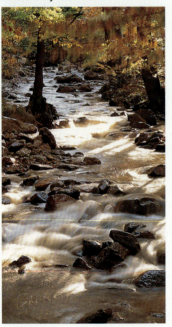

# Mit Volldampf voraus – die Harzer Schmalspurbahnen

**Seit 1972 unter Denkmalschutz, aber keine Museumsbahn. Mit 140,4 km Schienenstrang und 1000 mm Spurbreite das längste Schmalspurnetz im Lande. 25 Dampfloks, der Methusalem darunter die Mallet von 1897: Die Harzer Schmalspurbahnen (HSB) sind eine Institution, ihr Hauptzugpferd ist natürlich die Brockenbahn, die seit 1992 nach 30-jähriger Unterbrechung wieder ganzjährig die vierprozentige Steigung zum höchsten Harzgipfel bewältigt.**

Wie der Plural im Namen schon andeutet, existieren im Harz drei Schmalspurbahnen: die Harzquer-, die Selketal- und die Brockenbahn. Während die Deutsche Bundesbahn mit einem Schienenabstand von 1435 mm fährt, ist es hier ein Drittel weniger. Das macht die Trassenführung weniger aufwendig, sie fügt sich besser in die bergige Landschaft ein. Auch dass die Züge langsamer fahren müssen als ihre großspurigen ›Kollegen‹, ist für touristische Zwecke von Vorteil. So kann man gemütlich auf dem Perron stehen, wenn es durch Tann' und Tal Richtung Brocken geht.

Von den 25 Dampfloks, die für den Antrieb sorgen, stammen 17 aus den 1950er-Jahren, die anderen sind älter. Doch sind auch modernere Dieselloks auf den HSB-Strecken zwischen Nordhausen und Quedlinburg im Einsatz. Eisenbahnfans sollten deshalb vor Fahrtantritt einen Blick auf den Fahrplan werfen: Nur auf dem Weg zum Brocken ist die Dampflock garantiert. Und noch eine Besonderheit gilt für die Brockenfahrt, egal ab welchem Bahnhof der HSB, der Fahrpreis ist immer derselbe – im Jahr 2017 waren

**Ein ganz besonderes Erlebnis ist die Fahrt mit einer Schmalspurbahn, hier im Selketal**

das 41 € für Hin- und Rückfahrt (27 € einfach). Dafür geht es ohne Zahnräder oder sonstige Hilfsmittel das ganze Jahr hindurch auf den höchsten norddeutschen Berg hinauf. Und ohne Spielverderber sein zu wollen: Eine Dampflok muss ihren Dampf natürlich erzeugen, wobei die Heizer schaufelweise Kohle einwerfen. Erstaunlich, dass solche nostalgischen Dreckschleudern durch die Kernzone des Nationalparks dampfen. Schön sieht es aber aus, und als Wanderer kann man auch schnell wieder frische Luft atmen.

## Berühmte Brockenbahn

Nach neun Monaten Bauzeit erreichte bereits am 27. März 1899 der erste Zug den Harzgipfel. Schon um 1930 fuhren täglich bis zu 5000 Fahrgäste hinauf. Der Bau der **Harzquerbahn** von Wernigerode nach Nordhausen begann zwei Jahre früher und wurde zeitgleich mit der **Brockenbahn** eingeweiht. Nun war das Bergland mit dem Zug aus zwei Richtungen erreichbar, und damit auch der Anschluss etlicher Bergbaureviere an die Schiene verwirklicht worden.

Am 13. August 1961 – bekannter als Datum des Mauerbaus in Berlin – fährt das letzte Mal zu DDR-Zeiten ein Personenzug auf den Brocken, danach wird dieser Teil des Harzes für fast drei Jahrzehnte zur Sperrzone. Während die Harzquerbahn weiterhin Personen befördert, dient die Brockenbahn nur noch militärischen Zwecken. Erst nachdem 1989 die innerdeutsche Grenze fiel, kamen sofort Pläne zur Reaktivierung auf. Seit Juli 1992 dampfen die Züge wieder 900 Höhenmeter den Berg hinauf. Die Fahrt ist ein Erlebnis: Die schnaufen-

**Angebote der HSB**
Außer den regulären Fahrten mit den HSB-Bahnen sind immer mal wieder Sonderfahrten im Programm. Führungen durch das Bahnbetriebswerk in Wernigerode, Westerntor, Tel. 03943 55 81 55, Fr 13.45 Uhr, 7 €. Wenn man mind. 18 Jahre ist und entweder Glück hat oder langfristig gebucht, kann man im Führerstand einer Dampflok mitfahren. Für ca. 15 km sind dann 35 € zu zahlen, 69 € kostet die Mitfahrt von Drei-Annen-Hohne (104 € von Wernigerode zum Brocken) zum Brocken. Auch ein dreitägiger Dampflok-Schnupperkurs (419 €) kann gebucht werden. Allgemeine Infos unter Tel. 03943 55 80, www.hsb-wr.de.

den Stahlrösser arbeiten sich durch den tiefgrünen Wald entlang der Steinernen Renne, erreichen bei Drei-Annen-Hohne die Hochfläche, um nach kurzer Pause über Schierke Richtung Gipfel aufzubrechen. Immer höher schraubt sich das stählerne Ungetüm um das Brockenmassiv herum, mit zunehmender Höhe wird die Aussicht weiter, bis die Lok schließlich den Bahnhof auf 1125 m erreicht. Heute halten sich hier oben bei schönem Wetter bis zu 30 000 Menschen auf, wenn auch viele zumindest eine Strecke zu Fuß zurücklegen.

## Lücken werden geschlossen

Die dritte der Bahnen ist eigentlich die erste, denn die **Selketalbahn** von Gernrode nach Harzgerode wurde bereits 1888 eröffnet und später bis Hasselfelde ausgebaut. Mit der Trasse Stiege–Eisfelder Talmühle erhielt sie im Jahre 1905 Anschluss an die Harzquerbahn. Ab 1946 war diese Verbindung aber wieder unterbrochen, da die Sowjetunion als Reparationszahlung gleich nach Kriegsende die Selketalbahn zwischen Hasselfelde und Straßberg ab- und irgendwo im eigenen Land wieder aufbaute. Erst 1983 war das alte Streckennetz wieder hergestellt.

Nach einer weiteren Gleisverlängerung 2005 kann man nun auf schmaler Spur über Gernrode bis nach Quedlinburg gelangen und von dort (121 m Höhe) über 1000 m hinauffahren – allerdings mit zweimal Umsteigen.

Egal, welche Strecke man nun wählt, eines ist gewiss: Ein Harzurlaub ohne HSB-Fahrt ist zwar denkbar, aber unvollständig.

# Unterwegs im Harz

**Weiler im Südharz bei Herzberg**

## Das Beste auf einen Blick

# Goslar und Umgebung

### Highlight!

**Goslar:** Im Mittelalter eine der bedeutendsten Städte des deutschen Kaiserreiches, ist Goslar eng verbunden mit den Erzfunden am Rammelsberg. Mit Kaiserpfalz und Fachwerkstadt, Silberbergwerk und Kunstzentrum wurde die Stadt in die Liste des UNESCO-Welterbes aufgenommen – ein Muss jeder Harzreise. S. 83

### Auf Entdeckungstour

**Ausgezeichnete Kunst:** Alljährlich verleiht die Stadt unter internationaler Anteilnahme den Kunstpreis ›Kaiserring‹. Die so ausgezeichnete Kunst lässt sich im Mönchehaus Museum 14 wie im Stadtbild entdecken. S. 92

**Welterbe Rammelsberg:** Seit 1988 der letzte Erzförderwagen die Stollen verließ und von Christo verhüllt wurde, ist der Rammelsberg ein beeindruckendes Museum und Besucherbergwerk. Auf dem weitläufigen Gelände und verschiedenen untertägigen Führungen kann man leicht einen ganzen Tag verbringen. S. 96

## Kultur & Sehenswertes

**Kaiserpfalz:** Auch wenn nicht alles an dem Prachtbau original ist – die Zeit der Reisekaiser lässt sich gut nachvollziehen. Und ebenso die Nationalromantik des 19. Jh., als die Pfalz rekonstruiert wurde. 1 S. 85

**Zinnfigurenmuseum:** Wer hier nur an Zinnsoldaten denkt, liegt falsch, denn in liebevoll gestalteten Dioramen werden historische Alltagsszenen aus dem Harz nachgestellt, und das alles im Ambiente einer alten Wassermühle. 27 S. 99

## Aktiv unterwegs

**Okertal:** Den schluchtartigen Charakter des unteren Okertals erlebt man bereits auf der Autofahrt, am besten aber auf einer Wanderung das Flüsschen entlang. Die steilen Felsen im Tal sind ein beliebtes Kletterrevier. S. 103

## Genießen & Atmosphäre

**Shopping:** Gehobener Einzelhandel hat in Goslar Tradition, entlang der ausgedehnten Fußgängerzone findet man mehr Auswahl als irgendwo sonst in der Harzregion. S. 100

**Schiefer Restaurant:** Kühl-moderner Loungestil und erlesene, frische Küche prägen dieses Restaurant im Kaiserringhaus. 8 S. 100

## Abends & Nachts

**Kulturkraftwerk:** Im alten E-Werk finden jedes Jahr im Mai die Kleinkunsttage statt, aber auch in der übrigen Zeit wird Musik, Comedy und vieles mehr auf die Bühne gebracht, nachmittags auch für Kinder. 3 S. 101

# Bergbau, Kunst und Kultur

Goslars Entstehung und Aufstieg zu einer der bedeutendsten Städte des mittelalterlichen deutschen Kaiserreichs ist eng verbunden mit den Erzfunden am Rammelsberg. Mit Kaiserpfalz und Fachwerkstadt, Silberbergwerk und Kunstzentrum wurde die Stadt in die Liste des UNESCO-Welterbes aufgenommen. Und so ist eine ausgiebige Stadtbesichtigung denn auch ein Muss: die **Kaiserpfalz** vermittelt nicht nur einen Eindruck vom Reisekaisertum vor einem Jahrtausend, sondern gleichermaßen vom verklärenden Umgang mit dieser Vergangenheit vor gerade mal 130 Jahren – unter Wilhelm I.

Stattliche historische Bürgerhäuser, eingestreut in die Altstadtbebauung, trutzige Türme der ehemaligen Stadtmauer und mittelalterliche Kirchen, verwinkelte Gassen mit niedrigen Bergarbeiterhäuschen und dem geschwungen Wassergraben Abzucht machen die lange Stadtgeschichte vielerorts lebendig – Seite an Seite mit moderner Betriebsamkeit eines regionalen Zentrums mit breitem Einkaufs-, Freizeit- und Kulturprogramm.

Nicht versäumen sollte man eine ausgiebige Besichtigung des **Besucherbergwerks** und **Museums Rammelsberg,** dessen frühere Erzausbeute erst kaiserliche Hofhaltung und später den Aufstieg des wohlhabenden Stadtbürgertums ermöglichte. Die dort veranschaulichten Themen reichen vom geologischen über den technischen bis zum künstlerischen Aspekt des Bergwerks.

Apropos Kunst: Mit der **Kaiserringverleihung** holt Goslar seit 1975 jähr-

## Infobox

**Reisekarte:** ▶ B/C 1/2

### Auskunft
**Goslar Marketing:** Markt 7, 38640 Goslar, Tel. 05321 780 60, April–Okt. Mo–Fr 9.15–18, Sa 9.30–16, So bis 14 Uhr, sonst Mo–Fr 9.15–17, Sa 9.30–14 Uhr

### Goslar im Internet
www.goslar.de

### Mit der HarzCard durch Goslar
Die Chipkarte (s. S. 37) ist in Goslar besonders lohnend, gewährt sie doch Eintritt in das Besucherbergwerk Rammelsberg, die Kaiserpfalz, ins Zinnfigurenmuseum, ins Mönchehaus und ins historische Museum.

### Führungen
Goslar Marketing bietet Stadtführungen sowie ein breites Angebot an thematischen Führungen (tgl. 10 Uhr, 6,50 €); auch Stadtrundfahrten mit der Bimmelbahn (5 €) oder der Pferdekutsche (5 €).

### Anreise und Weiterkommen
Goslar ist mit Bus und Zug von zahlreichen deutschen Städten zu erreichen, u. a. mit dem günstigen **Niedersachsenticket.** Ab Bahnhof verkehren auch Busse zu den umliegenden Harzorten, z. B. Linie 830 nach Hahnenklee und Clausthal-Zellerfeld (Informationen bei der RBB, Tel. 05321 343 10, www.rbb-bus.de).

lich moderne Kunst von internationalem Rang in die Stadt. Mit einem Fuß im Harz, bietet die Umgebung Goslars darüber hinaus Natur vor der Haustür, sei es bei einem Spaziergang hinauf zum **Maltermeister Turm,** einer Radtour um den **Granestausee** oder bei einem Abstecher in das felsig-wilde untere **Okertal.**

# Goslar und der Rammelsberg! ▶ C 2

Was war zuerst da, Ort oder Grube? Das Goslarer Henne-Ei-Problem dürfte kaum zu klären sein, ist aber eine Imagefrage, die oben am Rammelsberg anders beantwortet wird als unten in der Stadt.

## Stadt der Kaiser …

Fest steht, dass schon 922 eine Marktsiedlung von Heinrich I. gegründet wurde, die nachfolgenden Ottonen ab 968 den Kupfer- und Silberbergbau für sich entdeckten und Heinrich II. um 1005 seine Pfalz von Werla hierher verlegte. Im 11. Jh. berichtete Adam von Bremen vom Aufstieg dieser Pfalzsiedlung durch den Erzabbau. In Goslar geprägte Silbermünzen waren seit dem späten 10. Jh. im Umlauf. Unter den Ottonen entwickelte sich Goslar zu einer der wichtigsten Pfalzen. Bis um 1200, als die Machtzentren des Reichs sich vom Harz weg in südwestliche Regionen verlagerten, hielten die Kaiser hier regelmäßig Hof. Von dem in Goslar geborenen Heinrich IV. sind 30 Aufenthalte bekannt, sodass man fast von einer festen Residenz sprechen kann. Wichtige Kirchen- und Klostergründungen wurden hier vorgenommen, darunter um 1050 der Dom, dessen Vorhalle heute noch neben der Pfalz aufragt, und im 12. Jh. das Kloster Neuwerk, von dem die Kirche erhalten ist.

## … und der Bürger

Begüterte Erbeigner des Bergbaus bildeten neben Fernkaufleuten die Elite des aufkommenden Stadtbürgertums und den Rat. Ihnen gelang es im 13. und 14. Jh., sich wichtige Rechte und Privilegien zu sichern, darunter die Reichsunmittelbarkeit, das Münzwesen und die Gerichtsbarkeit. Der frühe Beitritt zur Hanse (1281) stärkte nicht nur den Handel der Stadt, sondern auch ihre politische Stellung. In Verbindung mit dem Bergbau im Rammelsberg, den die Stadt von den Braunschweiger Herzögen pachtete, konnte sie eine dominierende Stellung im Handel mit Kupfer, Zink und Silber erlangen. Das Stadtbild war bald von diesem Reichtum geprägt. Es entstanden steinerne Gilde- und Patrizierhäuser, Rathaus und Marktkirche wurden erweitert und kostbar ausgestattet, Hospitäler und Kirchen gestiftet und die Stadt mit einer neuen Befestigungsanlage umgeben.

Mit etwa 12 000 Einwohnern konnte Goslar um 1500 als Großstadt gelten. In den Wirren der Reformation endete jedoch deren Blütezeit. 1552 verlor die Stadt den Zugriff auf den Rammelsberg und die Oberharzer Forstgebiete. Die Gewinne aus dem Bergbau flossen nun nicht mehr in den Stadtsäckel, sondern in die herzoglich-braunschweigische Schatulle. Die Einwohnerzahl sank bis 1600 um ein Drittel. Die bescheideneren Verhältnisse einer Ackerbürger- und Handwerkersiedlung dokumentieren sich in einer heute noch weitgehend erhaltenen **Fachwerkbebauung** aus

# Goslar

**Sehenswert**
1. Kaiserpfalz
2. Domvorhalle
3. Spital Großes Heiliges Kreuz
4. ›Brusttuch‹
5. Marktkirche
6. Rathaus
7. Hotel Kaiserworth
8. Glockenspiel/Restaurant Schiefer
9. Marktbrunnen
10. Gildehaus der Schuhmacher
11. Jakobikirche
12. Rosentor
13. Neuwerkkirche
14. Mönchehaus Museum
15. Gildehaus der Bäcker
16. Siemenshaus
17. Hotel zur Börse
18. Klauskapelle
19. Hospiz Kleines Heiliges Kreuz
20. St. Peter und Paul
21. Breites Tor
22. Gildehaus der Färber und Walker
23. St.-Annen-Stift
24. Zwinger
25. Stubengalerie
26. Goslarer Museum
27. Zinnfigurenmuseum

**Übernachten**
1. Hotel Die Tanne
2. Ferienwohnungen im Zwinger
3. Gästehaus Schmitz
4. Jugendherberge
5. Wohnmobil-Parkplatz Füllekuhle

**Essen & Trinken**
1. Worthmühle
2. Weite Welt
3. Historisches Café am Markt
4. Maltermeisterturm

**Einkaufen**
1. Helmbrecht
2. Papier & Feder
3. Stietzel
4. Sühl
5. Intersport Deckert
6. Kaiser-Passage
7. Wochenmärkte

**Aktiv**
1. Harz Aktiv
2. Aquantic-Schwimmpark
3. Vitawell

**Abends & Nachts**
1. Cineplex
2. Kino Goslarer Theater
3. Kulturkraftwerk
4. Kö

vier Jahrhunderten. Den Dreißigjährigen Krieg überstand die Stadt schadlos – wenn man vom Verkauf des Ratssilbers für Tributzahlungen absieht –, nicht jedoch zwei Großbrände im 18. Jh., nach denen Teile der Altstadt neu aufgebaut werden mussten. Mit dem Anschluss an das Eisenbahnnetz begann Mitte des 19. Jh. der Aufstieg zum Besucherziel, zu dem auch die von der deutschen Nationalromantik wieder entdeckte alte Kaiserpfalz beitrug. Seit 1992 sind die Altstadt von Goslar und der Rammelsberg als UNESCO-Welterbe ausgewiesen.

## Altstadt

Die kleine Altstadt mit ihren zahlreichen Sehenswürdigkeiten liegt innerhalb des alten Befestigungsrings, der heute weitgehend zur Grünanlage umgestaltet ist. Ein guter Startpunkt

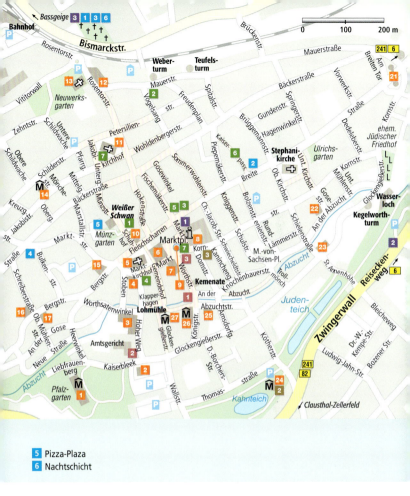

5 Pizza-Plaza
6 Nachtschicht

für die Besichtigung ist die Kaiserpfalz (in der Nähe mehrere Parkplätze).

### Kaiserpfalz 1
*Kaiserbleek 6, Tel. 05321 311 96 93, April–Okt. tgl. 10–17, sonst bis 16 Uhr, 7,50 €*
Von der ehemaligen Kaiserpfalz sind heute im Wesentlichen das Kaiserhaus (Palatium) von 1050 sowie die Domvorhalle erhalten geblieben. Zwischen beiden Bauteilen erstreckt sich eine große Rasenfläche, die mit zum Pfalzbezirk gehörte. Von den sie einst umgebenden Gebäuden – Kapellen, Wohn- und Wirtschaftsgebäuden – finden sich heute keine Spuren mehr. Und so wendet sich das Besucherinteresse dem beeindruckend mächtigen **Kaiserhaus** zu, das sich auf einer flachen Anhöhe erhebt.

Es fällt auf, wie makellos sich das Bauwerk noch nach fast tausend Jahren präsentiert. Das Rätsel ist schnell

## Goslar und Umgebung

erklärt: Es handelt sich bei dem Gebäude weitgehend um eine Rekonstruktion aus dem späten 19. Jh., die jedoch in ihren wesentlichen Elementen die ursprüngliche Gestalt und die Ausmaße des Palatiums wiedergibt. Die beiden Reiterstandbilder der Kaiser Barbarossa und Wilhelm I. sind Kreationen des 19. Jh.

Deutlich zu sehen ist die Aufteilung des Kaiserhauses in zwei Etagen. Deren obere wird vom sogenannten **Sommersaal** eingenommen, der eine von Arkadenbögen gegliederten Fensterfront besitzt. Die ursprünglich offenen Fenster ließen die Nutzung dieses Saales, im Unterschied zum darunterliegenden, beheizbaren **Wintersaal**, nur während der warmen Jahreszeit zu. Ein erhöhter Giebel teilt die Längsfront und schafft im Sommersaal ein räumliches Zentrum, das wohl den Platz des Kaisers markierte. Ein Treppenvorbau bildete den ursprünglichen Zugang zum Saal. Rechts der Halle geht das Gebäude in einen von kleineren Fenstern geprägten, dreigeschossigen ehemaligen Wohn- und Wirtschaftstrakt über.

Nach links verbindet ein Arkadengang das Haupthaus mit der **Ulrichskapelle**, deren achteckiger Grundriss diesseits wie auch – unsichtbar – auf der Rückseite von einer halbrunden Apsis unterbrochen wird. Hier steht der Sarkophag Heinrichs III., und im Inneren der Kapelle sind noch Reste der ursprünglichen Bemalung zu finden.

Der Sommersaal wird heute von einer nationalromantisch verklärenden Historienmalerei dominiert, die auf Initiative Kaiser Wilhelms I. zwischen 1877 und 1897 entstand und in schwülstiger Manier das zweite Kaiserreich von 1871 als logische und notwendige Vollendung der ›deutschen‹ Geschichte feiert. Angereichert wird dieses Geschichtsbild mit Motiven aus dem Reich der Märchen und Sagen.

Im Untergeschoss wird in einer **Ausstellung** die Geschichte des Wanderkaisertums anschaulich. In den Räumen ist der ehemalige Saalcharakter durch die im 13. Jh. eingezogenen Gewölbe verloren gegangen. Am ehesten kommt der Raum, in dem eine computeranimierte Rekonstruktion des Domes gezeigt wird, dem Originalzustand nahe. Dieser kurze Film über den nicht mehr existierenden Dom von 1200 ist unbedingt sehenswert.

Das baufällige Gebäude wurde bereits 1819 abgerissen, erhalten ist nur noch die **Domvorhalle** 2 gegenüber dem Kaiserhaus. Ihre Fassade ist mit Stuckfiguren geschmückt: Drei Schutzheilige der Kirche sind von zwei Kaiserfiguren flankiert, über ihnen erhebt sich zentral eine Marienfigur. Die Glasfront gewährt einen Blick ins Innere der Vorhalle. Durch das gestufte Rundbogenportal war sie einst mit dem Kirchenschiff verbunden. In der Vorhalle ist die **Replik des Kaiserstuhls**, eines steinernen Throns mit kunstvoll verzierten Bronzelehnen aus dem 12. Jh., zu sehen (Original im Wintersaal), umgeben von Ausstattungsstücken der Kirche.

# Zur Neuwerkkirche

Entlang der Querachse durch die Altstadt liegen zahlreiche Sehenswürdigkeiten. Gegenüber der Domvorhalle beginnt die Besichtigungstour auf dem Hohen Weg Richtung Markt:

**Spital Großes Heiliges Kreuz** 3
*Hoher Weg 7, Tel. 05321 218 00,
Mi–So 11–17 Uhr*
Das 1254 gestiftete Spital kümmerte sich um Pilger, Arme und Kranke, heu-

## Zur Neuwerkkirche

Replik des Kaiserstuhls in der Domvorhalle der Kaiserpfalz

te finden hier Kunsthandwerker Platz. Man betritt den Innenhof durch ein steinernes Portal, an das rechts der älteste Bereich angrenzt: eine **Kemenate** aus dem 13. Jh. und das Siechenhaus, eine große **Däle** (Halle) mit Holzbalkendecke und gepflastertem Boden. In der angrenzenden Kemenate war eine **Kapelle** eingerichtet; die Kranken nahmen so – zumindest akustisch – an Gottesdiensten teil. Die Däle ist an der Längsseite von einer zweigeschossigen Reihe kleiner Kammern begrenzt, einst von Stadtbürgern als Altensitze gemietet. Fachwerk umgibt den hinteren Hof mit dem heutigen Altersheim und kleinen Läden. Eine originelle Skulptur – ein älteres, sitzendes Paar, das seinerseits eine Sitzgelegenheit bildet – steht vor diesem Gebäudeflügel.

### ›Brusttuch‹ [4]
*Hoher Weg*
Wenige Meter weiter liegt ein stattliches, reich verziertes Patrizierhaus von 1521, das seinen Namen vermutlich dem fast dreieckigen Grundriss verdankt, der an die Form der seinerzeit für Frauen üblichen Umhangstücher erinnerte. Über dem steinernen Erdgeschoss mit einer großen Däle erhebt sich Fachwerk, dessen Holzbalken üppig mit Schnitzwerk ausgestaltet sind. Das außergewöhnliche Haus beherbergt heute ein Hotel.

### Marktkirche [5]
*Marktplatz, tgl. 10–17 Uhr, Turmbesteigung mit Besichtigung von Glocke, Uhr und Türmerzimmer ab 11 Uhr, 2,50 €*

# Goslar und Umgebung

Die ursprünglich dreischiffige Kirche aus dem 12. Jh. mit den beiden hohen, unterschiedlich behelmten Türmen erhielt im 14. Jh. zwei weitere Seitenschiffe. Der mächtige Bau, einst Hauptpfarrkirche der Stadtbürger, symbolisiert deren aufstrebendes Selbstbewusstsein. Innen beeindruckt der von Arkaden und Pfeilern gegliederte Raum durch seine Schlichtheit und die farbenprächtigen Glasfenster aus dem 13. Jh.

## Rathaus 6
*Marktplatz, nur April–Okt. und während des Weihnachtsmarkts Mo-Fr 11–15, Sa/So 10–16 Uhr, 3,50 €; bis 2018 Sanierungsarbeiten mit kurzzeitigen Schließungen, der Huldigungssaal ist zugänglich*

Mit seiner breiten, von Arkaden gesäumten Front öffnet sich das Rathaus (16. Jh.) hin zum weiten Marktplatz. Im Inneren ist besonders der reich verzierte **Huldigungssaal** sehenswert. Umgeben ist der Marktplatz von weiteren ansehnlichen Gebäuden:

## Hotel Kaiserworth 7
*Marktplatz*

Das ehemalige Gildehaus der Tuchhändler beherbergt das Traditionshotel Kaiserworth, dessen Name auf die in seiner Fassade abgebildeten Kaiserfiguren anspielt.

## Glockenspiel 8
*Marktplatz*

Im Giebel des großen, schieferbedeckten Gebäudes gegenüber dem Rathaus befindet sich ein **Glockenspiel,** zu dessen Melodien ein Figurenumlauf die Geschichte des Bergbaus am Rammelsberges bebildert (tgl. 9, 12, 15 und 18 Uhr). Hier hatte einst das Oberharzer Bergamt und später der Stadtkämmerer seinen Sitz. Heute residiert hier das **Restaurant Schiefer** mit Hotel – *nomen est omen.*

## Marktbrunnen 9

Das Zentrum des weiten, betriebsamen Marktplatzes wird von dem Brunnen aus dem 13. Jh. eingenommen, über dessen zwei Bronzebecken die Replik eines vergoldeten Reichsadlers aufragt – Symbol der Reichsfreiheit der Stadt (Original im Goslarer Museum).

## Schuhhof und Handelshöfe

Dem Rathaus zur Seite liegt zum Schuhhof hin das reich verzierte **Gildehaus der Schuhmacher** 10. Über

## Zur Neuwerkkirche

den angrenzenden Schuhhof gelangt man in die Münzstraße und dort mit Nr. 11 gleich zu einem typischen Ausspann, wie die alten Handelshöfe genannt wurden. Durch die Toreinfahrt geht es in den von Fachwerk umgebenen Innenhof, in dem das alteingesessene **Gasthaus Weißer Schwan** sein Domizil hat. Die gotische Steinfassade einer ehemaligen Kemenate ist in die Hausfront eingearbeitet.

### Jakobikirche und Rosentor
*Pfarrkirche: tgl. 10–16 Uhr*
Am Jakobikirchhof treffen sich historische Altstadt und moderne City. Rings um die alte **Jacobikirche** 11 liegen Läden und Cafés, findet der Wochenmarkt statt, bewegt sich der Fußgängerstrom auf der Einkaufsachse zwischen Markt und Bahnhofsplatz. Reiht man sich in diesen nach links ein, ist bald das **Rosentor** 12 mit dem Hotel Achtermann erreicht. Einzig eine trutzig-hohe Mauer des einstigen Wehrturms erinnert an das Stadttor. Sie ist heute Fassade des ältesten Gebäudeteils dieses großen Hotels.

### Neuwerkkirche 13
*Rosentorstr., tgl. 10–16.30 Uhr, Tel. 05321 228 39*  ▷ S. 94

**Rathaus und Hotel Kaiserworth am Marktplatz von Goslar**

*Lieblingsort*

**Romanischer Klostergarten an der Neuwerkkirche** 13

Ein Ort der Ruhe mitten in der Stadt. Der Garten ist alles, was noch an das Kloster erinnert, aber das tut er auf besondere Weise: Umgrenzt von einer hölzernen Pergola, liegen die erhöhten Beete mit Heil- und Würzkräutern, angelegt nach alten Klosterplänen und von sich kreuzenden Wegen durchzogen – Kreuzgangatmosphäre, über der sich die romanischen Türme der Neuwerkkirche (s. S. 89) erheben (Garten: nur Ostern bis Okt. immer geöffnet).

# Auf Entdeckungstour:
# Ausgezeichnete Kunst in Goslar

Wenn beim Neujahrsempfang im Kaisersaal der Pfalz der neue Kaiserring-Preisträger verkündet wird, herrscht unter den Anwesenden gespannte Ruhe. Es wird zwar keine Krone vergeben, aber ein hochrangiger Kunstpreis. Die so Ausgezeichneten haben im Mönchehaus Museum und an anderen Stellen in der Stadt Spuren hinterlassen.

**Spaziergang:** Neuwerkkirche mit Garten, Kreishaus/Klubgartenstr., Bahnhof, Rosentor, Karstadt-Fassade, Jacobikirchplatz, Rathaus, Museumsufer, St.-Annen-Haus/Garten, Judenteich, Kaiserpfalz/Garten
**Mönchehaus Museum** 14 : s. Cityplan S. 84, Mönchestr. 3, Tel. 05321 295 70, www.moenchehaus.de, Di–So 10–17 Uhr, 5 €
**Weitere Infos:** im Museum und bei Goslar Marketing, s. S. 82

Im Mittelalter Kulturzentrum, brachte die Stadt nach der Renaissance kaum noch Bedeutendes hervor. Heine beurteilte Goslar bei seinem Besuch 1824 als »Nest, dumpfig und verfallen«, Provinz eben. Als sich 1974 kunstsinnige Bürger zusammenfanden, um in Goslar einen Kunstpreis zu stiften, schien der Erfolg daher recht fraglich und die Stadtväter waren skeptisch; an öffentliche Mittel war nicht zu denken. Doch Mäzen Peter Schenning und seine Mitstreiter ließen nicht locker. Um zu beeindrucken, musste der erste Preisträger ein Künstler von Weltrang sein. Ein solcher wurde mit **Henry Moore** gefunden, der im Sommer 1975 der Einladung folgte, das ›Zugpferd‹ zu spielen: »It's a great honour for me.«

Der ›Goslarer Kaiserring‹, ein schlichter Goldreif mit dem Bildnis des ›Goslarer‹ Kaisers Heinrich IV., etablierte sich schnell. Königreiche jedoch hatten die Initiatoren nie zu verschenken – der alljährlich verliehene Preis ist völlig undotiert.

## Mönchehaus und Skulpturengarten

Das 1978 gegründete Museum für moderne Kunst ist inzwischen weltbekannt. Im historischen Ackerbürgerhaus von 1528 haben die Werke verschiedener Kaiserring-Träger ihren Platz gefunden. Im jüngst sanierten Stammhaus sind die Bilder, Skulpturen und Installationen der international renommierten Gegenwartskünstler zu sehen.

Unter den bisher Geehrten sind illustre wie umstrittene Namen: Neben ›Klassikern‹ wie Moore, Max Ernst oder Victor Vasarely wurden auch unbequeme Künstler ausgezeichnet wie Joseph Beuys (1979) oder Richard Serra (1981), mit dessen minimalistisch gestalteter Stahlplatte »Gedenkstätte Goslar« am Breiten Tor viele Betrachter wenig anfangen können. Da aber alle Werke privat finanziert werden, herrscht dennoch eine hohe Akzeptanz.

## Kunst im öffentlichen Raum

Die alte Stadt profitiert von der jungen Kunst. Sie lockert die knarrende Fachwerkidylle mancherorts auf, bläst frischen Wind in allzu romantische Winkel und bereichert das Spektrum des Sehenswerten. Von Henry Moores ›**Goslarer Krieger**‹ **(A)** hinter der Kaiserpfalz und dem nahen, riesigen ›**Kaiserstuhl**‹ **(B)** Christoph Wilmsen-Wigmanns, Dani Karavans unerreichbaren ›**Brücken**‹ **(C)** im Judenteich am Zwingerwall, Vasarelys farbenfrohem ›**Hexagon-S**‹ **(D)** im Garten des St.-Annenhauses, über Otmar Alts ›**Jongleur**‹ **(E)** auf dem Jacobikirchhof, den Siebdrucken und Objekten mehrerer Künstler am Karstadt-Kaufhaus (Rosentorstr. 1), Rainer Kriesters ›**Nagelkopf**‹ **(F)** am Rathaus bis zu Max Bills ›**Tor**‹ **(G)** und HD Schraders ›**Cubes & Trees**‹ **(H)**, beide im Neuwerksgarten, trifft man auf den Stadtspaziergängen immer wieder auf die Symbiose zwischen alt und modern. Und in der Fußgängerzone am Rosentor versperren Fernando Boteros üppige Figuren ›**Mann mit Stock und Frau mit Schirm**‹ **(J)** geradezu den Weg zum Bahnhof (siehe Abb. links).

Zahlreiche weitere Kunstobjekte sind im öffentlichen Raum zu finden, sogar am Rammelsberg, wo Christo Javacheff 1988 anlässlich der Schließung des Bergwerks den »letzten Hunt« verpackte.

## Goslar und Umgebung

Gegenüber liegt in einem kleinen Kirchhof die einstige Klosterkirche, 1186 geweiht und ein besonders gut erhaltenes romanisches Bauwerk. Die ursprünglichen Wandmalereien und die Farbgebung insgesamt sind nach umfangreicher Restaurierung wieder zu sehen. Die Pfeilerbasilika weist innen wie außen kunstvollen Bauschmuck auf, darunter ist außen besonders die hohe **Chorapsis** sehenswert. Blendarkaden, filigran skulptierte Kapitelle und zierliche Säulen gliedern die halbrunde Fassade. Innen fallen merkwürdige Ösen an den Halbsäulen des Mittelschiffes auf, zwei mit eingehängten steinernen Ringen, zwei mit Gesichtern gestaltet. Ihre Funktion ist unklar. Eine bedeutende **Wandmalerei** der Spätromanik hat sich im Chor erhalten: Die Darstellung der Maria mit dem segnenden Christuskind entstand um 1230 und war jahrhundertelang übertüncht. Heute beeindruckt sie wieder durch ihre kontrastreiche Farbigkeit. Weitere Wandmalereien und kunstvolle Steinmetzarbeiten aus der Entstehungszeit der Kirche sind im Kirchenschiff erhalten. An die Kirche grenzt ein kleiner **Klostergarten** (siehe Lieblingsort S. 90).

## Frankenberg

Als um das Jahr 970 der Erzabbau am Rammelsberg begann, war man auf Fachleute aus anderen Grubenrevieren angewiesen, die das Berg- und Hüttenwesen hier etablieren sollten. Zumeist stammten sie aus südwestlichen Teilen des Reichs und wurden daher Franken genannt: Das alte **Bergmannsviertel** trägt noch heute ihren Namen. In Richtung Frankenberger Kirche führt die Bergstraße.

### Bürgerhäuser

Gleich zu Beginn begegnen wir an der Ecke Marktstraße mit dem **Gildehaus der Bäcker** [15] (um 1550) einem weiteren Zeugnis der einst bedeutenden Zünfte der Stadt. An der Bergstraße Ecke Schreiberstraße folgt das großbürgerliche **Siemenshaus** [16], Stammhaus der gleichnamigen Industriellenfamilie, ein reich verzierter Fachwerkbau von 1693 (Besichtigung durch die Tourist-Information). Das schräg gegenüberliegende **Hotel zur Börse** [17], in einem Haus von 1573, ist nicht weniger beeindruckend: Kräftige Farben heben die Schmuckornamente, Rosetten und Ranken deutlich hervor.

### Klauskapelle [18]

Durch die Schreiberstraße nach links ist schnell die idyllische Gasse **An der Gose** erreicht, die man nach rechts parallel zur Bergstraße folgt. Nahe der Klauskapelle treffen beide wieder zusammen. Die alte Torkapelle (nur von außen zu besichtigen) markiert die einst hier verlaufende Stadtbefestigung und diente vor allem den Bergleuten, die auf dem Weg zum Rammelsberg hier die Stadt verließen. Hier ist einer von zehn **Erzbrocken** aufgestellt, die in einer ›Hommage à Rammelsberg‹ über die Stadt verteilt wurden.

### Bergmannssiedlung

Durch die Peterstraße, an der die Fachwerkhäuschen niedriger und bescheidener werden, kommt man zum **Frankenberger Plan**, einem beschaulichen Platz. Schönes Fachwerk, etwa das ehemalige **Hospiz Kleines Heiliges Kreuz** [19], umgibt das alte Zentrum der Bergmannssiedlung mit seinem farbenfrohen Brunnen. Auf dem Frankenberg erhebt sich die **Frankenberger Kirche St. Peter und Paul** [20] (April–Okt.

tgl. 9–12 und 16–18 Uhr), ein vielfach umgebautes Gotteshaus, dessen romanischer Ursprung barock überformt ist. Sehenswert ist besonders der geschnitzte Hochaltar aus einer Goslarer Werkstatt. Die Frankenberger-/Bäckerstraße führt, vorbei an historischem Fachwerk, wieder Richtung Markt.

## Zum Zwinger

Zurück am Marktplatz folgt man der weitgehend von Fachwerk geprägten Breiten Straße, vorbei an Geschäften, Lokalen, der Stephanikirche und dem angrenzenden Ulrichsgarten.

**Breites Tor und Gildehaus**
Das weithin sichtbare, vollständig erhaltene **Stadttor** [21] aus dem 15. Jh. trägt seinen Namen zu Recht. Es gleicht nahezu einer Burg; trutzige Türme flankieren die Durchlässe, durch die noch heute Fußgänger und Fahrzeuge die Altstadt verlassen. An der Kornstraße nach rechts passiert man den Judenfriedhof und trifft am Unteren Wasserloch auf den Durchlass der **Abzucht** in der Stadtbefestigung. Die Abzucht diente ehemals der Kanalisation, heute entführt der Wassergraben auf einer idyllischen Spazierroute dort abgeschiedene Winkel der Altstadt. An der Ecke Gosestraße liegt das sehenswerte **Gildehaus der Färber und Walker** [22] von 1551.

**St.-Annen-Stift** [23]
*Glockengießerstr. 65, Zugang, wenn Gartenpforte geöffnet, Tel. 05321 39 87 00*
Etwas weiter liegt an der Ecke Schielenstraße links das Hospital von 1488 – noch heute ein Altersheim. Die Fachwerkgebäude stammen größtenteils aus dem 17. Jh. Sehenswert sind die große Däle, die für Veranstaltungen genutzt wird, und die Kapelle.

**Zwinger** [24]
*Thomasstr. 2, Tel. 05321 431 40*
*Museum: 15. März–Okt. Di–So 11–16, übrige Zeit nach Voranmeldung, 3,70 €, Dachaussicht mit Getränk 3,80 € extra*
Auf der Straße St. Annenhöhe geht es nun zur Wallanlage und vor dem Judenteich auf Spazierwegen nach rechts. Jenseits der Kötherstraße erhebt sich mit dem Zwinger von 1517 ein weiteres markantes Überbleibsel der Stadtbefestigung. Der massige **Rundturm** thront auf dem Thomaswall, um den angrenzenden Kahnteich führen beliebte Spazierwege. Er beherbergt neben Lokal, Aussichtsplattform und originellen Ferienwohnungen im Obergeschoss ein nicht minder originelles **Museum**: Zwischen den dunklen Mauern und Holzbalkendecken fühlt man sich ins Spätmittelalter zurückversetzt. Alte Ritterrüstungen, Waffen und Folterwerkzeuge sind hier versammelt, man erfährt – auf Wunsch auch am eigenen Leibe –, was ein Schandholz ist und wie ein Gassenhauer verwendet wurde. In einer gewölbten Nische der sechs Meter dicken Mauern ist die Wachstube der hier stationierten Soldaten nachgestellt, die übrigens nie den Ernstfall eines Angriffs auf das wehrhafte Bauwerk erleben mussten. So widmen sich die ›Pappkameraden‹ ihrer üblichen Tätigkeit: Sie spielen Karten und trinken das gute Gosebier. Anschaulichkeit wird in diesem Privatmuseum groß geschrieben.

Auf der Kötherstraße zurück zur Abzucht, geht es dort nach links an dieser entlang zum ›Museumsufer‹.

## ›Museumsufer‹

**Stubengalerie** [25]
*Abzuchtstr. 4, Tel. 05321 409 57,*
*www.galerie-tiedt.de,*  ▷ S. 99

# Auf Entdeckungstour:
## Welterbe Rammelsberg

Als 1988 der letzte Erzförderwagen die Stollen verließ und von Christo verhüllt wurde, waren das Alte und Neue Lager mit ihren ehemals knapp 30 Mio. Tonnen Erzvorkommen komplett ausgeerzt – die Grube hatte bis zuletzt rentabel gearbeitet. Heute ist der Rammelsberg ein beeindruckendes Museum und Besucherbergwerk, auf dessen weitläufigem Gelände man – sowohl über- als auch unterirdisch – leicht einen ganzen Tag verbringen kann.

**Reisekarte:** ▶ C 2
**Besucherbergwerk:** Bergtal 19, Tel. 05321 75 01 22, www.rammelsberg.de, Buslinie 803 ab Bahnhof
**Öffnungszeiten:** tgl. 9–18, Nov. bis Mitte März bis 17 Uhr
**Führungen:** 3 Führungen unter Tage und 2 über Tage, sowie ›begleitete‹ Fahrt mit dem Schrägaufzug.
**Preise:** nur Museumsbesuch über Tage 8 € (Audioguide inkl.), kombinierbar mit 1, 2 oder 3 Führungen, dann 15, 19,50 oder 23 €, Schrägaufzug 2 €.

Die letzten Bergleute scheinen noch nicht gegangen zu sein – an vielen Stellen im Museum hat man diesen Eindruck: In der Waschkaue wartet an Haken unter der Decke ihre Kleidung auf das Schichtende, vor täuschend echter Klangkulisse geben Hauer filmische Berichte der Arbeit unter Tage, im Magazin wird das Arbeitsleben früherer Zeiten multimedial vermittelt und in der Erzaufbereitung stehen die übermannshohen Zermalmer und Eindicker wie noch zur Zeit der letzten Schicht.

**Industriearchitektur ...**
Schon von Weitem fällt die markante **terrassenförmige Bebauung** des Berghangs auf. Die architektonisch einheitlichen, von gleichmäßigen Fensterreihen gegliederten **Werkshallen** zwischen dem Fördergerüst oberhalb und dem Verwaltungstrakt unterhalb stammen aus den 1930er-Jahren und nehmen Elemente des Harzer Baustils auf: Helle Betonsockel spielen auf die Sandsteinfassaden alter Bürgerhäuser an, Holzaufbauten erinnern an eine typische Bergmannssiedlung. Ihre Anordnung auf verschiedenen, in den felsigen Hang gesprengten Ebenen erklärt sich aus dem Ablauf der Erzaufbereitung, die hier ab 1936 stattfand.

**... und Produktionsablauf**
Vom Rammelsbergschacht, der unter dem **Fördergerüst** 490 m in die Tiefe führt, wurde das Roherz zunächst in die **oberste Halle** mit ihren Brecheranlagen befördert. In drei Arbeitsgängen wurden die groben Erzbrocken zu feinem Staub vermahlen, mit dem Wasser vermischt die schlammartige ›Trübe‹ ergab. Der nächste Schritt bestand in der Vermischung der Trübe mit bestimmten Reagenzien und dem Einblasen von Luft, was zum Absetzen von Mineralien in einer Schaumschicht führte, die nun von der Trübe getrennt wurde. Dieser Prozess erfolgte mehrmals mit verschiedenen Zusätzen, sodass nacheinander verschiedene Minerale hoch konzentriert ausgeschwemmt werden konnten (Flotationsverfahren). In der **untersten Halle** schließlich wurde den Konzentraten in Eindickern und Trommelfiltern die Flüssigkeit wieder entzogen. Die halbwegs trockenen Konzentrate transportierte man auf der Schiene zu nahe gelegenen Hütten, wo aus ihnen die Metalle erschmolzen wurden.

**Geologische Metallfabrik**
Das wenige Jahrzehnte zuvor entwickelte Verfahren war für die Beschaffenheit der Rammelsberger Erzlager ideal, die von einer besonders feinen Verwachsung der unterschiedlichen Minerale geprägt waren. Lange Zeit blieb deren Entstehung unklar, bis die Geologie die **Plattentektonik** und mit ihr die vulkanischen Aktivitäten der ›**Schwarzen Raucher**‹ auf den Meeresböden, besonders entlang der Plattengrenzen, entdeckte. Ein kurzer **Film** in der Aufbereitungshalle veranschaulicht diesen Prozess: Die rauchenden Schlote einer solchen ›**Metallfabrik auf dem Meeresboden**‹ stoßen heiße, mineralische Lösungen aus, die durch das Meerwasser abgekühlt, als winzige Partikel zu Boden sinken. Dieser Prozess, so nimmt man heute an, hat sich im Devonmeer vor etwa 390 Mio. Jahren ebenfalls abgespielt, wobei die schwefligen Mineralienlagen phasenweise von Tonschichten überdeckt wurden.

Diese verfestigten und später verschiedentlich aufgefalteten Sedimente bildeten die Erzlagerstätte am Rammelsberg. Vor der Entwicklung des Flotationsverfahrens stellte diese Beschaffenheit des Erzes die Verhüttung vor das Problem, dessen Bestandteile sauber zu trennen – die Gewinnung reiner Metalle war aufwendig.

**Über Tage**
Die meisten Gebäude und Anlagen lassen sich eigenständig erkunden, wobei ein Audioguide nützlich ist. Zu den Highlights gehören: die **Auf-**

Terrassenförmig wurden die Gebäude in den Hang des Rammelsbergs gebaut

**bereitungsanlage** mit den Eindickern und der geologischen Abteilung sowie dem 2014 wiedereröffneten **Schrägaufzug**, der Besuchern die 250 Stufen erspart (nur April bis Okt., 20-minütige Fahrt mit hervorragender Aussicht über das Bergwerksgelände). Weitere Teile des Museums sind das Magazin mit der abwechslungsreichen **Geschichtsausstellung** – man steigt im wahrsten Sinne des Wortes in die Vergangenheit hinab –, die Kraftzentrale mit Christos **Kunstprojekt** »Package on a Hunt«, die Kaue mit der **Filmdokumentation** einer Schicht unter Tage in den 1980er-Jahren.

Die Führung ›Vom Erzbrocken zum Konzentrat‹ ergänzt den Museumsbesuch (tgl. 11 und 14 Uhr, Dauer 2 Std.).

### Unter Tage

**Achtung:** Im Berg herrscht meist eine Temperatur von 10° bis 12°Celsius. Auch festes Schuhwerk ist ratsam. Auf drei Führungen unter Tage geht es in die verschiedenen Epochen des Bergbaus:

›**Mit der Grubenbahn vor Ort**‹: Im modernsten Teil des Besucherbergwerks wird die Mechanisierung des Bergbaus im 20. Jh. anhand zahlreicher Maschinen veranschaulicht, die zu diesem Zweck teilweise auch in Aktion versetzt werden (tgl. 10.30–16.30 Uhr, jeweils zur halben Stunde, Dauer 1 Std.).

›**Feuer und Wasser**‹: Zu Fuß und teils über steile Treppen fährt man in den 200 Jahre alten Roeder-Stollen ein, vorbei an faszinierenden Zeugnissen vorindustrieller Ingenieurkunst: mächtige Kunst- und Kehrräder in unterirdischen Radstuben sowie ein gut durchdachtes System von Wasserläufen und Gestängestrecken, mit denen die Wasserkraft auch zu weit entfernten Förderanlagen geleitet werden konnte. Auch die Abbaumethode des Feuersetzens wird anschaulich gemacht (tgl. 10–16 Uhr, zur vollen Stunde, Dauer 75 Min.).

›**Abenteuer Mittelalter**‹: Dieser längste ›Gang in die Unterwelt‹, der eine gute Konstitution erfordert, führt zum **Rathstiefsten Stollen** von 1150. Dieser ist besonders für seine farbenprächtigen Vitriole bekannt, Minerale, die durch Tropfwasser entstehen und früher u. a. für Pharmazie und Medizin gewonnen wurden. Ein bergmännisches Tscherper-Essen schließt die Tour ab. Nur nach Vorbestellung, Dauer 4 Std., Gruppengröße 5–8 Personen, 75 € pro Person.)

### Qual der Wahl

Bei so viel Auswahl fällt es schwer, das Passende auszusuchen. Folgender Tipp möge helfen: Wer im Harz noch andere Besucherbergwerke besichtigen will, sollte sich am Rammelsberg besonders auf die Anlagen und Führungen über Tage konzentrieren, denn die sind in ihrer Form einmalig. Wer nur den Rammelsberg besuchen wird, sollte eine der beiden kürzeren Führungen unter Tage mitmachen, mit Kindern ist vielleicht ›Feuer und Wasser‹ besonders interessant, für Technikinteressierte ›Mit der Grubenbahn vor Ort‹.

## ›Museumsufer‹

*Di–Fr 11–13, 15–18, Sa 11–13, 14–17, So 11–13 Uhr*

In eines der hübschen Fachwerkhäuschen ist diese kleine Galerie eingezogen, die in anheimelnder Atmosphäre Werke namhafter wie junger Künstler ausstellt. Sehenswert sind auch die umliegenden Häuser, so etwa die geduckte **Worthmühle** [1], ein beliebtes Restaurant, und die gut erhaltene **Kemenate** schräg gegenüber (Worthstr. 7).

### Goslarer Museum [26]

*Königsstr. 1, Tel. 05321 433 94, April–Okt. Di–So 10–17, übrige Zeit bis 16 Uhr, 4 €, Kombi-Ticket Zinnfigurenmuseum 6 €*

Ein beachtliches Patrizierhaus von 1514 beherbergt diese umfangreiche Sammlung, zu deren Highlights Ausstattungsstücke des ehemaligen Doms gehören, darunter der Krodo-Altar aus dem 12. Jh. und das Goslarer Evangeliar. Die sog. Bergkanne mit filigranen Darstellungen aus dem Bergbauwesen und der Brunnenadler sind weitere Kostbarkeiten. Von der ursprünglichen Einrichtung des Hauses ist noch die Küche erhalten geblieben. Doch widmet sich die Sammlung nicht nur der Stadtgeschichte, sondern auch Themen wie Siedlungsgeschichte und Geologie: Ein neu gestalteter Raum wurde zur **Quadratmeile der Geologie** erklärt und veranschaulicht die komplexe Erdgeschichte des Harzes auf unterhaltsame und verständliche Weise (s. a. S. 49). Unter den ausgestellten Fossilien, die in Harzer Bergwerken gefunden wurden, befinden sich zahlreiche beeindruckend große Ammoniten, und in der prähistorischen Abteilung ist der Fußabdruck eines Sauriers zu sehen.

### Zinnfigurenmuseum [27]

*Klapperhagen 1, Tel. 05321 258 89, www.zinnfigurenmuseum-goslar.de, April–Okt. Di–So 10–17, übrige Zeit bis 16 Uhr, 4 €, Kombi-Ticket mit Goslarer Museum 6 €. Figurengießen nach telefonischer oder schriftlicher Anmeldung, je nach Form 2,50–6,50 €, Bemalen 50 ct. pro Figur*

Die **Lohmühle,** eine Wassermühle von 1544, die zur Abzucht hin an das Museum grenzt, beherbergt die sehenswerte Ausstellung. Auf mehreren Etagen des verwinkelten Gebäudes lassen sich bei einem ›Stadtrundgang en miniature‹ in zahlreichen liebevoll gestalteten Dioramen all die Bauwerke und Orte noch einmal entdecken, die sich in der historischen Altstadt finden. Mit unzähligen Zinnfiguren ist vor diesen Kulissen vergangenes Leben und Arbeiten im Harz dargestellt. Eine Besonderheit ist das bewegliche Modell eines großen Stadtbrandes von 1728, das auf Knopfdruck die Szenerie ›vorher‹ und ›nachher‹ zeigt. Wer bei Zinnfiguren nur an Schlachtengetümmel und Heeresaufmärsche denkt, der irrt; das Museum bietet ein breit gefächertes kulturgeschichtliches Programm. Wer zudem wissen will, wie Zinnfiguren entstehen, sollte einen Blick in die Museumswerkstatt werfen oder gleich selbst am **Figurengießen** teilnehmen. Interessant ist auch ein Blick auf das Wasserrad im Untergeschoss. Die Antriebstechnik und der Stampfer der Mühle, mit der man seinerzeit Baumrinde zur Gewinnung von Gerbsäure zerkleinerte, sind ebenfalls noch gut erhalten.

Vorbei an einigen hübsch gelegenen Lokalen und der neoklassizistischen Schule ist gleich der Hohe Weg und auf diesem ein paar Schritte nach links wieder die Pfalz erreicht.

## Übernachten

*Stilvoll –* **Schiefer Hotel** [8] : Markt 6, Tel. 05321 38 22 700, www.schiefer-er

## Goslar und Umgebung

leben.de, DZ ab 99 €. Elf individuell und edel gestaltete Maisonettezimmer bieten wahre Wohnkultur.

*Viel für's Geld* – **Hotel Die Tanne** 1 : Bäringerstr. 10, Tel. 05321 343 90, www.die-tanne.de, DZ ab 85 €. Gutes Mittelklassehotel (Nichtraucherzimmer, Sauna), wenn auch an verkehrsreicher Straße.

*Mittelalterflair* – **FeWos im Zwinger** 2 : Thomasstr. 2, Tel. 05321 431 40, ab 63 €/2 Pers. bis 102 €/6 Pers. Mindestaufenthalt drei Nächte. Man wohnt originell im Wehrturm von 1517.

*Behaglich* – **Gästehaus Schmitz** 3 : Kornstr. 1, Tel. 05321 234 45, www.schmitz-goslar.de, DZ ab 65 €, App. ab 60 € für 2 Pers. Zentral, mit freundlich-heller Ausstattung.

*Günstig* – **Jugendherberge Goslar** 4 : Rammelsberger Str. 25, Tel. 05321 222 40, www.jugendherberge.de, ab 23,60 €, 4 € Aufschlag für Besucher über 26 Jahren, gegen Aufpreis auch DZ. Außen Fachwerk, innen modern.

*Für Wohnmobile* – **Wohnmobil-Parkplatz Füllekuhle** 5 : Bertha-von-Suttner-Str. (Zufahrt ab B 6 in Richtung Altstadt). Ca. 10 Min. Fußweg zum Markt.

## Essen & Trinken

*Mediterran bis klassisch* – **Schiefer Restaurant** 8 : Tel. 05321 38 22 70 13, im Sommer ab 12 Uhr, im Winter meist Mo–Do nur ab 16, Fr–So ab 12 Uhr, Jan./Feb. ab 18 Uhr, 6–30 €. Kultiviertes Ambiente und ambitionierte Küche.

*Regional statt global* – **Worthmühle** 1 : Worthstr. 4, Tel. 4 34 02, tgl. 17–23, Sa–So auch 12–14 Uhr, 12–22 €. Uriges Lokal mit Flussterrasse, deftig-kreative Küche, Gosebier vom Fass.

*Vielseitig* – **Weite Welt** 2 : Hoher Weg 11, Tel. 05321 38 35 38, www.weitewelt-goslar.de, Di–So 11–23 Uhr, 8–21 €. Draußen mit Pfalzblick, drinnen sitzt man unter Kreuzgewölbe.

*Verschnörkelt* – **Historisches Café am Markt** 3 : Markt 4, Tel. 05321 206 22, tgl. 9.30–18.30 Uhr. Wie zu Urgroßmutters Zeiten. Große Teeauswahl; auch Mittagstisch (5–14 €).

## Einkaufen

Gehobener Einzelhandel hat in Goslar Tradition, z. B. der noble Herrenausstatter **Helmbrecht** 1 am Schuhhof, der edle Schreibwarenladen **Papier & Feder** 2 im Vogelsang 2 oder das gediegene Schuhgeschäft **Stietzel** 3 in der Breiten Str. 100. Harzerische Mitbringsel findet man bei **Sühl** 4 im Hohen Weg 15.

*Outdoorbedarf* – **Intersport Deckert** 5 : Fischemäkerstr. 1a, Tel. 05321 341 00, www.intersport-deckert.de.

*Ladenzeile* – **Kaiser-Passage** 6 : zwischen Breite und Piepenmäker Str.

*Alles frisch* – **Wochenmarkt** 7 : Di und Fr 9–13 Uhr auf dem Jakobikirchhof.

---

### Unser Tipp

**Berggaststätte Maltermeisterturm** 4

Beliebtes Ausflugslokal am Hang des Rammelsberges. Der benachbarte trutzige Namensgeber aus dem 14. Jh. diente einst dem Holzverwalter des Bergwerkes (Maltermeister) als Wohnung. Von oben genießt man die herrliche Aussicht über Bergwiesen und die Stadt, etliche Wanderwege locken in die Umgebung (Rammelsberger Str. 99, Tel. 05321 48 00, www.maltermeister-turm.de, tgl. ab 11 Uhr, 8–18 €).

# Goslar

**Rustikales Ambiente in der Worthmühle**

## Aktiv

*Tour-Guide* – **Harz Aktiv** 1: Tel. 05321 3177 48, www.harzaktiv.net. Geführte Mountainbike-Touren, Halbtages- oder Tagestouren, 120 oder 190 €, pro Tour max. 10 Teilnehmer, alle Touren ab/bis Marktplatz Goslar, Schwierigkeit nach Wunsch und individuellen Voraussetzungen.

*Wassersport* – **Aquantic-Schwimmpark** 2: Osterfeld 11, Tel. 05321 758 20, www.aquantic.de, Mo–Fr 6–21, Sa/So 8–18 Uhr, Freibad Mai–Sept. Mo–Fr 6–20, Sa ab 7, So ab 8 Uhr, Erw. 3,50 €, Kin. 2,50 €. Actic-Fitness-Center im gleichen Haus (Tel. 05321 311 97 97, www.acticfitness.de): hier u. a. auch Saunalandschaft Mo–Fr 9–20.30 (Mo nur Damen), Sa/So 10–17.30 Uhr, 9,90 €.

*Fit- und Wellness* – **Vitawell** 3: Ortsteil Bassgeige, Carl-Zeiss-Str. 3, Tel. 05321 68 99 99, Fitness Mo, Mi, Fr 8–22, Di, Do 9–22, Sa/So 10–18 Uhr, Sauna öffnet je 1 Std. später und schließt 20 Min. früher; Mo bis 12.30, Mi 15.30–19 Uhr nur Damen 15 €/Tag, nur Sauna 10 €.

## Abends & Nachts

*Kinocenter* – **Cineplex** 1: Carl-Zeiss-Str. 1, Tel. 05321 37 73 77. Im Gewerbegebiet Bassgeige an der B 6.

*Zentral* – **Kino Goslarer Theater** 2: Breite Str. 86, Tel. 05321 28 55.

*Kleinkunst und Musik* – **Kulturkraftwerk** 3: Hildesheimerstr. 21, Tel. 05321 780 60, kulturkraftwerk-harzenergie.de, Tickets über Goslar Marketing (s. S. 82). Breites Programm im alten E-Werk.

*Klassiker* – **Kö** 4: Marktstr. 30, Tel. 05321 268 10, www.musikkneipe-koe.de, Mi–Mo ab 16 Uhr bis spät; Kneipe

für Jugendliche jeden Alters; Billard, Dart. Livemusik ›upstairs‹ Fr/Sa ab 20 Uhr.
*Mediterranes* – **Pizza-Plaza** 5 : etwas versteckter Hinterhofkomplex, Zugang von Münz- und Marstallstr. 1, Tel. 05321 222 02, tgl. 17–23 Uhr.
*Party-People* – **Nachtschicht** 6 : Carl-Zeiss-Str. 1b, Tel. 05321 35 22 32, Fr/Sa ab 22 Uhr bis früh. Club und Disco im Gewerbegebiet Bassgeige.

## Infos & Termine

**Tourist-Information & Verkehr**
siehe Infobox S. 82

**Termine**
**Kleinkunsttage:** um Pfingsten im Kulturkraftwerk, seit weit über 30 Jahren.
**Welterbetag:** Anfang Juni, die Harzer UNESCO-Stätten feiern sich selbst.
**Volks- und Schützenfest**: 10 Tage, 1. Julihälfte, auf dem Osterfeld.
**Kunsthandwerkermarkt:** Anfang Aug., ca. 150 Stände in der Altstadt.
**Internationales Musikfest Goslar-Harz:** Aug./Sept., Klassik, Podium junger Künstler.
**Altstadtfest:** Anfang Sept., Partymeile mit Livebühnen.
**Internationale Goslarer Klaviertage:** Mitte Sept.
**Kaiserring-Verleihung:** Anfang Okt., wichtigster Kunst-Event (s. S. 92).
**Kaisermarkt:** Okt.

## Ausflüge

**Granetalsperre** ▶ B 1/2
Zum Radwandern eignet sich die schöne und ruhige Umgebung des Stausees. Man erreicht ihn ab der Hauptpost (nahe Bahnhof an der Astfelder Str.) auf dem Fernwanderweg E 11, zunächst parallel zur Bahnlinie (oder auf der B 82 Richtung Langelsheim, bei Astfeld links zum Parkplatz). Auf Wanderwegen kann man dieses 1969 angelegte Trinkwasserreservoir in ca. 3 Std. zu Fuß umrunden. Auch eine Radroute hierher ist ab Bahnhof Goslar beschildert (als Teil des Routennetzes der Mountainbike Volksbank Arena Harz, Tel. 05323 98 24 61).

**Ins Okertal** ▶ C 2
Hinter dem kleinen Industrie- und Hüttenort **Oker** führt die B 498 harzeinwärts ins wildromantische Okertal. Steil ragen Kalksteinabbrüche wie die **Adlerklippen** auf, Granit ist zu gewaltigen, gerundeten Blöcken verwittert, und Grauwacke bildet die dunkle Rinne der Oker, die sich zwischen den zahlreichen Hindernissen hindurchwindet. Es lohnt sich, am ehemaligen Lokal ›Waldhaus‹ das Auto abzustellen und dem **Wanderweg** (E 6, kurze Etappe auf der Straße!) ca. 1,5 Std. parallel zum Fluss zur ›**Romkerhalle**‹ zu folgen, wo die Romke über eine Felswand 60 m zu Tal fällt. Zurück bieten sich auf der anderen Talseite die alte Harzchaussee oder oberhalb davon Wanderwege zu schönen Aussichtsfelsen und der Waldgaststätte **Kästehaus** an (Markierung blaues Dreieck/gelber Punkt, ca. 2 Std.). Talaufwärts ist die Oker zum verzweigten See gestaut (s. S. 129).

## Essen & Trinken

*Pause* – **Kästehaus:** Tel. 05321 69 13, Di–So 10.30–17, Nov.–März bis 16 Uhr. Schmalzbrot und Currywurst (je 5,50 €), aber auch saisonale Gerichte wie Grünkohl mit Schmorwurst. Auch Bus 866 ab Bad Harzburg.

**Die Klippen im Okertal sind ein beliebtes Kletterrevier**

Das Beste auf einen Blick

# Clausthal-Zellerfeld und Oberharz

## Highlight!

**Sankt Andreasberg:** Der Harz en miniature – in und um Sankt Andreasberg ist alles versammelt, was den Harz prägt: der Bergbau mit Gruben und Gräben, der Skisport mit Loipen und Pisten, Forst grenzt an Naturwald. S. 133

## Auf Entdeckungstour

**Auf den Spuren des Oberharzer Wasserregals:** Vom Brockenmassiv bis nach Clausthal-Zellerfeld durchziehen jahrhundertealte schmale Wassergräben den Oberharz, sorgfältig um jeden Hang gelegt oder mühsam durch Bergrücken getrieben, am Sperberhai sogar über einen mächtigen Damm geführt – ein naturnahes Kulturdenkmal, das heute für Besucher und Wanderer wiederentdeckt wird. S. 124

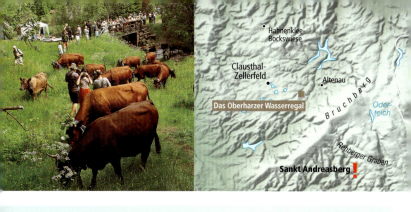

## Kultur & Sehenswertes

**Mineralienabteilung der TU Clausthal:** Hier ist die Erdgeschichte des Harzes dokumentiert – anschaulich und ästhetisch präsentiert. S. 111

**Gustav-Adolf-Kirche:** Nicht nur der Name wirkt nordisch, auch das Gebäude selbst – in Hahnenklee steht eine nach norwegischem Vorbild gebaute Stabkirche. S. 117

## Zu Fuß unterwegs

**Rundwanderung am Bruchberg:** Diese Wanderung nahe Altenau führt u. a. zum Okerstein, zur Wolfswarte und zur Steilen Wand. Jede dieser Felsstrukturen ist einen Besuch wert. S. 132

**Wanderung entlang alter Wasserwege:** Der gemütliche Rundweg ab Sankt Andreasberg führt u. a. am Oderteich und dem Rehberger Grabenhaus vorbei. S. 139

## Genießen & Atmosphäre

**Kräuterpark in Altenau:** Der fernöstlich anmutende kleine Park lädt ein zum Schauen und Bummeln, Riechen und Genießen. S. 128

**Kristalltherme ›Heißer Brocken‹ in Altenau:** Im Winter draußen in warmer Schwefelsole entspannen mit Blick auf verschneite Hänge – dafür müsste man sonst bis nach Island reisen. S. 128

## Abends & Nachts

**Anno Tobak:** Nette Studentenkneipe in Clausthal mit sommerlichem Biergarten und Kellerdisco. S. 116

# Bergstädte und Badeseen

Kleine, beschauliche Orte, in steil eingekerbte Täler oder sanfte Senken geschmiegt, zwischen bewaldeten Kuppen und umgeben von Teichen und Gräben: Der Oberharz ist Natur- und Kulturlandschaft zugleich, geprägt von Jahrhunderte langem Bergbau und heutiger Forstwirtschaft. Kaum eine der ehemals ›Freien Bergstädte‹, die nicht mit besuchenswerten Zeugnissen aus der Blütezeit der Erzgewinnung aufwartet, über wie unter Tage: Sei es **Lautenthal**, wo man mit der Grubenbahn einfährt, **Wildemann,** wo es zu Fuß zu Wasserlösestollen geht, **Sankt Andreasberg** mit seiner noch funktionstüchtigen Fahrkunst oder **Zellerfeld** mit seinem bergbauhistorischem Freilichtmuseum. Innerorts weisen die gelben, tannenförmigen Hinweistafeln (Dennert-Tannen) auf so manches andere Bergbaurelikt hin.

Die Hänge zum **Oberharz** hinauf hüllen sich vielerorts in das Dunkelgrün der wenig attraktiven Fichtenforste. Mehr Abwechslung verspricht die Landschaft oben auf der knapp 600 m hohen Hochfläche rings um **Clausthal-Zellerfeld**, das inmitten weiter Wiesen und vereinzelter Waldstücke liegt. Zwischen Hahnenklee und Buntenbock sind zahlreiche kleine **Teiche** in die Mulden und Senken des Oberharzes eingebettet; idyllische Wanderziele und im Sommer ideale Badeplätze – garantiert nicht überlaufen. Richtung Sankt Andreasberg erhebt sich der Höhenrücken des Acker und gipfelt bei Altenau im über 900 m hohen **Bruchberg**, gekrönt von der felsigen Wolfswarte – ein herrlicher Aussichtsberg. Landschaftlich reizvoll sind auch die zahlreichen Fließgewässer, etwa die **Innerste,** deren Lauf man per Rad von Wildemann bis zum Stausee folgen kann, oder der **Dammgraben,** der als bergbaugeschichtlicher Wanderweg ausgeschildert ist. Und die **Okertalsperre** lässt sich sogar – einmalig im Harz – per Schiff erkunden.

## Infobox

**Reisekarte:** ▶ B–D 2–4

**Die Region im Internet**
Die Oberharzer Orte Altenau, Buntenbock, Clausthal-Zellerfeld, Sankt Andreasberg, Schulenberg und Wildemann haben sich zur Tourismusregion ›Oberharz‹ zusammengeschlossen. Über die kostenlose **Urlaubshotline** des Verbunds, Tel. 0800 801 03 00, sowie über deren Internetseite **www.oberharz.de** erhält man ausführliche und individuelle Auskünfte.

**Anreise und Weiterkommen**
Den Oberharz erschließt das dichte Busnetz der **RBB** (Infos unter Tel. 05321 343 10, www.rbbbus.de, hier auch Karte aller Buslinien im Oberharz). Außerdem besteht eine **Fernbusverbindung** zwischen Berlin und den Orten im Oberharz (Infos unter Tel. 030 338 44 80, www.berlinlinienbus.de).

## Clausthal-Zellerfeld

▶ B 2/3

Mitte des 12. Jh. kamen Benediktinermönche aus Goslar in den Harz und gründeten das Kloster Cella, um den

# Clausthal-Zellerfeld

Bedarf an Holz für ihre Heimatstadt zu organisieren. Bald fand man Silber, das natürlich viel interessanter war als Holz, sodass sich die Förderung schnell ausbreitete. Doch als ab 1348 auch das Kloster Cella von der Pest betroffen war, verödete es und wurde nach Verwüstungen endgültig aufgegeben.

Dass im Harz Silber zu finden war, geriet jedoch bei den Landesherren nicht in Vergessenheit. Um an das begehrte Metall zu gelangen, erließen diese zu Beginn des 16. Jh. die Bergfreiheiten. Das handfeste Interesse hinter dieser vermeintlichen Generosität wird an der ›Zehntfreiheit‹ deutlich, die nur für einige Jahre zugesagt wurde: Danach musste der zehnte Teil der geförderten Metallmenge direkt an den Landesherrn abgeführt werden. Anteilseigner der Gruben und Hütten waren oftmals reiche Handelsherren oder Adelige, wenn nicht der Landesherr selbst. Die Bergleute hingegen waren Lohnknappen – es herrschten im Harzer Bergbau jener Zeit also früh-kapitalistische Verhältnisse.

Der Herzog von Braunschweig-Wolfenbüttel erließ 1524 die Bergfreiheit für Zellerfeld, der Herzog von Grubenhagen folgte 1554 mit Clausthal. Der Bergbau entwickelte sich auf dieser Grundlage zügig; bereits 1606 erreichten die Gruben eine Teufe von fast 200 m. Immer neue Reviere wurden erschlossen, Gruben und Stollen angelegt, bis um 1920 das große Grubenschließen begann. Entweder waren die Erzlager erschöpft, oder aber der Aufwand rentierte sich nicht mehr, da der Weltmarkt billigere Erze anbot.

1924 schlossen sich beide Orte zu Clausthal-Zellerfeld zusammen, das heute mit gut 15 000 Einwohnern die größte Stadt im Oberharz ist, die zudem auch noch die Studenten und Studentinnen der Technischen Universität beherbergt.

## Zellerfelder Kulturmeile

Rings um das Bergwerksmuseum gibt es entlang der schachbrettartig angelegten Straßen viele große, repräsentative Holzhäuser. Dieser Grundriss entstand in den Jahren nach 1672, denn in jenem Jahr hatte ein Feuer 465 von 563 Häusern in Zellerfeld zerstört. In einem der schönsten Gebäude, dem **Dietzel-Haus** (Bergstr. 31) im Fachwerkstil mit reich verzierter Haustür, residiert die Tourist-Information, von der aus in wenigen Minuten alle Sehenswürdigkeiten zu erreichen sind.

**Oberharzer Bergwerksmuseum** [1]
*Bornhardtstr. 16, Tel. 05323 989 50, www.oberharzer-bergwerks-museum.de, tgl. 10–17 Uhr, 7 €*
Das im alten Rathaus untergebrachte Museum widmet sich allen Facetten der Bergbaugeschichte – vom Technikmodell über Werkzeuge bis zur Bergmannswohnung. Auf dem Freigelände fanden nach dem Grubensterben um 1930 verschiedene übertägige Bauten einen neuen Standort. Zu sehen sind verschiedene Fördermethoden, von der Handhaspel, die zur Erzförderung noch die Menschenkraft benötigte, über eine Pferdegaipel, die zumindest schon mit zwei PS arbeitete, bis hin zu einer Radstube mit Wasserkunst und Feldgestänge. Auch in der Bergschmiede und der Erzaufbereitung, in denen noch im 20. Jh. gearbeitet wurde, war Wasser der Energieträger.

Im ebenfalls zum Museum gehörenden **Schaubergwerk** erhält man einen guten Eindruck von der Arbeit unter Tage und kann nachvollziehen, warum zahlreiche Bergleute mit 35 bis 40 Jahren bereits ›bergfertig‹ waren. Sie mussten nicht nur 10 Stunden unter Tage schuften, sondern anschließend mitunter mehrere hundert Meter

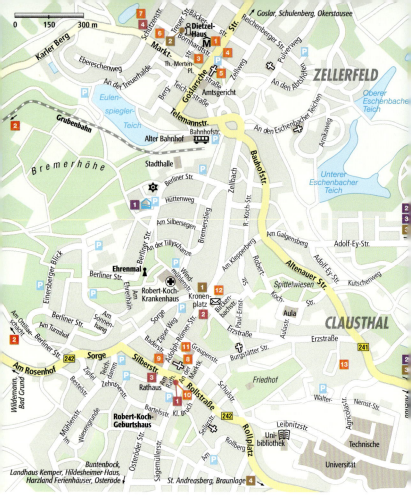

über Leitern aufsteigen. Diese Wegezeiten waren zudem keine Arbeitszeit und wurden folglich nicht bezahlt. So stiegen manche Bergleute nur am Sonntag ans Tageslicht. Das änderte sich 1833, als im Harz die Fahrkunst erfunden wurde (s. S. 67). Auch das erste funktionsfähige Drahtseil kommt aus dem Harz und wurde 1834 zuerst durch den Bergrat Julius Albert in Clausthal gefertigt. Das Schaubergwerk wurde eigens für Besucher eingerichtet, gefördert wurde hier nie.

### Ottiliae-Schacht 2

*Abfahrt der Grubenbahn am alten Bahnhof: Mai–Okt. Sa/So 14.30, So auch 11 Uhr, 7 € inkl. 30-min. Führung*
Zum Museum gehört auch die Außenstelle Ottiliae-Schacht. Sie ist mit der Grubenbahn auf einer 2,2 km langen, rekonstruierten Tagesförderstrecke

# Clausthal-Zellerfeld

**Sehenswert**
1. Oberharzer Bergwerksmuseum/Schaubergwerk
2. Ottiliae-Schacht
3. Glockenspiel
4. Bergapotheke
5. St. Salvatoriskirche
6. Kunsthandwerkerhof
7. Kur- und Waldpark
8. Marktkirche zum Heiligen Geist
9. Oberbergamt (heute Landesbergamt)
10. Glück-Auf-Saal
11. Technische Universität
12. Robert Koch-Wohnhaus
13. Kaiser-Wilhelm-Schacht

**Übernachten**
1. Hotel Goldene Krone
2. Zum Harzer
3. Ferienpark am Waldsee
4. Campingplatz Prahljust

**Essen & Trinken**
1. Restaurant Glück-Auf
2. Café/Bistro Kaffeebohne
3. Anno Tobak
4. Regina's Cafe

**Aktiv**
1. Städtisches Hallenbad
2. Oberer Hausherzberger Teich
3. Outdoor Center Harz

zu erreichen. Diese Strecke war 1900 bis 1905 in Betrieb, als unter Tage umgebaut wurde, sodass das Erz vom Schacht Kaiser Wilhelm II. über Tage zu der zentralen Erzaufbereitung am Ottiliae-Schacht transportiert werden musste.

Zur Grubenbahn folgt man ab Bergwerksmuseum der Goslarschen Straße an der St.-Salvatoris-Kirche vorbei. Neben einer landschaftlich reizvollen Fahrt ist vor Ort das älteste eiserne Fördergerüst des Landes zu sehen, das 1878–1930 den zentralen Förderschacht bediente. Das Gelände ist nur bei Ankunft der Grubenbahn geöffnet.

### Zur St. Salvatoriskirche

An dem mit Schieferschindeln verkleideten ehemaligen Postgebäude gegenüber dem Museum erweckt mehrmals täglich lautes **Glockenspiel** 3 die Aufmerksamkeit (Thomas-Merten-Platz 1, 9.10, 12.10 und 17.35, Fr–So auch 15.10 Uhr). Ein Nähertreten lohnt sich, denn an der Fassade sind zwei hölzerne Bergleute zu sehen, die eine Fahrkunst benutzen.

Auf der Bornhardtstraße ist über die Kreuzung hinweg mit der Hausnummer 12 die **Bergapotheke** 4 erreicht. Sie wurde direkt nach dem Brand von 1672 errichtet und heißt im Volksmund ›Fratzenapotheke‹, denn die Balkenköpfe der Außenwände zieren 66 handgeschnitzte Gesichter, die in der Tat eher an Fratzen erinnern. Innen sind die Deckenmalereien und das Dienstzimmer des Apothekers sehenswert. Bis heute wird hier Medizin verkauft!

Die **St. Salvatoriskirche** 5 gegenüber ist ebenfalls nach dem großen Brand erbaut worden (Karwoche bis Ende Okt. tgl. 15–17 Uhr). Dem vorgegebenen Straßenplan folgend, wurde sie zunächst 1674 bis 1684 als einschiffiger Steinbau in ungewohnter Nord-Süd-Richtung errichtet. 1863 zur dreischiffigen Hallenkirche umgebaut, beherbergt sie seit 1997 einen modernen Flügelaltar von Werner Tübke.

### Kunsthandwerkerhof 6

*Bornhardtstr. 11, Alte Münze: Kernzeiten Mo–Fr 10–13 und 14–17 Uhr, Sa 10–16, So 11–17 Uhr; Glashütte: Tel. 05323 636 38, 4 €; Holz- und Glasspielerei: Tel. 05323 96 28 26, glasspielerei.de, Brauakademie: Führungen Di 14–15 Uhr, Tel. 953 94 64, www.brauakademie-zellerfeld.com, 5.50 € inkl. Getränk*

Folgt man vom Dietzel-Haus der Bornhardtstraße in die entgegengesetzte Richtung, so ist bald auf der gegenüberliegenden Seite die **alte Zellerfel-**

# Clausthal-Zellerfeld und Oberharz

**Modell der komplett aus Holz erbauten Marktkirche im Kircheninneren**

**der Münze** erreicht. Gegründet 1601, wurde sie nach dem Brand von 1672 wieder aufgebaut und bis 1788 zum Prägen von Silbermünzen genutzt. Nach der 1978 erfolgten Sanierung zogen Kunsthandwerker in die alten Gebäude ein, denen man z. T. bei der Arbeit über die Schultern sehen kann.

Dies lohnt sich besonders in der **Glashütte/Glasbläserei,** da die Herstellung von Vasen, Schalen und Gläsern freihändig und ohne Gussformen erfolgt. In der **Holz- und Glasspielerei** gibt es entsprechende Produkte zu kaufen, werden die Glasperlen aber auch selbst produziert (Vorführungen nur nach Voranmeldung). Mit **Einzelstück** einen neuen Laden geben, der alles hat, was man verschenken kann. Bei einem letzten ›Kunsthandwerk‹ kann man sogar selbst tätig werden, denn in der **Brauakademie** werden nicht nur Führungen angeboten, sondern man kann auch selbst Bier brauen – über einen Schnellkurs (Mi 14–18 Uhr, 35 €), bis zu einem Brauseminar (Sa 11–18 Uhr, 99 €, inkl. Versorgung) reicht das Angebot. Am schnellsten kommt man zu einem Bier in dem Lokal **Biermünze** (Di–So, 11–19 Uhr). Schräg gegenüber liegt **Regina´s kleines Tee- und Kaffeeparadies** 4 – unseren hiesigen Lieblingsort (s. S. 114).

### Kur- und Waldpark 7

Weiter auf der Bornhardtstraße ist nach wenigen Metern der Kur- und Waldpark erreicht. Hier liegt der **Carler Teich,** der zum Oberharzer Wasserregal gehört (siehe Entdeckungstour S. 124). Ein Kunstrad und Feldgestänge am Teichdamm veranschaulichen seine einstige Funktion, den Betrieb von Künsten.

# Clausthal

Mit Einkaufsstraße und Technischer Universität liegt hier das lebendige Zentrum der Stadt. Um die 4000 Studierende, darunter viele aus China

# Clausthal

und anderen Regionen der Welt, tragen zur jungen, internationalen Atmosphäre bei.

## Marktkirche zum Heiligen Geist 8
*An der Marktkirche, Tel. 05323 70 05, Mitte März–Mitte Nov. Mo–Sa 10–17, So 12–17 Uhr, sonst tgl. 11–16 Uhr*
Die 1642 geweihte Kirche im Zentrum von Clausthal ist mit 2200 Plätzen die größte ausschließlich aus Holz erbaute Kirche Mitteleuropas. Auffällig sind die beiden Türme – der eigentliche Glockenturm ist ebenso mit einer welschen Haube gekrönt wie der benachbarte, gleich hohe Dachreiter, der die Uhr trägt. Weiße Sprossenfenster gliedern die hellgrauen Fassaden. Innen umgeben Emporen das große, von Tonnengewölbe überspannte Kirchenschiff.

## Oberbergamt 9
*An der Marktkirche 9, Mo–Do 9–12, 14–15.30, Fr bis 12 Uhr*
Gegenüber der Marktkirche lohnt ein kurzer Besuch im Oberbergamt (heute Landesbergamt). Im Eingangsbereich erinnert ein großer Brocken Ringelerz an das endgültige Ende des Bergbaus im Harz, denn er wurde 1992 von der letzten Schicht in Bad Grund gefördert. Auch ein Stück Albert-(Draht-)Seil von 1836 ist zu sehen. Besonders beeindruckend aber ist das in Pastelltönen gehaltene, geschwungene Treppenhaus. Dass man beim Bau des Oberbergamts in den Jahren 1726 bis 1730 nur Holz verwendete, ist von außen erst bei näherem Hinsehen zu erkennen, denn 1838 wurde die Front mit quaderförmigen Balken verkleidet, die den Eindruck eines Steingebäudes hervorrufen.

## Glück-Auf-Saal 10
*An der Marktkirche 7, Tel. 05323 16 16, tgl. 12–14.30, 17.30–22 Uhr*
Wenige Schritte weiter befindet sich im **Restaurant Glück-Auf** 1 der neoklassizistische Saal von 1890. Mit seiner goldumrandeten Bühne, den Ballustraden und Kronleuchtern erinnert er an ein Theater, zwei mit Säulen abgetrennte Seitenschiffe lassen hingegen eher an eine Kirche denken. Man braucht heute kein ›Glück‹, um ihn ›auf‹ zu bekommen, denn das übernehmen die Wirtsleute, die zudem auch die Beleuchtung anschalten, selbst wenn der Gast nichts verzehren will.

Im Untergeschoss des Lokals ist außerdem das **Harzsagen-Kunstwerk** zu bewundern, ein mehr als 4 m$^3$ großes Marmorgebilde, in dem in 15 Abteilungen und durch 115 Marmorfiguren die bekanntesten Harzsagen dargestellt sind.

## Technische Universität 11
*Adolph-Roemer-Str. 2, Tel. 05323 72 27 37, www.tu-clausthal.de, GeoMuseum: 2. Etage, Di–Fr 9.30–12.30, Do auch 14–17, So 10–13 Uhr, 1,50 €*
Ebenfalls in direkter Nachbarschaft der Marktkirche befindet sich das Hauptgebäude der Technischen Universität Clausthal. Sie existiert erst seit 1968, ging aber aus der Bergakademie von 1864 hervor. Besucher wird vor allem das **GeoMuseum** interessieren, dessen mineralogische Abteilung weithin bekannt ist. Über 9000 Exponate sind ausgestellt, 110 000 weitere Stücke nur der Wissenschaft zugänglich. Weitere Abteilungen behandeln die Naturgeschichte des Harzes sowie die Erdgeschichte. In letzterer beeindruckt vor allem das Modell einer Riesenlibelle, die vor etwa 285 Mio. Jahren im ausgehenden Karbon-Zeitalter lebte.

## Kronenplatz
Die verkehrsberuhigte Einkaufsmeile Adolph-Roemer-Straße erstreckt sich bis zum Kronenplatz, der von dem

## Clausthal-Zellerfeld und Oberharz

stattlichen alten **Hotel Goldene Krone** 1 beherrscht wird. Eher unscheinbar liegt in einer Ecke des Platzes das **Wohnhaus** 12 des Bakteriologen **Robert Koch** (1843–1910). Vor dem schönen, mit roten Schindeln verkleideten Gebäude erinnert eine Büste an den Nobelpreisträger des Jahres 1905, der in Clausthal geboren wurde, wenn auch nicht hier, sondern in der Osteröder Straße 13.

**Zum Kaiser-Wilhelm-Schacht**
Vom Kronenplatz ist auf der Erzstraße nach knapp einem Kilometer links die Aulastraße erreicht, die zu dem klassizistischen Gebäude der **Aula der TU** führt. An der Rückseite befindet sich ein repräsentativer Treppenaufgang und – überraschend – auch der Eingang einer Schwimmhalle, die leider geschlossen ist.

Nach einem weiteren knappen Kilometer auf der Erzstraße findet man zur Rechten mit der Nr. 24 das Gelände des ehemaligen **Kaiser-Wilhelm-Schachts** 13, das heute den Harzwasserwerken gehört. Schon von Weitem ist der alte Förderturm zu sehen, auf dem Gelände selbst sind ein Kehr- und ein Kunstrad sowie eine Gaipel zu besichtigen. Der Hauptanziehungspunkt ist aber eine **Ausstellung zum Oberharzer Wasserregal** (siehe auch Entdeckungstour S. 124). Ein großes Harzmodell erläutert die verschiedenen Teiche, Gräben und Wasserläufe des Systems. Ein Teil der Ausstellung ist Gottfried Wilhelm Leibniz gewidmet, dessen Pläne zur Windenergiegewinnung jedoch seinerzeit nicht umgesetzt wurden (Tel. 05323 939 20, April–Okt. tgl. 15–17 Uhr, 3 €).

**Ehemalige Rüstungsfabrik Werk Tanne** ▶ B 3
*Besichtigung nicht möglich*
Wer von Clausthal Richtung Altenau fährt, passiert ein Hinweisschild zum Werk Tanne und wundert sich möglicherweise, dass hier alles mit unüberwindbaren Zäunen abgetrennt ist. Es handelt sich um die heute stark kontaminierten Überreste einer der größten TNT-Produktionsstätten des Dritten Reichs. Schon 1933 wurde hier im Waldgebiet gut getarnt auf 120 ha Fläche eine Sprengstofffabrik errichtet, die ihre Produktion aber erst drei Monate vor Beginn des Zweiten Weltkriegs aufnahm. Als die männlichen Arbeiter nach und nach aktiv im Krieg eingesetzt wurden, kamen immer mehr Frauen und dann auch Zwangsarbeiter/-innen zum Einsatz, die die gefährlichsten Arbeiten ausführten und bei schlechter Versorgung reihenweise starben. Wo damals die Toten verscharrt wurden, befindet sich heute die »Kriegsgräberstätte« Russenfriedhof (beschildert ab der B 241/An den Pfauenteichen, zwischen der Harzhochstraße/B 242 und der Altenauer Straße).

## Buntenbock ▶ B 3

Der kleine Luftkurort gehört zwar verwaltungstechnisch zu Clausthal-Zellerfeld, liegt jedoch abseits der Stadt und wirkt ausgesprochen ländlich und beschaulich – ein kinderfreundlicher Urlaubsort. Auch entstehungsgeschichtlich hebt sich Buntenbock von den anderen Oberharzer Orten ab, denn Bergbau spielte hier ausnahmsweise keine Rolle – jedenfalls keine direkte: Die Siedlung wurde von Fuhrleuten gegründet, die den Güterverkehr zum Harzrand übernahmen. Auch Landwirtschaft wurde betrieben, was die Siedlungsstruktur noch ebenso spiegelt wie die Ziegenherde, die man im Sommer oft auf den umliegenden Weiden sehen kann.

# Buntenbock

## *Unser Tipp*

**Baden und Angeln**
Die 65 Teiche des Oberharzer Wasserregals (s. S. 124) sind zum Baden freigegeben, die Wasserqualität wird regelmäßig kontrolliert. Der **Obere Hausherzberger Teich** 2 in Clausthal-Zellerfeld verfügt als offizielles Waldseebad über eine Badeaufsicht (Juni–Aug. tgl. 8–18 Uhr), in den anderen 64 Teichen schwimmt man auf eigene Gefahr.
Angelsportler können an 39 Teichen ebenfalls ihrem Hobby nachgehen: Für Gäste gibt es die ›Angelkarte Oberharzer Teiche‹, die ebenso wie ein Übersichtsplan über die Gewässer bei den Tourist-Informationen erhältlich ist.

### Teiche in der Umgebung
Nördlich des Ortes führen Spazierwege zu zahlreichen Bergbauteichen, so etwa die Verlängerung des Pixhaier Weges am **Sumpfteich** entlang zum Ausflugslokal **Pixhaier Mühle** (Tel. 05323 938 00, www.pixhaier-muehle.de, Di–So ab 11 Uhr) und weiter zum gleichnamigen Teich. Biegt man dort noch vor dem Campingplatz nach rechts, erreicht man bald eine schmale Straße und dort den Harzer Hexenstieg, dem man nach rechts folgt, zwischen zwei Teichen hindurch und dann wieder rechts, vorbei am Badeplatz am **Ziegenberger Teich**. Ein Stück wandert man auf dem Forstweg, bis rechts ein Abzweig zum **Sumpfteich** führt, wo sich die Runde schließt (ca. 1.30 Std.).

### Aussichtsturm
Südlich des Ortes erreicht man in der Verlängerung des Moosholzweges und vorbei am Ziegenhof den Aussichtsturm an der Kuckholzklippe.

## Übernachten

*Traditionsreich* – **Hotel Goldene Krone** 1: Am Kronenplatz 3, Tel. 05323 93 00, www.goldenekrone-harz.de, DZ ab 92 €. Gehobenes Hotel in einem herrschaftlichen alten Holzgebäude. Im großen Restaurant werden vorzugsweise Steakgerichte angeboten (Di–So 12–14.30, 17.30–21.30 Uhr, 9–59 €).
*Erholsam* – **Zum Harzer** 2: Treuerstr. 6, Tel. 05323 95 00, www.zum-harzer.de, DZ ab 79 €. Komfortabel, in ruhiger Lage an der Zellerfelder Kulturmeile, mit Sauna.
*Naturnah* – **Ferienpark am Waldsee** 3: Mönchstalweg 30, am Stadtrand Richtung Altenau, Tel.05323 816 61, www.ferienpark.harz.de, ab 352 €/Woche zzgl. NK/max. 6 Pers. Holzhäuschen mit Terrasse und Garten im lichten Waldgelände am Badesee. Loipe, Rad- und Wanderwege vor der Tür, Spielplatz und Restaurant angrenzend.
*Gute Ausstattung* – **Campingplatz Prahljust** 4: An den langen Brüchen 4, am Stadtrand, B 242 Richtung Braunlage, Tel. 05323 13 00, www.prahljust.de. Großer, halbschattiger Platz am Pixhaier Teich mit Hallenbad, Sauna, Badestrand, Spielplatz und Gruppenraum mit Küchenzeile.

### … in Buntenbock:
*Neue Besitzer* – **Fellerei (ehemals Landhaus Kemper)**: An der Trift 19, Tel. 05323 17 74, www.diefellerei.de, DZ ab

## Lieblingsort

### Liebevolle Opulenz in Regina's Café [4]

Warme Farben und eine üppige Dekoration prägen das Ambiente des sehr freundlich-persönlich geführten kleinen Cafés an der Zellerfelder Kulturmeile. Die Vielfalt an hausgemachten Torten ist beeindruckend, ebenso wie die Portionen, die daraus geschnitten werden. Wer sich nicht entscheiden kann, wählt den ›Probierteller‹ mit mehreren kleinen zum Preis von zwei ›normalen‹ Stücken – und begibt sich dann am besten gleich auf eine stramme Wanderung (Regina's kleines Tee- und Kaffeeparadies, Schützenstr. 9, Tel. 05323 96 20 40, Sa–Do 14–18 Uhr).

# Clausthal-Zellerfeld und Oberharz

80 €. Liebevoll restauriertes Gebäude mit individuellen Zimmern, für Hausgäste regionale und saisonale Küche (Abendmenü 25 €), Sauna und Yoga.
*Jugendstilambiente* – **Hildesheimer Haus:** An der Trift 6a, Tel. 05323 71 59 92, www.hildesheimer-haus.de, DZ ab 60 €, FeWo/4–6 Pers. ab 90 €, eine Woche ab 400 €. Im ehemaligen ›Kurhaus Meyer‹ von 1895 wohnen nach Soldaten und Hildesheimer Schulkindern nun wieder Urlauber. Seit 2006 unter neuer Leitung, bietet die schöne Villa mit Garten jetzt eine freundlich-geschmackvolle Unterkunft, teils mit Balkon.
*Ruhe und Panorama* – **Harzland-Ferienhäuser:** Am Ziegenberg 1, Tel. 05323 35 70, www.harzerland-ferien haeuser.harz.de, Blockhäuser bis 4 Pers. 109 €, Folgenacht 73 €, Juni–Aug. und Weihnachtsferien pro Tag plus 5 €, immer zzgl. Nebenkosten.

## Essen & Trinken

*Ambitioniert* – **Restaurant Glück-Auf** **1**: An der Marktkirche 7, Tel. 05323 16 16, tgl. 12–14.30, 17.30–22 Uhr, Fr–So durchgehend, 12–46 €. Das alteingesessene Lokal und auch die Karte wurden inzwischen behutsam modernisiert. Unsere Lieblingsvorspeise: Carpaccio vom Harzer Hirschkalbsfilet.
*Beliebt* – **Café Bistro Kaffeebohne** **2**: Adolph-Roemer-Str. 24, Tel. 05323 92 25 22, Mo–Sa 8–18, So 13–18 Uhr. Nach der Vorlesung, Shopping- oder Besichtigungstour – Hier stärkt man sich bei Baguette und Salat.
*Eine Institution* – **Anno Tobak** **3**: Osteröder Str. 4, Tel. 05323 781 07, tgl. 12–2, nur Di ab 18 und So ab 14 Uhr. Gemütlich-verschnörkeltes Bistro mit kleiner Karte, vom Frühstück über Kuchen bis Salat: beliebte Studentenkneipe mit Biergarten.
*Kuchen & mehr* – **Regina's kleines Tee- und Kaffeeparadies** **4**: s. S. 114.

## Einkaufen

Die zentrale Einkaufsstraße in Clausthal ist die Adolph-Roemer-Straße zwischen Marktkirche und Kronenplatz.
*Glasperlen & Geschenke* – **Kunsthandwerkerhof** **6**: s. S. 110.
*Ziegenkäse vom Erzeuger* – **Ziegenhof Buntenbock:** Buntenbock, Moosholzweg 14, Tel. 05323 72 20 51, nur Sa 9–12 Uhr, Mai–Okt.

## Aktiv

*Wasser und Dampf* – **Städtisches Hallenbad** **1**: Berliner Str. 14, Tel. 05323 71 52 30, Di–Do, Sa/So 9–13, Mo/Di, Sa 15–18, Fr 15–19, Mi/Do 15–21 Uhr, 3,90 €. Sauna Mo–Fr 15–21 Uhr (Mo und Do nur Damen, Di Textilsauna gemischt), Sa 15–18.30, So 9–13 Uhr, 7,30 €. Das Dampfbad ist auch ohne Saunazuschlag zugänglich.
*Badeseen* – **Oberer Hausherzberger Teich** (Badeaufsicht) **2** in Clausthal und **Ziegenberger Teich** in Buntenbock.
*Fahrrad- und Mountainbike-Verleih* – **Outdoor Center Harz** **3**: Altenauer Str. 55 (ehemalige JH), Tel. 05323 98 24 60, tgl. 9–18 Uhr, auch Bistro und 3 FeWos (2 Pers. 90 €/1Tag bis 60 €/Tag bei 3 Tagen und mehr, 4 bzw. 6 Pers, 170 €/1 Tag bis 120 €/Tag bei 3 Tagen und mehr).

## Infos & Termine

### Infos
**Tourist-Information:** Dietzel-Haus, Bergstr. 31, 38678 Zellerfeld, Tel. 05323 810 24, www.oberharz.de, Mitte Dez.–Feb. Mo–Fr 9–17, Sa 10–14 Uhr, März–Okt. Mo–Fr 9–17, Do bis 20, Sa bis 13 Uhr, Nov.–Mitte Dez. Mo–Fr 10–16 Uhr, Feiertage meist 10–13 Uhr.

### Verkehr
**Busverbindungen** gibt es zu allen umliegenden Ortschaften, zum Harzrand

nach Osterode (Linie 440) und Goslar (Linie 830).

### Termine
**Schlittenhunderennen:** an zwei Tagen Anfang Feb. auf der Bockswieser Höhe, aktuelle Termine über die Tourist-Information.
**Bergbauernmarkt:** Mai–Okt. Do ab 18 Uhr in Zellerfeld. Nur teilweise ein wirklicher Bauernmarkt, aber mit etlichen Ess- und Trinkständen.

# Hahnenklee-Bockswiese ▶ B 2

Auf den ersten Blick scheint der kleine Doppelort nördlich von Zellerfeld nur aus Hotels und Pensionen zu bestehen. Seit der Bergbau hier im späten 19. Jh. zum Erliegen kam, wurde denn auch tatsächlich der Fremdenverkehr zum neuen Erwerbszweig ausgebaut, gegründet auf die schöne Lage zwischen Bergwiesen und Teichen. So gibt es hier bei gut 1300 Einwohnern heute mehr als dreimal so viele Gästebetten. Um den Hahnenkleer Kurpark herum liegen zentral die großen Hotels, die Fußgängerzone führt vorbei an der Seilbahnstation zur Gustav-Adolf-Kirche.

### Bocksberg
*Seilbahn: Tel. 05325 2576, www. erlebnisbocksberg.de, Sommer 9–18, Winter 9–17.30 Uhr, einfach 4 €, hin und zurück 6,50 €; Bikepark Hahnenklee: Tel. Tel. 0179 274 04 77, www.boardandbikes.de, Sommer 9–18 Uhr und bei geeigneter Witterung, z. B. Tageskarte für die Lifte 28 €. Im Winter auch Skiverleih*
Eine Attraktion von Hahnenklee ist die **Kabinenseilbahn,** die direkt aus dem Ort (560 m) ganzjährig in 10-minütiger Fahrt bis zu 1000 Passagiere pro Stunde auf den Bocksberg (726 m) bringt. Seit 2014 wird sie ergänzt durch einen 4er-Sessellift. Besonders im Winter haben sie regen Zuspruch, denn oben locken fünf **Skiabfahrten** zwischen 200 und 1500 m Länge, die zusätzlich von zwei Schleppliften bedient werden, auch eine 1500 m lange, beleuchtete Winterrodelbahn steht zur Verfügung.

Doch auch ohne Schnee liegen die Pisten und Hänge nicht verwaist; der **Bikepark Hahnenklee** hat sich als kurzweilige Ergänzung zu dem weit verzweigten Routennetz der umliegenden Fahrradstrecken entdeckt: Auf acht Abfahrten kann man mit dem eigenen Mountainbike, geliehenen Monsterrollern oder BocksBerg-Carts (Dreiräder) zu Tal sausen; für jede Könnensstufe ist etwas dabei (Radverleih s. u., Aktiv). Neben vielen kleineren Attraktionen, wie z. B. einem Bagjump (einem freien Sprung in ein Luftkissen aus bis zu 9 m Höhe, 2 €) gibt es noch den Bocksbergbob, eine 1250 m lange (nicht nur Sommer-)Rodelbahn, die den halben Hang hinabführt und dann wieder nach oben gezogen wird. Das Tempo kann man selbst bestimmen (3,50 €). Ganz neu ein 20 m hoher Rutschenturm für Kinder ab 4 Jahren mit drei verschiedenen Möglichkeiten. Bei dieser Angebotsfülle gibt es natürlich diverse Kombitickets, die das Ganze günstiger machen.

### Stabkirche
*Prof.-Mohrmann-Weg 1, www.stabkirche.de, Mai–Okt. tgl. 10.30–17 Uhr, übrige Zeit Mo–Fr 11–12.30, 14–16, Sa 11–16, So 9.30–10.45, 12–16 Uhr*
Die zweite Sehenswürdigkeit des Ortes ist die **Gustav-Adolf-Kirche.** Als eine von zwei Stabkirchen in Deutschland entstand sie 1907/08 in nur 10-monatiger Bauzeit. Wie die nor-

# Clausthal-Zellerfeld und Oberharz

**Eine von zwei Stabkirchen in Deutschland: die Gustav-Adolf-Kirche**

wegischen Vorbilder erinnert das Kirchenschiff an ein umgedrehtes Wikingerboot, selbst die Drachenköpfe vom Bug – damals als Abwehrzauber gegen böse Geister aufgepflanzt – sind vorhanden. Um im Bild zu bleiben, ist die hiesige Stabkirche *(staf* = Mast) ein Zwölfmaster, bei dessen Bau traditionsgemäß nicht ein einziger Nagel verwendet wurde.

## In der Umgebung

### Kurpark und Badesee
Der hübsche Kurpark umgibt den Kranichsee, an dem vorbei ein Spazier- und Radweg zum idyllischen **Kuttelbacher Teich** führt. An diesem alten Bergbauteich, dessen Damm 1682 bis 1686 errichtet wurde, gibt es im Sommer ein Freibad (Tel. 05321 70 45 60, 2,50 €) und ein Café mit Bootsverleih (Tel. 0160 92 95 83 68).

### Liebesbank-Weg
Ein anderer, im doppelten Wortsinn ausgezeichneter Wanderweg ist der Liebesbank-Weg, der als 7 km lange, landschaftlich abwechslungsreiche Runde den Bocksberg umkreist, versehen mit Rastbänken und mehr oder weniger künsterischen Einfällen zum Thema Liebe, gut beschildert und vom Deutschen Wanderinstitut zum ›Premiumweg‹ erkoren (Start an der Stabkirche, nördlich um den Bocksberg, entlang der Grumbacher Teiche zurück).

## Übernachten

Allein fünf Hotels der Viersternekategorie, dazu etliche Mittelklassehotels und Pensionen, ein großer Ferienpark mit Appartement-Wohnungen sowie zahlreiche Privatunterkünfte – Hahnenklee besteht fast nur aus Gästebetten. Aus dem schier unerschöpflichen Angebot hervorgehoben seien:

*Klare Linie* – **Hotel Njord:** Parkstr. 2, OT Hahnenklee, Tel. 05325 528 93 70, www.hotelnjord.com, DZ ab 105 €. Nordischer Stil muss nicht an Ikea erinnern, wie dieses in schnörkellosem Stil mit viel Weiß und Holz gestaltete Vier-Sterne-Haus beweist. Das Hotelrestaurant ›Madhus‹ hat im Schlemmeratlas zwei Kochlöffel.

*Abwechslungsreich* – **Campingplatz am Kreuzeck:** Kreuzeck 5, am Abzweig der Straße nach Hahnenklee-Bockswiese von der B 241, Tel. 05325 25 70, www.campingharz.com. Ein echtes Ferienzentrum in schönem Waldgelände mit allem, was dazugehört: Bade- und Angelseen, Hallenbad mit Sauna, Spielplatz, Ausflugslokal, Wander- und Radwege, Tauchschule; Hütten für 2–4 Pers. 62–78 €.

## Essen & Trinken

Die gastronomische Szene ist vorrangig an die großen Hotels angeschlossen.

## Aktiv

Ein Fahrrad- und Mountainbike-Paradies ist die Oberharzer Hochebene insgesamt – das beschilderte Routennetz der Volksbank Arena durchzieht sie. Hahnenklee hat sich zu einem der Zentren für diesen Sport entwickelt.

## Infos

**Infos**
**Tourist-Information:** Kurhausweg 7, 38644 Goslar-Hahnenklee, Tel. 05325 510 40, www.hahnenklee.de, April–Okt. Mo–Fr 9–17, Sa/So 9–13, übrige Zeit Mo–Fr 9–16, Sa bis 12 Uhr, bei Schnee Sa/So 9–19 Uhr.

**Verkehr**
**Busverbindung:** Linie 830 nach Goslar und Clausthal-Zellerfeld.

# Innerstetal ▶ B 2

Das Tal des Harzflüsschens begrenzt nach Westen die Oberharzer Hochebene – die Innerste entspringt nahe Buntenbock auf knapp 600 m Höhe, wird gleich im Sumpfbeich gestaut, durchfließt dann das Dörfchen, wird erneut aufgefangen in Prinzenteich, bevor sie sich zügig und ohne weitere Hindernisse in ein idyllisches Tal eingräbt – eine ruhige Nebenstraße ab der B 241 (Richtung Osterode) verläuft an ihrem Ufer und trifft dann auf die B 242 (Richtung Bad Grund/Wildemann), die das Flüsschen von nun an gut 20 km bis zum Harzrand bei Langelsheim begleitet.

Das Bachtal wird bald schroffer, an der Straßengabelung rechts Richtung Wildemann ragen steile Felsen rings um einen alten Steinbruch auf, der Rand der Hochebene liegt hier schon 200 m höher. In zahlreichen Kurven mäandriert das Flüsschen nun gen Norden, ab Wildemann (ca. 400 m) begleitet ein schöner Radweg auf der alten Bahntrasse das Ufer. In Lautenthal (ca. 300 m) herrscht noch immer Mittelbirgspanorama, überragen die bewaldeten Kuppen um fast 300 m das hier schon breitere Innerstetal, das kurz hinter Lautenthal von der Wasserfläche der

## Clausthal-Zellerfeld und Oberharz

**Innerstetalsperre** ausgefüllt wird. Wo das Wasser diesen Stausee talauswärts verlässt, beginnt sich das Gelände abzuflachen. Bei Langelsheim (ca. 200 m) verlässt unser Flüsschen endgültig das Bergland des Oberharzes.

## Wildemann ▶ B 2

Der Ort ist nach einer Sagengestalt benannt: Dieser ›Wilde‹ soll in einer Höhle gehaust haben, in der man die erste Erzader fand. Eingebettet in das Innerste- und das Spiegeltal, ist Wildemann mit 1300 Einwohnern die kleinste der sieben Freien Bergstädte des Oberharzes und gehört seit 1534 zu dieser illustren Runde. Der Ort liegt in einer Flussschleife der Innerste, die um den Gallenberg herumführt. Da das Tal hier relativ eng ist, folgt auch die Hauptstraße mehr oder weniger dem Flusslauf, sodass sich Urlauber den Platz mit dem regen Durchgangsverkehr teilen müssen. Im abzweigenden Spiegeltal geht es beschaulicher zu (s. u.).

### Besucherbergwerk 19-Lachter-Stollen

*Im Sonnenglanz 18, Tel. 05323 66 28 oder Tourist-Information, Führungen Mai–Okt. Di–So 11, 14 und 15.30 Uhr, Nov.–Dez. Sa 14, So 11 Uhr, Weihnachtsferien und Feb.–April Di–So 11 und 14 Uhr, Jan. nur 11 Uhr, 6 €*
Die Hauptsehenswürdigkeit Wildemanns ist das Besucherbergwerk. Der Stollen wurde genau 19 Lachter unterhalb der älteren Wasserlösung aufgefahren (1 Lachter = etwa 1,92 m). Begonnen 1551, entwässerte der neue Stollen zuerst nur die örtlichen Gruben, ab 1690 erreichte er jedoch wie geplant auch die Reviere von Clausthal und Zellerfeld. Die Arbeit dauerte so lange, da immerhin 8,8 km zu bewältigen waren und die Harzer Grauwacke dem Schlägel und Eisen enormen Widerstand bot. So betrug die Tagesleistung eines Bergmanns lediglich 1 cm. Auf einer Führung ist dieses harte Gestein zu sehen, da in diesem Bereich keinerlei Ausbau mit Holz oder Mauerwerk nötig war. Auf dem Weg in den Berg lernt man auch den Ernst-August-Schacht kennen, um den herum bis 1924 ein Bergwerk bestand.

### Vom Innerstetal ins Spiegeltal

Auch im Ortsbild wird mit dem Tannenbaumzeichen auf die vergangene Bergbauzeit verwiesen, z. B. auf das Zechenhaus aus dem Jahre 1650 oder das alte Mundloch eines Stollens am Zechenplatz.

Neben der Tourist-Information beginnt mit dem Spiegeltal das **Erholungsviertel** von Wildemann, und es wird in der Tat auch gleich bedeutend ruhiger. Vielleicht auch zu ruhig, denn die Kuranlagen machen oft einen etwas verwaisten Eindruck; Zeugnisse eines aussterbenden Tourismuskonzepts aus Kurkonzert und Wassertreten. Und so blickt die Büste Sebastian Kneipps denn auf ein leeres Bassin, und auch aus der Konzertmuschel erschallt nur selten Musik. Das nahe gelegene **Freibad** (*tgl. 10–18 Uhr, 2,50 €*) lockt an warmen Sommertagen zu einer Abkühlung nach dem Wandern, und die schönen Bergtäler rings um Wildemann sind die Hauptattraktion des Ortes.

### Bergbauernhof Klein-Tirol ▶ B 2

*Tel. 05323 62 87, Zufahrt unter der Bahnbrücke hindurch, tgl. 10–18 Uhr, keine Führungen*
Am Ortsausgang Richtung Lautenthal liegt der nach Brand 1996 wieder aufgebaute Hof. Er ist von der ›Gesellschaft zur Erhaltung alter und gefährdeter Haustierrassen‹ zum Arche-Hof ernannt worden, denn hier und auf den umliegenden Wiesen wird Harzer Rotvieh gehalten, das

# Lautenthal

Im Frühjahr kommt das Harzer Rotvieh wieder auf die Weiden

schon fast ausgestorben war. Einige Harzziegen und Harzfüchse, das sind die Hütehunde, runden diesen alten Tierbestand ab. Die Lage im Tal will allerdings nicht so ganz zum Namen des Hofes passen.

## Übernachten

*Traditionshaus* – **Hotel Rathaus:** Bohlweg 37, Tel. 05323 62 61, www.hotel-rathaus-wildemann.de, DZ ab 80 €.
*Hübsch gelegen* – **Parkschlösschen:** Im Spiegeltal 39, Tel. 05323 61 97, www.parkschloesschen-wildemann.de, DZ ab 62 €. Freundliche Familienpension mit Sauna und großem Garten nahe Kurpark.

## Essen & Trinken

*Ewerharzerisch* – **Ratsstube im Hotel Rathaus** (s. o.): ganztägig außer Do, 14–34 €. Hier man findet bodenständige Ober(= *ewer*)harzer Küche, wie sie nur noch selten angeboten wird: Forellen aus eigener Zucht, hausgemachte Kuchen, Wein aus dem Blankenburger Gut Kirmann und Altenauer Dunkel frisch vom Fass.

## Infos

**Tourist-Information:** Bohlweg 5, 38709 Wildemann, Tel. 05323 61 11, www.oberharz.de, Mo 9–17, Di–Fr 9–13 Uhr. Mineralienausstellung im Haus.

# Lautenthal ▸ B 3

Lautenthal ist seit 1538 eine Freie Bergstadt, erste Gruben existierten jedoch bereits gut 200 Jahre früher. Der Schwerpunkt des Bergbaus war die Förderung von Silber, nur nebenbei wurden Gold, Blei und Zink gewonnen. Bis 1870 hatte man dem

# Clausthal-Zellerfeld und Oberharz

Berg bei Lautenthal 4750 t Silber und 250 t Gold abgerungen. Danach wurde zwar noch weiter gefördert, aber nicht mehr gewogen, denn die neue Besitzerin, die Preussag, schaffte das gesamte Erz von nun an nach Clausthal-Zellerfeld, wo es zentral verarbeitet und sortiert wurde. Erst mit dem Zweiten Weltkrieg wurde der Silberbergbau in Lautenthal eingestellt.

## Silbergrube und Bergbaumuseum
*www.lautenthals-glueck.de,*
*Tel. 05325 44 90, tgl. 10–17, Nov.–*
*März nur Sa/So 10–15 Uhr, letzte*
*Einfahrt in den Berg ca. 1,5 Std. vor*
*Schluss, 10 €*

Seit 1975 ist der Bergbau für Besucher in Lautenthal in der **Historischen Silbergrube ›Lautenthals Glück‹** wieder hautnah zu erleben.

Das **Bergbaumuseum** an der Straße nach Wildemann ist mit seinem riesigen, noch voll funktionsfähigen Wasserrad und dem Förderturm kaum zu übersehen. Gleich neben dem Kassenhäuschen ist eine Fahrkunst zu besichtigen. ›Künste‹ hießen die Maschinen, und ›gefahren‹ wurden die Bergleute und ihre Ausbeute hinunter und hinauf (s. S. 67). Das hölzerne Doppelkreuz zeigt anschaulich, wie die Drehbewegung des Wasserrads in die vertikale Hubbewegung umgelenkt wird. In der Außenanlage sind neben dem Förderrad noch diverse Maschinen, Grubenbahnen und Lokomotiven zu sehen.

Die Hauptattraktion aber ist die Fahrt in den Berg mit der **Grubenbahn:** Ziemlich eingezwängt in recht kleine, ringsum vergitterte Grubenwagen wird den Passagieren spätestens bei der Einfahrt durch das Mundloch klar, dass dies zum eigenen Schutz dient, denn zwischen den Wagen und der Stollenwand bleiben nur wenige Zentimeter Platz. Unter Tage lernt man mehrere Sohlen, die alten Abbaue, verschiedene Bergbaumaschinen und auch eine kleine Andachtsstätte der Bergleute kennen.

Doch führt nicht nur die Grubenbahn unter Tage, sondern es erwartet die Besucher zusätzlich noch eine **Erzkahnfahrt,** bei der man sich selbst 15 m in den nur spärlich beleuchteten Stollen hineinziehen kann. Diese Anlage ist zwar ein Nachbau – das Original befand sich 120 m tiefer im Berg – das schmälert den Eindruck aber nicht. Auf solchen Kähnen wurden von einem einzigen Bergmann über 3 t Erz auf einmal transportiert, was viel effektiver als der Lorenbetrieb war. Der Vortrieb erfolgte wie heute per Armkraft an einem oben angebrachten Seil, was verglichen mit dem Erzabbau als einfache Arbeit galt, sodass viele ältere Bergleute hier im Einsatz waren. Die Wassergräben waren über einen Meter tief, der heutige Nachbau konnte jedoch flacher ausfallen, weil einige wenige Besucher schließlich keine 3 t Gewicht aufbringen. Am Kahnanleger bekommt man in einer Cafeteria kleine Erfrischungen.

## Bergbau im Ortsbild

Eigenständig kann man noch den **Bergbaulehrpfad** am Kranichsberg besuchen (Beginn am Rathausplatz im Ortszentrum). Hier sind Stollenmundlöcher und ein weiteres Wasserrad mit Feldgestänge zu besichtigen, außerdem hat man herrliche Ausblicke auf den Ort, der sich ausgesprochen malerisch in das schmale Tal schmiegt.

Dort fallen immer wieder die gelben, tannenförmigen Infotafeln zu alten Zeugnissen des Bergbaus auf, so z. B. die königlich-preußische **Berginspektion** von 1891 in einem großen, alten Holzgebäude oder an der Wildemanner Straße die stilvolle alte **Bergapotheke.** Am Marktplatz befand sich die **Pochknabenschule,** in der samstags Jungen die Grundkenntnisse des Rechnens, Lesens und Schreibens vermittelt wurden. Von Montag bis Freitag hatten sie schon eine 60-Stunden-Woche in der Erzverarbeitung hinter sich. Vielleicht waren sie auch ›auf den Hunt gekommen‹, d. h. sie arbeiteten unter Tage, wo sie die schweren Loren (= Hunt) schieben mussten. Kinderarbeit war bis Anfang des 20. Jh. auch im Bergbau üblich.

## Übernachten

*Seeblick* – **Der Berghof am See:** Innerstetalsperre 1, Tel. 05326 978 44 80, www.berghof-am-see.de, DZ 86 €. Schöne Lage am Stausee und idealer Startpunkt für Radtouren und Wassersport. Die Zimmer im ländlich-rustikal Stil haben z. T. Seeblick. Im Restaurant-Café, 11.30–21 Uhr, Harzer Küche und Wild (9–20 €).
*Sonnige Strandlage* – **Camping an der Innerstetalsperre:** Tel. 05326 21 66, www.wsvi.net. Platz auf einer kleinen Landzunge im See, mit Bootsstegen und Slipanlage, Ausflugslokal.
*Für Wohnmobile* – **Stellplatz:** hinter der Tourist-Information, gebührenpflichtig.

## Essen & Trinken

Alle drei genannten Hotels haben Restaurants. Außerdem empfehlenswert:
*Altes Gebäude in schöner Lage* – **Maaßener Gaipel:** Tel. 05325 52 14 45, Di–So 11–21 Uhr, im Sommer auch Mo, 4–16 €. Beliebte Wald- und Wandergaststätte mit schönem Außenbereich am Bergbaulehrpfad. Zur Zeit ein Italiener mit Pizza und Pasta, aber auch sehr harzerisch mit drei Schnitzelvarianten.
*Vielseitiger Treffpunkt* – **Café Zwergenstübchen:** Hahnenkleer Str. 1, Tel. 05325 54 64 09, www.zwergenstuebchen.com, Do–So 12–24 Uhr, 6–12 €. Kuchen, Brotzeit, Schnitzel. Wenn in Lautenthal abends noch etwas los ist, dann hier: Bei Melanie und Ralf treffen sich alle, man spielt Billard und Dart und trinkt einfach nur sein ›Zwergenbräu‹.

## Aktiv

*Wassersport* – **Innerste-Stausee:** Slipanlage und Tretbootverleih am Campingplatz. Badestellen am See an der Straße zwischen Ort und Campingplatz, in Höhe des Berghotels und auf der gegenüberliegenden Seeseite am Rundwanderweg (6,5 km).
*Erfrischend* – **Bürgerbad Bergstadt Lautenthal:** Tel. 05325 54 60 50, Mai–Sept. tgl. 10–19 Uhr, 3 €. Beheiztes Freibad am kleinen Kurpark.
*Rad fahren* – Die alte **Bahntrasse Goslar–Altenau,** auf der der Zugverkehr 1976 eingestellt wurde, ist seit 1986 ein überaus attraktiver Radweg, der von Langelsheim über Lautenthal nach Wildemann durch das Innerstetal führt. Fahrradverleih am Campingplatz (siehe Übernachten).

## Infos

**Tourist-Information:** Kaspar-Bitter-Str. 7b, 38685 Lautenthal, Tel. 05325 44 44, www.lautenthal-harz.de, Mo–Fr 9–12 und 14–17, Sa nur 9–12 Uhr.

# Altenau ▶ C 3

Östlich von Clausthal-Zellerfeld senkt sich die Hochebene leicht ein, bevor das Gelände zum Bruchberg-Acker-Höhenzug ansteigt. An deren Fuß liegt die 1584 gegründete Siedlung in den Tälern der Kleinen und Großen Oker, die sich – nun vereint – gleich hinter dem Ortsrand in die riesige Okertalsperre ergießen. ▷ S. 128

# Auf Entdeckungstour: Auf den Spuren des Oberharzer Wasserregals

Wasser war der Hauptenergieträger für den Bergbau im Oberharz seit dem frühen 18. Jh. Wie diese Energie gespeichert und teilweise auf spektakuläre Art und Weise herangeschafft wurde, kann auf weiten Teilen dieser Wanderung nachvollzogen werden.

**Reisekarte:** ▶ C 2/3

**Start und Zeit:** oberer Parkplatz der Kristalltherme Heißer Brocken auf dem Glockenberg in Altenau; gut 4 Std. reine Gehzeit

**Einkehren:** Polstertaler Zechenhaus (1 Std., Campinglokal, Tel. 05323 55 82, April–Okt. tgl. 8.30–22 Uhr, sonst keine festen Zeiten), Polsterberger Hubhaus (1.30 Std. Tel. 05323 55 81, Juni–Okt. tgl., Nov.–Mai Mi–So 11–19 Uhr, Ende Nov. bis inkl. Weihnachten Winterpause, 9–16 €), Dammhaus (2.45 Std., Tel. 05328 91 14 95, www.dammhaus-harz.de, Sommer tgl. 10–20, im Winter bis 19 Uhr, 8–17 €), Zum Forsthaus (4 Std. Tel. 05328 401, DZ 50–66 €)

### Bergbaurelikte rund um Altenau

In der äußersten Ecke des Parkplatzes der **Therme Heißer Brocken (1)** weist neben der Tafel mit den Nordic-Walking-Routen ein kleines Wanderschild auf das erste Ziel hin: den Hüttenteich. Der Weg gabelt sich gleich, man geht rechts abwärts den **Nordic-Walking-Schildern** nach. Oberhalb liegt das Skelett einer alten Skisprungschanze, entsprechend steil fällt der Hang nach rechts ab. Auch der Weg führt zügig abwärts, an Gabelungen orientiert man sich weiter an den Nordic-Walking-Schildern, teils ist auch der Hüttenteich angezeigt. Im Talboden leiten zwei kleine Brücken über Bacharme hinweg, dann geht es rechts wieder leicht bergan. Der relativ lichte Wald ist hier mit mächtigen alten Nadelbäumen durchsetzt.

Nach 15 Min. ist der Damm des **Hüttenteiches** von 1711 erreicht. Ein Schild gibt Auskunft, dass das Wasser der von 1691 bis 1911 betriebenen Altenauer Silberhütte diente. Sie überlebte damit die Altenauer Eisenhütte deutlich, die von 1794 bis 1871 existierte. Ein Kranz aus hellem Laubwald umgibt den idyllischen Teich und hebt sich vor dem dunklen Nadelwald ab.

### Auf alter Bahntrasse

Entgegen der Beschilderung, die nach links einen (kürzeren) Weg zum Dammhaus weist, wendet sich unser Weg nach rechts Richtung **Alter Bahnhof (2)**, der nach wenigen Minuten auf einer nach links führenden Straße erreicht ist. Hier endete von 1914 bis 1976 die Bahnlinie von Clausthal-Zellerfeld, heute ist diese Trasse eine schöne Ski- und Wanderroute. Vorbei am Wohnmobil-Stellplatz folgt unser Weg ihr nun ca. 30 Min. Bequem und nahezu ebenerdig geht es dahin; selbst sanfte Anhöhen werden von der Trasse hohlwegartig durchstoßen. Zur Rechten blickt man eine Weile noch auf Altenau hinab, dann folgen innerhalb von 10 Min. **drei Brücken:** Unter der ersten geht es hindurch, die zweite führt im hohen Bogen über die Straße Altenau Clausthal-Zellerfeld hinweg – für einen Wanderweg ein außergewöhnlicher Service. Vor der dritten Brücke führen verwitterte Holzbohlen treppenartig aufwärts: Hier wird die Trasse verlassen, oben auf dem Forstweg geht es nach links zur Straße hinunter, dort wenige Meter nach rechts und links hinein in die Zufahrt zum Campingplatz.

### Durch das Polstertal

Am Weg informieren nun teils Tafeln, teils Dennert-Tannen (gelbe Schilder in Tannenform) über die zahlreichen Bergbauspuren. So befand sich auf dem heutigen Campinggelände am **Polsterthaler Zechenhaus (3),** das man nach 1 Std. erreicht, von 1729 bis 1871 eines von vier Pochwerken, in denen das Eisenerz für die Hütte in Altenau zerkleinert wurde. Ihre Energie bezogen sie aus dem **Polsterthaler Teich,** heute ein idyllischer Badesee, dessen Staumauer bald links neben dem Weg liegt. Kurz

darauf behält man bei einer Biegung die Richtung bei und erreicht leicht ansteigend die obere **Kunstradstube,** wo ein Wasserrad von 10 m Durchmesser ein 262 m langes Feldgestänge bewegte: Zu sehen sind noch die gemauerten Einfassungen. Mit dieser und einer zweiten noch längeren Anlage wurde oberhalb am Polsterberger Hubhaus ein Teil des Wassers aus dem Dammgraben 18 m angehoben: Über den Tränkegraben wurden höhergelegene Teiche mit Aufschlagwasser versorgt, gewissermaßen die Urform heutiger Pumpspeicherkraftwerke. Der Dammgraben selbst führt zu niedriger gelegenen Teichen um Clausthal-Zellerfeld.

Nach 1.30 Std. ist der **Dammgraben** erreicht. Rechts ist unter dem heutigen Pumpenhaus der Beginn des Entnahmestollens zu sehen, der unter das **Polsterberger Hubhaus (4)** führt, heute ein Gartenlokal. Seit Anfang des 20. Jh. ersetzt eine elektrische Pumpe die alten Feldgestänge.

### Zum Sperberhaier Dammhaus

Unser Weg folgt nun links weiter dem Graben ›aufwärts‹. Nach 1.45 Std. passiert man das gemauerte **Mundloch** des **Rotenberger Wasserlaufs (5)** und kurz darauf das der älteren ›**Kalten Küche**‹ **(6)**. Bevor diese beiden Abkürzungen durch den Berg getrieben wurden, führte der Graben um diesen herum, einen Wanderweg gibt es dort aber nicht mehr. Deshalb folgen wir gleich nach der Kalten Küche dem Forstweg im spitzen Winkel nach rechts bergan. Kurz vor der Hauptstraße biegt man links auf den Harzer Hexenstieg ab und folgt dem Hexensymbol über den Bergrücken hinweg. Jenseits ist der Dammgraben wieder erreicht, nach rechts gleich darauf auch das hiesige Mundloch des Rotenberger Wasserlaufs. Kurz darauf trifft man auf den Namensgeber des Grabens, den **Sperberhaier Damm.** Hier musste am Talschluss des Sösetals eine Senke überwunden werden, um das Wasser aus der Brockenregion auf dem Weg zu den Gruben von Clausthal-Zellerfeld ›hoch zu halten‹. So wurde ein 16 m hoher und 940 m langer Damm errichtet, auf dem in einer gemauerten Rinne das Wasser auch heute noch, z. T. abgedeckt, fließt. Bis zu 500 Arbeiter, etwa ein Drittel der damals im Bergbau Beschäftigten, bewegten hier von 1732 bis 1734 einzig mit Spaten, Schubkarre und Muskelkraft insgesamt 180 000 m³ Erdreich.

Über den Damm hinweg erreicht man das **Sperberhaier Dammhaus (7),** früher Sitz des Dammwärters und seit 1734 auch Gaststätte – hausgemachter Kuchen und Deftiges verlocken nach 2.45 Std. sicher zu einer Rast.

### Zurück nach Altenau

Wieder am Dammgraben, ist nach wenigen Metern der mit Holz verkleidete Große Kolk erreicht, ein ›Fehlschlag‹, wo überschüssiges Wasser abgeleitet werden kann. Hier führt der Graben unter der Straße nach Altenau hindurch, um dann lange direkt neben ihr zu bleiben – keine gute Wanderstrecke. Also verlassen wir den Graben und folgen dem Harzer Hexenstieg auf und ab durch den Wald. Es geht durch zwei Wildgatter, nach dem zweiten gabelt sich der Weg. Beide Varianten führen zum Fleke-Märtens-Brunnen, von dem der Weg links oberhalb weiterführt und bald darauf wieder die Straße erreicht (3.15 Std.). Jenseits trifft man nach wenigen Metern wieder den Dammgraben und folgt ihm nach links. Auf bequemem Weg wird das idyllische Kerbtal des Großen Gerlachsbachs umlaufen, in dessen Talschluss die **Eisenquelle** liegt. Deren gemauerte

Einfassung ist durch das Wasser rostrot gefärbt. Man passiert einen weiteren Fehlschlag. Nach 4 Std. ist das **Grabenhaus Rose** erreicht, wo Dammgraben und Hexenstieg verlassen werden: Es geht links den Pfad abwärts Richtung Glockenberg, zur Rechten liegt ein Skihang, unter dessen Liftseilen man hindurchwandert. Schon in Hörweite der Straße führt der Pfad halbrechts zu einer Wiese, über diese hinweg und am angrenzenden Friedhof entlang erreicht man die Straße. Jenseits geht es geradeaus weiter: über den Parkplatz am Lokal ›Zum Forsthaus‹ und auf einem für Fahrzeuge gesperrten Fußweg. Nach 5 Min. wird die alte Sprungschanze passiert und gleich darauf ist nach 4.15 Std. die Runde am Glockenberg geschlossen.

## Bergbau-Latein

**absaufen** – voll Wasser laufen
**Aufschlagwasser** – Wasser, dessen Fallenergie Räder antreibt
**Alter Mann** – Bereich, in dem der Abbau beendet ist
**bergfertig** – gesundheitlich so ›fertig‹, dass man nicht mehr im Berg arbeiten kann
**Bergfreiheit** – Nutzungsrechte und Abgabenbefreiungen von Bergbausiedlungen
**Durchschlag** – Stelle, an der zwei Gruben unter Tage aufeinandertreffen
**Erbstollen** – Stollen zur Belüftung und Wasserabfuhr in einem Bergwerk
**Gaipel** – über einem Schacht stehendes Betriebsgebäude
**Gang** – durch Ausfüllen von Klüften entstandene Lagerstätten
**fahren** – jede Art der Fortbewegung unter Tage
**Fehlschlag** – Öffnung im Graben zur Ableitung von Hochwasser
**Göpel** – Vorrichtung zum Antrieb von Maschinen durch Pferdekraft (Rundlauf)
**Graben** – künstlicher oberirdischer Wasserlauf zur Heranführung von Wasser für die Wasserräder
**Haspel** – einfache Fördervorrichtung, bei der ein Trageseil auf eine Welle aufgewickelt wird
**Hunt** – offener Förderwagen auf Schienen
**Kaue** – Umkleide- und Waschraum der Bergleute
**Kehrrad** – Wasserrad, das in beide Richtungen betrieben werden konnte
**Kolk** – durch Erosion entstandene Eintiefung
**Kunst** – Maschine im Bergbau, z. B. Fahrkunst oder Wasserkunst
**Kunstrad** – Wasserrad, zum Hochpumpen von Grubenwasser oder Transport von Produkten und Menschen
**Lachter** – Längenmaß, ca. 2 m
**Lagerstätte** – natürliches Vorkommen von Mineralien in der Erdrinde
**Markscheider** – Vermessungsingenieur im Bergbau
**Mundloch** – Ein- und Ausgänge von Wasserläufen
**Ort** – die Stelle, an der abgebaut wird
**Pochwerk** – Erz-Aufbereitungsanlage
**Sohle** – Stockwerk im Bergwerk
**Teufe** – Tiefe
**Wasserlauf** – Wassergraben durch den Berg
**Wetter** – matte Wetter: wenig Sauerstoff, schlagende Wetter: Luft mit explosiver Gasmischung

## Clausthal-Zellerfeld und Oberharz

Altenau erhielt als letzte der sieben Oberharzer Bergstädte 1617 die Bergfreiheit. Nicht nur der Einstieg in den Bergbau erfolgte spät, sondern auch das Ende der unrentabel gewordenen Gruben kam 1762 relativ früh. So blieb bis 1911 als letztes bergmännisches Unternehmen nur noch die Silberhütte erhalten, und in der Gemeinde musste beim Übergang zum heilklimatischen Kurort nicht allzu viel aufgeräumt werden. Spuren der alten Bergmannskultur gibt es in Altenau aus diesem Grund auch nur recht wenige. Heute zählt der Ort gut 2000 Einwohner und mehr als doppelt so viele Gästebetten.

## Glockenberg

Ein Großteil der Gästebetten steht hier in der großen Ferienanlage aus den frühen 1970er-Jahren, die farblich und gärtnerisch aufgefrischt die Bausünden von einst mildert.

### Kristalltherme Heißer Brocken
*Karl-Reinecke-Weg 35, Tel. 05328 91 15 70, www.kristalltherme-altenau.de, tgl. 9–22, Fr/Sa bis 23 Uhr, 11,70 €/3 Std. bis 23 Uhr, 13 €/3 Std. bis 27,20 €/Tageskarte*

Auch gleich nebenan in der Kristalltherme sind die Zeichen der Zeit erkannt worden: Das frühere Hallenwellenbad wurde durch eine großzügige Thermalsole- und Saunalandschaft ersetzt. Fünf Saunen und ein etwas fehlkonstruierter Dampfstollen (in Sitzhöhe wenig Dampf) lassen kaum einen Wunsch offen. Whirlpool und Solebecken sorgen neben Ruheräumen und großem Außenbereich für Entspannung. Nicht untergehen kann man im Hexenzuber, einem Pool mit 12-prozentiger Schwefelsole, was der Salzkonzentration im Toten Meer entspricht.

### Wandern und Nordic Walking
Zweiter Pluspunkt am Glockenberg sind die hier beginnenden Wanderwege und Nordic-Walking-Routen (am Ende des Parkplatzes der Kristalltherme Heißer Brocken, beschildert, siehe auch auf Entdeckungstour S. 124). Altenau hat sich zu einem Zentrum dieser Sportart entwickelt, neben den drei verschieden langen und anspruchsvollen Strecken werden auch Kurse angeboten (siehe Tourist-Information).

## Zum Ortskern

Vom Glockenberg führen mehrere Fußwege hinunter zum beschaulicheren Ortskern mit etlichen alten Holzhäusern im Tal der Oker. Das Zentrum von Altenau liegt rings um den **Marktplatz** mit Kirche und Busbahnhof; am Verkehrskreisel fallen die ›grünen Männchen‹ auf – mit Kräutern bewachsene Figuren namens ›Würzel‹.

Ein paar Schritte flussabwärts findet sich das **Kurgastzentrum** mit Tourist-Information, Leseraum, Heimatstube, einer kommentierten Diashow zum Nationalpark Harz und einer digitalen Ausstellung zu Wald und Wild (Hüttenstr. 9, Mo–Fr 8–20, Sa/So 10–18 Uhr). Ein hübscher Kurpark schließt sich dahinter an.

### Kräuterpark
*Schultal 11, Tel. 05328 91 16 84, www.kraeuterpark-altenau.de, Mai–Okt. u. Weihnachtsferien tgl. 10–17 Uhr, Jan.–April Di–Fr 10–16 und Sa/So 10–17 Uhr, 4 €*

In entgegengesetzter Richtung liegt an der Straße Richtung Torfhaus der Kräuterpark. Nach seiner Erweiterung im Jahr 2005 rühmt er sich, der weltgrößte zu sein. Und so sind hier nicht nur heimische Kräuter, sondern auch Gewächse aus aller Welt zu ent-

# Altenau

decken, angeordnet in einem schönen Steingarten, auf Wildwiesen und um einen Teich herum. Blickfang ist die neue **Gewürzpagode**, die zusammen mit dem roten Torbogen der Anlage ihr fernöstliches Flair verleiht.

Im Inneren kann man die Geschichte des **Gewürzhandels** anhand informativer Schautafeln und Gewürzproben nachvollziehen. Im Laden mit der Gewürzgalerie stehen Produkte aus dem Park sowie weitere 1500 Gewürze und Kräuter für eine ausführliche **Seh- und Riechprobe** und natürlich zum Kauf bereit. Man kann bei der Produktion exotischer Gewürzmischungen zusehen, fachkundige Ratschläge vom Parkbetreiber Erich Jürgens erhalten, einfach in den Aromen schwelgen oder seine Hausapotheke um einige Naturprodukte ergänzen. Ein nettes Gartencafé ergänzt das Angebot.

## Ausflüge in die Umgebung

### Okertalsperre ▶ C 2

Wer auf der B 498 Richtung Goslar fährt, wird häufig auf den Namen Oker stoßen. Zum einen führt die Straße am Fluss Oker entlang zum Ort Oker, der heute zu Goslar gehört. Zudem fängt kurz hinter Altenau die Okertalsperre an, der mit 2,3 km² zweitgrößte Stausee im Harz. Seine schönen Buchten sind auf einer **Schiffsrundfahrt** gut vom Wasser aus einzusehen (OkerSeeSchifffahrt, s. u., Aktiv). Man kann aber auch Boote leihen, surfen oder einfach nur baden. Die Hauptaufgaben des Stausees sind allerdings der Hochwasserschutz und die Energiegewinnung. Ein Druckstollen führt zu einem Kraftwerk weiter talabwärts, ein weiterer, 7,5 km langer Stollen zur Granetalsperre, die Trinkwasser bis Bremen liefert.

Schon Ende der 1930er-Jahre geplant, durch den Krieg aber verzögert, begannen die Bauarbeiten für die **Staumauer** 1952. Bald mussten die Bewohner von Mittel- und Unterschulenberg ihre Häuser verlassen und hinauf in das heutige Schulenberg ziehen, denn 1956 war die 67 m hohe und 260 m lange Staumauer fertig und die Überflutung der Täler begann.

Das neue **Schulenberg** ist ein ruhiger, unspektakulärer Luftkurort, abseits des Durchgangverkehrs, und zählt bei 450 Einwohnern nahezu doppelt so viele – zumeist private – Gästebetten. Hoch über der Talsperre hat man von hier einen herrlichen Blick auf den See. Am Großen Wiesenberg, etwas nördlich von Schulenberg, liegt das kleine **Ski- und -Snowboardgebiet,** dessen zwei Schlepplifte auch im Sommer laufen, denn dann werden die Mountainbiker der sommerlichen Alternative **Racepark** auf ihren Rädern nach oben gezogen (siehe unter Aktiv).

### Zum Bruchberg ▶ C 3

Nach Osten führt eine Nebenstraße von Altenau Richtung Torfhaus (s. S. 164), das verwaltungstechnisch dazugehört. Die landschaftlich reizvolle Strecke windet sich in vielen Kurven die Hänge des Bruchbergs hinauf und bietet gute Einstiege in ein abwechslungsreiches Wandergebiet, das teils im Nationalpark Harz liegt. Dort gehen die Fichtenforste allmählich wieder in natürlichen Wald über, der weiter oben von Hochmooren unterbrochen wird. Schroffe Klippen und Felsblöcke sind aus den Hängen des Bruchbergs herausmodelliert. Eine Wanderung zur **Wolfswarte** und **Steilen Wand** gehört zu unseren Lieblingstouren im Harz (s. S. 132).

## Clausthal-Zellerfeld und Oberharz

## Übernachten

Gehobene Unterkünfte oder Luxushotels sucht man in Altenau vergebens; dafür gibt es einige preiswerte Mittelklassehotels. Idyllischer als im recht verkehrsreichen Zentrum wohnt man Richtung Waldseebad (Tal der kleinen Oker/am Kunstberg). In und um die Ferienhochhäuser auf dem Glockenberg sind die Preise regelrecht im Keller. Eine zentrale Buchung vieler Privatwohnungen ist über die Internetseite www.oberharz.de möglich (für 4 Pers. ab 300 €/Woche).

*Zentral* – **Landhotel Alte Aue:** Marktstr. 17, Altenau, 05328 980 10, www.landhotel-alteaue.de, DZ ab 70 €, Appartements 2 Pers. ab 30–50 €. Harzerisch-traditioneller Stil herrscht hier vor, im Café-Restaurant gibt es gute hausgemachte Kuchen.

*Ländlich* – **Landhaus am Kunstberg:** Bergmannstieg 5, Altenau, Tel. 05328 255, www.landhaus-am-kunstberg.de, DZ ab 54 €. Herrlicher Garten, Hallenbad, Sauna und Whirlpool, dazu gut ausgestattete Zimmer im ländlichen Stil und ein üppiges Frühstücksbuffet – ein Haus zum Wohlfühlen.

*Erschwinglicher Komfort* – **Hotel-Pension Sonnenhof:** Am Kunstberg 3, Altenau, Tel. 05328 980 90, www.sonnenhof-altenau.de, DZ ab 58 €. Das freundliche Haus in ruhiger Lage bietet viel fürs Geld: modern ausgestattete Zimmer, z. T. mit Balkon und Küchenzeile, Garten, Sauna und Hallenbad.

*Campen am See* – **Camping Okertalsperre:** Altenau, Kornhardtweg 2, Tel. 05328 702, www.camping-okertalsperre.de. Baumbestandener, lang gestreckter Platz am See und Flussufer, Badestellen und Wassersport (Straße in Hörweite).

*Idyllisch und kinderfreundlich* – **Camping Polstertal:** Tel. 05323 55 82, www.campingplatz-polstertal.de, an der Nebenstraße Richtung Clausthal-Zellerfeld (ausgeschildert). Auf einer Waldlichtung am Bach, umgeben von Zeugnissen der Bergbaugeschichte. Süßes Kinder-›Hallenbad‹ und Spielplatz, Imbisslokal, Badeteich in der Nähe, die originellen Hütten können gemietet werden (3–4 Pers. ab 35 €).

*Wohnmobile* – In **Altenau** liegt ein ausgeschilderter Wohnmobilplatz, wie vielerorts, am Ende der Welt: Alter Bahnhof, ab 5 € plus 2 €/Pers. Auch an der Therme (s. o.) kann man für 10 € stehen – bei Thermenbesuch werden 5 € erstattet. Bei beiden kommen Kosten für Strom, Wasser und Kurtaxe hinzu. In **Schulenberg** dagegen steht man unterhalb des Parkplatzes Ortsmitte mit herrlichem Blick über den Stausee, ab 5 €.

## Essen & Trinken

*Vielfältig* – **Café-Restaurant Hotel Parkhaus:** Altenau, Markt 3, Tel. 05328 980 00, tgl. 11–21.30 Uhr, 9–19 €. Harzer- und internationale Küche, Kuchen und Eis werden im Restaurant und im schönen Sommergarten serviert.

*Vollwertig* – **Café Muhs:** Schulenberg, Richard-Böhm-Str. 11, 05329 805, Ostern bis Okt. Di–So 13–18 Uhr Uhr. Das Traditionscafé im Zentrum bietet hausgemachte Kuchen und Torten aus Vollkornmehl an. Ein Verkaufsschlager ist auch das Okertaler Keimkornbrot.

## Aktiv

*Baden* – **Waldschwimmbad Okerteich:** Altenau, Kleine Oker, Mai–Sept. tgl. ab 10 Uhr, Eintritt frei. Schön im Wald gelegener Badeteich mit Spielplatz und Liegewiese, ohne Badeaufsicht, mit Gaststätte.

# Altenau

## *Unser Tipp*

**Der Windbeutelkönig** ▶ C 2
Wenn schon Windbeutel, dann hier. Vor der Kulisse aus Wasser und bewaldeten Hängen werden zahlreiche Varianten dieses harztypischen Doppeldeckers aus Brandteig und Schlagsahne angeboten. Und das nicht nur in Süß. Neben den Klassikern ›Blauer Brocken‹ mit Heidelbeeren oder ›Goethes Traum‹ mit Eis und Eierlikör sind auch herzhafte Kreationen wie der ›Waldschrat‹ mit Hirsch-Schinken und Preiselbeersahne oder ›Gourmet‹ mit Räucherlachs und Sahnemeerrettich im Angebot. Zwei Hinweise sind vorab nützlich: Erstens, die Dinger lassen sich nicht unfallfrei essen, und zweitens: Wer meint, die herzhafte Variante dieser ›Harz-Burger‹ sei weniger sahnig als die süße, der irrt!
**Windbeutelkönig:** Gemkenthal 1, am Ufer der Okertalsperre, zwischen Altenau und Schulenberg, Tel. 05328 17 13, www.windbeutel.de, April–Okt. Di–So 10.30–18.30 Uhr, Nov., Jan./Feb. nur Sa/So, Dez. auf Anfrage, März nur Mi–So).

*Schiffstour* – **OkerSeeSchifffahrt (OSS):** Tel. 05329 811, www.okersee.de, ab Anleger Schulenberg: Mitte April–Okt. tgl. 13.15 Uhr, Ende Juni–Anf. Sept. auch 12 und 15 Uhr. Mitte März–Mitte April und Ende Nov.–Mitte Dez. nur Sa/So. Die Schiffstouren werden nicht bei stürmischem Wetter angeboten! Die »MS AquaMarin« pendelt auf dem Okerstausee zwischen vier Anlegern hin und her (Rundfahrt 12 €; 1.30 Std.), der Hauptanleger Weißwasserbrücke liegt an der B 498.
*Ski- und Rodelverleih* – **Sportshop Heisecke:** Altenau, Breite Str. 22, Tel. 05328 82 00.
*Den Berg hinab #1* – **Racepark Schulenberg:** Tel. 0177 326 35 08, www.bikepark-schulenberg.de. Es gibt insgesamt sieben Downhillstrecken, Sa/So 10–18 Uhr, Tageskarte 25 €, Shuttleservice bis 12 Uhr ab Parkplatz Talsperre.
*Den Berg hinab #2* – **Ski Alpinum Schulenberg:** Tel. 0177 326 35 08, www.alpinum-schulenberg.de, vier Abfahrtspisten, zwei Schlepplifte, Fr–So 9–16 Uhr, Tageskarte 22 €. Kein Skiverleih.
*Skiverleih* – **Berger:** Altenau, Auf der Rose 9, Tel. 05328 98 02 13. Gleich gegenüber der Skiwiese.
*Ski und Rodel* – **Skiwiese und Rodelbahn:** Altenau, Auf der Rose (nahe Glockenberg), für Anfänger geeignet. **Loipen** verschiedener Länge führen von Altenau (Einstieg Parkplatz Tischlertal, siehe Wanderung S. 132) Richtung Torfhaus und zum Acker, eine einfache Strecke verläuft vom Alten Bahnhof nach Clausthal – immer auf der Bahntrasse entlang – und endet am Ferienpark am Waldsee.

## Infos & Termine

### Infos
**Tourist-Information Altenau:** Hüttenstr. 9, 38707 Altenau, Tel. 05328 80 20, www.oberharz.de, Mo–Fr 9–17, Sa 9–13, Nov. bis vor Weihnachten nur Mo–Fr 9–16 Uhr, bei Schnee im Winter auch So 9–13 Uhr.

# Clausthal-Zellerfeld und Oberharz

**Verkehr**
Altenau ist mit dem **Bus** von Clausthal-Zellerfeld und Goslar zu erreichen, Schulenberg von Goslar und Altenau.

## Rundwanderung am Bruchberg ▶ C3

*Ca. 4.30 Std., 13 km, 400 Höhenmeter, Start: etwa 1,5 km vom Ortszentrum Altenaus, Parkplatz links an der Straße nach Torfhaus, gegenüber Loipen-Tor und Wanderweg*

Man folgt dem Weg ins Tischlertal, bald bergan, bis er auf den Dammgraben trifft. Auf diesem geht es nun ein kurzes Stück auf dem **Harzer Hexenstieg** (Markierung Hexensymbol) nach rechts, über die Kleine Oker hinweg, bis er den breiten Gustav-Baumann-Weg kreuzt; dieser führt nach links nun lange und stetig aufwärts. Eine Infotafel markiert den Abzweig zum **Okerstein**, diese schöne Felsklippe liegt ein paar Meter rechts. Geradeaus weiter, gabelt sich der Forstweg bald, auf dem rechten passiert man sofort eine Schutzhütte, bald darauf zweigt nach rechts der Pfad zur nahen **Wolfswarte** ab.

Nach einer ›Halbzeit-Pause‹ an der aussichtsreichen Felsenburg geht man an ihrem Fuß den Pfad weiter *(nicht zurück zum Forstweg!)* – als breite, aber holprige Spur führt der Fußweg geradewegs bergab und erreicht bald die Fahrstraße nach Torfhaus. Man quert sie und folgt dem Fußweg weiter bergab bis zur Gabelung mit dem Magdeburger Weg: auf diesen scharf links (Harzer Hexenstieg).

Die Route führt nun um den Talschluss **Steile Wand** herum, immer wieder mit Aussicht auf Felsblöcke und Klippen im Hang – ein schönes Stück Weg! Dann geht es steil bergab ins **Nabetal** und der Weg wird unübersichtlich – hier und bis zur Rasthütte hilft das Hexensymbol weiter: Im Tal rechts, gleich wieder links und

**Rundwanderung am Bruchberg**

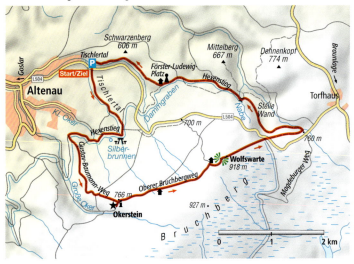

über ein Brückchen, wo man auf den Dammgraben stößt. An diesem geht es flussabwärts bis zur Rasthütte am Förster-Ludewig-Platz, wo man den Hexenstieg nach rechts verlässt und bald parallel zur Straße wandert, bis der (zweite) Parkplatz erreicht ist.

# Sankt Andreasberg! ▶ C 4

Die östlichste der Oberharzer Bergstädte liegt schon jenseits des Acker-Bruchberg-Höhenzuges, den die Harzhochstraße B 242 beim Parkplatz Magdeburger Hütte auf über 800 m Höhe quert – eine beliebte Wander- und Skiroute führt von hier zur Gaststätte Hanskühnenburg. Das nahegelegene **Sonnenberg** (770 m), an der Straßengabelung 6 km nördlich von Sankt Andreasberg, besteht nur aus zwei Gaststätten und mehreren Skiliften am Hang der gleichnamigen Kuppe. Wander-, Rad- und Skirouten kreuzen sich hier. Aus dieser Richtung ereicht man Sankt Andreasberg sozusagen von oben, vorbei am Rehberg und über die Jordanshöhe, hat man das Städtchen zu seinen Füßen liegen. Von hier unsichtbar, grenzt im Osten das tiefe und spektakuläre **Odertal** an (siehe Wanderung entlang der Wasserwege, s. S. 139), dessen jenseitige Hänge zum Hochharz ansteigen.

# Skizentrum ...

Wer mit dem Auto oder Wohnmobil anreist, wird sich unwillkürlich fragen, ob seine Handbremse noch gut funktioniert, denn in Sankt Andreasberg gibt es innerorts Straßen mit mehr als 20 % Steigung. Diese steilen Hänge sorgen aber dafür, dass es noch fast im Ort am **Mathias Schmidt-Berg** einige Skiabfahrten gibt, die aufgrund ihres Neigungswinkels das Prädikat ›alpin‹ verdient haben. Da der Höhenunterschied nur um die 150 m beträgt, ist es erfreulich, dass fünf Liftanlagen für einen zügigen Aufstieg sorgen.

Eine Sesselbahn ist auch im Sommer in Betrieb, denn dann wird gerodelt, und zwar in einer 550 m langen Betonrinne. Im Winter tummeln sich die Rodler nicht zwischen den Skifahrern, sondern im **Teichtal** (abends mit Beleuchtung), das an den Kurpark grenzt. An gleicher Stelle gibt es eine Snowtubing-Bahn, wo man auf Lkw-Schläuchen eine seitlich gesicherte, 200 m lange Strecke zu Tal saust.

Überhaupt gibt sich Sankt Andreasberg sehr sportlich. Neben Loipen und Wanderwegen findet sich am Kurpark ein **Hochseilgarten**. In der warmen Jahreszeit können hier Menschen mit mehr als 145 cm Größe an über 30 Stationen klettern, balancieren und herumhangeln (siehe unter Aktiv).

# ... und Bergbaustadt

Die Hauptattraktionen des Ortes sind jedoch die Hinterlassenschaften des Bergbaus. Schon für das Jahr 1487 existieren erste urkundliche Belege, der Boom setzte 1521 ein, als der Graf von Hohenstein die Bergfreiheit für den Ort erließ. Gut 15 Jahre später lebten in der ersten Freien Bergstadt bereits 2000 Einwohner, was nahezu der heutigen Zahl entspricht. Niedrige **Bergarbeiterhäuser** finden sich in der Schützenstraße, heute liebevoll restauriert. Die Bergleute schürften in 115 Gruben nach Silber- und anderen Erzen.

Ein **geologisch-bergbauhistorischer Wanderweg** am Beerberg führt zu fast 40 Tafeln, die auf ehemalige Grubenstandorte hinweisen und zu Halden,

# Clausthal-Zellerfeld und Oberharz

**Sankt Andreasberg bietet beste Wintersportbedingungen**

Stollenmundlöchern und Schächten leiten (Startpunkt in der Straßenkehre zwischen Skiliften und Ortszentrum).

## Grube Samson ▶ C 4

*www.oberharz.de/andreasberg, Tel. 05582 12 49, tgl. 8.30–16.30 Uhr, 5,50 €, Führungen tgl. 11 und 14.30 Uhr*

Die Besichtigung der Grube, die 1521 gegründet wurde und bis 1910 in Betrieb war, ist unbedingt lohnend, was sich auch darin zeigt, dass sie 2010 zur UNESCO-Welterbestätte geadelt wurde. Die lange Förderzeit findet ihren Niederschlag im Gelände ringsherum: Sowohl der Park als auch der benachbarte Sportplatz liegen auf der alten Abraumhalde, die später eingeebnet wurde. In dem Museumskomplex, mit großem Engagement von der Familie Klähn geleitet, wird Bergbaukultur in allen seinen Facetten beleuchtet. Die heutigen **Gebäude des historischen Silberbergwerks** stammen von 1820 und sind – typisch für die Oberharzer

# Sankt Andreasberg

Bergstädte – mit Schindeln bedeckt. Eine Führung erschließt die beeindruckende alte Fördertechnik.

Nach dem Ende des Silberbergbaus – man war bis zu einer Teufe von 810 m gelangt und hatte seit 1660 allein aus dieser Grube 108 t Silber gefördert – wurde die noch heute intakte **Fahrkunst** auf 190 m verkürzt. Sie wurde und wird nämlich noch weiter wirtschaftlich genutzt, denn auf 130 bzw. 190 m Teufe sind 1912 zwei Wasserkraftwerke eingerichtet worden, die dreimal in der Woche durch Techniker gewartet werden müssen. Immerhin werden so mit drei gleichartigen Kraftwerken 80 % des Strombedarfs von Sankt Andreasberg gedeckt. Seit 1923 läuft die Fahrkunst mit Strom, während sie früher direkt durch Wasserkraft angetrieben wurde, ebenso wie die hölzerne Erztonne und die Beschädigtentonne für verletzte Bergleute, die mit einem dazugehörigen hölzernen Fördergerüst ebenfalls im Gaipel zu sehen sind.

### Kehrradstube

In der Kehrradstube ist ein Wasserrad aus dem Jahr 1890 mit einem Durchmesser von 9,30 m zu besichtigen. Sein erster Vorgänger arbeitete bereits 1564. Wie der Name schon andeutet, kann ein Kehrrad sich in beide Richtungen drehen. Es besteht aus zwei Hälften, sodass die Wassertaschen der einen Seite eine Drehung nach links hervorrufen, während die umgekehrt angebrachten Taschen der anderen Seite eine Drehung nach rechts bewirken. Voraussetzung ist, dass das Wasser von oben auf das Kehrrad geführt wird und nur die gewünschte Hälfte des Rades füllt. An der Welle gab es zwei Seiltrommeln, deren Drahtseile auf- oder abgewickelt wurden, sodass über die Seiltrift die Fördertonne im Gaipel hinauf- oder hinabfuhr.

### Kunstradstube

Ein Kunstrad war für die Fahrkunst vorgesehen und sollte mit dem Wasser angetrieben werden, das vom Kehrrad kam, musste also tiefer liegen. So schlug man in den 1830er-Jahren eine 18 m tiefe Kunstradstube in den Fels, in der sich seit 1993 ein originalgetreu rekonstruiertes Wasserrad von 12 m Durchmesser dreht. Mithilfe des Krummen Zapfens an der Welle wird die in einer Richtung verlaufende Dreh- in die Hin- und Her-Bewegung

# Clausthal-Zellerfeld und Oberharz

einer fast 17 m langen Schubstange übertragen, die wiederum über Kunstkreuze für die 1,60 m-Amplituden der Fahrkunst sorgt. Zur effektiveren Energieausnutzung wurde das Wasser nach Betreiben der beiden Räder in der Grube Samson durch einen 80 m langen Wasserlauf zum Wasserrad der Nachbargrube geleitet.

### Heimatmuseum
*Mo–Sa 8.30–16 Uhr, So nur nach den Führungen*
An die Grube Samson angeschlossen ist ein liebevoll eingerichtetes Museum. Neben diversen Erzen und Mineralien werden in verschiedenen Modellen das Andreasberger Grubenrevier und die Bergbautechniken vorgestellt. Auch der Andreastaler, der in einer eigenen Münze ab 1593 geschlagen wurde, ist zu sehen. Weitere Themen sind das (erfolgreiche) Wünschelrutengehen, der Skilauf, die Köhlerei, das Schindelmachen und das Klöppeln. Eingeführt zur Zeit der Bergfreiheit durch Familien aus dem Erzgebirge, war das Klöppeln bald so beliebt und lukrativ, dass auch Männer diese Arbeit der Schufterei im Berg vorzogen und der Landesherr den Männern diese Arbeit untersagte.

Nebenan beleuchtet das **Harzer Roller Kanarien-Museum** einen anderen interessanten Aspekt des früheren Bergmannsalltags (s. S. 69).

### Nationalparkhaus
*Erzwäsche 1, Tel. 05582 92 30 74, April–Okt. tgl. 10–18, Nov.–März 10–17 Uhr, Mo geschl., Eintritt frei*
Im alten Gebäude der Erzwäsche unterhalb der Grube Samson befindet sich das Nationalparkhaus. Hier gibt's allerlei Interessantes rund um die Themen Wildnis, Nationalpark, Bergbau, Ökologie – auch gute Angebote für Kinder.

### Grube Catharina Neufang
*Führung Mo–Fr 13.45 Uhr, 3 € (wird von der Grube Samson betreut)*
Jenseits des Sportplatzes liegt die Grube Catharina Neufang, in die man zu Fuß einfährt. Sehr gut vermittelt wird die Arbeit vor Ort, denn sowohl Bohrhammer als auch Schlägel und Eisen werden vorgeführt. Wer will, darf letztere auch selbst benutzen. Dann sieht man den 6 m oberhalb liegenden Alten Tagesstollen auch mit anderen Augen, der zu den ältesten Grubenbauten gehört und nur mit Schlägel und Eisen aufgefahren worden ist.

# Rehberger Graben und Oderteich ▶ C 4

Um das Wasser möglichst hoch in den Ort zu führen, hatten die St. Andreas-

# Sankt Andreasberg

berger schon zu Beginn des 17. Jh. den ersten Graben gebaut, der den Niederschlag des nördlich gelegenen Rehberges (890 m) nutzte. Aber schon immer blickte man begehrlich nach Osten, wo die Oder wasserreich gen Süden floss. So wurde 1699 bis 1703 der neue **Rehberger Graben** angelegt, aufwendig in den felsigen Hang des Rehbergs gebaut. Dass der Graben nicht im Ortsbild auftaucht, liegt daran, dass er die letzten 720 m durch den Berg geführt wird und dann innerorts von Wasserrad zu Wasserrad. Zeitweise wurden so bis zu 88 Wasserräder angetrieben.

Knapp 20 Jahre später war dann auch der **Oderteich** als Energiereservoir fertiggestellt, mit dem auch längere Trockenperioden überbrückt werden konnten – es klingt paradox, aber bei zu wenig Niederschlag soffen die Gruben ab, denn das dort unvermeidlich eindringende Wasser konnte dann nicht mittels Wasserkraft gehoben werden! Der Oderteich fasst zwar ›nur‹ 1,7 Mio. m$^3$, doch damit war er bis Ende des 19. Jh. die größte deutsche Talsperre. Bis zum Sommer 2016 sah der sonst so idyllische Oderteich allerdings wie eine Mondlandschaft aus, da total entleert. Alte Holzleitungen am Grund des Dammes waren porös und der Abfluss so nicht mehr zu kontrollieren. Bei einem Weltkulturerbe kann man ja nicht einfach eine neue Leitung legen und die alte verschließen. So dauerte das Ganze seine Zeit, aber seit Sommer 2017 ist der Teich wieder voll. Die wasserbaulichen Anlagen lassen sich ideal auf folgender Route zu Fuß erkunden (s. S. 139).

**Natur und Ruhe genießen am Oderteich**

## Clausthal-Zellerfeld und Oberharz

## Übernachten

*Schöne Aussicht* – **Berghotel Glockenberg:** Am Glockenberg 18, Tel. 05582 219, www.hotel-glockenberg.de, DZ ab 64 €. Grundsolides Traditionshaus, das bereits seit 1953 von Familie Reinhold geführt wird. Herrliche Aussicht bietet das Hotel auf den Ort und die umliegenden Wiesenhänge, besonders schön sind die Zimmer mit Terrasse. Kleine Ferienwohnungen (30–45 €/2 Pers.) und Sauna befinden sich im Haus. Im Restaurant gibt es Traditionsküche (10–25 €), hausgemachte Kuchen und Altenauer Bier.

*Gute Ausstattung* – **Hotel Vier Jahreszeiten:** Quellenweg 3, Tel. 05582 521, www.Vier-Jahreszeiten-Harz.de, DZ ab 70 €. Ruhig gelegenes, kleineres Haus im oberen Ortsteil, gemütlich, aber nicht plüschig. Mit Garten, Hallenbad und Sauna, Zimmer z. T. mit Balkon.

*Sonnige Lage* – **Appartementhaus Glück Auf:** Braunlager Str. 2, Tel. 05582 15 04, www.glueckaufharz.de, 35–40 € für eine Person, jede weitere 15 € (bis 4), größere Ferienwohnungen für mindestens 2 Pers. 70–80 €, jede weitere 15 € (bis zu 6 Pers.). Am Ortsrand Richtung Braunlage an schönem Wiesenhang liegen helle und modern eingerichtete Appartements, teils im Maisonettestil und mit Balkon, Sauna/Whirlpool (5 €/Pers./Std.), Terrasse, Grill und Spielplatz.

*Für Wohnmobile* – **An der Grube Samson** (15 €), inkl. Strom und Kurtaxe.

## Essen & Trinken

*Deutsche und regionale Küche* – **Restaurant Fischer:** Dr.-Willi-Bergmann-Str. 6, Tel. 05582 739, Do–Di 11–14.30, 17.30–21.30 Uhr. Umfangreiche Mittags- und Abendkarte, 10–19 €.

## Aktiv

*Ski und Rodel gut* – **Lifte:** Matthias-Schmidt-Berg 4, Tel. 05582 265, www.alberti-lifte.de, Infos zu Pisten- und Loipenzustand. **Sommerrodelbahn:** April–Okt. tgl. 9.30–17.15 Uhr, 4 € für Lift und Rodelbahn. **MSB-X-Trail:** April–Okt. tgl. 9–17.15 Uhr, Mountainbike-Park mit sechs verschiedenen Strecken, insg. 10 km, 24 €/Tag. **Snowtubing-Bahn:** Teichtal, Info Tel. 05582 513, bei Schnee Sa/So ab 10 Uhr, 2 €.

*Klettern* – **Hochseilgarten:** An der Skiwiese, Mitte April–Okt. Sa/So 11–17 Uhr, 20 €, Infos über die Bergsport-Arena, Tel. 0558 81 54, www.harz-hochseilgarten.de. An über 100 Stationen kann geklettert und balanciert werden, keine festen Runden mit Wartezeiten!

*Mountainbike-Verleih* – **Zweirad Busche:** bei Talstation MSB-X-Trail, Tel. 05582 999 55 51, oder **Pläschke Sport,** Dr. Willi-Bergmann-Str.10, Tel. 05582 260.

## Einkaufen

*Regionales* – **Harzer Wurst- und Wildspezialitäten Schulze:** Marktstr. 2, Tel. 05582 16 58.

## Infos & Termine

### Infos
**Tourist-Information:** Am Kurpark 9, 37444 Sankt Andreasberg, Tel. 05582 291 66 36, www.oberharz.de, Mo–Fr 9–17 Uhr, April–Okt. auch Sa bis 13, in der Skisaison auch Sa/So 10–16 Uhr.

### Verkehr
**Busverbindungen** nach Braunlage, Goslar, Altenau und Clausthal-Zellerfeld.

**Termine**
**Winterfest:** Ende Januar
**Bergbauernhoffest:** mit Kuhaustrieb, Himmelfahrt
**Wiesenblütentage:** Juni

# Wanderung entlang der Wasserwege ▶ C/D 3/4

*14 km, nahezu ebenerdig, ca. 3.30 Std. Start: ca. 1 km nördlich von Sankt Andreasberg an der Straße nach Sonnenberg, Parkplatz links; Rehberger Grabenhaus: Tel. 05582 789, Di–So 9–18, im Winter 9–16.30 Uhr, Nov.–Mitte Dez. Betriebsruhe*

Vom Parkplatz folgt man dem Weg ein kurzes Stück parallel zur Straße, bis er auf den **Sonnenberger Graben** trifft – einen Zulauf zum Rehberger Graben. Diesem folgt man halblinks (Markierung blauer Punkt) nun längere Zeit; der Weg führt auf gleichbleibender Höhe um zwei hübsche Bachtälchen herum, bis er nahe einer Schutzhütte nach rechts hangabwärts auf das Gasthaus von **Sonnenberg** zuführt (angenehmer lässt sich jedoch später im Rehberger Grabenhaus pausieren). Man quert die Hauptstraße und folgt dem Fußweg parallel nach rechts bis zum nahe gelegenen **Odertich**. Rastbänke an seinem malerischen Ufer sind ideal für eine ›Halbzeit-Rast‹. Auch die nähere Umgebung entlang der Ufer, die Staumauer – eher ein bewachsener, steiler Wall – und die Abstiege ins Odertal hinab sind sehenswert.

Von der Bushaltestelle führt ein breiter Weg ins **Odertal** – der Rehberger Grabenweg ist ab hier mit dem Hexensymbol (Harzer Hexenstieg) markiert, dem man folgt. Zunächst noch unsichtbar, bald jedoch offen und teils in Holzrinnen geführt, begleitet dieses historische Wasserbauwerk nun fast 7 km den Weg. Von rechts kommende Bäche werden in den Graben geleitet. Links liegt das bald tiefer werdende Odertal mit dem immer noch munter rauschenden Bach, gegenüber von steilen Hängen begrenzt. Felsige Passagen säumen den Weg, teils auch große Granitblöcke, beim **Goetheplatz** (2. Rastplatz) gibt eine Tafel Aufschluss über Goethes geologisch-bergbautechnische Studien an dieser Stelle. Die markanten **Hohen Klippen** liegen etwas oberhalb (Pfad).

Nun umrundet der Weg den Rehberg und erreicht bald das **Rehberger Grabenhaus** von 1772, einst Sitz des Grabenwärters, heute ein schönes Ausflugslokal. Weiter den Zufahrtsweg zum Gasthaus entlang, bei einer Schutzhütte nach halbrechts (hier biegt der Hexenstieg links ab), ist kurz darauf die Straße und der Ausgangspunkt erreicht.

**Wanderung entlang der Wasserwege**

139

## Das Beste auf einen Blick

# Wernigerode und Brockengebiet

### Highlights!

**Wernigerode:** Das ebenso malerische wie lebendige Städtchen erstreckt sich vor bewaldeten Harzhängen, ein Märchenschloss thront über Fachwerk, Dampfloks schnaufen zum Brockenmassiv hinauf. S. 142

**Brocken:** Kaum ein Harzbesucher wird ihn links liegenlassen, diesen Berg der Extreme. Dem rauen Klima mit heftigen Stürmen und eisigen Wintern trotzt eine karge, hochalpine Vegetation. Wechselhaft wie das Wetter hier oben ist auch die jüngere Geschichte des sagenumwobenen Berges. S. 151

### Auf Entdeckungstour

**Von Schierke über den Brocken:** Alle Wege führen zum Gipfel; der Nationalpark Harz, der heute den Brocken umgibt, ist ein beliebtes Wanderrevier. Auf dem Weg über seine Kuppe eröffnen sich nicht nur Ausblicke über Waldwogen und verschwimmende Ebenen, sondern auch Einblicke in deutsche Geschichte. S. 154

## Kultur & Sehenswertes

**Hartesburg:** Verwunschene Ruinen hoch über Bad Harzburg. ›Burgherr‹ Krodo bewacht, was von der Wehranlage aus dem 11. Jh. übrigblieb. S. 165

**Hütten- und Technikmuseum Ilsenburg:** Ilsenburgs Geschichte als Zentrum der Eisenverarbeitung ist auf dem Gelände des Herrenhauses Marienhof dokumentiert. S. 170

## Zu Fuß unterwegs

**Durch die Steinerne Renne zum Ottofelsen:** Das wildromantische Flusstal der Holtemme erreicht man auf einem ausgeschilderten Wanderweg ab Hasserode. S. 149

**Durch das Ilsetal:** Das Ilsetal ist bei Wanderern beliebt, auch als Zugang zum Brocken. Diese Tour bleibt unterhalb des Gipfels und führt durch vielfältige Natur. S. 171

## Genießen & Atmosphäre

**Restaurant zur Tanne:** Im Braunlager Traditionshotel zeigt sich die Harzer Küche von ihrer besten Seite: Regionale Produkte werden kreativ kombiniert, wie etwa im Tannenzapfenparfait. S. 161

**Café Winuwuk und Sonnenhof:** Das architektonische Gesamtkunstwerk, 1922 von Bernhard Hoettger entworfen, ist auch heute noch ein Ort der Kunst und Gastlichkeit am Rand von Bad Harzburg. S. 166

## Abends & Nachts

**Bad Harzburg:** Die alte Kurbad-Philosophie »morgens Fango, abends Tango« trifft man hier noch in leichter Abwandlung: Das gepflegte Abendamüsement umfasst Theater, Konzerte und natürlich das Angebot der Spielbank, sich am Roulettetisch um Haus und Hof zu bringen. S. 165

# Alte Städtchen, magischer Berg

Die schöne Fachwerk-Altstadt und das darüber aufragende Schloss – die in Stein gehauene Mittelaltervorstellung des 19. Jh. – sind **Wernigerodes** bekannteste Sehenswürdigkeiten. Umgeben sind beide von herrlichen Parks, an die sich taleinwärts nahtlos die Harzwälder anschließen. Die gute Infrastruktur und der Bahnhof der dampfbetriebenen Brockenbahn machen das Städtchen zum idealen Stützpunkt für Ausflüge.

Um **Ilsenburg** liegt eine Region mit langer Industriegeschichte; alles drehte sich hier um Eisen und auch Kupfer, und noch heute wird Eisen verarbeitet. Mit dem Holtemme- und Ilsetal steigen felsige Talzüge zum **Brockenmassiv** an – ein reizvolles Wanderterrain.

Das traditionsreiche Kurbad **Harzburg** liegt an der B 4, wichtigstes Einfallstor in den Hochharz, auf der man die Orte westlich des Brocken erreicht: **Torfhaus** und **Braunlage**. Dort oben herrscht immer dann Hochbetrieb, wenn es im Winter heißt: »Ski und Rodel gut.« Irgendwo zwischen Braunlage und Elend verlief ehemals die innerdeutsche Grenze, schrammte knapp am **Wurmberg** vorbei und teilte dann die Wasser der Eckertalsperre – heute wird das baumlose grüne Band für Wanderwege und Loipen genutzt. **Schierke** schmiegt sich ins obere Bodetal, überragt von klippenbewehrten Granithängen. Auch wenn darüber oft die Wolken die kahle Kuppe des **Brocken** vernebeln: Der symbol- und geschichtsträchtige Berg ist im Hochharz allgegenwärtig und zieht Besucher aus der ganzen Welt magisch an. Zu Fuß, per Rad, auf Pferdewagen oder mit der Brockenbahn erreichen sie an manchen Tagen zu Tausenden den höchsten Harzgipfel.

## Infobox

**Reisekarte:** ▶ C–F 2–4

**Informationen im Internet**
Die Region um den Brocken gehört zu verschiedenen (Bundes-)Ländern: Webadressen siehe unter den Orten im Text, überregional ist außerdem die Seite für den Nationalpark Harz: www.nationalpark-harz.de.

**Anreise und Weiterkommen**
Die HSB verbindet Wernigerode mit Schierke und dem Brocken, zwischen Bahnhof Bad Harzburg, dem ZOB Braunlage und Sankt Andreasberg verkehrt stündlich die Buslinie 820 der KVG.
Auf der **Brockenstraße** kommt man zu Fuß, per Rad oder Pferdekutsche zum Brocken – für den Pkw-Verkehr ist die Straße gesperrt.

# Wernigerode! ▶ E 2

Der Name sagt es: Wernigerode entstand während der großen Rodungsphase ab dem 9. Jh., und zwar als Missionsstation des Klosters Corvey. Ab 1120 herrschten die Grafen von Wernigerode über das Gebiet und ließen eine erste Burg auf dem Agnesberg errichten. Unterhalb bildete sich schon bald eine Marktsiedlung, und nur ein Jahrhundert später erhielt diese bereits das Stadtrecht. Besonders der Tuchhandel machte die Wernigeröder Kaufleute wohlhabend, die Stadt war

# Wernigerode

Schön restauriertes Fachwerk säumt die Altstadtgassen von Wernigerode

zeitweilig Hansemitglied und konnte den Grafen Zollrecht und Gerichtsbarkeit abringen. Rückschläge brachten ab dem 16. Jh. ein verheerender Brand und Pestepidemien; auch unter dem Dreißigjährigen Krieg hatte die Stadt zu leiden. Nach wechselnden Besatzern und Herrschern kam die nunmehr unbedeutende Ackerbürgerstadt 1822 unter preußische Regierung. Mit dem Anschluss an das Eisenbahnnetz begannen sich im 19. Jh. sowohl die verarbeitende Industrie als auch der Fremdenverkehr zu entwickeln.

## Durch die Altstadt

**Rund um die Breite Straße**
Vom Bahnhof aus (Parkplätze) erreicht man auf der Breiten Straße die Altstadt. Schöne Bürgerhäuser, oft im Fachwerkstil, säumen den Weg. Die **Krellsche Schmiede** [1] ist ein repräsentativer Fachwerkhof von 1678, in dem die alte Werkstatt zum technischen Museum umfunktioniert wurde (Breite Str. 95, Tel. 03943 55 73 73, Mo–Sa 10–17 Uhr, 1 €).

Nicht weit entfernt liegt rechts in der Pfarrstraße die älteste erhaltene Kirche **St. Johannis** [2] (1276), deren trutziger Turm ihr Äußeres beherrscht. Im Inneren beeindruckt der kunstvolle Schnitzaltar von 1415 (Ostern–Okt. Di–Sa 10–12 und 15–17, So 11–12.30 Uhr, übrige Zeit geschl.). An der Breiten Straße 71 ist reiches Schnitzwerk von 1696 zu bewundern: Die Balkenköpfe tragen sogenannte Schreckmasken.

Berühmt ist das gegenüberliegende **Haus Krummel** [3] von 1674, dessen

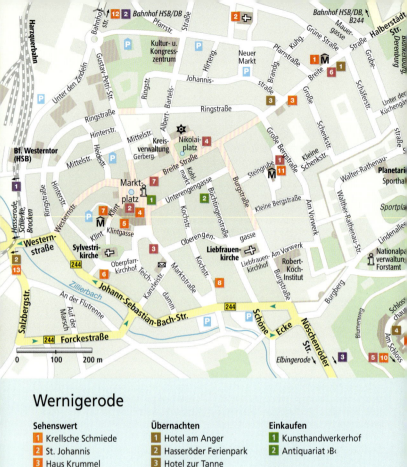

# Wernigerode

**Sehenswert**
1. Krellsche Schmiede
2. St. Johannis
3. Haus Krummel
4. Rathaus
5. Teichmühle
6. Gadenstedter Haus
7. Harzmuseum
8. Kleinstes Haus
9. Schloss Wernigerode
10. Christianental
11. Feuerwehrmuseum
12. Wernigeröder Bürgerpark
13. Kaiserturm

**Übernachten**
1. Hotel am Anger
2. Hasseröder Ferienpark
3. Hotel zur Tanne
4. Müllers Ferienwohnungen

**Essen & Trinken**
1. Zeitwerk
2. Bohlenstube
3. Alt-Wernigeröder Kartoffelhaus
4. Brauhaus Wernigerode
5. Waldgasthaus Christianental
6. Louisen-Café
7. Café Wien

**Einkaufen**
1. Kunsthandwerkerhof
2. Antiquariat ›B‹

**Aktiv**
1. Waldhofbad und Schwimmhalle
2. Bad Bikes
3. Reiterhof Wernigerode

## Wernigerode

hölzerne Fassade üppig mit Ornamenten, Masken, Figuren und Inschriften verziert ist. Auch das **Handwerkerhaus** (Nr. 62) von 1580 ist mit seinen farbigen Rosetten unter den Fenstern sehenswert.

### Marktplatz

Vorbei am Nicolaiplatz und der Tourist-Information geht es zum Marktplatz mit dem markanten **Rathaus** 4 . Über dem steinernen Erdgeschoss erhebt sich Fachwerk, die Freitreppe und die schlanken Erkertürmchen beiderseits davon geben dem Gebäude einen verspielten Charakter. Entstanden aus dem alten Spelhus, einer Art Mehrzweckhalle für Versammlungen und Festlichkeiten aus dem 13. Jh., erhielt das Rathaus seine heutige Gestalt vor allem um das Jahr 1500. Im angrenzenden **Schierstedtschen Haus** wurde 1544 die Ratswaage eingerichtet.

Umgeben ist der Platz von stattlichen Fachwerkbauten, darunter das **Hotel Weißer Hirsch,** das bereits seit 1760 Reisende beherbergt, und das **Gothische Haus,** dessen Fassade von 1425 stammt – hinter der es allerdings zur modernen Nobelherberge umgestaltet wurde. Der neugotische **Marktbrunnen** von 1848 ist ein Produkt der Ilsenburger Eisen-Kunstgießerei (s. S. 169).

### Am Klint

Hinter dem Rathaus liegen am Klint die Ursprünge der Rodesiedlung. Schmale Gassen mit hübschen Fachwerkhäusern prägen das Viertel. Die **Teichmühle** 5 von 1680 (Klintgasse 5) wird auch Schiefes Haus genannt, da sie vom ehemaligen Mühlbach unterspült wurde. Nahe der Sylvestrikirche liegt am Oberpfarrhof das **Gadenstedter Haus** 6 aus dem 15. Jh. (Nr. 13). Auch das **Harzmuseum** 7 hat am Klint (Nr. 10) seinen Sitz; in dem klassizistischen Gebäude werden Stadtgeschichte und die Natur des Harzes thematisiert (Tel. 03943 65 44 20, Mo–Sa 10–17, So/Fei 14–17 Uhr, 2 €). Von der **Stadtmauer** sind an der Ecke Westerntor/Hintergasse einige Reste erhalten, darunter das einstige Stadttor und einige Mauerabschnitte.

### Kleinstes Haus 8

*Kochstr. 43, Tel. 03943 60 60 16, Di–Fr 11–15, Sa/So 10–16 Uhr, 1 €*
Durch die Marktstraße, vorbei an repräsentativen Bürgerhäusern, erreicht man das 1792 erbaute Kleinste Haus, das nur zwei winzige Zimmer aufweist – dennoch war es noch bis 1976 bewohnt. Im Kontrast dazu wirken die Fachwerkhöfe entlang der Kochstraße besonders herrschaftlich. Hier lag das alte Kaufmannsviertel, das 1751 weitgehend abbrannte und einheitlich wieder aufgebaut wurde.

## Schloss Wernigerode

*Bimmelbahn: Tel. 03943 60 40 00, Mai–Okt. tgl. 9.30–17.50 alle 20 Min., übrige Zeit 10.30–17.05, alle 40 Min., einfach 4 €, hin und zurück 6 €. Schlossbahn: Tel. 03943 60 60 00, 9.20–18.10, tgl. alle 30 Min., Jan.–März Di–Fr 9.20–17.10 Uhr alle 60 Min., Sa/So alle 30 Min. bis 18.10 Uhr, einfach 4, hin und zurück 6 €*

Etwa hundert Meter über der Stadt erhebt sich Schloss Wernigerode weithin sichtbar auf dem Agnesberg. Hinauf geht es entweder zu Fuß ab Burgberg oder mit der **Bimmelbahn,** die hinter dem Rathaus (Blumenuhr) startet. Auch **Kutschen** fahren dort ab. Die **Schlossbahn** hingegen startet von der alten Kapelle (Gustav-Petri-Str.), weiter ab Krummsches Haus (Breite Str.) und dem Parkplatz Anger.

# Wernigerode und Brockengebiet

ʽNeuschwanstein des Nordensʼ: das Schloss in Wernigerode

## Schloss 9

*Tel. 03943 55 30 30, Ostern bis Anf. Nov. tgl. 10–18 Uhr, Nov.–Ostern Di–Fr 10–17, Sa/So bis 18 Uhr, 6 € plus 1 € Führungszuschlag, Audioguide 2,50 €*

Das ›Neuschwanstein des Nordens‹ verdankt seine heutige Gestalt dem Grafen Otto von Stolberg-Wernigerode, der ab 1861 eine grundlegende Restaurierung der bis ins 12. Jh. zurückreichenden Anlage vornehmen ließ. Es entstand ein neugotisches Ensemble mit Burgmauern, Freiterrasse, Bergfried und dem ringförmigen Gebäudekomplex um einen romantischen Innenhof: außen eine mittelalterliche Ritterburg, innen ein prunkvolles, weitläufiges Schloss.

Die Grafenfamilie wohnte hier nicht nur, sondern Graf Otto, Vizekanzler unter Bismarck, nutzte es auch zu Repräsentationszwecken auf höchster staatlicher Ebene. Die Bismarcksche Sozialgesetzgebung entstand unter seiner Mitwirkung u. a. hier in Wernigerode, und dem damaligen Preußenkönig und späteren deutschen Kaiser Wilhelm I. wurde für seine Aufenthalte im Schloss ein eigener Wohntrakt eingerichtet: Sowohl das Arbeitszimmer Ottos mit dem mächtigen Doppelschreibtisch als auch Wilhelms Gemächer sind Teil des heutigen Museums. Bei einem Rundgang durch die knapp 50 der insgesamt 240 Räume erfährt man u. a., dass Wilhelm hier bereits über ein modernes Wasserklosett verfügte. Viele Räume sind original eingerichtet, darunter der prunkvolle **Festsaal,** in dem die Tafel wie für ein Festbankett gedeckt ist.

Von der Terrasse hat man einen herrlichen Blick über die Stadt und bei klarer Sicht bis zum Brocken. Umgeben ist das Schloss von einem Ring kleinerer Gebäude, ehemalige Dienstwohnungen, in denen sich Lokale und Souvenirläden angesiedelt haben. An einem davon verkündet eine ›Hexenuhr‹ zu jeder vollen Stunde das Hexeneinmaleins.

**Durch den Schlosspark ins Christianental**
Der weitläufige **Schlosspark** auf dem Agnesberg ist von romantischen Spazierwegen durchzogen. Der gleichnamige Weg führt in das idyllische **Christianental** 10, das für seinen **Wildpark** bekannt ist. Hier leben in Volieren und Gehegen vorwiegend einheimische Tierarten, darunter Marder, Luchs und Wildkatze, Eulen und Greifvögel. Darüber hinaus machen es Streichelzoo, Spielplatz und Gartenlokal zu einem familienfreundlichen Ausflugsziel (Tel. 039453 252 92, durchgehend geöffnet, 1 €). Für den Rückweg bietet sich der oberhalb verlaufende, idyllische Annaweg an; ab dem oberen Teich zum Schönen Eichenplatz, dort links bis Agnesberg und hinunter zum Schloss.

# Ausflüge und Wanderungen

**Wernigeröder Bürgerpark** 12
*www.wernigerode.de/de/buerger park-wr.html, Dornbergsweg 27, Tel. 03943 40 89 10 11, April und Okt. 9–18, Mai–Sept. bis 19 Uhr, 2 €*
Die Landesgartenschau 2006 hat in Wernigerode verschiedene ›Gartenträume‹ wahr werden lassen. Während in den Parkanlagen um das Schloss auf dem Agnesberg grüne Oasen wiederhergestellt und verschönert wurden, entstand das Gartenschauzentrum, der heutige Wernigeröder Bürgerpark, nördlich der Bahnlinie neu. Hier wurde eine Was-serlandschaft mit Seepromenade und mehr als 80 Themengärten geschaffen (z. B. Heide-, Farn- oder Rosengarten).
Seit 2009 gibt es hier auch den Miniaturenpark ›**Kleiner Harz**‹, in dem bisher gut 50 Sehenswürdigkeiten aus dem Harz im Maßstab 1 : 25 nachgebaut und in eine Miniaturlandschaft eingepasst wurden – z. B. die Kaiserpfalz in Goslar, der Halberstädter Dom oder Burg Falkenstein, selbst das Brockenplateau kann man hier besuchen (7 € inkl. Bürgerpark, Einlass-Schluss 17 bzw. 18 Uhr).

**Von Hasserode zum Armeleuteberg** ▶ E 2
Als Pendant zum Schlossberg entstanden im 19. Jh. zahlreiche herrschaftliche Villen wohlhabender Pensionäre an den Hängen von **Hasserode**. Ab der Bushaltestelle Goethestein bietet sich ein Spaziergang auf dem Hermann-Löns-Weg und Hans-Hoffmann-Weg an. Ebenfalls ab Goethestein erreicht man bergan auf beschildertem Weg das Salzbergtal und den **Armeleuteberg**. Der Name erinnert an die bedauernswerten Insassen eines Spitals, zu dem der Berg gehörte. Oben lockt der **Waldgasthof** zu einer Kaffeepause (Tel. 03943 63 22 79, ganzj. Mi–Mo 10–18 Uhr). Vom nahen Kai-

## Unser Tipp

**Feuerwehrmuseum** 11
Das Museum im alten Gerätehaus wird mit viel Engagement von Mitgliedern der örtlichen Freiwilligen Feuerwehr betreut. Zu sehen sind allerlei historische Löschgeräte und -fahrzeuge (Steingrube 4 a, Tel. 03943 60 10 63, Di/Mi/Fr 10–14, Do 10–16.30 und Sa 14.30–17 Uhr, 2 €).

# Wernigerode und Brockengebiet

serturm 13 lohnt die Aussicht auf Stadt und Schloss.

**Glasmanufaktur Harzkristall** ▶ F 2
*Derenburg, Im Freien Felde 5, Tel. 039453 68 00, tgl. 10–18, Jan.–März nur bis 17 Uhr, Führungen bis 15.30 Uhr, 5 €*
Richtung Halberstadt liegt am Ortsrand von Derenburg die sehenswerte Glasmanufaktur, in der man den Glasbläsern bei der Arbeit zusehen kann. Die Produkte dieser und anderer Glasmanufakturen des Thüringer Raumes kann man in einer großen Verkaufsausstellung erwerben. Besonders günstig sind die Stücke in der Abteilung ›zweite Wahl‹, bei denen es oft schwerfällt, Mängel zu erkennen. Eine gesonderte Abteilung zeigt gläsernen Weihnachtsschmuck. Das schön gestaltete Gartengelände, ein Café und ein Spielplatz ergänzen das Programm.

## Übernachten

*Gediegen* – **Hotel am Anger** 1 : Breite Str. 92–94, Tel. 03943 923 20, www.hotel-am-anger.de, DZ ab 90 €, auch Appartements. Gehobene Gemütlichkeit im Fachwerkambiente, schöner Garten, zentral und ruhig.
*Modern und lebendig* – **Hasseröder Ferienpark** 2 : Nesseltal 11, Tel. 03943 557 00, www.hasseroeder-ferienpark.de, ab 90 €/2–4 Pers., ab 99 €/4 bis zu 8 Pers. Geräumige Wohnungen und Häuser, Freizeitanlagen und Spaßbad.
*Zentral* – **Hotel zur Tanne** 3 : Breite Str. 57–59, Tel. 03943 63 25 54, www.zur-tanne-wernigerode.de, DZ ab 60 €. Gemütliches Mittelklassehotel, in zentraler Lage. Das Restaurant bietet gehobene regionale Küche und Hausmannskost.
*Originell* – **Müllers Ferienwohnungen** 4 : Am Schloss 5, Tel. 03943 231 47, www.schlossferien.de, ab 55 €/2 Pers., ab 85 €/4 Pers. Rustikal-gemütliche Wohnungen in Fachwerkhäusern an der Burgmauer. Parkmöglichkeit, Garten, Sauna und Whirlpool.

## Essen & Trinken

*Kreative Küche* – **Zeitwerk** 1 : Große Bergstr. 2 a, Tel. 03943 694 78 84, dein-zeitwerk.com, Di–Sa ab 17.30 Uhr, saisonales Menü 79 €. Jeder Restaurantführer kennt diese Adresse, wo mit Zutaten aus der Region hervorragend gekocht wird. Unbedingt reservieren.
*Für Gourmets* – **Bohlenstube** 2 : Marktplatz 2. Tel. 03943 67 50, Mi–Sa 18–23 Uhr, Jan./Juli/Aug. geschl. Das Restaurant im Hotel Gothisches Haus hat es auch bis in ›die Sterne‹ geschafft. Die 3- bis 7-Gänge-Menüs (49–144 €) der Haute Cuisine sorgen für einen spannenden Abend. Auch hier reservieren.
*Urig* – **Alt-Wernigeröder Kartoffelhaus** 3 : Marktstr. 14, Tel. 03943 94 92 90, tgl. 11–23 Uhr, 10–22 €. Auch Harzer Küche in gemütlichem Ambiente.
*Vielseitig* – **Brauhaus Wernigerode** 4 : Breite Str. 24, Tel. 03943 69 57 27, tgl. ab 11.30 Uhr, Speisen 9–21 €. Restaurant, Café und am Wochenende Tanzbar – ein Lokal für alle Gelegenheiten.
*In schöner Umgebung* – **Waldgasthaus Christianental** 5 : Tel. 03943 251 71, April–Okt. 10–20, Nov.–März bis 17 Uhr, 9–15 €. Beliebtes Ausflugslokal

**Unser Tipp**

**Café Wien** 7
Wie eine Puppenstube wirkt das Fachwerkhäuschen von 1583, in dem seit über 100 Jahren ein gemütliches Café angesiedelt ist (Breite Str. 4, Tel. 03943 63 24 09, Mo–Sa 9–18, So ab 10 Uhr).

## Wanderung durch die Steinerne Renne

am Tierpark, hausgemachte Kuchen und Harzer Küche.
*Stilvoll* – **Louisen-Café** 6 : Breite Str. 92, Tel. 03943 923 20, tgl. 9–18 Uhr. Wie überbrückt ein Mensch mit Stil die trostlose Zeit zwischen Mittag- und Abendessen? Natürlich in einem gediegenen Kaffeehaus wie diesem – bei dezenter Musik und leckeren Torten.
*Puppenstube* – **Café Wien** 7 : siehe Unser Tipp links.

## Einkaufen

Breite Straße und Nikolaiplatz bilden die zentrale Einkaufsachse der Innenstadt mit zahlreichen kleinen Läden.
*Glas und mehr* – **Kunsthandwerkerhof** 1 : Marktstr. 1, tgl. 11–17 Uhr. U. a. Träume in Glas, Keramik; Holz- und Stricksachen, außerdem die Porzellanmanufaktur Hütter (tgl. 10–18 Uhr).
*Stöbern* – **Antiquariat ›B‹** 2 : Büchtingenstr. 4. Schönes Antiquariat mit kleiner Galerie, Mo–Mi 13–18, Do–Sa ab 10 Uhr.

## Aktiv

*Schwimmen* – **Waldhofbad und Schwimmhalle** 1 : Mitte Mai–Mitte Sept. Mo–Fr 10–18, Sa/So und in den Ferien 9–18 Uhr, Tageskarte 3 €. Klassisches, beliebtes und preiswertes Freibad nahe Bahnhof. Gleich um die Ecke in der Weinbergstr. 1 Schwimmhalle mit Sauna (Di–Do 13–14.45 und 18–21.15 Uhr, Fr ohne Pause, Sa/So 9–17.45 Uhr, 3 €; Sauna Mo 8–18, Di/Mi 8–14 Uhr, 14–21 nur Damen, Do/Fr 8–21, Sa/So 9–17 Uhr, 6 €).
*Spaß und Wellness* – **Brockenbad**: im Hasseröder Ferienpark 2 , tgl. 9–22 Uhr ab 8,50 €/2 Std. Modernes Spaßbad mit ›allen Schikanen‹. Angrenzender Saunabereich ›Hexenkessel‹ mit Pool (tgl. 14–22 Uhr, Damen Mi 19–22 Uhr, ab 8,50 €/2 Std., Kombikarte 11 €).

*Fahrradfahren* – **Bad Bikes** 2 : Dornbergsweg 28, Tel. 03943 69 42 53. Alles rund ums Rad (jeder Art). Mountainbikes in der Ausleihe.
*Pferdestärken* – **Reiterhof Wernigerode** 3 : Friederikental 1, B 244, Tel. 03943 241 44. Auch Kutschfahrten.

## Infos & Termine

### Infos
**Tourismus GmbH:** Marktplatz 10, 38855 Wernigerode, Tel. 03943 553 78 35, www.wernigerode-tourismus.de, Mo–Fr 9–18, Mai–Okt. bis 19, Sa 10–16, So 10–15 Uhr.

### Verkehr
**Busse** nach Hasserode (Stadtbus Nr. 1 und 4) und in alle umliegenden Orte; mit den **Harzer Schmalspurbahnen** nach Nordhausen oder zum Brocken, Anschluss an die DB-Züge.

### Termine
**Mitteldeutscher Töpfermarkt:** Pfingsten auf dem Marktplatz. Mit Verleihung eines Keramikpreises.
**Rathausfest:** An einem Wochenende Mitte Juni. Buntes Stadtfest auf dem Marktplatz und im Lustgarten.
**Schlossfestspiele:** Ende Juli–Anfang Sept. Konzerte, Theater, Opern.
**Altstadtfest:** Ende Aug./Anfang Sept. Buden und Kleinkunst rings um den Marktplatz.
**Weihnachtsmarkt:** Die Altstadt passt gut zum vorweihnachtlichen Flair.

## Wanderung durch die Steinerne Renne zum Ottofelsen ▶ E 2

*Länge: ca. 10 km, Dauer: ca. 2,5 Std., 250 Höhenmeter, Start/Ziel: Hasserode, ab Wernigerode fahren die*

# Wernigerode und Brockengebiet

*Buslinien 1 und 4 bis Endstation Floßplatz/Hasseröder Bahnhof, hier auch Parkplatz nahe Sportplatz. Achtung: Der HSB-Bahnhof »Steinerne Renne« liegt eine Station weiter flussaufwärts beim Batterie-Hersteller Werbat*

Die **Steinerne Renne**, das wildromantische, felsige Flusstal der Holtemme, erreicht man auf einem ausgeschilderten Wanderweg ab Hasserode: Am Bahnhof kann man sich zunächst an der Wegmarkierung – Dreieck mit rotem Punkt – orientieren. Parallel zur Bahnlinie und vorbei an einem zweiten Parkplatz passiert man bald das alte **Wasserkraftwerk** von 1899, das noch heute die Fallenergie des Baches zur Stromerzeugung nutzt. Vom breiten Forstweg zweigt kurz darauf bei einer Brücke eine schmalere Route nach rechts ab (kleiner Renneweg), eine reizvolle Aufstiegsroute entlang eines mehr fallenden als fließenden Nebenbachs. Tief kerbt er sich in den felsigen Untergrund ein, in Stufen und Kehren windet sich der Pfad an ihm entlang steil bergauf.

Oben auf dem Forstweg (Bielsteinchaussee) nach links gelangt man nach etwa einer Stunde direkt an den Stromschnellen der Holtemme zum **Waldgasthof Steinerne Renne** (Tel. 0394360 75 33, www.steinerne-renne.de, tgl. 10–18 Uhr, Bus 288 von/nach Wernigerode, Ilsenburg und Drei-Annen-Hohne).

Anschließend geht es über die Brücke und auf einem Pfad bergauf, bald auf einem Forstweg nach links eine Weile eben und bequem den bewaldeten Hang entlang und an einer Gabelung ein kurzes Stück den Pfad nach rechts zum **Ottofelsen**, einem schönen Aussichtspunkt. Er überragt seine Umgebung um 36 m, und so hat man auf seiner über Leitern erreichbaren Gip-

**Wanderung durch die Steinerne Renne und zum Ottofelsen**

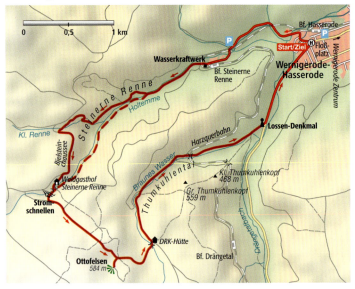

felplatte auch den höchsten Punkt der Wanderung erreicht: 584 m.

Wer nicht zurück zum Gasthof und den ebenfalls lohnenden Weg entlang der Holtemme zurückgehen will, kann auch dem im Folgenden beschriebenen Weg durch das **Thumkuhlental** folgen. Hierzu hält man sich vom Ottofelsen zurückkommend an der Gabelung rechts. Der Forstweg überquert den Bach Braunes Wasser, passiert die Hütte der Bergwacht und führt in mäßigem Neigungswinkel talabwärts, unterquert dann die Eisenbahnbrücke und passiert das von Basaltsäulen eingefasste **Denkmal** für den Geologen und Harzforscher K. A. Lossen. Es steht nahe dem Fahrweg Drängetal, auf dem man nach links wieder Hasserode erreicht.

# Per Schmalspurbahn zum Brocken! ▶ D/E 2/3

Per Bahn in den Harz hinein, das bedeutet Umsteigen in Wernigerode, wo man die Deutsche Bahn verlässt und auf die Harzer Schmalspurbahn wechselt. In Wernigerode (234 m) muss man sich auch entscheiden, ob die Fahrt zum Brocken hinauf oder nach Nordhausen hinüber führen soll, denn auf den ersten 14 km ist die Strecke der Brockenbahn und der Harzquerbahn identisch. Auf diesem Stück gewinnt der Zug 306 m an Höhe. Trotz der gemächlichen Zuckelei: Das Blumenpflücken während der Fahrt ist verboten.

## Drei-Annen-Hohne ▶ E 3

Auf 540 m über NN liegt die Station Drei-Annen-Hohne, und man wird sich fragen, was das Zahlwort im Ortsnamen zu suchen hat: Im Jahre 1770 wurde an dieser Stelle eine Kupfer- und Silbererzgrube gegründet, die einen Namen haben musste. Da traf es sich gut, dass der damalige Graf zu Stolberg-Wernigerode Vater einer Tochter geworden war. Auch bei der Schwester des Grafen stellte sich zur gleichen Zeit weiblicher Nachwuchs ein. Einer verbreiteten Tradition gemäß wollte man der gemeinsamen Großmutter eine Freude machen und übernahm deren Vornamen Anna für die beiden Mädchen – nach diesen drei Annen wurde die Grube benannt.

Die kleine Siedlung ist heute eine Haupteinstiegsstelle in das Wandergebiet um den Brocken. Das **Naturerlebniszentrum** im Hohnehof hält Informationen bereit (Tel. 039455 86 40, tgl. 10–16 Uhr). Für Kinder gibt es den anschaulichen **Löwenzahn-Entdeckerpfad,** für den man 1–2 Std. Zeit einplanen sollte (April–Okt.).

Nachdem in Drei-Annen-Hohne der Wasservorrat für die Dampfloks aufgefüllt wurde, trennen sich gleich darauf die Wege der Bahnen.

## Schierke ▶ D 3

Mit der Brockenbahn geht es weiter bergan, und in Schierke (750 Einw.) befindet man sich bereits auf 685 m Höhe. Der Bahnhof befindet sich oberhalb des Ortes, der auf einem Spazierweg in gut 15 Min. zu erreichen ist. Der Luftkurort galt bis in die 1940er-Jahre als das St. Moritz des Nordens und war entsprechend beliebt. Vielleicht hatte die Gemeindeverwaltung diesen Vergleich im Hinterkopf, als man sich – vergebens – um die Olympischen Winterspiele 2006 bewarb.

Der Ort zieht sich aus dem Tal der Kalten Bode hangaufwärts; unten liegen Gasthöfe in ruhiger Umgebung, durch den hübschen Kurpark erreicht

# Wernigerode und Brockengebiet

**Im Winter besonders reizvoll – eine Fahrt mit der Brockenbahn zum Gipfel**

man die oberhalb schnurgerade verlaufende Hauptstraße mit Rathaus, Kirche, Läden und Lokalen. An der Apotheke informiert eine Inschrift über den hier erfundenen Schierker Feuerstein – natürlich wird der Kräuterlikör rings herum feilgeboten. Irgendwann mündet die Straße in den Brockenweg ein.

Wer Interesse an alten Harzer Bräuchen und Spaß am modernen Karneval hat, sollte seinen Besuch mit einem Maiausflug nach Schierke verbinden, denn in der Nacht zum 1. Mai ist in Schierke der Teufel los. Dann ist **Walpurgisnacht** und Tausende von Hexen und Teufeln versammeln sich in den Straßen des Ortes. Goethe nahm das Walpurgisthema auf, verlegte aber im »Faust« das Geschehen auf den Blocksberg – den Brocken. Das ist heute wegen seiner Lage im Nationalpark untersagt, sodass Schierke zum Zentrum der Walpurgisnacht wurde.

## Ausflüge ins Brockengebiet ▶ D 3

Zum Gemeindegebiet von Schierke gehört auch der **Brocken** oder anders ausgedrückt: 91 % der Gemeindefläche sind **Nationalpark,** also Naturschutzgebiet. Der Berggipfel ist ganze 7 km entfernt und von hier in gut zwei Stunden zu erwandern. Wer weniger gut zu Fuß ist, hat neben

## Ausflüge ins Brockengebiet

der Brockenbahn die Möglichkeit, mit realen zwei PS im Kremserwagen den Gipfel zu erreichen (siehe unter Aktiv, Fuhrgeschäft Dirk Klaus). Diese Wagen dürfen die Brockenstraße benutzen, die für den öffentlichen Verkehr gesperrt ist. Und mit Sperrungen kennt man sich aus in Schierke, denn der Ort lag zu DDR-Zeiten in der 5 km breiten Sperrzone zur BRD. Erlaubt ist aber trotz Nationalpark die weitere Fahrt mit der Brockenbahn, die mit viel Qualm und in zahlreichen Schleifen 445 m an Höhe gewinnt und schließlich unterhalb der Kuppe den Brockenbahnhof erreicht.

**Schnarcher- und Feuersteinklippen** ▶ D 3
In der Umgebung von Schierke liegen zahlreiche Felsklippen, beliebte Wander- oder Kletterziele. Manche Granitblöcke sehen so aus, als hätte sie jemand ordentlich aufeinander gestapelt. Entstanden sind sie durch die Verwitterung des Granits, dessen Spalten und Klüfte Formen schufen, denen Geologen den bildhaften Namen Wollsackverwitterung gaben. Auch der geologisch interessierte Goethe hielt sich hier 1784 auf. Die **Schnarcherklippen** hat er in Faust aufgenommen: »Und die Klippen, die sich bücken, die langen Felsnasen, wie sie schnarchen, wie sie blasen.« Das Schnarchen ist auch heute noch zu hören, allerdings nur bei Wind, durch den es erzeugt wird. Zu erreichen sind die markanten Felsen von Unterschierke über die Brücke am Hotel Bodeblick auf beschildertem Pfad (ca. 15 Min.).
Auch die **Feuersteinklippen** in der Nähe des heutigen Bahnhofs suchte Goethe am 4. September 1784 auf. Bekannter ist diese Felsformation aber durch Willy Drube geworden: Der Apotheker aus Schierke meldete im Jahr 1924 einen von ihm entwickelten Kräuterlikör mit dem Namen ›Schierker Feuerstein‹ zum Patent an. Dieser Magen-Halb-Bitter überdauerte Krieg, Teilung und Wende, wurde zu DDR-Zeiten in Bad Lauterberg produziert und ist heute nach Schierke zurückgekehrt: Das Stammhaus des Unternehmens, die alte Apotheke, ist neben der neuen Apotheke zu finden.

## Übernachten, Essen

Die Gastronomie ist mehrheitlich den Hotels angeschlossen; daher wird beides zusammen genannt:
*Beschauliche Lage* – **Hotel Bodeblick:** Barenberg 1, Tel. 039455 359, www.hotel-bodeblick.de, DZ ab 70 €. Wellnessbereich mit Sauna. Im Restaurant Hauptgerichte 9–17 €.
*Guter Standard* – **Hotel Brockenscheideck:** Brockenstr. 49, Tel 039455 268, www.hotel-brocken-scheideck.de, DZ ab 80 €. Schöne Villa in ruhiger Lage, Sauna. Im Restaurant gute Harzer Küche und Wild. 9–15 €.
*Etwas außerhalb* – **Brockenblick Ferienpark:** Alte Wernigeröder Str. 1, Tel. 039455 57 50, www.brockenblick-ferienpark.de, DZ ab 60 €, App. ab 50 €/ 4 Pers. 47 Ferienwohnungen, Sauna. Im Restaurant Bodeterrassen rustikales Ambiente und vielfältige Karte, 13–18 €.
*Zentral und praktisch* – **Campingplatz Am Schierker Stern:** Brockenstr., Tel. 039455 588 17, www.harz-camping.com, ganzjährig. Die Zufahrtsstraße liegt in Hörweite.

## Einkaufen

*Bewährt* – **Brockenbäcker:** Brockenstr. 17 a, Laden und Café, bewährte Traditionsbäckerei. Auch in der Schierker Filiale gibt es die berühmte Brockentorte. ▷ S. 157

# Auf Entdeckungstour:
## Von Schierke über den Brocken

Den Brocken kann man auf dem Goetheweg ab Torfhaus, dem Heineweg ab Ilsenburg oder ab Schierke erwandern. Diese Tour auf und über den Gipfel verbindet mehrere der Routen zu einer Runde. Man kann sie abkürzen, mit dem Mountainbike oder Tourenrad oder bequem per Brockenbahn oder Pferdekutsche ›erfahren‹– Kombinationen sind möglich.

**Reisekarte:** ▶ D 3
**Ausgangspunkt:** Parkplatz am Ortseingang von Schierke ( ▶ D 3)
**Länge und Dauer:** ca. 600 Höhenmeter, 30 km, 6–7 Std. reine Gehzeit, Abkürzung auf 4.30 Std. möglich

**Brockenfahrten:** 5 verschiedene Anbieter, die mit 2 ›Pferdestärken‹ auf den Brocken fahren (www.schierke-am-brocken.de: Sehenswertes/Führungen) und natürlich die HSB-Bahn.

**Brocken-Museum:** Tel. 039455 500 05, tgl. 9.30–17 Uhr, 5 €
**Unterkunft und Rast:** Brockenhotel, Tel. 039455 120, www.brockenhotel.de, ab 60 €/Pers.

Nicht so oft wie der ›Brocken-Benno‹, wie sich Benno Schmidt aus Wernigerode selbst nennt (s. S. 157), aber mindestens einmal will jeder Harzbesucher oben auf dem Brocken gewesen sein:

Vom Parkplatz führt ein Fußweg zum Bahnhof, über die Gleise hinweg und nach links an ihnen entlang bis zum abzweigenden Pfad Richtung **Ahrensklint**. Diese Aussichtsklippe liegt nach 45 Min. am Weg, kurz darauf ist der **Glashüttenweg** erreicht, dem man nach links nun lange folgt, teils durch Wald, dann wieder Moor und Geröll und oft mit schönem Panorama. Am flachen Sattel **Brockenbett** trifft man nach 1.45 Std. auf die Brockenchaussee, wo auf dem letzten Stück zur kahlen Gipfelkuppe hinauf nun alle Besucher wieder vereint sind. Oben angelangt, bietet sich nach 2.30 Std. bei einer Pause ein Blick in die Runde an.

### Erschließung des Brocken

Die erste Wanderhütte ließen die Grafen von Stolberg-Wernigerode schon im Jahr 1736 errichten. Dieses **Wolkenhäuschen** steht heute unauffällig zwischen Brockenhaus und Brockenhotel, beide mit halbrunden Kunststoffkugeln bedeckt. In dem kleineren, holzverkleideten **Brockenhaus** ist das **Brocken-Museum** untergebracht. Mit den Antennen in der Kuppel horchte die Stasi einst in die BRD hinein. Der größere Kuppelbau war 1938 der erste Fernsehturm der Welt.

1948 um sechs Etagen verkürzt, übernahm ihn 1950 die Deutsche Post der DDR, nach der Wende sind hier **Brockenhotel und -herberge** eingezogen, oben befinden sich die Aussichtsetage und das Turmcafé (Liftgebühr). Fernsehbilder werden nun einzig vom rot-weißen **Sendemast** von 1973 verschickt, das 1994 neu gebaute Sendegebäude versorgt fast ganz Sachsen-Anhalt mit Bild und Ton.

### Rückeroberung der Natur

Nahe der **Wetterwarte** liegt der 1890 eingerichtete **Brockengarten**, in dem seit 1990 wieder etwa 1500 verschiedene Arten von Alpen- und Brockenpflanzen wachsen, darunter auch endemische. Diese Renaturierung war dringend nötig, weil 1989 über 5 ha Bodenfläche mit Gebäuden, Wegen und Mauern versiegelt waren. Davon konnten sich am 3. Dezember 1989 mehrere Tausend vom Neuen Forum mobilisierte **Protestwanderer** ein Bild machen. Die DDR-Behörden hatten kurz vor ihrer Selbstauflösung die Aktion genehmigt, den Auftrieb jedoch unterschätzt. Stundenlang wurde die hiesige Mauer belagert; die Volksarmee verzichtete auf Gewalt und ließ den Brocken erobern. 1990 wurden 20 000 t Beton entsorgt.

Zum Schutz der Natur gibt es heute einen 1,6 km langen **Rundweg** mit Infotafeln und Aussichtspunkten. Man erfährt u. a., wie Blockfelder entstehen, warum hier oben kein Baum wächst und was in der Ferne zu sehen ist bzw. wäre: An fast 300 Tagen im Jahr hüllt sich der Gipfel in Nebel und Wolken. Seit 110 Jahren werden hier oben Wetterextreme gemessen: Der Brocken ist Deutschlands windigster Ort mit dem Rekord von 263 km/h im November 1984. Im April 1970 lagen hier 3,80 m Schnee, im Februar 1956 zeigte das Thermometer −28,4 °C und im August 2003 +28,2 °C.

### Zum Heineweg hinab

Für den Rückweg gibt es eine längere Alternative (Gehzeit ca. 4 Std.) nach Norden: Man folgt den Schildern Richtung Eckertalsperre, Ilsenburg und Bad Harzburg. Über den **Kleinen Brocken** geht es zur aussichtsreichen **Herrmannsklippe**, wo der Heinrich-Heine-Weg abzweigt – der Dichter hatte den Brocken einst durch das Ilsetal erklommen (s. S. 171).

Wir bleiben jedoch auf dem **Kolonnenweg**. Schön ist die weite Aussicht

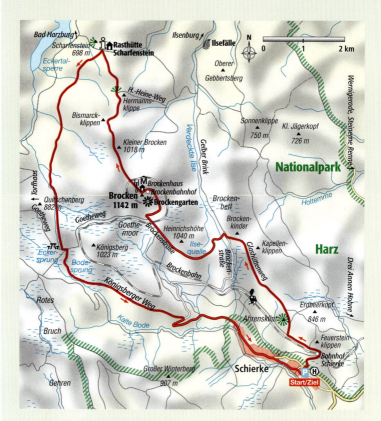

über den Harz mit dem Eckerstausee, doch der militärische Zweck der steilen alten Betontrasse macht sich in den Beinen oder Fahrradbremsen bemerkbar. Erst nach 1 Std. (3.30 Std. ges.) und fast 500 Höhenmetern enden die Platten bei der **Rasthütte Scharfenstein** (tgl. 10–16 Uhr, Tel. 0160 714 88 27) auf dem Gelände der ehemaligen Kaserne für DDR-Grenztruppen. Direkt an der nahen Eckertalsperre verlief die innerdeutsche Grenze. Seit 2002 befindet sich hier eine Rangerstation, in der es nicht nur Wanderinformationen gibt, auch Kaffee und Bockwurst.

Am Schilderbaum Richtung Torfhaus führt ein Wirtschaftsweg leicht ansteigend durch Fichtenforst. Nach 1 Std. geht er in einen Pfad über, der bald auf den **Rastplatz Eckersprung** am hier querenden Goetheweg trifft (5 Std.). Von Torfhaus kommend, hatte Goethe den Brocken sogar im Winter bezwungen (s. S. 165). Ein kurzes Stück folgt man dem **Goetheweg** nach links, biegt nah der Bahnlinie rechts in den **Königsberger Weg** und bleibt nun lange auf diesem. Kurz vor dem Ort trifft er auf die **Brockenchaussee**, auf der nach rechts bald wieder Schierke erreicht ist.

## Aktiv

*Klettern* – **Deutscher Alpenverein:** Sektion Wernigerode, Mühlenweg 1, Tel. 039455 515 46, www.dav-basislager brocken.de. Die Sektion unterhält das ›Basislager Brocken‹ und veranstaltet für Mitglieder Kletterkurse (auch Übernachtung für 18 €/Pers., nur an Aktivwochenenden, sonst nur Gruppen).

*Rodeln im Sommer* – **Brocken Coaster:** Hagenstr. 6, Tel. 0160 96 23 60 73, www.brocken-coaster.de, Mo–Fr ab 13, in den Ferien ab 11, Sa/So ab 11 Uhr, 2,20 €. Die Rodelbahn für das ganze Jahr in der Nähe des HSB-Bahnhofs Schierke ist beliebt.

*Rodeln im Winter* – **Ski- und Schlittenverleih Riemenschneider:** Brockenstr. 14a, Tel. 039455 409.

## Infos & Termine

### Infos
**Touristinfo Schierke:** Brockenstr. 10, 38879 Schierke, Tel. 039455 86 80, www.schierke-am-brocken.de, Mai–Okt. Mo–Fr 9–18, Sa 10–16, So 10–15, Nov.–April Mo–Fr bis 17 Uhr, Sa/So wie Mai–Okt.
**Nationalparkhaus:** Brockenstr., Tel. 039455 477, 8.30–16.30 Uhr. Wandertipps, Infos zur Natur des Hochharzes.

### Verkehr
**HSB:** In Schierke hält die Brockenbahn mit Anschluss an die **Harzquerbahn** in Drei-Annen-Hohne.
**Bus:** Linie 257 der WVB fährt über Elend nach Braunlage oder in die Gegenrichtung über Drei-Annen-Hohne nach Wernigerode.
**Vom Auto auf die Brockenbahn:** In Schierke parkt man nahe dem Schierker Stern und muss dann etwa 15 Min. zu Fuß zum Bahnhof gehen. Da die Fahrt zum Brocken von jedem Bahnhof gleich viel kostet, sollte man besser statt in Schierke in Drei-Annen-Hohne umsteigen. Dort liegt der Parkplatz gleich neben dem Bahnhof.

### Termine
**Walpurgisfeier:** Nacht zum 1. Mai.
**Schierker Musiksommer:** von Juni bis Aug. Streifzug durch alle Musikgenres, Eintritt frei.
**Schierker Kuhball:** letztes Wochenende im Sept.

### ›Brocken-Benno‹ – Rekordhalter unter den Gipfelstürmern
Fast schon eine Institution, sicher aber ein Harzer Kuriosum ist der ›Brocken-Benno‹, der, seitdem er durfte, also ab Dezember 1989, von Schierke aus jeden Tag auf den höchsten Harzer Gipfel wanderte. Seit seinem 75. Geburtstag 2007 tritt er allerdings mit fünf Mal pro Woche etwas kürzer. Mittlerweile gibt es auch die Internetseite www.brocken-benno.de, auf der Buch geführt wird. Nachdem er 2014 wegen einer Augenerkrankung pausieren musste, ist er wieder unterwegs. Im Oktober 2016 schaffte er seinen 8000sten Aufstieg, und mittlerweile hat er weit über 100 000 km und über 4 Mio. Höhenmeter bewältigt. Herzlichen Glückwunsch und gute Gesundheit!

# An der Harzquerbahn

Die Harzquerbahn fährt ab Drei-Annen-Hohne (s. S. 151) weiter über die Harzhochfläche Richtung Nordhausen, und auf den nächsten 16 km geht es weniger steil auf und ab. Aber schon wieder geben die Stationsnamen Rätsel auf, denn es folgen Elend und Sorge.

## Wernigerode und Brockengebiet

## Elend ▶ E 3

1924 wurde in einem Preisausschreiben ein attraktiverer Name für den aufstrebenden Ferienort gesucht – womöglich machten daran noch die Großeltern der heutigen ungefähr 500 Einwohner mit. Letztlich blieb man dann doch bei dem altbewährten, der gar nicht das hält, was er verspricht. Er stammt von Benediktinermönchen aus Ilsenburg, die sich hier aufhielten. Da sie geweihten Boden verlassen hatten, befanden sie sich im ›Ausland‹. Dafür sagte man auf althochdeutsch ›eli lenti‹ und auf altsächsisch ›eli lendi‹ – damit war der Weg zum heutigen Ortsnamen vorgezeichnet.

Die **Ortskirche** von 1897 auf dem zentralen Grasplatz im Ort erinnert jedoch eher an die falsche Bedeutung. Sie ist hübsch, aber auch ein wenig ärmlich – eben die kleinste Holzkirche Deutschlands (kostenloser Besuch Mai–Okt. Di 16.30–17.30, Fr 16–17 Uhr sowie nach Absprache, Tel. 039455 279 oder 265). Ein Spaziergang führt ins **Elendstal**, dessen steil aufragende Hänge beeindrucken.

## Sorge ▶ E 4

In Sorge hatte der FDGB früher ein Erholungsheim, das humorvoll ›Sorgenfrei‹ hieß. Das große Gebäude erhebt sich an der Zufahrt zu dem kleinen, am Hang der Bode gelegenen Dorf. Bei näherer Betrachtung ist der Ortsname absolut zutreffend, denn er leitet sich ab von ›Zarge‹, was Grenze bedeutet, und mit der hatten die Bewohner häufiger zu tun. Bei der Namensgebung im 15. Jh. war zunächst die Grenze der Ländereien des Klosters Walkenried gemeint, später die Grenze zwischen Braunschweig und Preußen. Dann verlief hier die innerdeutsche Grenze und heute die zwischen Niedersachsen und Sachsen-Anhalt.

So verwundert es nicht, dass die Grenze auch die bedeutendste Sehenswürdigkeit dieser kleinen Gemeinde (knapp 200 Einw.) bildet: Man hat einen Teil der deutsch-deutschen Grenze fast im Original erhalten. Von dem nach rechts ausgeschilderten Parkplatz erreicht man dieses jederzeit zugängliche **Freiland-Grenzmuseum** nach einem kurzen Spaziergang bergan, bald mit großartiger Aussicht auf das Panorama des Hochharzes mit Wurmberg (links), Brocken und Hohneklippen. Ein erster Doppelzaun mit Hundelaufanlage und Gittertor wird passiert, auf der Betontrasse geht es einen Kilometer durch Wald zum zweiten Grenzzaun. Hier, zur BRD-Seite hin, erhebt sich auch der einstige Wachturm. Im ehemaligen Bahnhof von Sorge kann man weitere Hinterlassenschaften der deutsch-deutschen Grenze besichtigen (Tel. 039457 408 07, Führungen nur ab 6 Pers., sonst keine weiteren Öffnungszeiten).

Wenige Hundert Meter weiter liegt das Naturdenkmal ›**Ring der Erinnerung**‹, aus Totholz rings um alte Betonpfeiler angelegt, mit dem an das Zusammenkommen der beiden deutschen Staaten erinnert, aber auch vor der zunehmenden Umweltzerstörung gewarnt wird – eine nicht einfache Symbiose.

## Benneckenstein ▶ E 4

Die Harzquerbahn erreicht nun mit 555 m ihren höchsten Punkt und gleich darauf Benneckenstein. Das beschauliche Städtchen ist zwar alt, urkundlich erwähnt erstmals 1319, jedoch zerstörten Brände es mehrmals.

## An der Harzquerbahn

Das Ortsbild wird von der hoch aufragenden, mit Schiefer verkleideten **St.-Laurentius-Kirche** von 1852 dominiert. Unterhalb laufen an der ›Straße der Einheit‹ alle Wege zusammen und markiert das **Haus des Gastes** das Ortszentrum; dahinter liegen der kleine Kurpark und Teich, rings herum ruhige schmale Gassen. Ein paar Geschäfte und Cafés befinden sich in der Nähe. Über die schöne Hochflächenlandschaft mit Wiesen und Wald verlaufen Wanderwege und im Winter Loipen.

Bald hinter dem Ort führt die Bahnstrecke zügig bergab: Bei der Eisfelder Talmühle gesellt sich die **Selketalbahn** hinzu, und in **Ilfeld** (254 m) wird das Harzgebirge verlassen, bevor die Endstation **Nordhausen-Nord** erreicht ist. Ob die Überlegung, eine Bahnverbindung von Bennekenstein nach Braunlage herzustellen, jemals in die Tat umgesetzt wird, ist noch nicht abzusehen.

## Übernachten, Essen

*Gastfreundlich* – **Hotel-Restaurant Harzhaus:** Heringsbrunnen 1, oberhalb Benneckenstein an der Sprungschanze (Richtung Nordhausen), Tel. 039457 94-0, www.hotelharzhaus.de, DZ ab 75 €, FH 2 oder 4–5 Pers. ab 76 oder 90 €. Angenehm-helle Zimmer im großen Holzgebäude von 1916, daneben gemütliche Blockhäuser. Restaurant-Café mit Wintergarten, herrlicher Garten mit kleinem Wildgehege, Sauna, angrenzende Tennis- und Badmintonhalle.

*Persönlich* – **Raststübl** und **Pension am Köhlerberg:** am Bahnhof von Sorge, Tel. 039457 32 73, www.pension-raststuebl.harz.de. Gemütliches Gasthaus, DZ ab 49,50 €, auch zwei FeWos: ab 49,50 €/2 Pers. Zimmer teils mit Blick über Ort und Tal. Im hell-rustikalen Speiseraum wird den Gästen gute Harzer Hausmannskost serviert.

## Aktiv

*Baden* – **Harzbad Benneckenstein:** Fischwiese 1, Tel. 039457 25 22, www.harzbad-benneckenstein.de, Di–Fr 14–20, Sa/So 10–18, speziell für Senioren Di 9–11, ab 4 €/Std., 5,50 €/Tag, Saunazuschlag 4 €. Kinderfreundliches Hallenbad mit Riesenrutsche, einfache Sauna ohne Freiluft- und Ruhebereich.

*Idyllisch gelegen* – **Waldfreibad Elend:** Am Waldbad 1, Tel. 039455 470 via Waldbadschenke, Juni–Aug. Mo–Fr 12–18, Sa/So 10–18 Uhr, 3 €. Schwimm- und Kinderbecken, Wiese und Beachvolleyball-Feld.

## Infos & Termine

### Infos

**Tourist-Information Elend:** Hauptstr. 19, Tel. 039455 375, ganzjährig Mo–Fr 9–16 Uhr.

**Tourist-Information Benneckenstein:** Bahnhofstr. 21 b, Tel. 039457 26 12, www.oberharzinfo.de, Mo–Fr 9–12, Mai–Okt. und bei Schnee auch Sa 9–12 Uhr.

### Termine

**Schlittenhunderennen:** Fr/Sa Ende Jan. auf der Waldschneise (oberhalb der Sprungschanze) in Benneckenstein, bei Schneemangel ziehen die Husky-Gespanne statt Schlitten flache Wagen mit Gummireifen – Spaß haben Mensch wie Tier an beiden Varianten.

**Finkenmanöver in Benneckenstein:** Buchfinken werden in den Wald gebracht, um gegen die Revierinhaber ›anzusingen‹ – ein seit 1886 praktizierter Frühlingsbrauch. Pfingstmontag ab 6 Uhr am Waldschlösschen, oberhalb der Sprungschanze. Anschließend mehr als 50 Pfingstfeuer von Benneckensteiner Familien und

## Wernigerode und Brockengebiet

Folkloreprogramm an der nahe gelegenen Waldbühne.

# Braunlage ▶ D 3/4

Das Städtchen im Zentrum des Harzes wirkt von Frühjahr bis Herbst oft etwas verschlafen. Der Kurbetrieb spielt sich zwischen Kurhaus, Freizeitbad und den Praxen der Badeärzte ab, Wanderer zieht es in die umliegenden Wälder. Kulturzeugnisse aus Braunlages Vergangenheit als Bergbau-, Forst- oder als Erholungsort findet man im Ortsbild kaum. Hierzu empfiehlt sich jedoch ein Besuch in folgendem Museum:

**Ski- und Heimatmuseum**
*Dr.-Kurt-Schroeder-Promenade 4, Tel. 05520 16 46, www.museumbraunlage.de, Di und Fr 10–12 Uhr, sonst nach Vereinbarung, Tel. 05520 16 46, 2,50 €*
Besonders die Sammlung alter Wintersportgeräte und die Entwicklungsgeschichte der Bindungen sind spannend und man stellt sich (vor allem nach einem schönen Skitag) die Frage, wie Skifahrer früher überleben konnten.

# Wurmberg ▶ D 3

*Wurmbergseilbahn: Tel. 05520 99 93 28, www.wurmberg-seilbahn.de, Ende Mai–Okt. tgl. 9.45–17.10, Dez.–April tgl. 8.45–16.10 Uhr*
An Winterwochenenden pilgern auch heute regelmäßig Scharen von Besuchern nach Braunlage, angezogen vor allem von seinem ›Hausberg‹. Mit dem Wurmberg (971 m) hat man nicht nur den höchsten Gipfel Niedersachsens vor der Haustür, sondern findet dort auch ein Skigebiet vor, das im Harz seinesgleichen sucht. 12,5 km Pisten, davon 5,5 km mit Kunstschnee, bieten Abfahrtsspaß von Mitte Dezember bis April – wenn die Temperaturen mitspielen. Vermissen wird man hier oben eventuell die **Wurmbergschanze**, die im Sommer 2014 abgerissen wurde. Sie wurde schon seit Jahren nicht mehr benutzt, da der Rost das Stahlgerüst zernagte.

Als 1963 eine erste **Seilbahn** vom Rodelhaus, der späteren Mittelstation, hinauf auf den Berg fuhr, war noch ein Bustransfer vom Ort hierher nötig. Das änderte sich vier Jahre später mit der Verlängerung der Bahn bis ins Tal, sodass seitdem auf 2,8 km Länge 400 Höhenmeter überwunden werden. Seit 2001, als die Anlage komplett erneuert wurde, laufen nun auf dieser Trasse moderne Sechsergondeln. Bei guter Schneelage fährt man bis ins Tal hinunter, auf einer gesonderten Piste ab der Mittelstation auch mit dem Schlitten auf einer 1600 m langen Rodelbahn, die wie die Pisten eine Beschneiungsanlage besitzt. Aber auch die ›andere Seite‹ des Wurmbergs wurde für Skifahrer immer spannender. Eine Vierer-Sesselbahn und vier Schlepplifte sorgen für viele Abfahrtsmöglichkeiten, u. a. den legendären Hexenritt. Für Wanderer gibt es eigene, im Winter geräumte Wege, sodass sich die verschiedenen Wintersportler nicht in die Quere kommen.

Im Sommer müssen Wanderer aber mit Querverkehr rechnen: Monsterroller sausen auf breiten Reifen die Nordabfahrt hinunter, auch vier MTB-Rundstrecken beginnen hier. Dann gibt es noch den **Bikepark Braunlage**, der vor allem für Funsportler angelegt ist. Sechs Strecken mit insgesamt 18 km stehen zur Auswahl (Tel. 05520 999 30, 10er-Karte 32 €, inkl. Seilbahn).

# Braunlage

**Gastronomie am Wurmberg**
Neben dem Großlokal **Basislager** an der Talstation findet sich an der Mittelstation **Das Rodelhaus** (Tel. 0171 968 11 47, www.das-rodelhaus.de, im Winter tgl. geöffnet, im Sommer Mo/Di geschlossen, genaue Öffnungszeiten auf Anfrage). Am Gipfel kann man sich im **Gipfelstürmer** gleich an der Bergstation versorgen oder in die **Wurmbergalm** einkehren (Tel. 05520 721, tgl. ab 10 Uhr). Auf der Rückseite des Wurmbergs am Parkplatz Hexenritt befindet sich der Zugang zum Kaffeehorst-Lift mit Abfahrten. Seit 2014 gibt es hier die Hexenrittalm (bei Schnee tgl. 10–17 Uhr, Tel. 05520 999 55 20).

## Übernachten

*Erstklassig* – **Hotel zur Tanne**: Herzog-Wilhelm-Str. 8, Tel. 05520 931 20, www.tanne-braunlage.de, DZ im älteren Stammhaus 80–95 €, dann aufsteigend bis 199 € (mit Sauna und Dampfbad).
*Hell, freundlich* – **Landhaus Foresta**: Am Jermerstein, Tel. 05520 932 20, www.harz-hotel-braunlage.de, DZ ab 85 €. Im hellen Landhausstil eingerichtet, mit Whirlpool, Sauna.
*Mit Wellness* – **Harz Hotel Regina**: Bahnhofstr. 12, Tel. 05520 930 40, www.harzhotel-regina.de, DZ ab 60–100 €, im Preis eingeschlossen sind Sauna und Hallenbad.
*Familiär* – **Berliner Hof**: Elbingeröder Str. 12, Tel. 05520 427, www.berlinerhof-braunlage.de, DZ ab 69 €. Einfache, zentral gelegene Unterkunft.
*Camping* – **Campingplatz Braunlage**: Tel. 05520 999 69 31, www.camping-braunlage.de, an der Straße Richtung Bad Lauterberg, dennoch ruhig und naturnah. Kleines Schwimmbecken im Sommer, im Winter Loipe am Platz.

**Kurkarte**
Die Kurtaxe für Braunlage und den Ortsteil Hohegeiß berechtigt zu ermäßigtem Eintritt in das familienfreundliche **Freizeitbad** und schließt die kostenlose Busbenutzung Braunlage–Hohegeiß ein.

*Für Wohnmobile* – **Stellplatz**: Schützenstraße 1, Tel. 05520 99 97 22, 10 € zzgl. NK. Relativ ortsnah am Start der Hasselkopfloipe gelegen, ruhig.

## Essen & Trinken

*Für Feinschmecker* – **Gourmet-Restaurant** im Hotel zur Tanne (s. o.), Di–So ab 18 Uhr. Eine der wenigen Harzer Topadressen, siehe Unser Tipp S. 26.
*Prämierte Küche* – **Restaurant Victoria Luise**: im Hotel Hohenzollern, Dr. Barner Str. 10, Tel. 05520 932 10, Di–So 18–21.30, Sa/So auch 12–14 Uhr. Die gute Küche hat auch ein Herz für Vegetarier.
*Vielseitig* – **Altes Forsthaus**: Harzburger Str. 7, Tel. 05520 94 40, www.forsthaus-braunlage.de, tgl. 7.30–21.30 Uhr, 10–19 €. Umfangreiche Karte, gemütliche Atmosphäre, DZ ab 50 €.
*Sehr beliebt* – **Zum Steinofen**: Herzog-Wilhelm-Str. 18, Tel. 05520 92 31 68, tgl. 11.30–22 Uhr, 7–18 €. Der Name ist Programm – von Backkartoffeln bis Pizza.
*Gediegen* – **Omas Café und Weinstube**: Elbingeröder Str. 2, tgl. 11–18 Uhr. Wiener Kaffeehaus-Charme, dazu gibt es die entsprechende Musik.

## Einkaufen

*Harzer Wurstspezialitäten* – **Puppe**: Am Brunnen, Tel. 05520 487. Auch Imbiss (Mo–Do 10–21, Fr/Sa bis 22, So 11–21 Uhr.)

*Lieblingsort*

**Panoramablick vom Achtermann** ▶ D 3

Einfach großartig ist die Aussicht vom dritthöchsten Harzgipfel – Brocken und Wurmberg auf der einen, Acker mit Wolfswarte auf der anderen Seite, dazwischen ragen die Sendemasten bei Torfhaus aus den bewaldeten Hügeln ringsum. Der Weg zum felsigen Achtermanngipfel ist von Königskrug aus beschildert. Wir empfehlen bergauf den beschwerlichen Weg an weiteren schönen Klippen vorbei, bergab geht es dann auf der bequemeren Variante. Für den Ausflug zu unserem Lieblingsort sollte man gute 2 Std. einplanen.

# Wernigerode und Brockengebiet

## Aktiv

*Spazieren gehen und Wandern* – **Kurpark:** Geschmackvoller Stein- und Wassergarten um das Kurgastzentrum herum (tgl. 10–18 Uhr), von dort führen schöne Wanderwege ins obere Bodetal und Richtung Hohegeiß.
*Wohltuend* – **Sauna und Freizeitbad:** Ramsenweg 2, Tel. 05520 27 88, Di/Mi und Sa 10.30–19, Do 10.30–21, Fr 10.30–17, So 10.30–14 Uhr, Mo Ruhetag, Di 10.30–14.30 Uhr nur Damensauna.
*Kufenspaß* – **Eisstadion Braunlage:** Harzburger Str., Tel. 05520 21 91, www.eisstadion-braunlage.de, Weihnachten–Ende Feb. Di, Do/Fr 10–12, 14–18, Mo, Mi bis 16 Uhr, Sa 10–16, So–17 Uhr. Eisdisco Sa, Mi 20–22 Uhr. Übrige Zeit: Pause von Osterdienstag bis Ende Juli, sonst Di–Fr 10–12, 14–16, Sa, So 10–16 Uhr, Eisdisco Mi, Sa 20–22 Uhr.
*Schneespaß* – **Skischule Oberharz:** Andi Hickmann, am Parkplatz Hexenritt, Tel. 0176 20 01 74 50, www.skischule-oberharz.de, Ski- und Snowboardschule.
*Skilanglauf* – 50 km gespurte Loipen von Braunlage/Wurmberg nach Torfhaus, Hohegeiß und Schierke.
*Downhillspaß* – **Monsterroller:** Parkplatz Talstation Wurmbergseilbahn, Tel. 01578 397 52 23, www.monsterroller.de, Mai–Okt. 9.45–16.45 Uhr, 90 Min. inkl. Seilbahn 18 €. Auch Mountainbikes (über Zweirad Busche, Tel. 05520 923 68 78, Am Amtsweg 8). **Bikepark**, s. S. 160.

## Infos

**Tourist-Information Braunlage:** im Haus der Kurverwaltung, Elbingeröder Str. 17, 38700 Braunlage, Tel. 05520 930 70, www.braunlage.de, Mo–Fr 9–17, Sa 9.30–12.30 Uhr.
**Tourist-Information Hohegeiß:** Kirchstr. 15a, 38700 Hohegeiß, Tel. 05583 241, www.braunlage.de, Mo–Fr 9–12 und außer Mi 14–17, Sa 9.30–12 Uhr.

# Torfhaus ▸ C/D 3

Wer auf der Suche nach Natur und Ruhe am Großparkplatz Torfhaus in immerhin 820 m Höhe dem Bus oder Auto entsteigt, fragt sich sicherlich, ob er nicht fehl am Platze ist. Bei schönem Wetter stehen hier oben Hunderte von Autos und noch mehr Motorräder, was zu einer entsprechenden Belastung für alle Sinnesorgane führt. Angezogen werden die Besucher von der guten Aussicht zum Brocken. Zu der Zeit, als dieser noch fest in der Hand der Nationalen Volksarmee war, konnte er von Westdeutschen nur von Torfhaus aus ›besichtigt‹ werden.

Hier hat sich in den letzten Jahren viel verändert: Die **Bavaria Alm** mit mehreren Hundert Sitzplätzen innen und außen und zudem moderaten Preisen ist trotz des wenig passenden Namens und Stils eine echte Konkurrenz zu den alten Gaststätten (Tel. 05320 33 10 34, Mo–Fr ab 11, Sa/So ab 9 Uhr). Besonders beliebt auch in der Region sind die opulenten Buffets am Wochenende, ab 9 Uhr sowie das **Torfhaus Harzresort,** eine kleine »Siedlung« für sich mit Hotel und einer Vielzahl von Ferienhäusern (s. u.).

### Nationalparkhaus

*Tel. 05320 33 17 90, www.torfhaus.info oder www.nationalpark-harz.de, April–Okt. 9–17, im Winter Di–So 10–16 Uhr*
Ergänzend zu einer Wanderung im Brockengebiet lohnt ein Besuch im Nationalparkhaus, wo man u. a. zwei Filme zur Tierwelt im Harz sehen kann, die in der Realität eher weniger publikumswirksam in Erscheinung tritt. Mit dem Bund für Umwelt und Naturschutz (BUND) veranstaltete Ausstellungen und geführte Ranger-Wanderungen in der Region. Auf eigene Faust erkunden, aber dennoch selten allein.

**Um das Torfhausmoor** ▶ D 3
*Spaziergang: 1.30 Std., 5 km, nur bis Torfhausmoor 20 Min. pro Strecke*
Richtung Braunlage, vorbei am 279 m hohen Sendemast des NDR, und am Ortsrand links, erreicht man den **Goetheweg:** Im Dezember 1777 wanderte der Dichter in Begleitung des Försters Degen von Torfhaus zum Brocken. Halbrechts in den Fichtenwald, erreicht man kurz darauf das **Torfhausmoor,** ein typisches Hochmoor, durch das ein Bohlensteg führt. Auf 30 ha Fläche hat es in gut 10 000 Jahren eine Mächtigkeit von mehr als 5 m erreicht. Als im frühen 18. Jh. das Holz im Harz durch den Bergbau knapp wurde, richtete sich das Interesse auf den Torf als Brennstoff. 1713 wurde ein Haus für die Torfstecher errichtet – der Ortsname war geboren. Zwar erlebte Goethe diese Arbeiten noch, sie wurden jedoch 1786 als unrentabel eingestellt.

Der Weg führt bald direkt am **Abbegraben** entlang, dem 1827 angelegten östlichsten und jüngsten Teil des Oberharzer Wasserregals. Stichgräben entwässerten das angrenzende Moor, das mittlerweile renaturiert wird. Bei einer **Schutzhütte** führt der Goetheweg halbrechts weiter zum Brocken (7 km, 2 Std.), während unsere Runde links auf dem **Kaiserweg** fortgesetzt wird. Heinrich IV. soll eine hier verlaufende Handelsstraße 1074 auf der Flucht vor dem Sachsenheer benutzt haben. Vermutlich hatte er nicht die Muße für eine Rast am Bachlauf der **Abbe,** die hier malerisch zwischen bemoosten Felsen und üppigen Waldwiesen dahinplätschert. Bald führt ein Weg wieder nach links und durch Fichtenwald zurück nach Torfhaus.

## Übernachten

*Brockenblick inklusive –* **Torfhaus Harzresort:** Tel. 05320 229 00, www. torfhaus-harzresort.de, DZ ab 117 €. Mit Fitnessbereich und Sauna im Hotel, Ferienhäuser mit Kaminofen, Sauna und Abstellraum für 4 Pers. ab 168 €, für 6–8 Pers. ab 256 € pro Nacht.

# Bad Harzburg ▶ D 2

Mehrere Schwefel-Sole-Heilquellen, seit dem frühen 19. Jh. zu Kurzwecken genutzt, bilden noch heute einen Grundpfeiler des Fremdenverkehrs, mittlerweile ergänzt durch eine moderne und vielfältige Mischung an Freizeitaktivitäten in und um Bad Harzburg.

### Zur Hartesburg

*Gondelbahn: Tel. 05322 753 71, April–Okt. 9.30–18, Nov.–März 10–17 Uhr, einfache Fahrt 3 €, hin und zurück 4 €*
Auch wenn der Ortsname es vermuten lässt: Eine Burg besitzt das lebendige Städtchen (23 000 Einw.) nicht mehr, aber einen **Burgberg,** zu dem Spazierwege und eine Gondelbahn hinaufführen. Die **Hartesburg,** eine 1065 erbaute kaiserliche Wehranlage, diente einst zum Schutz der Goslarer Pfalz und der Silberminen, wurde aber immer wieder zerstört. Heute findet man von ihr noch einige Grundmauern und Ruinen in verwunschener Umgebung, darunter den Brunnen und den rekonstruierten Pulverturm. Die moderne **Skulptur** ›**Krodo**‹ auf dem Burgberg erinnert an die in Bad Harzburg allgegenwärtige Sagengestalt. Eine Vorgänger-Statue des germanischen Götzen Krodo soll hier oben auf Veranlassung von Karl dem Großen bei der Christianisierung der Ostsachsen von ihrem Sockel gestoßen worden sein. Dichtung oder Wahrheit – diese Frage wird weiter diskutiert und hat damit eine gewisse Parallele zu Karl dem Großen.

## Wernigerode und Brockengebiet

In jedem Fall kann man hier oben eine weite Aussicht genießen – hoffentlich nach Besitzerwechsel auch bald wieder aus dem Restaurant –, und die Wanderwege Richtung Hochharz ziehen ebenfalls viele Besucher hier herauf.

### Bummelallee

Unten im Ort bildet die Bummelallee die touristische Lebensader; vom Seilbahnparkplatz an der stark befahrenen B 4, die den Ort zerschneidet, liegt sie nur ein paar Meter entfernt. Und der Bummel lohnt sich, hier weht das Flair alter Kurbäder. Die Flanier- und Einkaufsmeile zwischen Kurpark und Bahnhof, im oberen Abschnitt vom Rauschen des Flüsschens Radau begleitete Fußgängerzone, ist gesäumt von schönen alten Villen, zahlreichen Läden und Lokalen. Flankiert wird sie von einer beachtlichen Palette kultivierter Erholungsstätten, beginnend rings um den **Kurpark**: Im Kurhaus finden Konzerte, Vorträge und Theateraufführungen statt (Näheres über die Tourist-Info), sportlich badet man sommers im **Krodobad**, entspannend ganzjährig in der Therme – gesund ist beides.

Das **Haus der Natur** nahe der Seilbahnstation bietet nicht nur eine Themenausstellung zum Harzwald, sondern auch geführte Touren dorthin (Nordhäuser Str. 28, Tel. 05322 78 43 37, Di–So 10–17 Uhr, 3 €). Auch der Baumwipfelpfad befindet sich gleich nebenan (s. S. 168).

Ein Stück die Bummelallee hinunter grenzt der **Stadtpark** an: Zwischen rosengesäumten Spazierwegen liegt das Kurzentrum für die gezielten gesundheitsfördernden Maßnahmen. Gegenüber erreicht man den **Badepark** mit der Trink- und Wandelhalle von 1898 sowie der Spielbank. Die **Trink- und Wandelhalle** ist der Ort für entspanntes Flanieren unter Arkaden, ungestörte Zeitungslektüre im Lesesaal, morgendliches Brunnentrinken im Pavillon, von Konzertklängen begleitet oder für ein nachmittägliches Plauderstündchen beim Kaffee unter Palmen: Kultiviertes Kuren eben, das ohne die Wandelhalle zwar denkbar, aber nicht komplett wäre (Tel. 05322 753 85, Mo–Fr 9–13, 14–15.30, Sa/So nur 9–12.30, Café Di–So 11–18 Uhr).

## Ausflüge

### Schloss Bündheim ▶ C 2
*Gestütstr. 10*
Der herzogliche Amtssitz aus dem 17. Jh., auf einem Gutshof gelegen, wird heute für Kulturveranstaltungen genutzt. Ihn umgibt ein schöner Park, der zu Spaziergängen einlädt.

### Café Winuwuk und Sonnenhof ▶ C 2
*Waldstr. 9, Tel. 05322 14 59, Sonnenhof Di–So 14–18, Café Winuwuk Mi–So 11.30–18 Uhr, B 6 Richtung Oker, dann beschildert. Ringbus bis Lärchenweg, Ringwanderweg ab Parkplatz Bergbahn beschildert*
Vorbei am Golfplatz und einem **Wildgehege** für Rotwild und Mufflons erreicht man das Café und den Sonnenhof. Die ungewöhnliche Architektur verrät den Worpsweder Künstler Bernhard Hoetger, der es 1922 entwarf. Im Café ist noch jedes Detail original, und noch heute rätselt jeder Besucher über den Sinn des ungewöhnlichen Namens.

Einfacher ist er beim angrenzenden **Sonnenhof** zu deuten: Der ziegelgedeckte, innen offene Rundbau beherbergt eine Galerie, deren Objekte hier eine besonders gute Ausleuchtung erfahren. Auch ein Kunsthandwerksladen ist angeschlossen.

# Bad Harzburg

Erholsame Gastlichkeit genießt man an der Trink- und Wandelhalle

**Radau-Wasserfall** ▶ D 2
Harzeinwärts liegen an der B 4 der Wasserfall und ein nach ihm benannter Gasthof. Die Besichtigung wird weniger durch die Tatsache gestört, dass der hübsche Fall künstlich angelegt wurde, als durch die Nähe eines riesigen Steinbruchs und das Verkehrsbrausen auf der Hauptstraße, welches das Rauschen des Wassers mühelos übertönt.

## Übernachten

*Nobel* – **Romantikhotel Braunschweiger Hof:** Herzog-Wilhelm-Str. 54, Tel. 05322 78 80, www.hotel-braunschweiger-hof.de, DZ ab 140 €. Großer Wellnessbereich mit Sauna, Dampfbad und Pool zum Hotelpark.
*Gesund* – **Solehotels Tannenhof und Winterberg:** Nordhäuser Str. 6–8, Tel. 05322 968 80, www.solehotels.de, DZ ab 120 €. Die Hotels besitzen einen eigenen Zugang zur benachbarten Soletherme, deren Besuch im Zimmerpreis enthalten ist.
*Verspielt* – **Hotel-Pension Haus Bismarck:** Bismarckstr. 39, Tel. 05322 62 27, www.haus-bismarck.de, DZ ab 72 €. Freundliche Holzvilla, gute Ausstattung.
*Bewährte Qualität* – **Freizeitoase Harz-Camp:** OT Göttingerode, Tel. 05322 812 15, www.harz-camp.de, ganzjährig geöffnet. Schönes Wiesengelände am Waldrand, Stellplätze teils straßennah, gute Ausstattung. Großer Saunabereich mit Whirlpool und Schwimmbad (Mo–Fr 15–22, Sa ab 10 Uhr, Di und Fr nur Damen, 12,80 €).

## Essen & Trinken

*Für Gourmets* – **Restaurant Behncke im Hotel-Braunschweiger Hof:** Herzog-Wilhelm-Str. 54, Tel. 05322 78 80, 11.30–22, Fr/Sa bis 23 Uhr, 15–42 €. Ausgezeichnete regionale und internationale Küche in gediegenem Ambiente.
*Gehobene Regionalküche* – **Tannenstube im Tannenhof:** Nordhäuser Str. 6, Tel. 05322 968 80, tgl. 12–14, 18–21.30 Uhr, 8–31 €. Interessante Wildgerichte aus heimischer Jagd.
*Kurbad-Ambiente* – **Palmencafé in der Trink- und Wandelhalle:** Rudolf-Huch-Str. 21, Tel. 05322 48 05, Di–So 11–18 Uhr. Kuchen und kleine Gerichte.

# Wernigerode und Brockengebiet

*Auf ein Bier* – **Biercomptoir:** Herzog Wilhelm Str. 102, Tel. 05322 34 23, tgl. ab 10 Uhr. Fünf Sorten Bier vom Fass, auch 60 Außenplätze.

## Aktiv

Die Liste der angebotenen Aktivitäten in der Freizeit-Hochburg Bad Harzburg ist so lang wie in kaum einem Harzort.
*Stilvoll entspannen* – **Harzburger Sole-Therme:** Nordhäuser Str. 2 a, Tel. 05322 753 60, www.bad-harzburg.de, Mo–Sa 8–21, So bis 19, Sauna dito, Mi bis 13 Uhr Herren, Do bis 15 Uhr Damen, 8 €/2,5 Std. nur Therme, für Sauna nur Tageskarte inkl. Therme für 13 €. Stilvolle Entspannung im 29–33 °C warmen, gesundheitsfördernden Salzwasser. Saunarium mit Dampfbad, Sole-Grotte und Whirlpool.
*Für jeden etwas* – **Silberbornbad:** Herbrink 35 – Am Rennplatz, Tel. 05322 753 05, www.bad-harzburg.de, Mai–Sept. Mo 14–20, Di–Fr 8–20 und Sa/So 8–19 Uhr: innen 25-m-Bahnen, Kinderbecken und Whirlpool, außen Erlebnisbecken, Riesenrutsche, Außenbecken, Liegewiese und Spielplatz, kleiner Saunatrakt mit Tauchbecken, 6,50 €/Tag, Sauna und Bad 9 €.
*Golfen* – **Golfclub Harz**, 18-Loch-Platz (Tel. 05322 67 37), und **Swin-Golf** im Krodoland (7 € für 9-Loch, 12 € für 18-Loch, Zeiten wie Krodoland s. S. 169).

> **Abstecher nach Vienenburg** ▶ D 1
> Das älteste deutsche Bahnhofsgebäude von 1840 beherbergt ein interessantes **Eisenbahnmuseum** und mit dem **Vienenburger See** lockt ein schönes Naherholungsgebiet (Do–So 15–17 Uhr, 3 €, Tel. 05324 78 04 78, www.eisenbahnmuseum-vienenburg.de, auch nettes Café Di–Do und Sa 9–17, So und Fr 9.30–18 Uhr).

*Tennis* – am **Stadtpark:** Tel. 05322 15 43
*Minigolf* – am **Kurpark:** in Ferienzeit tgl. 11–17, Mo–Sa 14–17, So 12–17 Uhr.
*Boule-Spiel* – im **Badepark:** Kugeln verleiht das Palmen-Café.
*Auf Rollen und Kufen* – Skaten am **Silberbornbad**, Schlittschuhlaufen auf der **Eisbahn** zw. Großparkplatz und Soletherme, Mitte Nov.–Feb. Mo–Do 10–18 (ab Jan. 12–18), Fr/Sa 10–20, So 10–18 Uhr, Eisdisco Sa 17–20 Uhr, 3,50 €.
*Mountainbikeverleih und -touren* – **Bike House Harz:** Ilsenburger Str. 112, Tel. 05322 987 06 23.
*Nordic-Walking* – **Outdoor Sports:** Reischauerstr. 10, Tel. 0171 232 29 26.
*Reiten* – **Reit- und Trainingszentrum:** Hoher Weg 1, Tel. 05322 800 66. **Reitanlage Kastanienhof-Westerode:** Vor den Höfen 8, Tel. 05322 558 73 25.
*Kletterparcours* – **Hochseilpark:** Im Kalten Tal 1, Tel. 05583 92 26 28, April–Okt. Sa/So 10–18, in den niedersächsischen Ferien auch Mi 10–18 Uhr. Auf zwei unterschiedlich schwierigen Kursen wird unter Anleitung geklettert. Oben 20 €, unten 15 €.
*Vogelperspektive* – **Baumwipfelpfad:** Nordhäuser Str. 2 b, Tel. 05322 87 77 920, April–Okt 9.30–18, Nov.–März 10–16 Uhr. 8 €. Auch für Rollstuhlfahrer geeignete Pfade in 8–22 m Höhe durch die Baumkronen.
*Für die Kleinen* – **Märchenwald:** Nordhäuser Str. 1a, Tel. 05322 35 90, März–Okt. und Weihnachtsferien tgl. 10–19, Nov.–Feb. tgl. 10–17 Uhr, 5 €. Freizeitpark mit Märchenmotiven und Streichelzoo. **Kindereisenbahn** und **Spielplatz** an der Waldgaststätte Radau-Wasserfall (Nordhäuser Str. 17, an der B 4, Tel. 05322 22 90, www.radau-wasserfall.de, Mai–Okt. durchgehend geöffnet, übrige Zeit Fr–So 10–18 Uhr), **Spielplätze** im Schlosspark Bündheim und am Molkenhaus (Tel. 05322 78 43 44, www.molkenhaus.de,

## Ilsenburg

Do immer Ruhetag, sonst Nov.–März 11–16, April–Okt. 10–17.30 Uhr, dann auch 5 x tgl. Bus 875 der KVG Braunschweig ab Bahnhof Bad Harzburg).
*Abenteuerlich* – **Krodoland:** OT Westerode, Fasanenstr. 12, Tel. 05322 87 73 32, www.krodoland.de, tgl. und in den Ferien 10–19 Uhr, Nov.–Ostern Do–So 10–19 Uhr. Anlage mit Spielscheune, Reit- und Swin-Golfanlage (Natur-Golf).
*Wildfütterung* – **Am Molkenhaus** nur im Winter bei entsprechenden Temperaturen erlaubt, direkt am Haus nachmittags, genaue Zeit erfragen (Tel. 05322 78 43 44). Besondere Attraktionen sind das **Luchsgehege** (Fütterung Mi/Sa 14.30 Uhr) an der **Waldgaststätte Rabenklippe** (Tel. 05322 28 55, Di–So 10–18 Uhr, Sept.–Okt. tgl.), aber auch das **Wildgehege** an der Silberbornstraße (Bündheim).

### Einkaufen

**Wochenmarkt:** Do 8–13 Uhr am Badepark.
Breites Angebot auf der Bummelallee: **Teehaus:** Tel. 05322 14 71, riesige Auswahl an Tees und Teestube.
**Alimentari Sapori:** mediterrane Delikatessen.
**Landschlachterei Leiste:** Wild aus eigener Jagd, Harzer Wurstwaren, auch ein beliebter Imbiss.

### Abends & Nachts

*Glückssache* – **Spielbank:** Herzog-Julius-Str. 64, Tel. 05322 960 10, tgl. 13–2 Uhr. Automaten, Roulette, Black Jack, Poker.

### Infos & Termine

**Infos**
**Tourist-Information:** Nordhäuser Str. 4 (am Parkplatz der Seilbahn), 38667 Bad Harzburg, Tel. 05322 753 30, www.bad-harzburg.de, Mo–Fr 9–18 (Nov.–März nur bis 17 Uhr), Sa/So 9–15 Uhr. In der Saison **geführte Wanderungen**, Termine unregelmäßig, aktuelle Informationen auf Anfrage.

**Verkehr**
**Züge** u. a. nach Braunschweig und Goslar, **Busse** zu den Orten der Umgebung.

**Termine**
**Galopp-Rennwochen:** Im Juli/Aug. renommierte Veranstaltung, die Rennbahn liegt landschaftlich besonders schön (Rennverein, An der Rennbahn 1, Tel. 05322 36 07, www.harzburger-rennverein.de).
**Kurkonzerte:** Di–So 10.30 Uhr, in der Trink- und Wandelhalle, spielfreie Zeiten beachten!

# Ilsenburg ▶ D/E 2

Wer von der B 6 in Richtung Ilsenburg abzweigt, wird bald von der Salzgitter AG und Thyssen begrüßt, deren Werke dem Städtchen vorgelagert sind – moderne Zeugen der langen Industriegeschichte der Region. Seit dem 12. Jh. wird im Raum Ilsenburg Eisen gewonnen und verarbeitet. 1546 entstand hier der erste Hochofen des Harzes, und der Eisenkunstguss entwickelte sich. Vor allem Ilsenburger Ofenplatten waren weithin bekannt, und sogar Zar Peter der Große stattete der Hütte 1697 einen Besuch ab. Im Laufe der Industrialisierung kamen Walzwerk, Maschinenfabrik und Kupferverarbeitung hinzu. So gab es zu DDR-Zeiten die ›Volkseigenen Betriebe‹ Blechwalzwerk, Radsatzfabrik, Kupferhütte und Ilsewerk-Gießerei. Nach der Wende walzte und verarbeitete die **Fürst-Stolberg-Hütte** ange-

## Wernigerode und Brockengebiet

liefertes Roheisen. Aber auch dieses ist seit 2011 Geschichte. In der alten Gießereihalle finden mittlerweile kulturelle Veranstaltungen statt, geplant ist auch ein Hüttencafé. Das Außengelände ist frei zugänglich und bietet alte Industriearchitektur.

In und um Ilsenburg dominiert jedoch Beschaulichkeit. Mittelpunkt des Ortes (6500 Einw.) ist der Marktplatz mit **Rathaus** (Tourist-Information) und dem nahe gelegenen **Marienhof** (Hütten- und Technikmuseum). An den **Markt** grenzen auch der große **Park** mit Forellenteich und das stilvolle **Landhaus ›Zu den Rothen Forellen‹**.

### Hütten- und Technikmuseum
*Marienhöferstr. 9b, Tel. 039452 22 22, Mi-Sa 13–16 Uhr, 2 €*
Das Museum im Marienhof, einem schönen Herrenhaus (18. Jh.), zeigt historische Kunstgussobjekte und verschiedene Modelle. Besonders die beweglichen Objekte wie die Wassermühle oder Fahrkunst sind für Kinder interessant.

## Richtung Ilsetal

Auf dem Weg ins Ilsetal kommt man bald auf die Mühlenstraße. Zuvor liegt links die **Krugbrücke,** eine massive, aus Granitblöcken gefertigte Rundbogenbrücke aus dem 18. Jh. Sie markiert den Verlauf der mittelalterlichen Harzrandstraße durch den Ort. Dann fällt das **Harz-Rock-Café** auf (mit Biergarten am Fluss, Tel. 039452 24 21). Originell ist nicht nur der Name, sondern auch die Einrichtung: Im Diner der 1950er-Jahre steht unter dem James-Dean-Plakat noch eine alte Wurlitzer-Musikbox.

Das repräsentative **Crola-Haus** schräg gegenüber stammt von 1687 und ist nach Georg Heinrich und Elise Crola benannt (Privatbesitz). Das Malerehepaar ließ sich wie viele Künstler im frühen 19. Jh. hier am Harz nieder, dessen wildromantische Landschaft und Natur sie inspirierte.

### Kloster Ilsenburg
*Tel. 039452 801 55, tgl. 9.30–16.30 Uhr, Nov.–März nur 11–15.30 Uhr, 2 €*
Am Blochhauer-Platz führen Spazierwege den bewaldeten Hang hinauf zum ehemaligen Kloster. Beeindruckend ist die **Kirche;** ihre ältesten Teile stammen von 1087. Dazu zählt auch der teilweise erhaltene Estrichboden mit zierlichen Ritzornamenten. Das Kloster ging nach der Reformation in gräflichen Besitz über, ein Teil wurde zum Schloss umgebaut. Es gehört heute einer Stiftung, die hier eine Stätte der Ruhe, Kultur und Begegnung eingerichtet hat.

## Ausflüge und Wandern

### Spaziergang zum Kloster Drübeck ▶ E 2
*Start/Ziel: Klosterkirche Ilsenburg, Weg: 6 km hin und zurück, Klosterkirche Drübeck: tgl. 6.30–19 Uhr, Café : Tel. 039452 943 04, März–Nov. 11–17.30, Dez.–Feb. 14–17.30 Uhr, Mo Ruhetag; 19.30–24 Uhr dient das Café als Weinstube*
Von der Klosterkirche Ilsenburg führt ein 3 km langer, beschilderter Spazierweg zum Kloster Drübeck. Immer am Harzrand entlang, verläuft er durch Wiesen und beschaulichen Mischwald, bevor er in die Ebene abbiegt und den kleinen Ort Drübeck erreicht.

Die Klosteranlage mit der romanischen Kirche aus dem 12. Jh. ist ein schönes Ausflugsziel. Wie ein eigenes kleines Dorf scharen sich die Klostergebäude um sie herum, darunter ein Laden und das Café, Wirtschaftsgebäude und Unterkünfte, heute für

# Ilsenburg: Ausflüge und Wandern

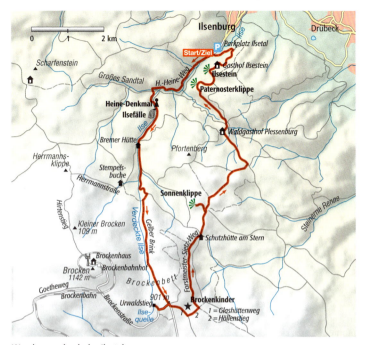

Wanderung durch das Ilsetal

Tagungen und Feriengäste genutzt (siehe Übernachten).

## Wanderung durch das Ilsetal ▶ D 2
*Länge: 20 km, Dauer: ca. 5 Std., 600 Höhenmeter; Start- und Zielpunkt: Wanderparkplatz am Eingang des Ilsetals, südl. von Ilseburg*

Der **Heinrich Heine-Weg,** ein Klassiker unter den Harzwanderungen, beginnt am Wanderparkplatz zu Beginn des Ilsetals. Entlang des ausgesprochen romantischen Tals ragen zu beiden Seiten steile Felsklippen empor (**Ilsestein**). Dazwischen rauscht die Ilse dahin und stürzt über viele Kaskaden (**Ilsefälle**). Herrlicher Laubwald überzieht den Talboden und trägt zur Idylle des Ilsetals bei.

An der **Bremer Hütte** (1 Std.) gabelt sich der Weg: Während der Heineweg sich nach rechts zum Brocken wendet (s. a. S. 154), führt nach halblinks der alte Fahrweg **Gelber Brink** weiter entlang der **Verdeckten Ilse** aufwärts: Der Bach ist zwar zu hören, aber streckenweise tief unter riesigen Felsblöcken verborgen. Lange geht es nun geradeaus und stetig bergan, Nadelwald und freie Flächen wechseln sich ab und der Blick wird weiter. Nach 2 Std. quert der Weg die moorige Hochfläche **Brockenbett** und hat rechts die Gipfelkuppe des Brocken neben sich.

Bald darauf stößt der **Gelbe Brink** auf die Asphaltstraße zum Gipfel, der nach rechts nur noch 250 Höhenmeter und knapp 4 km entfernt ist. Ein

171

## Wernigerode und Brockengebiet

kurzer Abstecher nach rechts lohnt sich, wo ein Schild den **Urwaldstieg** markiert: Er führt auf Planken ein Stück in die unberührte Kernzone des Nationalparks, ins Quellgebiet der Ilse und vorbei an knorrigen, flechtenbehangenen Bergfichten.

Zurück am Gelben Brink wendet man sich auf der Brockenstraße nach links, verlässt sie aber gleich wieder nach links auf dem **Glashüttenweg** Richtung Drei-Annen-Hohne, von dem nach wenigen hundert Metern der **Höllenstieg** (Dreieck mit rotem Punkt) links abzweigt. Links hat man somit die **Brockenkinder** umrundet, verstreute Felsen auf einer kleinen Anhöhe, die sich ebenfalls als kurzer Abstecher lohnen.

Den Höllenstieg steigt man ein kurzes Stück bergab und folgt dann dem **Forstmeister-Sietz-Weg** nach rechts. Der schöne Hangweg folgt dem Talschluss der Holtemme zur **Schutzhütte am Stern** (3 Std.). Weiter geht es Richtung Plessenburg (grünes Kreuz), bald liegt die **Sonnenklippe** links am Weg; ein schöner Aussichtspunkt. Nach 4 Std. ist, hübsch auf einer Lichtung gelegen, das ehemalige Jagdhaus der Wernigeröder Grafen von 1775 erreicht, das heute den **Waldgasthof Plessenburg** beherbergt (Tel. 03943 60 75 35, Mai–Okt. tgl. 10–18, übrige Zeit bis 17 Uhr, Mi geschl.). Seit einiger Zeit gibt es hier Crossroller mit Helm auszuleihen, mit denen man auf Straßen ca. 5 km nur bergab fährt. Abgabe ist beim Erlebniswald (s. S. 173) gleich beim nichtöffentlichen Wohnmobilstellplatz am Eingang des Ilsetals – also am Startpunkt der Wanderung. Für die Fahrt rechnet man 20 Min. (0,5 Std. 8 € inkl. Helm).

Wer müde Füße hat, kann von hier den Bus ›Ilsetaler‹ (siehe Verkehr) nehmen, verpasst aber sehenswerte Ausblicke auf der letzten Wanderstunde: Man quert die Fahrstraße und hält sich halblinks Richtung Ilsenburg (Quadrat mit rotem Punkt). Der Weg führt nun bald hoch oberhalb des Ilsetals entlang und passiert die **Paternosterklippen,** von denen sich ein schöner Blick hinunter bietet. Auch am **Ilsestein,** einem zweiten markanten Granitfelsen, ist die Aussicht lohnend und reicht bei klarer Sicht bis zum Brocken. Kurz hinter dem **Gasthof Ilsestein** (Tel. 0151 64 52 08 05, Di–So 10–17 Uhr) beginnt der Abstieg ins Tal, wo man am Parkplatz Blochauer den Heineweg und auf ihm nach rechts den Startpunkt wieder erreicht.

## Übernachten

*Gediegene Eleganz* – **Landhaus Zu den Rothen Forellen:** Marktplatz 2, Tel. 03 94 52 93 93, www.rotheforelle.de, DZ ab 220 €. Die erste Adresse am Ort (5 Sterne) am Forellenteich im Zentrum. Große Bade- und Saunalage, Gourmetrestaurant und herrlicher Seeblick.

*Wassermühle* – **Gasthof Vogelmühle:** Vogelgesang 1, Tel. 039452 992 30, www.vogelmuehle.ilsenburg.de, DZ ab 66 €. Ruhig und zentral, historisches Mühlenambiente und gemütliches Restaurant (Di–Fr ab 14, Sa/So ab 12 Uhr).

*Letztes Haus im Ilsetal* – **Waldhotel Am Ilsenstein:** Ilsetal 8, Tel. 039452 95 20, www.waldhotel-ilsenburg.com, DZ ab 68 €, ruhige Lage, da Straße nur für Gäste frei ist, Sauna (5 € extra) und Schwimmbad im Haus, auch Restaurant 11–22 Uhr.

*Beschaulich* – **Evangelisches Zentrum Kloster Drübeck:** Klostergarten 6 (an der R 6 Richtung Wernigerode), Tel. 039452 943 30, www.kloster-druebeck.de, DZ 60 €. Schöne alte Klosteranlage rings um die sehenswerte romanische Kirche, im Restaurant auch Vollwertküche für Hausgäste

# Ilsenburg

*Für Wohnmobile* – **Stellplätze** (Stromanschluss) am Beginn des Ilsetals, Tel. 0152 532 107 57, 10 €.

## Essen & Trinken

*Stern am Gourmethimmel* – **Forellenstube:** im Landhaus Zu den Rothen Forellen (s. Übernachen), Do–Sa ab 18 Uhr, Menüs (4–8 Gänge) 85–136 €. Das Gourmet-Restaurant erhielt auch 2016 14 Gault-Millau-Punkte!
*Forelle und mehr* – **Müllers Fisch- und Speisewirtschaft:** Hochofenstr. 3, Tel. 039452 24 91, Mo–Sa 11–14, 17–22, So 11–14 Uhr, Mi Ruhetag, 8–17 €. Große Auswahl an Fischgerichten, aber auch Fleisch und Wild.
*Gemütlich* – **Alt Ilsenburger Nagelschmiede:** Ilsetal 21, Tel. 039452 485 85, Di–So ab 11.30 Uhr, 6–15 €, Fr Schnitzeljagd: bis zum Sattwerden inkl. Salatbuffet 13,50€.

## Aktiv

*Freibad* – **Ludwigsbad:** Schickendamm, Ende Mai–Sept. tgl. 10–18 Uhr, 2,50 €.

*Klettern* – **Erlebniswald Ilsetal:** Ilsetal 16b, Tel. 039452 29 00 15, www.erlebniswald-ilsetal.de, April–Okt. Di–Fr 12–18, Sa/So 10–18 Uhr, je nach Parcours-Anzahl, 20–24 €, viele Optionen an Wegen und Höhen – Absturz ausgeschlossen!

## Infos

### Infos
**Tourismus Ilsenburg:** Marktplatz 1, 38871 Ilsenburg, Tel. 039452 194 33, www.ilsenburg.de, Mo–Fr 9–17, Sa 9–13 Uhr.

### Verkehr
**Züge:** u. a. nach Goslar und Braunschweig.
**Busse:** zu allen Orten der Umgebung. Der ›Ilsetaler‹ (Linie 288 Wernigerode–Drei-Annen-Hohne) hält an Ausflugszielen. Er verkehrt Mai–Okt. Di, Do und Sa gegen 10, 13 und 15 Uhr ab Ilsenburg nach Drei-Annen-Hohne, gegen 11 und 16 Uhr geht es wieder zurück. Zum Gasthof Plessenburg gibt es zwei zusätzliche Abfahrten (Auskunft Tel. 0391 536 31 80).

**Schöner Buchenwald bedeckt das untere Ilsetal**

## Das Beste auf einen Blick

# Das nordöstliche Harzvorland

## Highlight!

**Quedlinburg:** Markant thront die Stiftskirche auf dem Burgberg über der hübschen Fachwerkstadt – in Quedlinburg lassen sich so manche malerischen Winkel, schmale Gassen und alte Gemäuer entdecken – die gut erhaltene Altstadt gehört zum UNESCO-Welterbe. Dennoch ist Quedlinburg kein Freilichtmuseum: vor historischen Fassaden findet auch modernes Leben statt. S. 186

## Auf Entdeckungstour

**Architek-Tour durch die Altstadt von Halberstadt:** Wie nach fünfzig Jahren aus ›Schutt und Asche‹ ein spannendes alt-neues Stadtbild entstand, kann man auf einem Rundgang durch die Unterstadt nachvollziehen. S. 180

**Reichsgeschichte(n) rund um den Schlossberg:** Quedlinburg blickt auf ein Jahrtausend Stadtgeschichte zurück. Deren Spuren werden vor allem am Burgberg sichtbar – ebenso die des missbräuchlichen Umgangs mit diesem Erbe während der Naziherrschaft. S. 190

## Kultur & Sehenswertes

**Domschatz Halberstadt:** Seit der Schatz in neuem Rahmen präsentiert wird, ist er zu einem Publikumsmagneten geworden. S. 178

**Fachwerkmuseum Quedlinburg:** Alles, was man hier erfährt, lässt sich im Stadtbild wiederfinden – eine ideale Kombination. S. 71, 187

**Lyonel-Feininger-Galerie:** Zahlreiche Grafiken, dazu Aquarelle, Radierungen und Lithografien, gesammelt von Quedlinburger Freunden des deutsch-amerikanischen Künstlers. S. 186

## Aktiv unterwegs

**Papiermühle Weddersleben:** Vom Papierschöpfen bis zum Drucken und Binden reichen die Mitmachangebote in diesem spannenden Technikmuseum. S. 199

## Genießen & Atmosphäre

**Steinhof:** In diesem versteckten romantischen Winkel steht mit einem typischen Ständerbau aus dem 15. Jh. (Nr. 10) eines der ältesten Fachwerkhäuser Halberstadts. S. 183

**Café Vincent:** Die Käsekuchenbäckerei am Fuße des Quedlinburger Burgbergs bietet zahlreiche Variationen des Backwerks an, von klassisch bis originell. S. 194

**Stiftskirche St. Cyriakus:** Einer der bedeutendsten Kirchenbauten aus ottonischer Zeit steht in Gernrode. Der schlichte romanische Stil erzeugt eine ganz besondere Atmosphäre. S. 194

## Abends & Nachts

**Canapé:** Die gemütliche Kneipe in Halberstadt ist bei Studenten sehr beliebt. S. 185

# Fachwerkstädte und Felsentürme

Das nordöstliche Harzvorland ist reich an Geschichte, in der Bistümer und Kaiserpfalzen eine tragende Rolle spielten. Die sonnenreiche Region wurde immer landwirtschaftlich genutzt, Obstbau und Gartenbau haben eine lange Tradition. Die Industrie hat sich seit der Wende wie vielerorts eher zurückgezogen – Strukturwandel wird der Niedergang gern genannt. Der Tourismus immerhin wächst. Zahlreiche Besucher zieht es in **Halberstadt** zum neu präsentierten Domschatz, in **Quedlinburg** zu Fachwerk und Schlossberg und am Harzrand zu markanten Felsformationen.

Geologisch sticht im wahrsten Sinne des Wortes die **Teufelsmauer** aus der Ebene hervor. Durch tektonische Bewegungen des Harzgebirges Richtung Norden aufgeschoben, ragen die alten Sedimentschichten mancherorts wie eine lückenhafte Zahnreihe aus den Getreidefeldern auf. Der Harzrand bei Gernrode ist von kleinen **Kurorten** geprägt, darüber zeugen **Burgruinen** von alten Handelswegen über das wilde Bergland, zu deren Schutz sie errichtet wurden.

## Halberstadt ▶ G 1/2

Wenige Kilometer nördlich des Harzrandes inmitten einer weiten, fruchtbaren Senke gelegen, nennt sich das Städtchen nicht zu Unrecht ›Tor zum Harz‹. Weithin sichtbar überragen die Türme bedeutender Kirchen die Stadt. Rings um die moderne City ergeben sanierte Fachwerk- und Plattenbauten ein spannungsreiches Stadtbild.

## Wechselvolle Geschichte

Als Bistum 804 unter Karl dem Großen gegründet, entwickelte sich bald eine Siedlung um den Domhügel. Halberstadt erhielt 1184 das Stadtrecht, doch blieb das aufkommende Bürgertum unter bischöflicher Herrschaft, auch nach dem Beitritt zur Hanse 1387. Das 1591 protestantisch gewordene Bistum wurde im Dreißigjährigen Krieg aufgelöst und die Stadt 1648 dem Kurfürstentum Brandenburg unterstellt. Nach einer verheerenden Pestepidemie warb der Kurfürst Hugenotten an, die ab 1685 die Wirtschaft mit neuen Handwerken belebten. Auch reiche Juden erhielten gegen teure Schutzbriefe das Wohn-

---

### Infobox

**Reisekarte:** ▶ G/H 1–4

**Die Region im Internet**
Halberstadt: www.halberstadt.de
Quedlinburg: www.quedlinburg.de

**Anreise und Weiterkommen**
Halberstadt und Quedlinburg sind mit der **Deutschen Bahn** erreichbar, ab Quedlinburg erschließt die **Selketalbahn** den östlichen Harz. Die **Harzer Verkehrsbetriebe** mit Sitz in Wernigerode bedienen den gesamten Ostharz (HVB, www.hvb-harz.de, Tel. 03943 56 41 34). In diesen Bussen, in der **Harzer Schmalspurbahn** (außer Schierke-Brocken) und den Regionalzügen der Deutschen Bahn kann man drei Tage lang für 18 € reisen, den Erwerb einer **HarztourCard** vorausgesetzt.

# Halberstadt

Gotische Architektursprache im Halberstädter Dom

recht – eine sichere Staatseinnahme. Diese relativ tolerante Bevölkerungspolitik mag eine Ursache für die um 1750 einsetzende geistig-kulturelle Blüte darstellen, die ›Halberstädter Aufklärung‹. Ab 1850 begann die Industrialisierung; die Bevölkerung verdoppelte sich zwischen 1800 und 1870 auf 25 000.

## In Schutt und Asche
Am 8. April 1945, kurz vor Ende des Krieges, zerstörte ein alliierter Luftangriff über 80 % der Stadt. 2500 Menschen starben, die alte Fachwerkstadt war verloren, die Hälfte der 54 000 Einwohner wurde obdachlos. Der Wiederaufbau konzentrierte sich zwangsläufig darauf, möglichst schnell viel Wohnraum zu schaffen, denkmalpflegerische Belange waren zunächst zweitrangig. So wurden nur bedeutende Kirchen gerettet, die zerbombte Innenstadt hingegen mit gesichtslosen Wohnblocks bestückt. Erst nach der Wende wuchs das Bestreben, das architektonische Erbe zu retten: Halberstadt wurde eine Modellstadt für Stadtsanierung (siehe Entdeckungstour S. 180).

# Halberstadt

**Sehenswert**
1. Rathaus
2. Martinikirche
3. Dom St. Stephan/ St. Sixtus mit Domschatz
4. Gleimhaus
5. Städtisches Museum und Museum Heineanum
6. Schraube-Museum
7. Berend-Lehmann-Museum
8. Liebfrauenkirche
9. Bischofspalast Petershof/ Bibliothek
10. Steinhof
11. ›Weltkugel‹
12. Burchardikloster

**Übernachten**
1. Hotel Villa Heine
2. Hotel am Grudenberg
3. Hotel Haus St. Florian
4. Altstadtpension Ratsmühle in der Kulkmühle
5. Pension am Sommerbad
6. Camping am See

**Essen & Trinken**
1. Trattoria Zum Johannestor
2. Olive
3. Kartoffelkeller
4. Alt Halberstadt

**Aktiv**
1. Halberstädter See
2. Sea Land
3. Reiterhof Bartels

**Abends & Nachts**
1. Canapé
2. Zuckerfabrik
3. Papermoon

## Vom Rathaus zum Dom

### Rathaus und Martinikirche

Das 1998 erbaute **Rathaus** 1 am neu gestalteten Holzmarkt ersetzt den 1945 zerstörten Vorgängerbau, von dem einzig die sandsteinerne **Ratslaube** zeugt, 2004 aus Originalsteinen rekonstruiert. Die **Rolandsfigur** von 1433 ziert die rechte Rathausecke, an der linken wurde 2005 ein **Bronzemodell** der 1945 zerstörten Innenstadt installiert, das an die Arbeit der Trümmerfrauen erinnert.

Vom Rathaus sind es nur wenige Schritte zur Verkehrsachse Heinrich-Julius-Str./Hoher Weg, an der sich rechts die **Martinikirche** 2 und gegenüber der Dombezirk erheben. Jenseits der Straße führen ein paar Stufen zum großen, von Bäumen gesäumten Domplatz hinauf – eine stimmungsvolle Oase mitten im Zentrum.

### Dom St. Stephan und St. Sixtus mit Domschatz 3

*Domplatz, Tel. 03941 242 37, Mai–Okt. Di–Sa 10–17.30, So 11–17.30, übrige Zeit Di–Sa 10–16, So 11–16 Uhr, 8 €*

Von ›Weltniveau‹ sind sowohl Dom selbst als auch der Schatz, der seit 2008 in neuem Rahmen präsentiert wird. Durch den streng-modernen Anbau betritt man das Gotteshaus.

Der **Dom** entstand zwischen 1235 und 1491 als kreuzförmige dreischiffige Basilika in rein gotischem Stil. Beeindruckend sind das hoch aufragende Langhaus, von Reihen eng stehender Bündelpfeiler gesäumt, das schöne Kreuzrippengewölbe und die Glasmalereien, teils aus dem 15. Jh. Über dem reich verzierten Lettner, der Langhaus und Chor trennt, schwebt die Triumphkreuzgruppe von 1220. Aus der Gotik stammt auch das marmorne, auf vier Löwen ruhende Taufbecken. In der Marienkapelle, vom Chorumgang aus einzusehen, beeindrucken die Glasmaleien aus dem 14. Jh. durch ihre leuchtende Farbigkeit.

Der berühmte **Domschatz** wird in einer beeindruckenden Ausstellung in Szene gesetzt und auf Tafeln erläutert – sie erstreckt sich über zwei Ebenen im Kreuzgang, dem Chorumgang und dem Kapitelsaal. Eine virtuelle Führung vermittelt vorab einen Überblick. Zu den Kostbarkeiten ge-

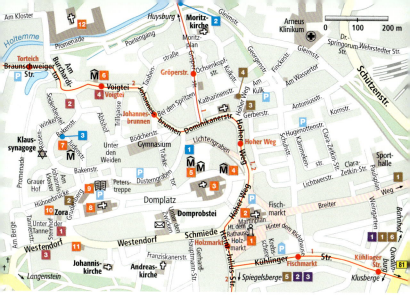

hören die ›Halberstädter Madonna‹, eine spätromanische Holzplastik, eine byzantinische Weihbrotschale, ein Evangeliar aus karolingischer Zeit und bedeutende Wandteppiche. Letztere sind in einem halbdunklen Raum neben dem Kapitelsaal zu finden – die Tür liegt etwas versteckt. Die bildhaften Darstellungen auf dem Apostel- und dem Marienteppich (12. Jh.) strahlen eine schlichte Klarheit aus.

## Um den Domplatz

Am baumbestandenen Domplatz liegt links die **Domprobstei** von 1600, daneben das alte **Postamt** hinter einer neoromanischen Fassade von 1900. Rechts säumen herrschaftliche Wohnhäuser des 18. Jh. den Platz. Hinter dem Dom liegen sehenswerte Museen:

### Gleimhaus 4
*Domplatz 31, Tel. 03941 687 10, Mai–Okt. Di–So 10–17, übrige Zeit bis 16 Uhr, 5 €*

Durch das Gleimhaus weht der Geist der Halberstädter Aufklärung. Der Schriftsteller Johann Wilhelm Ludwig Gleim (1719–1803) trug in seinem Wohnhaus nicht nur Werke und Porträts seiner Dichter- und Denkerkollegen zusammen, sondern stand mit diesen auch in Briefkontakt. Diese Zeugnisse sind heute Grundstock einer Forschungsstätte. Gleims Bibliothek und Gemäldegalerie werden durch Ausstellungen zur Epoche der Aufklärung und zu wechselnden Themen abgerundet.

### Städtisches Museum und Museum Heineanum 5
*Domplatz 36, Tel. 03941 55 14 74, April–Okt. Di–So 10–17, übrige Zeit bis 16 Uhr, 6,50 € für beide und die Dependance Schraube-Museum (s. S. 180): Tel. 03941 62 12 45, April–Okt. Di–So 13–17, übrige Zeit bis 16 Uhr*

Das **Städtische Museum** dokumentiert die Geschichte Halberstadts seit der Zeit Karls des Großen und ▷ S. 183

# Auf Entdeckungstour: Architek-Tour durch die Altstadt von Halberstadt

**Auf den Spuren von Stadtzerstörung und Stadtsanierung – im Laufe von Jahrhunderten entstandenes Fachwerk wurde 1945 in einer einzigen Bombennacht vernichtet, jüdischer Lebensraum schon zuvor durch die Naziherrschaft zerstört. Zweckbauten aus der DDR-Zeit stehen heute Seite an Seite mit historischen Gebäuden – eine spannende Symbiose.**

**Cityplan:** s. S. 178

**Zeit:** 1–2 Std.

**Schraube-Museum 6 :** Vogtei 48, Tel. 03941 62 12 45, April–Okt. Di–So 13–17, übrige Zeit bis 16 Uhr, 6,50 € (inkl. Städtisches Museum und Museum Heineanum s. S. 179)
**Berend-Lehmann-Museum 7 :** Judenstr. 25/26, Tel. 03941 56 70 50, Di–So 10–17, Nov.–April bis 16 Uhr, 4 €

Es ist erstaunlich, wie sich das Bild der Altstadt innerhalb von zwanzig Jahren gewandelt hat: Wo einst Putz bröckelte, Dächer durchhingen und Wände sich bedenklich neigten, strahlen heute restaurierte Schmuckstücke in neuem Glanz. Dennoch: Wie im Freilichtmuseum ›serviert‹ werden sie nicht, also heißt es, sie aufzuspüren.

## Zu Füßen des Doms

Vom Domplatz steigt man über die restaurierte **Peterstreppe** zur Altstadt hinab. Ehemalige Baulücken – auf nie behobene Kriegsschäden zurückzuführen – sind heute unter dem Kopfsteinpflaster des weiten Platzes verschwunden, den jenseits die Bakenstraße begrenzt. Man geht nach rechts entlang der hohen Befestigungsmauer des Dombergs in den Düsterngraben, passiert einen Neubau und die alte **Domschänke** von 1537 (Nr. 12), die heute aber kein Gasthaus mehr ist. Wo der Lichtengraben rechts abzweigt, blieb mit den Häusern Nr. 13–15 ein **Fachwerk-Ensemble** aus dem 16. Jh. erhalten: Das Eckhaus, in dem sich die Studentenkneipe **Canapé** 1 befindet, weist reiche Schnitzornamente auf, das Haus Nr. 14 zeigt die typischen Fächerrosetten auf den Winkelhölzern.

## Neu neben Alt

An der Dominikanerstraße grenzt Plattenbau an Fachwerk, das sich halbrechts gegenüber (Ecke Gröperstraße) in reich verzierter Form erhebt, teils schon saniert, darunter das Kolpinghaus von 1671 (Nr. 3/4). Vorbei an der Katharinenkirche ist gleich dahinter an der Ecke Hoher Weg/Gerberstraße das traditionsreiche, frisch renovierte **Gasthaus St. Florian** 3 von 1578 erreicht, seit 2009 wieder ein Hotel.

Im Giebel des schön restaurierten **Gerberhauses** von 1620 gegenüber (Hoher Weg 2) sind noch die Ladeluken und im Dach die Lüftungsklappen erhalten, die auf die ehemalige Funktion hinweisen. Die benachbarte **Kulkmühle** 4 von 1594 beherbergt eine Pension.

Der angrenzende Platz bildet den Übergang zwischen Alt- und Neubaugebieten. Man folgt der Katharinenstraße nach links zurück zur Gröperstraße, umrundet somit die Katharinenkirche und biegt nach rechts in die Gröperstraße. Am kleinen Platz Bei den Spritzen passiert man eine **Fachwerkgruppe**, darunter hinter einem hohen Tor das katholische **Pfarramt** (Nr. 33), gegenüber wartet das **Haus Sonne** (Nr. 54/55) halb rekonstruiert auf bessere Zeiten. (Mit der Sanierung soll nach Druck dieses Buches begonnen werden.) Nach links geht es durch die Taubenstraße, vorbei an den Hinterhöfen einiger Wohnblocks, dann rechts in die **Voigtei**: Fachwerk unterschiedlichen Zustands begleitet nun den Weg.

## Fachwerk-Vielfalt

**Haus Nr. 40** aus dem späten 17. Jh. weist fantasievolle Rankenornamente auf. Drei niedrige Häuschen (Nr. 17–19) beherbergen das Lokal **Alt Halberstadt** 4. Das stattliche Bürgerhaus Nr. 48 hat nach außen etwas an Glanz verloren, innen stellt das **Schraube-Museum** 6, eine Dependance des **Städtischen Museums**, bürgerliche Wohnkultur um 1900 vor.

Nr. 58, das **Gildehaus** von 1500, ist zur Straßenseite verputzt, auf der Rückseite, die durch eine Gasse zugänglich ist, im Fachwerk erhalten. Am platzartig

geweiteten Abschluss der **Voigtei** ist mit **Nr. 8** noch ein Ständerbau erhalten, der sich über zwei Geschosse erstreckt. Erst darüber liegt ein drittes Stockwerk mit der ab 1500 üblichen Bauweise, erkennbar an vorkragenden Deckenbalken (s. S. 71). Das großbürgerliche **Haus Nr. 6** entstand um 1700.

### Spuren jüdischen Lebens

Von der Voigtei geht es nach links in die von Fachwerk gesäumte Bakenstraße. Die Häuser Nr. 66 und 67 entstanden um 1680, **Nr. 63** beherbergte früher **Bollmanns Gaststätte,** Treffpunkt der Halberstädter Arbeiterbewegung seit Bismarcks Zeiten. Heute lebt hier die **Kulturkneipe Papermoon** 3 (s. S. 185). **Nr. 64/65 zeigen halb** verfallenes neben schön saniertem Fachwerk.

Ein Durchgang führt zur **Judenstraße,** einst Zentrum der jüdischen Gemeinde. Die kurze Gasse endet am rekonstruierten **Portal des Lehmann-Palais** auf einer Brachfläche. Der aus Essen stammende, wohlhabende Berend Lehmann (1661–1730) siedelte sich um 1680 in Halberstadt an, als der Große Kurfürst – nicht zuletzt aus wirtschaftlichen Gründen – eine gewisse Toleranzpolitik gegenüber den Juden pflegte. Sogenannte ›Schutzjuden‹ konnten sich gegen jährliche Zahlungen Bleiberecht und fürstlichen Schutz erkaufen, finanzstarke Juden erlangten Ämter wie das des Hofbankiers. Als ein solcher ›Hofjude‹ stand Lehmann in der Folgezeit u. a. im Dienst Brandenburg-Preußens. Seine Karriere zog Glaubensbrüder nach, darunter die bedeutende Unternehmerfamilie Hirsch. Lehmann wurde auch als Förderer der jüdischen Kultur bekannt; so finanzierte er den Druck des Talmud, der in den jüdischen Gemeinden der deutschen Territorialstaaten verteilt wurde, und stiftete 1700 die Klaussynagoge (s. u.).

### Museum und Synagoge

Über zwei Fachwerkhäuschen in der Judenstraße 25/26 erstreckt sich das **Berend-Lehmann-Museum** 7 , das die Geschichte der Halberstädter Juden nachzeichnet. Im Keller liegt das weitgehend erhaltene Ritualbad, die **Mikwe** von 1891, im Obergeschoss sind Abbildungen des alten Viertels und seiner Bewohner, Einrichtungsstücke der einstigen Wohnhäuser und der Hauptsynagoge von 1712 zu besichtigen. Sie grenzte hinter dem Museum an die Bakenstraße, von wo man sie durch das **Kantorhaus** (Nr. 56) betrat, in dem heute das **Museumscafé Hirsch** untergebracht ist (Tel. 03941 58 32 38, Di–So 11–18 Uhr).

Nur noch Mauerreste erinnern an die **Synagoge.** Ihr Schicksal wurde mit der Judenverfolgung durch die Nazi-Herrschaft besiegelt, das barocke Gebäude 1939 auf politischen Druck hin abgerissen. Heute werden die spärlichen Ruinen archäologisch erforscht und hat sich die **Moses Mendelssohn Akademie** der Spurensuche jüdischen Lebens verschrieben. Ihren Sitz hat sie in der **Klaussynagoge:** Zurück in der Bakenstraße, liegt das hohe Ziegelgebäude jenseits am Eingang der idyllischen Gasse Rosenwinkel. Am Torpfosten informiert ein Lageplan noch einmal über das gerade durchschrittene Judenviertel.

### Puppenstube Grauer Hof

Wenige Meter weiter zweigt rechts der **Graue Hof** ab, liebevoll renovierte Häuschen und ein alt-moderner Wohnkomplex bilden ein interessantes Nebeneinander. Auf der Bakenstraße erreicht man wieder die **Peterstreppe,** wo sich die Runde schließt.

# Halberstadt

das **Museum Heineanum** im selben Haus stellt in seiner naturkundlichen Sammlung u. a. zwei Skelette der ›Halberstädter Saurier‹ aus.

### Liebfrauenkirche 8
*Domplatz, Juni–Okt. Di–Sa 11–17, So 12–17 Uhr, Nov.–Mai Di–Sa 10–16, So 12–16 Uhr*

Gegenüber dem Dom fällt die Liebfrauenkirche, eine schlichte romanische Basilika von 1146, durch ihre vier Türme auf. Innen stellen die Chorschranken von 1200 mit ihren kunstvollen Stuckplastiken – Maria, Jesus und die Apostel – eine besondere Attraktion dar. Im Kreuzgang sind steinerne Reste zerstörter Altstadthäuser ausgestellt.

### Petershof 9
*Domplatz 49*

Der angrenzende Bischofspalast Petershof wurde seit seiner Errichtung um 1160 vielfach verändert. Seit einigen Jahren beherbergt er die schön gestaltete **Stadtbibliothek** ›Heinrich Heine‹ (Tel. 03941 554 90, Mo/Di, Do/Fr 11–18, Sa 10–13 Uhr).

### Um den Domhügel/Westendorf
Die Peterstreppe hinab und links geht es auf der Straße Grudenberg am Fuße des Domhügels entlang. In einem schönen Fachwerkhaus residiert das **Hotel am Grudenberg** 2. Ein schmaler Gang nach rechts führt in den **Steinhof** 10, einen romantischen Winkel mit typischem Ständerbau aus dem 15. Jh. (Nr. 10). Angrenzend hat sich das soziokulturelle Zentrum ›Zora‹ eingerichtet. Hier gibt es Musikveranstaltungen und auch ein Internetcafé wird betrieben (Tel. 03941 251 26, Mo–Fr 12–18 Uhr).

An der Gabelung Grudenberg/Westendorf liegt die ›**Weltkugel**‹ 11, ein Gebäude von 1557 mit besonders reichem Schnitzwerk, das 2004 den deutschen Fachwerkpreis erhielt. Nach links geht es vorbei an Fachwerkhäusern (u. a. Nr. 16 von 1521) mit der dahinter liegenden **Johanniskirche** von 1648, bevor Westendorf in die Schmiedestraße übergeht und zum Holzmarkt zurückführt.

### Musikexperiment im Burchardikloster 12
*Am Kloster 1, www.aslsp.org/de, Di–So April–Okt. 11–17, Nov.–März 12–16 Uhr, Spende erwünscht*

In der Klosterkapelle des Buchardiklosters wird seit September 2001 das Orgelstück ›Organ2/ASLSP‹ des Amerikaners John Cage (1912–92) nach dessen Tempovorschrift »as slow as possible« aufgeführt, was in diesem Falle heißt, im Laufe von 639 Jahren. Diese Zahl erklärt sich aus Halberstadts Musikgeschichte: Für den Dom wurde 1361, also 639 Jahre vor Projektbeginn, die erste Großorgel der Welt mit einer Klaviatur erbaut (Faber-Orgel) – eine epochale Neuerung. Angesichts der extremen Entschleunigung des Stückes gab es im Juli 2004 den ersten Klangwechsel und im Oktober 2013 bereits den 13. Klangwechsel, sodass zurzeit zwei Basstöne zu hören sind – allerdings nur bis 2020.

# Ausflüge in die Umgebung

### Spiegelsberge
*Jagdschloss: Spiegelsberge 6, Tel. 03941 58 39 95, Di–So ab 11 Uhr, Tiergarten: Tel. 03941 241 32, Mai–Sept. tgl. 9–19, übrige Zeit bis 17 Uhr, 4 €*

Auf den sanften Höhenzügen der Spiegelsberge entstand im 18. Jh. ein idyllischer **Landschaftspark**, der

# Das nordöstliche Harzvorland

heute mit dem Tiergarten und dem angrenzenden traditionsreichen **Gasthaus im Jagdschlösschen** ein beliebtes Naherholungsgebiet ist. Hier ist das älteste Riesenweinfass der Welt zu besichtigen (erste Füllung 1598, 144 000 l).

Östlich grenzen die **Klusberge** an (Straße Richtung Klussiedlung), wo ein Rundweg zu Felskanzeln und prähistorischen Wohnhöhlen führt. Letztere waren noch im Mittelalter von Einsiedlern bewohnt (daher Klausnerberge).

### Gedenkstätte Zwieberge/Langenstein ▸ G 2
*Tel. 03941 56 73 25, Freigelände jederzeit zugänglich, Ausstellung Di–Fr 9–15.30 Uhr, April–Okt. auch letztes Wochenende im Monat 14–17 Uhr, Ende Dez. 2 Wochen geschl.; Stollen: April–Okt. am letzten Wochenende des Monats 14–17 Uhr*

Bei Langenstein liegt die Gedenkstätte Zwieberge auf dem Gelände eines ehemaligen Außenlagers des Konzentrationslagers Buchenwald. Ab 1944 mussten Häftlinge tiefe Stollen in die Thekenberge treiben, da ein Teil der Flugzeugproduktion dorthin verlagert werden sollte. Mahnmale erinnern an die hier geschehenen Gräuel.

## Übernachten

*Gutshofambiente –* **Hotel Villa Heine** **1**: Kehrstr. 1, Tel. 03941 314 00, www.hotel-heine.de, DZ ab 159 €. Stilvolle Residenz, Wellnessbereich, bahnhofsnah.

*Direkt am Domhügel –* **Hotel am Grudenberg** **2**: Grudenberg 10, Tel. 03941 691 20, www.hotel-grudenberg.de, DZ ab 90 €. Geschmackvoll eingerichtet, mit idyllischem Innenhof.

*Wiederbelebt –* **Hotel Haus St. Florian** **3**: Gerberstr. 10, Tel. 03941 59 58 57, www.halberstadt-hotel-pension.de, DZ ab 63 €. Das historische Gasthaus von 1578 ist seit 2009 ein Hotel mit modernem Standard.

*In der Kulkmühle von 1594 –* **Altstadtpension Ratsmühle** **4**: Hoher Weg 1, Tel. 03941 57 37 90, www.altstadtpension-ratsmuehle.de, DZ ab 55 €. Restauriertes Fachwerkhaus in der Altstadt, gemütlich, ruhig und zentral.

*Unser Tipp –* **Pension am Sommerbad** **5**: Gebrüder-Rehse-Str. 10, Tel. 03941 44 31 23, www.am-sommerbad.de, DZ 70 €. Übernachten in freundlichem Ambiente. In der angrenzenden **Gaststätte** erinnern Holzkabinen und Schilder an das alte Freibad aus den 1930er-Jahren, das damals zu den modernsten seiner Zeit gehörte.

*Freizeitoase –* **Camping am See** **6**: Warmholzberg 70, Tel. 03941 60 93 08, www.camping-am-see.de. Terrassierter Platz mit Seeblick.

## Essen & Trinken

*Mit Sommergarten –* **Trattoria Zum Johannestor** **1**: Westendorf 52, Tel. 03941 588 46 78, Di–So 11.30–14.30, 17.30–22.30 Uhr, 11–20 €. Modernes Bistro hinter alten Mauern, mediterrane Küche.

*Mediterran –* **Olive** **2**: Bakenstr. 1, Tel. 03941 62 51 59, Di–Fr 12–15, 18–22, Sa 18–22 Uhr, 10–26 €. Warme Farben, frische Küche, wechselnde Karte.

*Urige Gewölbe –* **Kartoffelkeller** **3**: Westendorf 6, Tel. 03941 60 77 39, tgl. 11–14.30 und ab 17 Uhr, 6–11 €. Alles Erdenkliche aus Erdäpfeln, auch im Biergarten.

*Mit Tradition –* **Alt Halberstadt** **4**: Voigtei 17–19, Tel. 03941 60 06 22, Di–Fr 11–19, Sa bis 15 Uhr, 8–15 €. Deutsche Küche in drei niedrigen Häuschen.

# Halberstadt

**Badespaß und Wellness im Sportzentrum** 2
Es gibt das großzügige Schwimm- und Spaßbad **Sealand** und einen prämierten **Saunabereich**. Entspannung pur kommt im römischen Dampfbad auf. Im **Sport-Land** nebenan: Tennis, Squash, Badminton, Klettercourt und Fitness (Gebrüder-Rehse-Str. 12, Tel. 03941 68 78-0, Sport-Land: Mo–Fr 7.30–22, Sa/So 10–18 Uhr, Bad: wie Sport-Land geöffnet, Sauna: Mo–Fr 10–22, Sa/So bis 21 Uhr, Mo ganz und Do 10–14 Uhr nur Frauen, Di 10–14 Uhr nur Herren, Bad und Sauna ab 14,50 €/3 Std.).

## Aktiv

*Baden und Angeln* – **Am Halberstädter See** 1: nordöstlich der Stadt, Beschilderung ›Campingplatz‹.
*Badespaß und Wellness* – **Sportzentrum/Sealand** 2: am alten Sommerbad, siehe Unser Tipp oben.
*Reiten* – **Reiterhof Bartels** 3: In den Spiegelsbergen, Tel. 03941 44 30 60.

## Abends & Nachts

*Beliebte Kneipe* – **Canapé** 1: Lichtengraben 15, Tel. 03941 504 81 06, Di–Sa ab 19 Uhr. Gemütliche Kneipe im Fachwerkhaus, von Studenten der Hochschule Harz betrieben.
*Kinocenter* – **Zuckerfabrik** 2: Gröperstr., Tel. 03941 58 66 16.
*Kulturkneipe* – **Papermoon** 3: Bakenstr. 63, Tel. 03941 62 44 41, www.kulturkneipe-papermoon.de, tgl. ab 18 Uhr, in Bollmanns Gaststätte gibt es nun u. a. Konzerte, Kabarett aber auch Sportevents auf Leinwand oder gesellige Abende. Im Sommer ist auch ein Biergarten geöffnet, wo man klassisch eigenes Essen zum gekauften Getränk verzehren kann.

# Quedlinburg

**Sehenswert**
1. Stiftskirche
2. Schloss
3. Klopstock-Museum
4. Lyonel-Feininger-Galerie
5. Goetze-Haus
6. Fachwerkmuseum
7. Wordspeicher
8. Rathaus
9. Marktkirche St. Benedikti
10. Gildehaus zur Rose
11. Hagensches Freihaus
12. Münzberg
13. Wipertikirche
14. Eisenbahn- und Spielzeugmuseum

**Übernachten**
1. Hotel Zur Goldenen Sonne
2. Ferienwohnanlage Alter Topf

**Essen & Trinken**
1. Theophano im Palais Salfeldt
2. Brauhaus Lüdde
3. Word-Haus
4. Café Vincent
5. Café-Restaurant Zum Roland

## Infos

### Infos
**Halberstadt Information:** Hinter dem Rathaus 6, 38820 Halberstadt, Tel. 039 41 55 18 15, www.halberstadt.de, Mai–Okt. Mo–Fr 10–18, Sa 10–14, So 10–13, übrige Zeit Sa bis 13 Uhr, So geschl.

### Verkehr
**Züge** verkehren u. a. nach Spiegelsberge und Langenstein, die **Straßenbahn** Nr. 2 fährt ebenfalls nach Spiegelsberge.
**Parkmöglichkeiten** gibt es im Zentrum u. a. an der Hugenottenstr./Ecke Schuhstr.

# Quedlinburg! ▶ H3

## Um den Schlossberg

Die schmucke Fachwerkstadt mit ihren malerischen Gassen (seit 1994 UNESCO-Weltkulturerbe) lohnt einen ausgedehnten Spaziergang, wobei der Schlossberg mit der **Stiftskirche** 1 und dem **Schloss** 2 auf einer eigenen Entdeckungstour erkundet wird (s. S. 190).

Am Fuß des Schlossbergs liegt um den kleinen Platz Finkenherd und entlang der Burgmauer hübsches Fachwerk:

### Klopstock-Museum 3
*Schlossberg 12, Tel. 03946 26 10, nur April–Okt. Mi–So 10–17 Uhr, 3,50 €*
In dem stattlichen Bau aus dem späten 16. Jh. mit einem markanten, von Säulen getragenen Erker wurde 1724 der Dichter Friedrich Gottlieb Klopstock geboren. Heute ist ihm hier ein Museum gewidmet.

### Lyonel-Feininger-Galerie
*Finkenherd 5a, Tel. 03946 23 84, www.feininger-galerie.de, April–Okt. Mi–Mo und feiertags 10–18, übrige Zeit bis 17 Uhr, 6 €*
In dem an das Klopstock-Haus angrenzenden modernen Gebäudekomplex ist eine Sammlung von Grafiken, Aquarellen und Skizzen aus Feiningers Schaffenszeit von 1906 bis 1937 zu sehen. Diese Werke des deutsch-amerikanischen Malers (1871–1956) der klassischen Moderne wurden nach Feiningers Rückkehr in die USA 1937 von seinen Quedlinburger Freunden Hermann und Erika Klumpp vor der Zerstörung durch die Nazis gerettet.

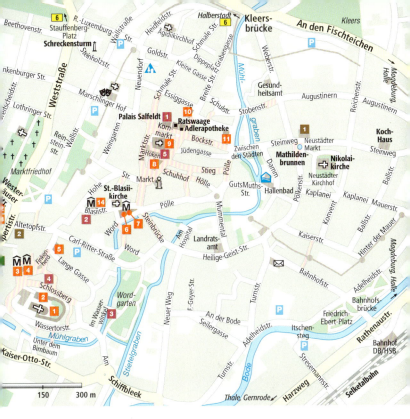

## Richtung Marktplatz

Auf dem folgenden Weg zum Marktplatz wird man nun fast ununterbrochen von Fachwerk aus dem 15. bis 19. Jh. begleitet. Es geht zunächst links den Finkenherd entlang, an der Kreuzung mit der Langen Gasse weist das **Goetze-Haus** 5 von 1614 (Nr. 29) einen besonders reichen Ornamentschmuck auf. Die Lange Gasse geht über in die Hohe Straße, wo man bald rechts in die Blasiistraße einschwenkt.

Gegenüber der Kirche führt die Wordgasse zum **Fachwerkmuseum** 6 (Wordgasse 3, Tel. 03946 38 28, nur April bis Okt. Fr–Mi 10–16 Uhr, 3 €, s. S. 71), einem schlichten Ständerbau aus dem 14. Jh. und dem Fachwerkhof **Wordspeicher** 7 mit Kunstausstellung. Zurück auf der Blasiistraße öffnet sich nach wenigen Schritten der Blick auf Markt und Rathaus.

### Rathaus 8

*Markt, Mo–Sa 13 Uhr Führungen durch die Tourist-Information*

Das 1310 erstmals erwähnte Rathaus verdankt seine heutige Erscheinung einem Umbau von 1616, bei dem auch das prunkvolle **Renaissanceportal** vorgesetzt wurde. Im Inneren sind besonders die Glasmalereien im Treppenhaus und Wandgemälde im Festsaal sehenswert, beide um 1900 entstanden.

## Das nordöstliche Harzvorland

An der Ecke wacht seit 1869 wieder der **Roland,** der nach einem verlorenen Machtkampf der Stadtbürger gegen die Äbtissin 1477 zerstört worden war.

### Marktkirche St. Benedikti 9
*Markt, tgl. 10–17 Uhr, Turmbesteigung tgl. 11, 14.15, 13 und 14 Uhr*
Hinter dem Rathaus erhebt sich die einst wichtigste Bürgerkirche der Stadt (13. Jh.). Zwei spätgotische Flügelaltäre, die Kanzel von 1595 und der Hochaltar von 1700 stellen bedeutende Schnitzkunstwerke dar.

## Vom Kornmarkt zur Neustadt

Entlang der Marktstraße geht es zum Kornmarkt, an den mit der **Ratswaage,** der **Adlerapotheke** (beide um 1615) und dem **Salfeldtschen Palais** (1737) drei schmucke Gebäude gren-

Schloss und Stiftskirche thronen eindrucksvoll über der Fachwerkstadt Quedlinburg

# Quedlinburg

zen. An der Breiten Straße liegen weitere repräsentative Fachwerkbauten, darunter das besonders reich verzierte **Gildehaus zur Rose** 10 (Nr. 10) von 1612.

Hinter der Breiten Straße befindet sich zwischen **Klint** und **Schuhhof** ein besonders ursprüngliches Altstadtviertel, voller malerischer Winkel und enger Gassen. Zwischen vielfältigem Fachwerk liegt hier mit dem **Hagenschen Freihaus** 11 auch ein bedeutendes Steinhaus von 1561, in dem sich heute das Hotel Quedlinburger Stadtschloss befindet (Bockstr. 6/Klink 11).

Richtung Neustadt führt die Straße ›Zwischen den Städten‹ über die beiden Arme des Mühlgrabens hinweg und geht bald in den **Steinweg** über, Quedlinburgs älteste befestigte Straße. Bis zum nahe gelegenen Neustädter Markt sind weitere historische Gebäude erhalten, darunter das **Hospital St. Annen**, einst das Armen- und Siechenhaus der Stadt, und das **Hotel Zur Goldenen Sonne** 1 von 1671.

### Über die Steinbrücke

Richtung Altstadt führt ein Abstecher von der Pölkenstraße nach links entlang der Kaplanei zur **Stadtmauer** von 1170 mit drei erhaltenen Wachtürmen; ›Hinter der Mauer‹ und Kaiserstraße erschließen diese. Zurück auf der Pölkenstraße und Heiliger Geiststraße geht es zur **Steinbrücke,** wo ein Eckhaus schöne Jugendstilelemente aufweist. Die fachwerkgesäumte Einkaufsstraße wird Richtung Markt tatsächlich auf hundert Meter Länge von einer Brücke getragen, die schon im frühen 13. Jh. den sumpfigen Grund um den Mühlgraben mit 23 Bögen überspannte. Heute ist sie nur noch an dem schmalen Durchlass des **Mühlgrabens** zwischen den Häusern zu erahnen.

## Außerhalb der Altstadt

### Münzberg 12

Zum nahen Münzberg führen von der Langenberg- und der Wipertistraße Fußwege hinauf. Ein pittoreskes Gewirr schmaler Häuser und Gässchen überzieht die Kuppe. Im 17. Jh. bauten hier Leute aus den Randbereichen der Gesellschaft ihre Häuser aus Mauerresten und Steinen  ▷ S. 193

# Auf Entdeckungstour: Reichsgeschichte(n) rund um den Schlossberg

**Als ›Wiege des Deutschen Reiches‹ kam Quedlinburg tausend Jahre später zu zweifelhaften Ehren. Heute lassen sich auf und um den Schlossberg Geschichte(n) des Ersten wie des Dritten Reiches nachvollziehen.**

**Cityplan:** s. S. 186

**Ausgangspunkt:** Finkenherd, Parkplätze an der B 6, Kreuzung Wipertistr./Kaiser-Otto-Str.

**Stiftskirche 1 :** Tel. 03946 70 99 00, Di–Sa 10–17.30, So 12–17.30, April–Okt. Di–So 10–18 Uhr, Nov.–März bis 16 Uhr
**Schloss 2 :** Museum, Tel. 03946 90 56 81, April–Okt. Di–So 10–18 Uhr, übrige Zeit bis 16 Uhr
**Eintritt:** Je 4,50 €, Kombiticket 7 €

Nicht selten gehen Geschichte und Geschichten fließend ineinander über hier auf dem Schlossberg. Doch je erstaunlicher sie klingen mögen, desto wahrer sind sie, die Berichte aus der Vergangenheit.

### Ensemble der Macht
919 wird mit Heinrich I. ein Sachsenherzog erster deutscher König, 922 sein Stammsitz ›Quitilingaburg‹ erstmals urkundlich erwähnt. Nach Heinrichs Tod 936 gründet seine Witwe Mathilde auf dem Schlossberg ein weltliches

Damenstift für Töchter aus dem sächsischen Hochadel. Heinrichs Sohn und Nachfolger, Kaiser Otto I., stattet es mit kostbaren Reliquien und reichem Landbesitz aus. Mit dem Königshof und Wipertikloster im Tal (s. S. 193), dem Marienkloster auf dem Münzberg (s. S. 189), Kirche und Stift auf dem Schlossberg, muss dieses Ensemble ottonischer Macht schon um 1000 beeindruckend gewesen sein.

Im Schatten des Schlossbergs entwickelt sich eine bedeutende Kaufmannssiedlung, die schon 994 unter Otto III. Markt-, Münz- und Zollrecht erhält. Nach dem Ende der ottonischen Kaisermacht 1024 übt das reiche Frauenstift noch jahrhundertelang die Herrschaft über die Stadt zu ihren Füßen aus, gegen zunehmenden, aber lange erfolglosen Widerstand der Bürger.

### Besichtigung

Am Fuß des Schlossbergs, den idyllische Gassen umgeben, erinnert der Straßenname **Finkenherd** an Heinrichs ›Vogelherd‹, der hier gelegen haben soll. An der Fassade eines Gasthauses wird die Heinrich-Sage illustriert (s. S. 56). Vom kleinen Platz steigt man vom Schlossberg hinauf, wo man von der Parkterrasse einen großartigen Ausblick über die Stadt genießt.

### Stiftskirche 1

Das heutige Gotteshaus entstand nach einem Brand um 1100 als dreischiffige romanische Basilika. Im **Langhaus** fällt reiche Bauornamentik an den Kapitellen von Säulen und Pfeilern auf. Reliefs weisen häufig das Adlermotiv auf, Sinnbild kaiserlicher Macht. Fisch, Lamm und Taube sind als christliche Symbole zu erkennen, Fabelwesen verdeutlichen den Kampf gegen die dunklen Mächte: Die Ornamente tragen die Handschrift lombardischer Steinmetze, die frühen ›Gastarbeiter‹ im christlichen Europa.

In der **Ostkrypta** unter dem auffallend hoch gelegenen Chor setzt sich der Reliefschmuck fort, Skulpturen der ersten Äbtissinnen zieren die Grabplatten, Reste der ursprünglichen Malerei zeigen biblische Szenen. Durch Gitter im Boden blickt man in die Gruft Heinrichs und Mathildes hinunter, wo der Steinsarg der Königin sich seit 968 befindet, der Sarkophag Heinrichs ist verschollen. An die Krypta grenzt die halbrunde, tiefer gelegene **Confessio**, ein älterer Raum, vermutlich zur Aufnahme bedeutender Reliquien. Heute ist der **Kirchenschatz** oberhalb der Krypta im Querhaus ausgestellt.

### Zeugen einstigen Ruhms

Reliquien, nach mittelalterlicher Vorstellung heilkräftig, bewiesen das Ansehen der Kirche, die sie besaß. Die kunstvollen ›Hüllen‹ der Heiligtümer sind es, die später als eigentlicher Kirchenschatz berühmt wurden. Um das Jahr 1000 nennt eine Inventarliste zwölf mit Edelsteinen besetzte Reliquienflaschen, drei Heiligenschreine aus Elfenbein, etwa 20 Kreuze und Heiligenbilder sowie über 50 kleine Behälter aus Gold, Silber und Bergkristall. Die Ottonen sammelten mehrere kostbar gestaltetete Evangeliare,

die Äbtissinnen des Stiftes gaben um 1200 den berühmten **Quedlinburger Knüpfteppich** in Auftrag, und nach der Reformation ging die Reliquiensammlung des aufgelösten Marienklosters in den Besitz des Stiftes über.

## Verluste

Unter Napoleon wurde dieser Schatz an den Hof des Westfalenkönigs Jérôme nach Kassel gebracht, von wo ihn die Quedlinburger 1820 erst nach zähen Verhandlungen zurückerhielten.

Den größten Verlust aber brachte der Zweite Weltkrieg, oder besser gesagt: dessen Ende. Der Kirchenschatz war in Kisten verpackt in Höhlen ausgelagert worden. Dort überstand er unbeschadet die Kriegswirren. Doch nur Wochen nach dem Einmarsch der Alliierten im April 1945 fand man die Kisten aufgebrochen vor, es fehlten u. a. sämtliche Bergkristallflakons und das Samuhel-Evangeliar. Lange blieb dieser Kunstraub ungeklärt.

## Wiederentdeckung

Ende der 1980er-Jahre tauchte das Evangeliar plötzlich auf dem Kunstmarkt auf. Spuren führten nach Texas, wo bis 1980 ein gewisser Joe Tom Meador ein unscheinbares Leben als Eisenwarenhändler geführt hatte. Er war 1945 als Leutnant der US-Armee beim Einmarsch in Quedlinburg dabei gewesen und hatte, vermutlich über Unterlagen im Stadtarchiv, die unterirdische Schatzkammer entdeckt. Per Feldpostpaket war das Diebesgut in die USA gelangt, wo seine Erben es nun zu Geld machen wollten. Nach dortigem Recht war der Kunstraub verjährt, die Kulturstiftung der Länder konnte also nur über einen Rückkauf verhandeln.

1990 erwarb man das Evangeliar, später die übrigen Stücke, für 6 Mio. DM. Der wirkliche Wert dürfte bedeutend höher liegen. So ist nun der Großteil des Kirchenschatzes wieder zu bewundern, darunter auch die Bergkristallfläschchen, die es dem Gelegenheitsdieb wohl besonders angetan hatten.

## Schloss 2

Das angrenzende Schloss, heute Sitz des **Heimat- und Schlossmuseums**, entstand vom 16. bis 18. Jh. aus älteren Vorgängerbauten und diente bis 1803 den Stiftsdamen als Residenz. Ein früherer ›Bewohner‹ jedoch hatte es hier gar nicht bequem: Im ausgestellten ›Raubgrafenkasten‹ soll 1337 der Regensteiner Graf Albrecht II. gefangen gehalten worden sein, nachdem er einen Konflikt mit den Quedlinburgern verloren hatte.

In den Kellergewölben aus dem späten 10. Jh. führt die Spurensuche nach den Ottonen zu einem der dunkelsten Kapitel der Geschichte, das 1938 mit der Annektion der Stiftskirche durch die SS begann. In der **Ausstellung »Geschichte und Propaganda«** erfährt man, wie hier unter Heinrich Himmler eine NS-Weihestätte eingerichtet wurde: Der Ostchor der Kirche wurde dazu romanisch ›saniert‹, die mächtigen Treppen und das Portal zur Krypta errichtet, und in der Kirche nun das ›Tausendjährige Reich‹ zelebriert, mit dem symbolträchtig an das Todesdatum Heinrichs I. im Jahre 936 angeknüpft wurde. Das Dritte Reich feierte sich somit als logischen Nachfolger des von den Ottonen begründeten ersten, und es wird berichtet, wie ›Heinrich der Himmler‹ zum Höhepunkt dieser ›Heinrichsfeiern‹ in dramatischem Auftritt aus einem unterirdischen Gang im Zentrum des Langschiffes erschien – als leibhaftige Reinkarnation des ersten Königs der ›Deutschen‹.

# Quedlinburg

der verfallenden Klosteranlage. Die Siedlung, die bis 1802 zum Frauenstift gehörte, war bei den Quedlinburgern verrufen, was folgende Anekdote ausdrückt: Wurde einem Münzberger ein Sohn geboren, so hielt man diesem eine Münze und eine Trompete hin. Griff er nach ersterer, so wurde er Dieb, nahm er die zweite, Straßenmusikant. Dem letzteren, tatsächlich damals verbreiteten Erwerbszweig setzte die Stadt inzwischen auf dem Markt ein Denkmal.

### Wipertikirche 13
*Mai–Okt. Mo–Sa 10–12 und 14–17 Uhr, übrige Zeit nur So 14–17 Uhr*
Die einstige Klosterkirche südlich des Schlossbergs an der Straße Richtung Thale (siehe Karte S. 191) hat bewegte Zeiten hinter sich. Entstanden im 10. Jh., wurde sie bis auf die Krypta 1148 durch die heutige Pfeilerbasilika ersetzt. Nach der Reformation 1539 wurden die evangelische Pfarrkirche und ihre Ausstattung in die Stiftskirche überführt, die Gemeinde zog 1812 nach, die Wipertikirche wurde an den benachbarten Gutshof verkauft und als Scheune genutzt. Dies änderte sich erst 1955, als das mittlerweile enteignete Gebäude einer katholischen Gemeinde übertragen und saniert wurde. Dabei wurde auch das **Marienportal,** einziges Überbleibsel der Klosterkirche auf dem Münzberg, in die Südseite der Wipertikirche eingebaut.

Berühmtester Teil der Kirche ist die um das Jahr 1000 erbaute **Krypta,** ein kleiner, dreischiffiger Raum mit niedrigem Tonnengewölbe und einem schlichten Sandsteinaltar im Zentrum. Die Seitenschiffe, von Säulen und Pfeilern begrenzt, bilden dahinter einen Rundgang. Der Raum wirkt archaisch und geheimnisvoll.

Rings um die Kirche liegt der **Friedhof,** hangaufwärts begrenzt von in

## Unser Tipp

### Für Spielkälber
Die große Sammlung historischer Modelleisenbahnen im **Eisenbahn- & Spielzeugmuseum** 14 birgt auch Raritäten wie dampfbetriebene Loks. Die zweite Etage zeigt eine bunte Sammlung von Puppen und Spielzeug (Blasiistr. 22, Tel. 03946 519 89 87, April–Okt. und Dez. Mo–Sa 10–17, übrige Zeit bis 16, So 11–16 Uhr, 4 €).

Sandstein gehauenen **Grabkammern** aus dem Barock.

## Übernachten

*Historisches Flair –* **Hotel Quedlinburger Stadtschloss:** im Hagenschen Freihaus 11, Bockstr. 6/Klink 11, Tel. 03946 526 00, www.wyndhamgarden quedlinburg.com, DZ ab 94 €. Stilvoll und komfortabel.

*Fachwerk –* **Hotel zur Goldenen Sonne** 1: Steinweg 11, Tel. 03946 962 50, www.hotelzurgoldenensonne.de, DZ ab 70 €. Schöne Lage am Neustädter Markt, rustikal-gemütlich.

*Originell –* **Ferienwohnanlage Alter Topf** 2: Altetopfstr. 9, Tel. 0160 808 04 04, www.ferienimaltentopf.de, ab 49 €/2 Pers. 6 Ferienwohnungen im alten Fachwerkhaus, zentral und ruhig.

## Essen & Trinken

*Anspruchsvoll –* **Theophano im Palais Salfeldt** 1: Kornmarkt 6, Tel. 03946 963 00, www.hoteltheophano.de, tgl. 7–21.30 Uhr, 10–17 €. Alte Räumlichkeiten neben einem modernen Veranstaltungszentrum, gute Weine.

## Das nordöstliche Harzvorland

*Alte Brauhalle –* **Brauhaus Lüdde** 2 : Blasiistr. 14, Tel. 03946 70 52 06, Mo–Sa 11–24, So–22 Uhr, Jan.–März Mo Ruhetag, Di–Fr ab 17 Uhr, 10–22 €. Drei hauseigene Biersorten und deftige Gerichte in passender Umgebung.
*Idyllische Lage –* **Word-Haus** 3 : Im Wasserwinkel 4, Tel. 03946 28 36, Mi–So 11–23 Uhr, 12–22 €. Am Wordgarten, gehobene Küche.
*Berühmter Käsekuchen –* **Café Vincent** 4 : Schlossberg 13, Tel. 03946 81 19 70, tgl. 11–18 Uhr. Kuscheliges Café mit Aussicht und tollen Käsekuchenkreationen.
*Kuchenparadies –* **Café-Restaurant Zum Roland** 5 : siehe Unser Tipp rechts.

### Infos & Termine

**Infos**
**Quedlinburg-Tourismus-Marketing:** Markt 4, 06484 Quedlinburg, Tel. 039 46 90 56 24, www.quedlinburg.de, Mai–Okt. Mo/Di 9.30–18, Mi–Sa bis 20, So bis 15 Uhr, sonst Mo–Do 9.30–17, Fr/Sa bis 18 Uhr.
**Stadtführung:** tgl. 14 Uhr, April–Okt. auch 11 Uhr (6 €), **Nachtwächterführung** April–Okt. Mi–So 20, Nov.–März Fr/Sa 18 Uhr, 7 €.

**Verkehr**
**Züge** und **Busse** in alle umliegenden Orte. Die **Selketalbahn** von 1887 ist seit einigen Jahren bis Quedlinburg verlängert. Als reizvolle Teilstrecke der HSB führt sie über Gernrode und Alexisbad bis zur Harzquerbahn.

**Termine**
**Kaiserfrühling:** Pfingsten. König Heinrich ›erwacht‹ zum Stadtfest rings um den Schlossberg.
**Musiksommer:** Mitte Juni–Mitte Sept. Konzerte mit renommierten Orchestern, Solisten und Chören in der Stiftskirche.

**ProVinz-Kunsttage:** Mitte Sept.–Anfang Okt. Ausstellungen an verschiedenen Orten und in der Blasiikirche.
**Advent in den Höfen:** 1.–3. Adventswochenende. Kunst und Handwerk in zahlreichen stimmungsvollen, sonst nicht zugänglichen Fachwerkhöfen.

# An den Harzrand

Idyllische Kurbäder, Burgruinen und die markanten Felsformationen der Teufelsmauer säumen den Harzrand, das milde Klima wird für Obst- und sogar Weinanbau genutzt.

## Gernrode ▶ H 4

Als Namensgeber und Stadtgründer wird Burgherr Gero genannt, der ab 937 unter Otto I. zum Markgrafen der Ostmark aufstieg, mit der die Grenze gegen die Slawen geschützt werden sollte. Gero gründete ein Damenstift und ließ eine Kirche errichten, die 963 geweiht und in den Folgejahren immer wieder erweitert wurde. Dies zeugt von der Finanzkraft des Stifts, in dem Damen des Hochadels auf das gesellschaftliche Leben vorbereitet wurden. Berühmt ist das Städtchen vor allem für diese romanische Stiftskirche, eines der markantesten Bauwerke aus der Zeit der Ottonen.

### Stiftskirche St. Cyriakus
*Burgstr. 3, Tel. 039485 275, April–Okt. Mo–Sa 9–17 Uhr, So nach dem Gottesdienst bis 17 Uhr, Nov.–März 15–16 Uhr*
In einer grundlegenden Restaurierung wurde 1858–73 unter Ferdinand von Quast der schlichte romanische Stil der dreischiffigen Basilika wiederhergestellt, auch die Wandmalerei

# Gernrode

**Verwinkeltes Kuchenparadies**
Das museal-gemütliche **Café-Restaurant Zum Roland** 5 hinter dem Rathaus erstreckt sich über sieben Fachwerkhäuser. Kein Raum ist wie der andere, unzählige gemütliche Eckchen tun sich auf. Die Tortenauswahl ist überwältigend – unmöglich, sich durch all diese Köstlichkeiten durchzuprobieren … (Breite Str. 2–6, Tel. 03946 45 32, Mai–Okt. 10–22, Nov.–April bis 19 Uhr).

der Apsis und die ungewöhnlichen Langhausemporen. Beide beweisen byzantinischen Einfluss, der wohl auf Theophanu, die aus Byzanz stammende Gattin Ottos II., zurückgeht. Im 11. Jh. entstand die Nachbildung des Heiligen Grabes (das Grab Christi), die älteste ihrer Art. Wie auch die Kapitelle an Säulen und Pfeilern weist sie reiche Bauplastik auf.

Mit dem Eindringen neuer reformatorischer Gedanken wurde die Stiftskirche 1533 für die Gernroder Gemeinde geöffnet. In dieses Jahr fällt auch die erste Erwähnung der angeschlossenen protestantischen **Elementarschule** in der St. Cyriakusstraße 2, die als älteste in Deutschland gilt und bis 1847 unterrichtet wurde (Tel. 039485 265, Mo–Fr 10–12, 14–16.30, Sa 14–17 Uhr, Spende erwünscht).

**Stadt der Rekorde**
So bedeutend die Stiftskirche auch ist, im Guinnessbuch der Rekorde taucht sie nicht auf – offenbar zum Leidwesen der Gernroder, denn in Bahnhofsnähe baute man das weltgrößte, 7,45 m hohe Holzthermometer sowie den größten Skattisch der Welt. Auch die weltgrößte Kuckucksuhr sollte hier stehen, und in der Tat erfreuen sich besonders Kinder an einem Monster von Uhr, angebracht an der Fassade des **Kuckucksuhrenmuseums** (ehemals Uhrenfabrik, Lindenstr. 7, tgl. von 10–17 Uhr kommt der Kuckuck jede Viertelstunde aus seinem ›Häuschen‹). Im Rekordebuch steht Gernrode nun zwar drin, aber nur als ›2. Sieger mit der weltgrößten Kuckucksuhr außerhalb des Schwarzwaldes‹. Wie kam es zu diesem ›Drama‹?

## *Lieblingsort*

**Kultivierter Müßiggang** ▶ H 4
Eine Atmosphäre von Beschaulichkeit und kultiviertem Müßiggang umweht den alten **Kurpark von Suderode.** Vor dem Kurhaus steht der Behringer-Brunnen, ein kleiner, offener Pavillon, an dem das berühmte Heilwasser sprudelt. Eine breite Treppenanlage erschließt die Kurparkterrassen am Hang; wer hinaufgestiegen ist, wird mit einem weiten Ausblick belohnt (s. S. 198).

## Das nordöstliche Harzvorland

Vorlaut brüsteten sich die Schonacher im Schwarzwald als Erste, die weltgrößte Kuckucksuhr zu haben, worauf ein Herr aus dem benachbarten Triberg konterte, seine überrage mit 14 m Höhe doch deren 8 m hohe locker. Nun baute man in Gernrode eine Uhr in den Maßen 14,50 m x 6 m. Als dann jedoch in Triberg genau nachgemessen wurde, kam man auf 15,30 m. Die Dummen saßen nun in Gernrode – so schien es. Doch wurde dort schon der nächste Schachzug vorbereitet und die Konkurrenz kurzerhand aufgekauft: Aber nun ist der Streit beendet, da es auch die Harzer Uhrenfabrik nicht mehr gibt. Im Ort hat sich ein Verein gebildet und der Sache angenommen – auch ein Restaurant gibt es: die Tick-Tack-Stuben.

## Bad Suderode ►H 4

Schöne Holzvillen erinnern an die Kurbadtradition und die Nähe zum Harz, der unmittelbar hinter dem Park beginnt: Suderode ist seit 1914 offiziell ›Bad‹, der Kurbetrieb basiert auf fluoridhaltiger Natrium-Calcium-Sole, die bereits seit 1179 bekannt war (siehe auch Lieblingsort S. 196). Das schöne Kurzentrum ist seit 2013 geschlossen, wurde aber 2016 für 200 000 € an einen Investor verkauft, der bis Ende 2018 ein neues 120-Zimmer-Hotel errichten und im gleichen Jahr auch die Saunalandschaft und das Schwimmbad wiederöffnen will.

## Stecklenberg ►G 3

Von Suderode (Marktplatz) führt die Stecklenberger Straße in den beschaulichen Kurort in geschützter Lage. Wein- und Obstanbau haben hier eine lange Tradition. Zwei Burgruinen oberhalb (markierte Wanderwege) verweisen jedoch auf weniger geruhsame Zeiten: Die nahe gelegene **Stecklenburg** aus dem 11. Jh. – mit großartiger Aussicht – diente dem für die Burggrafen lukrativen ›Schutz‹ des Handelsweges von Halberstadt nach Nordhausen, der noch heute als Nordhäuser Heerstraße am Ortsrand von Suderode in den Harz führt.

Die größere **Lauenburg,** von der noch ansehnliche Reste erhalten sind, wurde vermutlich als sächsische Reichsburg auf Initiative Heinrichs IV. gegründet. Sie spielte im 12. Jh. eine Rolle in der Auseinandersetzung zwischen Friedrich Barbarossa und Heinrich dem Löwen, ein Jahrhundert später in den andauernden Zwistigkeiten der mächtigen Regensteiner Grafen mit dem Bischof von Halberstadt. Obwohl die Burg später als Steinbruch verwendet wurde, sind ihre weitläufigen Ruinen noch immer beeindruckend.

## Teufelsmauer ►G 3

Auf der Strecke von Gernrode nach Thale fährt man in Neinstedt Richtung **Weddersleben.** Gleich hinter der Bodebrücke folgt ein Parkplatz, von dem aus in einem kurzen Spaziergang die weithin sichtbare, schroffe Felsreihe der Teufelsmauer zu erreichen ist. Beeindruckend türmen sich fast 20 m hohe Sandsteinfelsen auf, stabilisiert durch nachträglich eingedrungene Kieselsäure. Diese Härte wäre der Teufelsmauer fast zum Verhängnis geworden, denn bis 1852 benutzten die Bewohner der Umgebung das dann unter Schutz gestellte Naturmonument als Steinbruch für ihren Haus- und Straßenbau (siehe Entdeckungstour S. 206).

# An den Harzrand

## Übernachten

*Schöne Lage* – **Kurhotel Bad Suderode:** Bad Suderode, Schwedderbergstr. 1–3, 039485 54 60, www.kurhotel-badsuderode.de, DZ ab 84 €. Im Stil alter Kurhäuser, aber mit modernem Komfort.

*Burgherren-Feeling* – **Schloss Stecklenberg:** Stecklenberg, Hauptstr. 86, Tel. 03947 77 96 96, www.schloss-stecklenberg.de, DZ ab 89 €. In dem urigen Gebäude würde ein Schlossgespenst kaum auffallen.

*Am Fischteich* – **Bückemühle:** Gernrode, Am Bückeberg 3, Tel. 039485 419, www.bueckemuehle.de, DZ ab 75 €, FeWo ab 50 €/2 Pers. Pension und Fischrestaurant in historischem Mühlenambiente.

*Familiär* – **Harzer Feriengarten:** Bad Suderode, Jägerstr., Tel. 039485 624 46, www.harzer-feriengarten.de, ab 57 €/2 Pers. Modern-heller Stil, schönes Gartengelände.

*Camping* – **Harz-Camp Bremer Teich:** Tel. 039485 608 10, www.harz-camp-gernrode.de, Campinghütten 36–60 €/4 Pers. 5 km von Gernrode Richtung Harzgerode (Abzweig beschildert). Großer Platz inmitten von Mischwald, mit Badesee und Fahrradverleih.

## Essen & Trinken

*Im Kurpark* – **Felsenkeller:** Bad Suderode, Promenadenweg 1, Tel. 039485 258, Di–So 10.30–21 Uhr, Nov.–März nur Fr–So, 10–17 €. Harztypische Speisen aus Wald und Fluss, sehr schöner Außenbereich.

## Infos

**Gernrode-Information:** Marktstr. 20 (Rathaus), 06485 Quedlinburg, Tel. 039485 930 22, Mo–Fr 9.30–15.30, Sa 10–13.30 Uhr.

## *Unser Tipp*

**Papiermühle Weddersleben**
▶ G 3

Als eine der ersten im Harz wurde sie 1549 von dem Papiermacher Friedrich Duricke gegründet und 1997/98 unter dem engagierten langjährigen Leiter Herbert Löbel sorgfältig restauriert. So entstand nicht nur ein authentischer Platz für alte Maschinen, sondern ein komplettes Museum zur 2000-jährigen Geschichte des Papiers. Wer wissen will, wie Büttenpapier hergestellt wird, Wasserzeichen entstehen oder sich das Druckereiwesen seit Gutenberg verändert hat, ist hier richtig. Auch Teile der bis 1991 bestehenden Papierfabrik sind erhalten. Sie war zu DDR-Zeiten besonders auf die Herstellung der ostdeutschen Variante der Raufasertapete spezialisiert, die der jetzige Museumsleiter entwickelt hatte.

Heute wird auf dem Gelände der Papiermühle wieder gearbeitet, wenn auch in anderem Maßstab: Besucher können selbst **Papier schöpfen** oder lernen in **Workshops** ein Buch herzustellen. Daneben kann man auch den Mitarbeitern der Lebenshilfe bei diesen Handwerken zusehen. Mit viel Kreativität stellen sie aus dem Papier schmucke Mappen, Kunstkarten und Alben her, die im Laden auch verkauft werden (Weddersleben, Tel. 03946 98 10 130 oder 104, Museum 5 €, Di–Do 9.30–12 Uhr, auch Café.

**Tourist-Information Bad Suderode:** Rathausplatz 2 (im Rathaus), 06485 Quedlinburg, Tel. 039485 510, www.bad-suderode.de, Mai–Okt. Mo–Fr 9.30–17, Sa bis 14 Uhr, Nov.–April Mo–Fr 9.30–16.30, Sa bis 13 Uhr.

Das Beste auf einen Blick

# Der Unterharz

## Highlight!

**Bodetal:** Zum Harzrand hin gräbt sich die Bode immer tiefer in die Granithänge des Rambergmassivs – steil und spektakulär. Gut 400 m steigen die Felswände zwischen Thale und Treseburg auf, verwunschen und urtümlich wirkt der Talgrund. Ebenso berühmt wie die Bodeschlucht selbst sind auch die sagenumwobenen Klippen, die ihren Ausgang flankieren: Rosstrappe und Hexentanzplatz – zwei fantastische Aussichtskanzeln. S. 216

## Auf Entdeckungstour

**Felsenhüpfen auf der Teufelsmauer:** Ein bewaldeter Felsrücken erstreckt sich von Blankenburg nach Timmenrode; schroffe Klippen und Zinnen ragen daraus hervor. Der Kammweg führt kurzweilig von einer zur anderen – und immer wieder zu herrlichen Aussichtspunkten. S. 206

Felsenhüpfen auf der Teufelsmauer

## Kultur & Sehenswertes

**Rübeländer Tropfsteinhöhlen:** Eine faszinierende Unterwelt erschließt sich in der Baumanns- und der Hermannshöhle; mächtige Tropfsteine und filigrane Kristalle, weite Hallen und winklige Gänge, spiegelnde Seen und Grottenolme – ein Naturschauspiel, das seinesgleichen sucht. S. 209

**Ski- und Heimatmuseum Friedrichsbrunn:** Liebevoll gehegte Sammlung mit nostalgischem Charme – möge sie niemals modernisiert werden! S. 228

## Zu Fuß unterwegs

**Wanderung von Thale nach Treseburg:** Das Bodetal, oder besser gesagt die Bodeschlucht, ist eines der Highlights im Unterharz und nur zu Fuß zu erreichen. Unsere Wanderung führt von Thale nach Treseburg immer an der Bode entlang, auf dem Rückweg hat man so manchen Ausblick von oben. S. 224

## Genießen & Atmosphäre

**Rastplatz Bodewiesen in Altenbrak:** Immer eine Pause wert, wenn das Wetter mitspielt: Am beschaulichen Bachufer sitzt man an Picknicktischen und sieht das hübsche Dorf auf der anderen Seite vor sich am Berghang ausgebreitet. S. 216

**Bodeschlösschen in Treseburg:** Aus den Felsbrocken der alten Treseburg gebaut, könnte das gemütliche Hotel Bodeblick nicht märchenhafter wirken – die schöne Lage am Bodeufer tut ein Übriges. S. 218

## Abends & Nachts

**Harzer Bergtheater:** Hoch über Thale wurde diese Freilichtbühne als Amphitheater an die steilen Hänge des Hexentanzplatzes ›geklebt‹ – ein Erlebnis für sich. Das Programm variiert von leichter Muse bis ernsthaft. S. 222

# Felsklippen, Höhlen und eine romantische Schlucht

Das Städtchen **Blankenburg** erstreckt sich aus der Ebene die Hänge am Harzrand hinauf; schmale Gassen und versteckte Winkel liegen hier zu Füßen der Schlossanlage. Bizarre Felszacken erheben sich aus der nahegelegenen **Teufelsmauer**. Richtung Unterharz geht es hinauf zum größten Trinkwasserreservoir Deutschlands, das sich hinter einer spektakulären Betonwand staut: die **Rappodetalsperre**. Gewellte Hochflächen tragen im Sommer blumenreiche Wiesen, in die sich die Bachläufe der diversen Bodearme erst sanft einsenken. Ganz anders ihr – nun vereinter – Unterlauf: Als beeindruckende Schlucht ist das **Bodetal** zwischen Treseburg und Thale ausgebildet; eine klassische Wanderroute führt hindurch. Das Städtchen **Hasselfelde** liegt im Zentrum des Unterharzes. Mit schönen Wanderrouten zu Aussichtsfelsen an der Rappbodetalsperre und der bei Alt und Jung beliebten **Westernstadt Pullman-City II** ist der Ort auch touristisch interessant. Alte Rodeorte, sehenswerte Bergwerke, berühmte **Tropfsteinhöhlen** und eine typische **Köhlerei** sind von hier aus gut zu erreichen.

## Infobox

**Reisekarte:** ▶ E–G 2–4

**Die Region im Internet**
Der Harzer Tourismusverband e. V. in Goslar deckt auch den Unterharz mit ab: www.harzinfo.de.

**Weiterkommen**
Hasselfelde ist mit den **HSB-Bahnen** erreichbar: Harzquerbahn Wernigerode–Nordhausen bis Eisfelder Talmühle, dort auf die Selketalbahn umsteigen. Letztere verbindet Hasselfelde mit Quedlinburg. Ab Halberstadt erreicht man nur noch Blankenburg mit den Zügen der **DB**. Ab Bahnhof Blankenburg dann Busverbindungen zu den Nachbarorten, u. a. nach Elbingerode und Hasselfelde. Informationen unter: **Harzer Verkehrsbetriebe**, Tel. 03943 56 41 10, www.hvb-harz.de.

## Blankenburg ▶ F/G 4

Wenn auch die Ausläufer Blankenburgs sich weit ins Flachland hinein ausbreiten, so schmiegt sich das Zentrum des Städtchens (16 000 Einw.) doch eng an die Nordhänge des Harzes.

## Bergauf durch die Altstadt

Wer vom Tummelplatz hinauf zum Markt spaziert, kommt durch steile Gassen und enge Straßen. In der restaurierten Altstadtpassage und in der Langen- und der Bergstraße hat sich historisches Fachwerk erhalten. In einem Haus von 1684 widmet sich das **Herbergsmuseum** dem Leben der wandernden Handwerksgesellen, die hier um 1900 logierten (Bergstr. 15, Tel. 03944 36 50 07, Mo–Fr 10–17 Uhr und nach Vereinbarung, 1 €).

# Blankenburg

Am Markt erhebt sich das **Rathaus** aus dem 16. Jh. über die Altstadt, ein wenig höher repräsentiert die **Bartholomäuskirche** die geistliche Autorität, und über allem thront das Große Schloss, Blankenburgs Wahrzeichen.

## Großes Schloss
*Feb.–Dez. Di–Do 10–16 Uhr, Führungen und Café März–Dez. Sa 14–16 Uhr, 3 €*
Erbaut im frühen 12. Jh. als Sitz der Grafen von Blankenburg-Regenstein, wurde die mittelalterliche Burg um 1550 zunächst zum Renaissanceschloss umgebaut, das um 1700 dann wieder verändert, teils abgerissen und stark vergrößert wurde: Ein repräsentativer, vierflügeliger Barockbau entstand als Residenz des Braunschweiger Herzogs Ludwig Rudolph. Bis 1945 blieb das Schloss im Besitz der Braunschweiger, dann wurde es zu einer Handelsschule umfunktioniert. Nach 1990 privatisiert, sollte es zunächst in ein Nobelhotel umgewandelt werden, doch wurde daraus nichts. Inzwischen hat ein Verein zur Rettung des Schlosses die Anlage übernommen und veranstaltet sogar Führungen. Der Außenbereich ist frei zugänglich.

## Schlosspark
Lohnend ist auch ein Besuch des weitläufigen und abwechslungsreichen Parks, der sich vom Großen zum Kleinen Schloss und hinauf zum **Calvinusberg** erstreckt. Nach Jahren der Sanierung präsentieren sich die ab dem späten 17. Jh. entstandenen Anlagen inzwischen wieder in ihrer alten Pracht: Rings um den Calvinusberg liegt der fürstliche Jagdpark **Tiergarten,** vom einstigen Aussichtspavillon Luisenburg sind nur noch Grundmauern zu sehen. **Fasanengarten** und **Thiepark** haben wieder die alten Wege und Blickachsen erhalten, etwas unterhalb wurde der **Berggarten** mit dem Teehaus restauriert, und im kleinen **Prinzessinnenturm,** Teil der alten Stadtbefestigung, kann man sogar wohnen (siehe Unser Tipp oben). Eher ein baulicher Fremdkörper ist das **Berghotel Vogelherd,** das mit Plattenbau- und HO-Gaststättenatmosphäre an eine Epoche der jüngeren Vergangenheit erinnert – zur Einkehr auf der Parkexkursion aber durchaus geeignet ist (Tel. 03944 926-0, www.berghotel-vogelherd.com, DZ ab 80 €).

## Kleines Schloss
Zum Kleinen Schloss hin, einem ehemaligen Gartenhaus von 1777, erstreckt sich der sehenswerte **Terrassengarten.** Das Sandsteingebäude wendet seine dreigiebelige Front einer **Brunnenanlage** zu, die von Skulpturen und Vasen umrahmt ist und das Zentrum einer barocken Gartenanlage bildet. Heute beherbergt das Kleine Schloss die Touristeninformation.

---

*Unser Tipp*

**Prinzessinnenturm**
Der alte Wehrturm in der Stadtmauer wurde zu einer originellen Ferienwohnung umgewandelt. Den Namen verdankt er den drei Töchtern des Herzogs Ludwig Rudolph, die ihn um 1700 als Spiel- und Spinnzimmer nutzten. Die Ferienwohnung ist über die Touristeninformation anzumieten und hat leider ihren Preis (erste Nacht 120 €, je weitere Nacht 75 €).
Benachbart ist die Anlage **Obere Mühle** (Schlossberg 2, Tel. 03944 367 35 28, www.obere-muehle-blankenburg.de, DZ 65 €).

# Der Unterharz

Lädt zum Verweilen ein: der Garten des Kleinen Schlosses in Blankenburg

## Ausflüge in die Umgebung

### Zur Teufelsmauer ▶ G 3
Ein Stück ortsauswärts Richtung Thale lohnt sich ein Abstecher zum ›Großvater‹ (beschildert ab B 81 / Hasselfelder Str.). Der Name bezeichnet nicht nur den aufwärts führenden Fahrweg und das Ausflugslokal, zu dem dieser führt. Eigentlich bezieht er sich auf einen markanten Zacken in der Teufelsmauer, die hier oberhalb von Blankenburg zu besichtigen ist. Vom Parkplatz des Lokals ist die Klippe auf Trampelpfaden problemlos zu erklimmen. Ein weiter Ausblick über die Harzhänge ist bei entsprechendem Wetter garantiert (siehe Entdeckungstour S. 206).

### Burgruine Regenstein ▶ G 2
*Tel. 03944 612 90, April–Okt. tgl. 10–18, sonst Mi–So 10–16 Uhr, 3 €*
Eine gute Aussicht bietet auch diese Felsenburg: Schon weit vor dem eigentlichen Harzrand erhebt sich bei Blankenburg das gleichnamige, steile Felsmassiv. Die erhöhte, unzugängliche Lage wurde schon in vorgeschichtlicher Zeit für eine Zufluchtsstätte genutzt, im 12. Jh. dann als Standort einer Burganlage, auf der bis etwa

# Blankenburg

1450 die Regensteiner Grafen residierten. Heute sind nur noch Ruinen zu sehen: Der Stumpf eines runden Turmes ragt im ehemaligen Burghof auf, das Tor zur Hauptburg ist ebenso wie etliche Nebenräume in den Sandstein gehauen worden. Das tut dem Reiz des Ortes aber keinen Abbruch, sondern stimuliert eher die Fantasie der Besucher. Jedes Jahr findet hier Ende Juli ein viel besuchtes Ritterturnier statt. Bleibt zu hoffen, dass sich für die 2016 geschlossene Gastronomie ein neuer Betreiber findet.

**Kloster Michaelstein** ▶ F 3
*Tel. 03944 903 00, tgl. 10–18, Nov.–März Di–Fr 14–17, Sa/So 10–17 Uhr, 5,50 €*

Klosterromantik wird im ehemaligen Zisterzienserkloster aus dem 12. Jh. lebendig. Sehenswert sind der Südflügel mit Refektorium, der Ostflügel mit Kapitelsaal, der Kreuzgang (13. Jh.) und der nach historischen Vorbildern angelegte Kräutergarten. Im Westflügel (frühes 18. Jh.), durch den man die Anlage betritt, befinden sich die barocke Kirche und die Musikausstellung KlangZeitRaum.

Michaelstein ist Sitz des Instituts für Aufführungspraxis der Musik des 18. Jh. und der Musikakademie Sachsen-Anhalt. Das Kloster wird zeitweilig für Seminare und Konferenzen genutzt, und das Refektorium bildet den stimmungsvollen Rahmen für Konzerte. Am historischen **Klosterteich** liegt die Gastronomie mit Restaurants, Fischräucherei und Imbiss (s. u.).

## Übernachten

*Stilvoll* – **Hotel Viktoria-Luise:** Hasselfelder Str. 8, Tel. 03944 911 70, www. viktoria-luise.de, DZ ab 120 €. Gründerzeitvilla in schönem Garten; hier wohnt man komfortabel und zentral.

*Gemütlich* – **Pension Benz:** Schieferberg 4, Tel. 03944 954 03, www.pensionbenz.de, DZ 65 €. Kleineres, ruhig gelegenes Haus am Waldrand, mit schönem Garten, Allergikerzimmer.

*Naturnah* – **Pension & Berggasthof Ziegenkopf:** Ziegenkopf 1, Tel. 03944 35 32 60, www.ziegenkopf.de, DZ 69 €. Oberhalb von Blankenburg, Richtung Rübeland am gleichnamigen Aussichtspunkt. Ein guter Stützpunkt für Wanderer und Familien (Spielplatz, Streichelzoo).

*Ostalgisch* – **Ferienpark Stukenbreite:** Stukenbreite 1–3, nahe Kloster Michaelstein, Tel. 03944 28    ▷ S. 208

## Auf Entdeckungstour:
## Felsenhüpfen auf der Teufelsmauer

Wer am Startpunkt der Tour gleich den ›Großvater‹ erklommen hat, wird auch auf dem weiteren Kammweg keine Schwierigkeiten haben und immer wieder mit großartigen Aussichten belohnt. So hat die Tour auch eher den Charakter eines ca. 5 km langen Abenteuerspielplatzes für ›große Kinder‹.

**Reisekarte:** ▶ G 3

**Start:** Blankenburg, Parkplatz Hotel/Restaurant ›Großvater‹, beschilderte Zufahrt ab B 81/Hasselfelder Straße

**Zeit und Gelände:** 2 Stunden oder mehr. Der Felssteig ist zwar teils durch Geländer gesichert, Trittsicherheit und gute Selbsteinschätzung sollten dennoch vorhanden sein.

Eigentlich gehört die Teufelsmauer nicht zum Harz, ist aber ohne ihn nicht denkbar, denn als dieser in der saxonischen Gebirgsbildung nach Norden aufgeschoben wurde, drückte er die nördlich angrenzenden Ablagerungen aus der Oberkreide nahezu senkrecht hoch – die heutige Teufelsmauer entstand.

In deren Kalk- und Sandsteinlagen war partiell Kieselsäure eingelagert, die das Gestein besonders widerstandsfähig gegen Erosion machte.

So entstand die Schichtrippenlandschaft, die sich insgesamt über eine Länge von fast 30 km am Harzrand erstreckt – vom Regenstein bei Blankenburg über Timmenrode, Weddersleben und Neinstedt bis zu den Gegensteinen bei Ballenstedt. Allerdings ist der Höhenzug an vielen Stellen unterbrochen. An seinem markantesten Punkt, dem ›Großvater‹ (319 m) **(1)**, beginnt die Tour durch das westliche Teilstück, das auch Heidelberg heißt.

## Den Kammweg entlang

Vom Hotel-Restaurant geht es gleich steil bergan zum ›Großvater‹, auf dem letzten Stück zur **Aussichtskanzel** müssen sogar die Hände mithelfen. Oben bietet sich ein grandioser Rundblick über Blankenburg bis zur Burgruine Regenstein, den Harz und das Vorland. Wieder abgestiegen, wendet man sich – mit Blick zum Ausgangspunkt – nach links auf den **Kammweg**: Die anfangs zahlreichen Trampelpfade sind mitunter für die Orientierung etwas verwirrend, aber – nomen est omen – man muss den obersten finden (also keinen Pfad, der abwärts führt). Auf bewaldetem Rücken erheben sich gleich die nächsten Felsen, und von nun an ›hüpft‹ man praktisch nur noch von einem zum nächsten.

## Historischer Klettersteig

Der Felssteig wurde bereits 1853 angelegt und ist in schwierigeren Passagen sorgfältig mit Geländern und Stufen ausgestattet. Es geht nur langsam voran, denn immer wieder laden ›Rippen‹ zu kleinen Anstiegen ein – und die Aussichten ins weite Vorland sind auch vom wunderbar in die Natur eingepassten Weg immer wieder fantastisch. Rechts unterhalb ist oft der **Südhangweg** zu sehen, eine Alternative für den Rückweg.

## Abstieg zum Sautrog

Wo es weniger felsig wird, weist ein Schild nach Timmenrode geradeaus. In diesem Bereich vereint sich auch unser Weg mit dem Südhangweg. Einen Abzweig nach rechts zur Gewittergrotte und dem Fuchsbau ignoriert man, denn der Hauptweg führt ebenfalls dorthin, nun bald stetig bergab bis zu einem Forstweg mit **Ruhebank (2)**. Falls das Wetter hier keine Rast zulässt, folgt man dem Weg gleich nach rechts und erreicht bald darauf in der Senke Sautrog eine **Schutzhütte (3)**. Wenig später trifft man auf die **Gewittergrotte (4)**, eher ein Felsüberhang, in dem wabenförmige Auswaschungen im Sandstein zu sehen sind. Ein Stück weiter ist auch der **Fuchsbau (5)** erreicht, der Wendepunkt unserer Tour.

Zunächst sieht man nur eine Wendeltreppe am Wegesrand. Diese hinab erreicht man durch einen kurzen Gang einen gewölbten Raum. Eine weite Öffnung bietet einen schönen Blick ins benachbarte Tal. Entstanden ist dieser Schutz- und Aussichtsraum für Wanderer 1934 quasi in einem ABM-Programm. Zurück zum Sautrog, kann man alternativ zum Südhangweg und auf diesem zum ›Großvater‹ zurückgehen; immer wieder nah am Fuß der felsigen Teufelsmauer entlang.

Der Unterharz

## Unser Tipp

**Felsenburg ›Hamburger Wappen‹ bei Timmenrode** ▶ G 3
Schöner kann ein Aussichtsplatz nicht sein: Oberhalb von Timmenrode, auf kurzem Spaziergang durch Obstwiesen zu erreichen, erhebt sich markant diese Felsformation. An ihr vorbei fällt der Blick auf weites Kulturland, und rings herum lassen sich in kiefernbestandenen Senken Höhlen und verwunschene Winkel entdecken (ab Sportplatz Timmenrode, dort Infotafel).

85, www.bikerwirt-harz.de, DZ 42 €, Bungalow für 4–5 Pers. ab 65 €. Die renovierte Ferienanlage stammt aus DDR-Zeiten. Auf schönem Wiesengelände verteilen sich die Flachbauten, die schlicht und hell eingerichtet sind. Im Speisesaal weht noch das Flair realsozialistischer Vergangenheit. Bikertreffpunkt.
*Familiär* – **Harzer Ferienpension Timmenrode:** Timmenrode, Blankenburger Str. 31, Tel. 03947 642 75, www.harzer-ferienpension.de, Doppel- und Mehrbett-Zimmer, ab 32 €/Pers. Freundlich-schlichte Unterkunft, preiswert und nah zur Teufelsmauer.
*Sehr günstig* – **Naturfreunde-/Jugendgästehaus An der Teufelsmauer:** Heidelberg 14, Tel. 03944 39 78, www.herberge-harz.de, 15 €/Pers., egal, ob im Mehrbettzimmer, DZ oder Ferienhaus für 4 Pers. Am Fuß der Teufelsmauer, schlicht und preiswert, Schwerpunkt Klassenfahrten.
*Für Wohnmobile* – **Stellplätze** am Schnappelberg. Ruhig, zentral, einfaches WC am Kiosk unterhalb. 6 €/Tag, Strom extra.

## Essen & Trinken

*Am Klosterteich* – **Zum Klosterfischer:** Michaelstein, Tel. 03944 35 11 14, tgl. ab 11 Uhr, Ostern–Okt. tgl., 16–25 €. Fischrestaurant mit eigener Räucherei.
*Rustikal-genütlich* – **Kartoffelhaus:** Altstadt-Passage, Marktstr. 7, Tel. 03944 35 12 61, Fr–Mi ab 11 Uhr, 7–18 €. Alles Erdenkliche aus Kartoffeln.
*Unwiderstehlich* – **Café Colonial:** Lange Str. 29, Tel. 03944 36 26 35. Italienisches Eis in zahlreichen Sorten, eine besser als die andere, ob in der Waffel ›auf die Faust‹ oder im üppig dekorierten Becher.

## Einkaufen

*Für Spielkälber* – **Blankenburger Lokschuppen:** Markt 1, Tel. 03944 36 94 40. Der Spielwarenladen ist auf Modelleisenbahnen spezialisiert.
*Kunsthandwerk* – **Töpfermeister Schellbach:** Harzstr. 5a. Kleines, feines Sortiment, originell: Eierbecher und Salzstreuer in Tierform.

## Aktiv

*Angeln* – **Teichwirtschaft Timmenrode:** Harzstr. 31a (an der Straße Richtung Wienrode), Tel. 0171 43 46 051, 0171 199 58 11, www.teichwirtschaft-timmenrode.de, Juni–Sept. tgl. 6–19, sonst 7–19 Uhr, Nachtangeln 19–7 Uhr, Tageskarte ab 22 €. Im Teich neben der Fischzuchtanlage können Angler u. a. Forelle, Aal, Karpfen und Zander fischen. Und wer kein Glück hat, bekommt den Fang frisch oder geräuchert auch im angeschlossenen Laden.

## Infos & Termine

**Infos**
**Tourist- und Kurinformation Blankenburg:** Schnappelberg 6 (im klei-

nen Schloss), 38889 Blankenburg, Tel. 03944 28 98, www.blankenburg.de, Mo–Sa 10–17, Mai–Okt. auch So 14–17 Uhr.

**Verkehr**
Züge nur nach Halberstadt, **Busse** auch ab Bahnhof in alle Städte der Region.

**Termine**
Burg Regenstein: Juli, Ritterspiele.

# Nach Elbingerode hinauf

Inmitten einsamer Hügelkuppen, abseits von Straßen und Siedlungen, erstreckt sich das riesige Trinkwasserreservoir der **Rappbodetalsperre,** deren Einzugsgebiet an den Brockenhängen liegt und deren Versorgungsnetz bis nach Halle und Magdeburg reicht (s. S. 54 und S. 214). Mehrere Bodearme und die Hassel werden im Umkreis auf- und abgefangen, über- und weitergeleitet, um früher oder später im See zu münden – auf Zeugnisse dieser Wasserwirtschaft stößt man mehrfach in der Region, im Wechsel sozusagen mit den Hinterlassenschaften des Bergbaus.

### Hüttenrode ▶ F 3
Beim ersten Ort auf der Strecke gehen die bewaldeten Nordhänge in die sanft gewellte Hochfläche des Unterharzes über. Auch wenn die Verhüttung von Rasenerz hier bereits im frühen Mittelalter begonnen wurde, hat der Ortsname vermutlich nicht hierin seinen Ursprung, sondern in einem Lehnsherrn namens Hiddo. Dennoch spielte Eisenerzabbau eine wichtige Rolle bis ins 20. Jh.; die Grube wurde erst 1968 wegen erschöpfter Lagerstätten geschlossen.

**Blauer See** ▶ F 3
Kurz vor Rübeland lohnt ein Halt am Blauen See (Parkplatz rechts der Straße). Dieser macht seinem Namen besonders im Frühjahr alle Ehre, wenn das Wasser milchig-hellblau schimmert. Der in einem ehemaligen Kalksteinbruch gelegene See nimmt das gelöste Mineral auf, das wiederum die Sonnenstrahlen reflektiert und eine Färbung bewirkt, die sonst eher bei Gletscherseen zu finden ist. Im Sommer trübt allerdings der Badebetrieb dieses Schauspiel.

## Rübeländer Tropfsteinhöhlen ▶ F 3

*Tel. 039454 491 32, Feb.–Juni, Sept.–Okt. tgl. 9–16.30, Juli/Aug. bis 17.30, Nov.–Jan. bis 15.30 Uhr, Nov.–April nur Baumannshöhle geöffnet, Führungen ca. 2 x stdl., pro Höhle 8 €, Kombiticket Schaubergwerk Büchenberg (s. S. 211) und eine Höhle 14 €*

Das Städtchen Rübeland ist vor allem für seine ›Unterwelt‹ berühmt, bei der ebenfalls Kalk eine tragende Rolle spielt: Die Hermanns- und die Baumannshöhle sind zwei beeindruckende, für Besucher zugängliche Tropfsteinhöhlen, deren Eingänge fast vis-à-vis an der Hauptstraße liegen.

### Baumannshöhle
Bereits 1536 entdeckt, zog diese Höhle schon bald Reisende an, die nicht nur wegen des Naturwunders von Stalaktiten und Stalagmiten kamen, sondern auch wegen der hier gefundenen, vermeintlichen Einhornknochen, die als heilkräftig angesehen wurden. Doch bereits zu Zeiten Goethes, der die Höhle um 1780 mehrfach besichtigte, hatte man diese Knochen dem **Höhlenbären** zugeordnet. Skelette dieser ausgestorbenen Bärenart sind

# Der Unterharz

**Ein glasklarer See spiegelt das Tropfsteingewölbe in der Baumannshöhle**

heute in beiden Höhlen ausgestellt. Beim Besuch der Baumannshöhle beeindruckt besonders die Größe der einzelnen Räume; der **Goethesaal** wird sogar für Aufführungen genutzt. Ein klarer **See** spiegelt das riesige Höhlengewölbe in seiner Oberfläche. Beeindruckend mächtige Tropfsteine haben sich gebildet und werden teilweise auf ein Alter von über 100 000 Jahren geschätzt.

### Hermannshöhle

Verwinkelter und weiter verzweigt als die Baumannshöhle erstreckt sich diese 1866 bei Straßenbauarbeiten entdeckte Höhle. Zu ihren Hauptattraktionen gehören der **Kristallsaal** mit seinen filigranen Kalzit-Ablagerungen und die **Olmengrotte.** In einem kleinen See leben blinde Grottenolme, die vor einem halben Jahrhundert hier angesiedelt wurden.

## Elbingerode ▶ E 3

In Elbingerode lohnt sich ein Bummel durch die Innenstadt, in der etliche schöne **Fachwerkhäuser** und am Markt eine alte **Apotheke** zu finden sind. Mit 5800 Einwohnern ist Elbingerode die größte Kommune der Unterharzer Region – oder doch der Oberharzer?

Elbingerode hat sich aufgrund einer Gebietsreform im Jahr 2010 mit Benneckenstein, Elend, Hasselfelde, Königshütte, Rübeland, Sorge, Stiege, Tanne und Trautenstein zur ›Stadt Oberharz am Brocken‹ zusammengeschlossen – und damit einen regelrechten neuen Ost-West-Konflikt heraufbeschworen. Denn der neue Name passt der niedersächsischen ›Samtgemeinde Oberharz‹, zu der sich Clausthal-Zellerfeld, Altenau, Schulenberg und Wildemann schon 1972 vereinten, überhaupt nicht.

Man traf sich schon vor Gericht, aber für den Besucher ist die Sache ohnehin egal: Er fährt weiterhin z. B. nach Rübeland oder Altenau. Geografen müssen wohl zur Kenntnis nehmen, dass die ›Stadt Oberharz am Brocken‹ verwaltungstechnisch im Unterharz zu finden ist.

## Schaubergwerk Büchenberg ▶ E/F 3

*Tel. 039545 422 00, Führungen tgl. 10, 12, 14 und 16 Uhr, 8 €, Kombiticket mit Hermanns- oder Baumannshöhle 14 €; die ›Einfahrt‹ ins Schaubergwerk erfolgt zwar zu Fuß über eine Treppe, doch ermöglicht die alte Schrägseilbahn daneben auch Rollstuhlfahrern den Zugang zu diesem Bergwerk*

Ein Abstecher in Richtung Wernigerode/Heimburg führt zu diesem Schaubergwerk, das mit seiner über 1000 Jahre alten Bergbautradition wirbt. Der Abbau des Eisenerzes unter Tage erfolgte jedoch erst ab etwa 1750. Zeugnisse des älteren Tagebaus – Pingen und kleine Halden – sind auf einem kurzen Lehrpfad zu entdecken (Zugang über einen Parkplatz an der B 244). Interessant sind neben funktionsfähigen Abbau- und Fördergeräten die verschiedenen Ausbautechniken, mit denen instabile Strecken gesichert wurden. Ein geologischer Aufschluss gewährt zudem Einblicke in die vulkanische Vergangenheit des Gebietes.

## Übernachten

*Camping am Brocken* – **Elbingerode:** Schützenring 6, Tel. 039454 425 89. Etwas oberhalb des Ortes nahe des Naturfreibads gibt es angenehme Stellplätze.

## Essen & Trinken

*Verlockend* – **Eis-Café Nr. 1:** Rübeland, Blankenburger Str. 27. Gegenüber der Hermannshöhle lockt das Eiscafé mit zahlreichen hausgemachten Sorten.

## Infos

**Infos**
Tourist-Information Elbingerode: Markt 3, 38875 Elbingerode, Tel. 039454 894 87, www.elbingerode.de, Mo–Fr 9–16, Sa 9–12 Uhr.

**Verkehr**
Ab Haltestelle Elbingerode/Am Markt **Busse** in die Umgebung bis Wernigerode, Braunlage, Hasselfelde und Blankenburg.

# Westlich der Rappbodetalsperre

Sanft gewellte Hochebenen, Wiesen und Mischwald erstrecken sich um die Oberläufe der Bodearme.

### Königshütte ▶ E 3

Bei Königshütte kündigt sich das wasserbauliche System des Bodewerks an, dessen Zentrum die Rappbodetalsperre bildet. Gleich hinter dem Ort liegt an der B 27 hinter einem Erddamm die **Talsperre Mandelholz,** in der die Kalte Bode gestaut wird. Diese Vorsperre dient besonders dem Hochwasserschutz, denn über die Bodearme fließen zur Zeit der Schneeschmelze enorme Wassermengen zu Tal und bedrohten oder verwüsteten früher häufig die Region bis nach Thale hinunter.

Richtung Tanne gelangt man in den Ortsteil **Königshof,** wo Kalte und Warme Bode zusammentreffen; hier

# Der Unterharz

nach links erreicht man die **Überleitungssperre**. Dieser längliche See, der häufig nur zu einem Bruchteil gefüllt ist, dient ebenfalls der Wasserregulierung. Er staut die hier vereinten Bachläufe und schickt an seinem Ostende den Großteil des Wassers durch einen Überleitungsstollen unsichtbar zur Rappbodetalsperre hinüber, während der Rest dem natürlichen Gefälle des Bodetals Richtung Rübeland folgt und dahinter in die Talsperre Wendefurth fließt. Über dem Zusammenfluss der Bäche erhebt sich auf einem kleinen Felsplateau die Ruine der **Königsburg**, die ab 1300 über den hier ansässigen Hüttenbetrieb wachte.

### Tanne ▶ E 4
Weiter entlang der Warmen Bode, die sich durch eine malerische, weite Auenlandschaft windet, erreicht man Tanne, ebenfalls ein alter Hüttenort, der jedoch außer zwei Wasserrädern nichts aus dieser Vergangenheit bewahrt hat. Heute ist Tanne eher ein beschaulicher Urlaubsort, der im Sommer Wanderwege und im Winter (relativ) schneesichere Loipen bietet.

### Trautenstein ▶ E 4
Ähnliches lässt sich über das nächste Dörfchen sagen, – nun an der B 242 –, das sich ins Tal der Rappbode schmiegt. Einige ansprechende Fachwerkbauten, die Dorfkirche von 1700 und ein Brunnen strahlen romantisches Flair aus. Eine Nebenstraße führt nach rechts ins beschauliche Dammbachtal.

Nach links geht es zum **Vorbecken Rappbode**, dessen Ufer sich für einen Spaziergang anbieten. Am Ostufer weisen nur noch überwachsene Wälle auf die einstige **Trageburg** hin, die hier als Schutzburg einen alten Verbindungsweg über den Harz überragte.

## Essen & Trinken

*Alteingesessen* – **Café Dammbachtal:** Trautenstein, Tanner Str. 12, Tel. 039459 719 47, Sa–So 13–18 Uhr. Traditionscafé, Brockentorte, Eis, kleine Gerichte.

## Einkaufen

*Ökologisch* – **Der Brockenbauers:** Tanne, Schierker Weg 13, Tel. 039457 33 12, www.brockenbauer.de, Hofladen tgl. 11–17, Steakhaus & Hofcafé Fr/Sa 11–21 Uhr. Hier wird das Fleisch des Roten Höhenviehs aus dem eigenen ökologischen Zuchtbetrieb verkauft. Da das Fleisch drei Wochen zum Reifen erhält, bekommt man es frisch nur nach Vorbestellung, sonst in Gläsern abgepackt.

# Hasselfelde ▶ F 4

Auf der Hochfläche Richtung Hasselfelde eröffnet sich bei klarer Sicht ein weiter Ausblick über Wiesen und Felder bis zum Brockenmassiv. Das Städtchen selbst wirkt hingegen auf den ersten Blick recht unspektakulär. Doch lohnen sich ein paar Streifzüge rechts und links der Breiten Straße.

### Markt und Kurpark
Unweit des Marktplatzes, der von der großen, neogotischen **Stadtkirche** (1845) dominiert wird, liegt der kleine **Kurpark**, eingerahmt von den Bachläufen der Hassel und der Selle (Zugang durch die Schulstraße, Verlängerung der Breiten Straße). Ein paar Spazierwege umgeben gepflegte Rasenflächen, Teich und Spielplatz, über Brückchen erreicht man am anderen Bachufer Wanderwege.

### Blumenau-Museum
*Breite Str. 17, Di 15–17 Uhr, ansonsten über die Tourist-Information*

# Hasselfelde

Richtung Tourist-Information trifft man an der Breiten Straße auf dieses Museum. Die Ausstellung beschäftigt sich mit der Auswanderung von Deutschen nach Brasilien. Der Grund: Der Apotheker Hermann Blumenau stammte aus Hasselfelde, wanderte im Jahr 1850 nach Brasilien aus und gründete dort eine gleichnamige Siedlung. Eine Blumenau-Gesellschaft pflegt die Kontakte zwischen beiden Orten bis heute.

## Ehemaliger Bahnhof
*Am Bahnhof*
Gegenüber geht es zum Bahnhof der Harzer Schmalspurbahn; hier enden die Züge der Selketalbahn, und es beginnt die Verbindung zur Harzquerbahn. Das Gebäude von 1898 wird heute privat genutzt, die Tickets sind nun direkt im Zug erhältlich. Dennoch lohnt ein Abstecher hierher, denn rings um den ehemaligen Bahnhof hat eine Interessengemeinschaft alte Zeugnisse des Eisenbahnbetriebes zusammengetragen: Da gibt es u. a. verschiedene Signale, einen leuchtend orangefarbenen Schneepflug und eine alte Dampflok. Im großen **Fachwerkbau** von 1952, das einst der BHG (Bäuerliche Handelsgesellschaft) als Lager diente, sind inzwischen Wohnungen entstanden.

## Westernstadt Pullman City Harz
*Am Rosentale 1, www.western stadt-im-harz.de, Tel. 039459 73 10, April-Okt. ab 10 Uhr, Saloon und Dance Hall bis 24 Uhr, Tageskarte 18 €, nach 18 Uhr Fr/Sa 5 €, Jugendliche von 13–16 Jahren 15 €, Kinder von 4–12 zahlen 12 €; Mo und Fr wird nur der halbe Preis verlangt*
Hasselfeldes bekannteste Attraktion ist ein Freizeitpark, der Western-Atmosphäre vermittelt. Die erhöht gelegene, pallisadenbewehrte Anlage nördlich des Ortes ist nicht zu übersehen. Das Gelände beherbergt eine komplette Westernstadt, Indianer- und Goldgräberlager, Fort und Ranch, alle bevölkert von stilecht gekleideten ›Bewohnern‹. Verschiedene Shows und Aktivitäten gehen hier über die Bühne, vom Viehtrieb durch die Main Street bis hin zu Squaredance.

Den Jüngsten wird neben ›Wildwest‹ mit Streichelzoo, Abenteuerspielplatz und Ponyreiten so einiges geboten. Stilecht gekleidete Besucher haben freien Eintritt! Dabei werden hohe Ansprüche gestellt, angefangen bei authentischen Schuhen bis zum Hut – eine Spielzeugpistole reicht also nicht aus. Übernachten kann man im Hotel (DZ 75 €) oder €), in Hütten (2 Pers. 85 €, 4 Pers. 105 €, oder in Hütten für 12 Camper für ca. 10 €/Pers.), wer allerdings Ruhe sucht, ist hier am falschen Ort.

## Zur Hagenmühle
Ein lohnender Spaziergang führt zur **Hagenmühle** im Tal der Hassel. Das beliebte Ausflugslokal und Hotel (s. u.) liegt reizvoll in die Auenlandschaft eingebettet und ist Ausgangspunkt für schöne **Wanderungen,** über die eine Tafel nahe dem Hotel informiert.

## Von der Hagenmühle zu den Rabenklippen ▶ E/F 4
*ca. 10 km, 2,5 Std.*
Ein abwechslungsreicher Spaziergang führt entlang der nahen Hassel-Vorsperre bis zu den Rabenklippen. Der schnellste Zugang zu diesen Aussichtsfelsen an der Rappbodetalsperre führt am linken Ufer der Vorsperre entlang, dann bald leicht ansteigend durch Wald. Gekennzeichnete Stichwege zweigen zu den **Großen und Kleinen Rabenklippen** ab. Von beiden hat man weite Ausblicke auf den tief unten lie-

# Der Unterharz

genden Stausee, bei guter Sicht sogar bis zum Brockenmassiv.

## Ausflug zur Rappbodetalsperre ▶ F 3/4

Am Abzweig nach Rübeland (B 81, ca. 7 km nördl. von Hasselfelde) kommt bald das wasserbauliche Zentrum der Region in Sicht, zunächst in Form des links hinter Dämmen gelegenen Pumpspeicherbeckens, dessen Wasser unten an der Talsperre Wendefurth das dazugehörige Kraftwerk betreibt – allerdings nur zu Spitzenzeiten des Stromverbrauchs. Bei geringem Bedarf, meist nachts, wird Wasser von der Talsperre unten wieder in das Becken oben gepumpt, dazu wird der dann überzählige Strom benutzt – eine neue Stromreserve wird geschaffen!

Ein Stück weiter führt die Straße über die **Mauerkrone** der Rappbodetalsperre und durch den anschließenden Tunnel. Am Parkplatz dahinter führt ein kurzer Spazierweg hinauf zum **Aussichtspunkt** über die Talsperre.

### Staumauer und Urania-Aussichtsplatz
*April–Okt. tgl. ab 9.30 Uhr, 2 €*
Die Harzer Urania, ein gemeinnütziger Verein zur Verbreitung wissenschaftlicher Kenntnisse, betreut diesen Platz. Der geringe Eintrittspreis lohnt sich, denn mit großem persönlichem Engagement wurden hier Informationstafeln zur Entstehung und Funktionsweise der gewaltigen Talsperre sowie zum Naturraum Bodetal aufgestellt. Zudem wird der Platz von den Mitgliedern des Vereins persön-

**Auf der Main Street in Pullman City**

# Ausflug zur Rappbodetalsperre

lich betreut, und so findet sich in der Regel ein kompetenter Gesprächspartner, der – ganz nach dem Motto ›Man sieht nur, was man weiß‹ – für Fragen zur Verfügung steht (s. S. 54).

### Megazipline und Wallrunning
*Rappbodetalsperre, Tel. 039454 89 22 71, www.harzdrenalin.de, April–Okt. Di–So 9.30–18, Nov.–März Mi–So 10.30–16 Uhr, Jan. geschlossen! Flug 39 €, Vorausbuchung erforderlich*

Auch interessant für Zuschauer ist die Megazipline, ein über 1 km langes Stahlseil, an dem man allein oder zu zweit über den Abgrund hinwegfliegt. Wer es lieber zu Fuß macht, kann nebenan an der Talsperre Wendefuhrt 43 m tief an der Staumauer hinabwandern, individuelles Tempo (siehe auch Klettern und Fliegen S. 30). Eine Tour Wallrunning kostet 49 €, ein Kombiticket für beide »Vergnügen« 75 €.

### Talsperre Wendefurth ▶ F 3
*Talsperrenbetrieb Sachsen-Anhalt, Timmenröder Str. 1a, Blankenburg, Tel. 03944 94 20, April–Okt. Mi 14, Sa 11 Uhr, 3 €, Führungen erst ab 8 Personen*

Zurück zur B 81 und auf dieser weiter, erreicht man bald die Talsperre Wendefurth, an der im Informationszentrum Führungen durch die Staumauer anbietet. Gleich neben der Staumauer liegt mit Bootsverleih, schwimmendem Lokal, Surf- und Badestelle der Freizeitbereich dieses einzigen nicht zur Trinkwassergewinnung genutzten Stausees.

## Übernachten, Essen

*Zentral und gut* – **Hotel Zur Krone:** Hasselfelde, Breite Str. 22, Tel. 039459 739 80, www.krone-harz.de, DZ ab 80 €. Traditionshaus, einstmals FD-

### Jede Menge Kohle – Köhlermuseum Stemberghaus ▶ F 4
Als Brennstoff für die Erzverhüttung spielte Holzkohle bis ins 19. Jh. im Harz eine zentrale Rolle – die Köhlerei verbrauchte massenhaft Holz. Das alte und mühsame Handwerk der Holzkohlegewinnung wird hier in einem traditionellen Meiler noch praktiziert, das Museum stellt Werkzeug aus und informiert über die Lebensbedingungen der Köhler. Ein Lehrpfad, Wildgehege, Spielplatz und Lokal mit harztypischen Gerichten ergänzen das Angebot (an der B 81, 5 km nördlich von Hasselfelde, Tel. 039459 722 54, tgl. 9–18 Uhr, 2 €).

GB-Verpflegungsstelle, inzwischen moderne Herberge soliden Standards mit geschmackvollem Wellnessbereich.

*Preisgünstig* – **Hotel Pension Rebentisch:** Hasselfelde, Rotacker 4, Tel. 039459 713 20, www.hotel-rebentisch.de, DZ ab 65 €. Nicht ganz neues Haus am Waldseebad, großer, kinderfreundlicher Garten, Sauna, beliebtes Ausflugslokal im Haus.

### Ferienhäuser
Wer die Wahl hat, hat die Qual – in Hasselfelde konkurrieren gleich vier Ferienanlagen um die Gunst des Gastes; mehr Ferienhäuser wird man an einem Ort im Harz schwerlich finden (siehe auch unter www.hasselfelde.de).

*Alles, was man braucht* – **Ferienpark Hochharz an der Westernstadt:** Am Rosentale 2, Tel. 039459 73 00, www.ferienpark-harz.com, ab 85 €/4 Pers.

# Der Unterharz

Wohneinheiten im Reihenhausstil auf der Rückseite der Westernstadt; nicht gerade individuell, aber hell und funktional eingerichtet.

*Ansprechend* – **Naturerlebnisdorf Blauvogel:** Rotacker 1, Tel. 039459 712 46, Buchung über H&P Touristik GmbH, Borsigallee 8–10, 53125 Bonn, Tel. 0228 919 00 0, www.hptouristik. de, ab 407 €/4 Pers/Woche. Vom ehemaligen DDR-Kinderferienlager der Berliner Druckereibetriebe ist nur der Name geblieben. Modernisiert und privatisiert, bietet die Anlage heute Ferienhaus-Unterkünfte im Schwedenhaus-Look auf einem ruhig gelegenen, kinderfreundlichen Gelände. Spielplatz, Sauna/Dampfbad. Nah zum Waldseebad und zu Wanderwegen.

*Naturnah* – **Auerhahn Ferienhäuser:** Hagenstr. 6, Tel. 039459 700 95, www. auerhahn-ferienhaeuser.de, ab 413 €/Woche/4 Pers. Die Blockbohlen-Doppelhäuser liegen verteilt im Tal der Hassel, ideal für Wanderungen. Ein kleiner Abenteuerspielplatz ist vorhanden. Einige der Häuser werden auch privat vermietet.

*Persönlich* – **Ferienpark Hassel-Häuser:** Am Kirschenberg 23, Tel. 039459 700 95, www.hasselhaeuser.de, ab 329 €/Woche/4 Pers., Wohnen im Blockhaus. Die kleine, familienfreundliche Anlage liegt erhöht auf einem schönen Parkgelände nahe dem Bahnhof.

## Aktiv

*Baden* – **Waldseebad Hasselfelde:** Rotacker, Tel. 039459 7 12 91, an der B 81 Richtung Nordhausen. Juni–Sept. Mo–Fr 12–18, Sa/So 10–18 Uhr, bei schönem Wetter länger, 3 €. Die Nähe zur Straße ist der einzige Wermutstropfen, doch ist der Quellsee groß genug, um an seinen Ufern ein ruhiges Plätzchen zu finden.

## Infos

### Infos
**Touristinformation Hasselfelde:** Breite Str. 17, 38899 Hasselfelde, Tel. 039459 713 69, www.oberharz.de, immer Mo–Fr 9–16 Uhr, bei Schnee oder im Sommer manchmal auch Sa 9–12 Uhr.

### Verkehr
Siehe Infobox S. 202

# Bodetal! ▶ F/G 3/4

Nur ein Teil des Wassers verlässt den Rappbode-Stausee noch auf dem ursprünglichen Weg, doch ist dieser nun als Bode bis zum Harzrand bei Thale überaus sehenswert.

# Altenbrak ▶ F 4

Bei Altenbrak erreicht die Straße das malerisch gewundene Bodetal. Der kleine Luftkurort schmiegt sich an steile Hänge, daher sollten Autofahrer den schön gelegenen **Rastplatz Bodewiesen** im Talgrund ansteuern (Parkplatz und Wohnmobil-Stellplatz, Spielplatz, Minigolf). Altenbrak wurde dadurch bekannt, dass Theodor Fontane hier 1884 seine ›Cécile‹ schrieb. Der Schriftsteller wohnte gegenüber der heutigen Tourist-Information bei Carl Rodenstein, dem damaligen Lehrer und Kantor des Ortes. Eine steile Treppe führt hinauf zum **Café Theodor Fontane,** von dessen Terrasse man einen herrlichen Blick über das Bodetal hat.

Am Rastplatz vorbei führt eine Straße zum idyllischen **Bergschwimmbad** (Mai–Sept. tgl. 12–18, Sa/So ab 10 Uhr, Tel. 039456 205, 4 €). Zuvor geht es links zur **Waldbühne,** auf der

Treseburg

in landschaftlich reizvoller Umgebung im Sommer eher volkstümlich Theater gespielt und musiziert wird; alljährlich findet der Harzer Jodlerwettstreit hier statt (1. So im Sept.).

## Übernachten

*Persönlich* – **Pension Haus Bergeshöh:** Hohlweg 3, Tel. 039456 566 90, www.jodlermeister.de, DZ ab 71 €. Hell-moderne Einrichtung, Harzer Bergsauna angrenzend.

## Essen & Trinken

*Waldgasthof* – **Zum Alten Forsthaus:** Todtenrode, zwischen Altenbrak und der B 81 (Abzweig am Hasenteich), Tel. 039456 567 88, tgl. ab 11 Uhr, 10–20 €. Gemütliches Ausflugslokal.
*Literarisch* – **Café Theodor Fontane:** Forstweg 3, Altenbrak, Tel. 039456 336. Leckerer Kuchen bei schöner Aussicht.

## Einkaufen

*Direkt von der Quelle* – **Forellenzucht Altenbrak:** Ludwigshütte, Altenbrak, Tel. 039456 381, April–Okt. tgl. 8–20 Uhr. Frische und geräucherte Forellen.

## Aktiv

*Entspannen* – **Harzer Bergsauna:** Hohlweg 3, Tel. 039456 56 69 55, www.harzer-bergsauna.de, Nov.–März Mi, Fr–So 15–23, übrige Zeit Fr/Sa erst ab 17 Uhr. Dampfbad, Whirlpool, schöne Terrasse, Kaminraum. Tageskarte 12 €.
*Petri Heil* – **Angeln:** in der Bode mit spezieller Gästekarte (bei Vorlage des Fischereischeins), erhältlich in den Hotels von Treseburg, in den Tourist-Informationen oder der Forellenzuchtanlage Altenbrak (s. o.).

## Infos

**Tourist-Information Altenbrak:** Unterdorf 5, 38889 Altenbrak, Tel. 039456 205, www.bodetal.de, Di 8.30–12 und 12.30–17.30 Uhr, Mo u. Fr nur bis 15.30 Uhr.

## Treseburg ▶ G 4

Richtung Treseburg windet sich die landschaftlich schöne Straße dicht am Bodeufer entlang. Am Ortseingang liegen ein paar schmucke Villen am jenseitigen Ufer; nahe einer schmalen Fußgängerbrücke fällt besonders ein trutziges altes Schlösschen auf, das **Hotel Bodeblick.** An der Straßenbrücke ist kurz darauf die Mitte des kleinen Dorfes erreicht; ein großer **Wanderparkplatz** befindet sich am Ufer, verschiedene Gasthöfe liegen in Sichtweite.
Neben dem Ortsbüro (Ortsstr. 24, Tel. 039456 223, nur Do 9–17 Uhr, 12–12.30 Uhr Pause) ist der Einstieg zum Wanderweg. Hier steht auch das **Bet- und Schulhaus** von 1876 (Besichtigung können über das Ortsbüro arrangiert werden). Die Kirche in der ersten Etage wird auch heute noch als solche genutzt; alle 14 Tage kommt ein Pfarrer, der insgesamt acht Gemeinden zu betreuen hat, zum Gottesdienst. Die ursprüngliche Wandbemalung des großen, holzverkleideten Saals wurde 1996 anhand von Fotos rekonstruiert, nachdem sie zu DDR-Zeiten weiß übertüncht worden war.

Obwohl der Ort beschaulich ist, kommen Besucher meist nicht seinetwegen, sondern um die klassische **Bodeschlucht-Wanderung** zu unternehmen (s. S. 224). Aber ob zur Rast oder zum Übernachten: Treseburg ist ein reizvolles Ziel.

# Der Unterharz

Zwischen Treseburg und Thale beginnt der felsige Teil des Bodetals

## Übernachten

*Einzigartig* – **Hotel Bodeblick:** An der Halde 1, Tel. 039456 56 10, www.hotel-bodeblick-treseburg.de, DZ ab 65 €. Romantisches Schlösschen am Bodeufer, aus Steinen der alten Treseburg erbaut, zu Fuß über die Brücke zu erreichen. Mit freundlichen Zimmern, Sauna, Restaurant mit Flussterrasse (deutsche und Harzer Küche, 10–20 €).

## Essen & Trinken

*Renommiert* – **Restaurant Forelle:** Ortsstr. 28, Tel. 039456 56 40, März–Okt. Di–So 12–15, 18–20.30 Uhr, Dez. nur Sa/So, übrige Zeit geschl., 12–18 €, DZ ab 75 €. Hotel-Restaurant mit großer Fischkarte.

## Thale ▸ G 3

Thales Zentrum zwischen Bahnhof und Rathaus wirkt wenig gewachsen. Ein älterer Siedlungskern liegt denn auch jenseits der Bode und wird erst seit Kurzem als bedeutendes Erbe wiederentdeckt.

### Kloster Wendhusen

*Wendhusenstr., www.nag-history.de, Museum: Tel. 03947 77 85 63, Mi–So 14–17 Uhr, 3 €*
Um eine Quelle existierte bereits ein Rundlingsdorf, als um 820 – die Sachsen waren kaum christianisiert (ab 785) – hier ein Kloster gegründet wurde, das erste im Harzraum. Kirch- und Wendhusenstraße zeichnen die Siedlung mit **Wendhusenturm** und

Andreaskirche nach, das **Weiberborndenkmal** markiert die gleichnamige Quelle.

Der Turm der ersten Stiftskirche ist heute ein **Museum,** das sich der Klostergeschichte widmet. Als Kanonissenstift gegründet, diente das Kloster der Aufnahme adeliger Frauen. Versorgung, Erziehung, Vorbildfunktion und Andenken an die Stifter – so lässt sich sein Zweck umreißen. 1540 säkularisiert, ging es als Rittergut durch verschiedene Hände, darunter die der Familie von Knigge, bevor es 1945 enteignet und schließlich der Stadt übertragen wurde. Innen sind Kirchenmauern aus dem 9.–10. Jh. freigelegt und außen ganz aktuell Reste der karolingischen Stiftskirche von 825 mit hufeisenförmiger Apsis. Im ersten Stock des romanischen Turms (um 1130) weist ein Saal schönes Kreuzgratgewölbe auf (siehe auch Lieblingsort S. 221).

### Hüttenmuseum

*Walter-Rathenau-Str. 1, Tel. 03947 77 85 72, ganzjährig Di–So 10–17 Uhr, 4 €; Dampfmaschine: nur April–Okt. Mi und Sa 14 Uhr, 5 €, mit Museum 6 €, Kinder bis 10 Jahre frei*

Gut 300 Jahre war Thale ein Zentrum der Eisenverarbeitung. Am Ausgang des Bodetals wurde 1686 eine erste Hammerschmiede errichtet, heute ein interessantes Museum: Die verschiedenen Arbeitstechniken werden erklärt und an Modellen veranschaulicht. Eine Besonderheit sind die Emailarbeiten des Metallarbeiters und Künstlers Willi Neubert. Eine restaurierte **Dampfmaschine** ist dem Museum angeschlossen.

### DDR-Museum Thale

*Steinbachstr. A, 6. Stock Möbelhaus Müller, Tel. 03947 656 33, Mo–Fr 10–18, Sa bis 16 Uhr, 5 €*

2011 wurde pünktlich zum 1. Mai dieses Museum eröffnet, das sich vor allem mit der Alltags- und Wohnkultur der DDR beschäftigt. Seit 1999 gab es im gleichen Haus den Möbelverkauf. Wenn bei der Auslieferung neuer Möbel alte entsorgt wurden, kamen die ersten Originale für das spätere Museum zusammen. Das Motto des privaten Museums ist: »gute und natürlich auch negative Dinge, Geschichten und Gegebenheiten für die Nachwelt zu erhalten« oder »Keine Latte für die Laube, für den Trabi keine Schraube, für die Toilette kein Papier, aber den Sozialismus hatten wir.«

## Ausflüge zur Bodeschlucht ▶ G 3/4

*Kabinenbahn: Tel. 03947 25 00, zum Hexentanzplatz einfach 4,50 €, hin und zurück 6,50 €, Sessellift: zur Rosstrappe, einfach 2,90 €, hin und zurück 4 €, beide: Ostern–Okt. tgl. 9.30–18 Uhr, erste Nov.–Woche und in den Weihnachtsferien tgl. 10–16.30 Uhr, restlicher Jan. nur Sa/So, dann bis vor Ostern tgl. 10–16.30 Uhr, ab 2. Nov. Woche bis Weihnachten geschl.*

Bei Besuchern bekannt ist Thale besonders wegen der Bodeschlucht, die von steilen **Felsklippen** flankiert wird. Und so schwebt fast jeder mit den **Seilbahnen** hinauf, um den Blick über das schroffe Tal zu genießen. Offensichtlich reicht dieser Naturgenuss heutzutage nicht mehr aus, denn zur Unterhaltung der Besucher hat man in Thale vor den Schluchteingang eine umfangreiche Freizeitwelt gesetzt (an der Talstation, nur Ostern–Okt., Öffnungszeiten wie Seilbahnen).

### Hexentanzplatz ▶ G 3

Hier ist an Sommertagen das Gedränge besonders groß. Ein **Panoramaweg**

# Lieblingsort

**Atmosphärisch** ▶ G 3
Eine ganz eigene Stimmung umweht die ehemalige Klosteranlage Wendhusen. Uralte Mauern und schlichte Gewölbe zeugen vom ersten Kirchenbau in der sächsischen Siedlung. Rings um Turm und Kirche verlaufen idyllische, kopfsteingepflasterte Gassen, und an einem kleinen Platz wachen steinerne ›Weiber‹ über ihre Quelle, flankiert von Bänkchen und Baum (Kloster Wendhusen, Thale, s. S. 218).

# Der Unterharz

führt entlang der Felsenkante, Lokale und Eisbuden säumen den riesigen Parkplatz, auf Steinbrocken hocken Hexen und Teufel, in Bronze gegossen. Bei Kindern sehr beliebt ist die nahe Allwetterrodelbahn **Harzbob** (nur Ostern–Okt., Zeiten wie Kabinenbahn, nur im Winter Beginn 30 Min. später und Ende 30 Min. früher!, 2,50 €, 4er-Karte 8 €).

Etwas abseits im Wald liegt der **Tierpark,** der vor allem heimische Arten beherbergt, darunter Braunbär, Wolf und Luchs (Juni–Aug. tgl. 9–19, Mai, Sept./Okt. bis 18, Feb.–April 10–17, übrige Zeit bis 16 Uhr, 6 €).

Jenseits der Seilbahn gelangt man zur **Walpurgishalle** (1901), die den verklärenden Germanenmythos der Wilhelminischen Ära widerspiegelt: Über dem Eingang prangt Gott Wotan, im Inneren nehmen mystisch-düstere Wandgemälde Motive aus den Walpurgissagen auf (April–Okt. tgl. 10–17 Uhr).

Nicht weit entfernt liegt die Freilichtbühne des **Harzer Bergtheaters,** deren Amphitheater 1903 aussichtsreich in den Berghang gebaut wurde. Von Mai bis September finden hier Aufführungen statt (Tel. 03947 776 80 22, www.bodetal.de oder über die Thale-Information).

## Rosstrappe ▶ G 3

Die Rosstrappe, die mit der Seilbahn oder auf steilen Wanderwegen erreichbar ist, bietet ähnlich spektakuläre Ausblicke jedoch bei etwas weniger Trubel. Ein **Pavillon** informiert über die Sagenwelt, die sich um beide Felsplateaus rankt, darunter die Sage von einer wilden Flucht, bei der Prinzessin Brunhilde auf ihrem Pferd über die Bodeschlucht sprang, während ihr Verfolger, König Bodo, ins Flusstal abstürzte. Der vermeintliche Hufabdruck, eine halbrunde Eintiefung im Felsboden, gab der Rosstrappe ihren Namen.

### Rosstrappen Downhill

Wem ›normales Radfahren‹ zu langweilig ist, und wer das richtige Bike und die richtige Ausrüsung hat, kann auf einer 2 km langen Strecke 250 m bergab fahren. Für die Abwechslung sind 20 Sprünge und Varianten eingebaut (www.rosstrappendownhill. de, Zeiten und Preise wie Sesselbahn, 10er-Ticket 25 €).

## Übernachten, Essen

Diverse Ausflugslokale rund um das Bodetal sind auf den Ansturm der Tagesbesucher eingestellt, daneben ist die Gastronomie vielfach an die Unterkünfte geknüpft.

*Komfortabel* – **Hotel-Restaurant Warnstedter Krug:** Hauptstr. 118, Thale, OT Warnstedt, Tel. 03947 27 10, www.warnstedter-krug.de, DZ ab 76 €. Landgasthof mit schönem Garten und kleinem Pool. Im **Restaurant** gute hausgemachte Gerichte, harzerisch-deftig, 10–15 €.

*Zentral* – **Hoffmanns Gästehaus:** Musestieg 4, Thale, Tel. 03947 410 40, www.thale-hotel.de, DZ ab 89 €, Studios mit kleiner Küche 99 €/2Pers., zwei weitere Personen oder Kinder gegen Aufpreis möglich. Stilvolle Villa mit gemütlichem Biergarten.

*Romantische Lage* – **Pension Kleiner Waldkater:** Tel. 03947 28 26, www.kleiner-waldkater.de, DZ 56 €. Gemütlicher Gasthof am Beginn der Wanderwege, helle, gut ausgestattete Zimmer. Deftige Gerichte für hungrige Wanderer gibt es in der Gaststube und auf der Flussterrasse, tgl. 10–22 Uhr, 8–11 €.

**Schuhgrößenvergleich an der Rosstrappe**

## Der Unterharz

*Lebhaft* – **Ferienpark Bodetal:** Hubertusstr. 9–11, Thale, Tel. 03947 776 60, www.ferienpark-thale.de, ab 48 €/ 2 Pers., DZ ab 75 €. Familienfreundliche, moderne Anlage, um die zentralen Freizeiteinrichtungen mit Wellnessbereich gruppiert. Beim Spielen und Planschen kann es mitunter lauter zugehen. Das **Gasthaus zum Wasserriesen** bietet eine vielfältige Speisenkarte (8–22 Uhr, 8–22 €).

*Jugendherberge* – **Bodetal-Waldkater:** Bodetal, Tel. 03947 28 81, www.jugendherberge-thale.de, 20 €/Pers., für ›ältere‹ Personen über 27 kostet es 23 €, wenn ein DZ frei ist, kommen 3,25 €/Pers. hinzu. Herrliche Lage am Beginn des Bodetals.

*Schöne Lage* – **Kloster-Camping:** Wendhusenstr. 3, Tel. 03947 631 85. Kleiner Platz mit Café, auch Hütten (30–50 €/ 2–4 Pers.).

### Aktiv

*Sauna und mehr* – **Bodetal Therme:** Parkstr. 4, Thale, Tel. 03947 77 84 50, therme-bodetal.de, So–Mi 10–22, Do–Sa bis 23, So bis 20 Uhr, Thermenwelt 12,50 €/2 Std bis 17 €/Tag, große Saunawelt zzgl. 6,50 €.

*Parcours* – **Kletterwald:** Goetheweg, Thale, Tel. 0176 96 60 95 38, www.kletterwald-thale.de, Mai–Aug. tgl. 9–20, März/April, Sept.–Nov. Di–Fr ab 13 Sa/ So 9–20 Uhr, 20 €/2 Std.

*Spielen* – **Bau-Spiel-Haus:** Otto-Schönermark-Str. 1, Thale, Tel. 03947 77 88 99, www.spielhaus-thale.de, Di–Fr 17–19, Sa/So und in den Ferien 10–19 Uhr, ab 3 J. 7 €. Modernes Spielhaus nahe dem Rathaus.

### Infos & Termine

**Infos**
**Thale-Information:** Bahnhofstr. 3, 06502 Thale, Tel. 03947 776 80 00, www.bodetal.de, Mo–Fr 8–18, Sa/So 9–15 Uhr.

**Verkehr**
Der ›**Bodetaler**‹ (Buslinie 263) verbindet Thale über Rosstrappe mit Altenbrak und Treseburg, die Linie 18 verkehrt nur im Sommer über den Hexentanzplatz nach Friedrichsbrunn, Allrode und Treseburg und jeweils zurück.

**Termine**
**Walpurgisfest:** 30. April/1. Mai in und um Thale verschiedene Veranstaltungen rund um den ›Hexensabbat‹, Höhepunkt ist die Walpurgisnacht auf dem Hexentanzplatz.
**Harzer Sommertage:** Stadtfest in Thale.

## Wanderung durch die Bodeschlucht ▶ G 3/4

*Start/Ziel: Thale, Talstation der Seilbahnen (s. S. 219), einfache Strecke nach Treseburg ca 10 km, 2,5 Std., im Tal wenig Höhenunterschiede, zurück über die Bergstrecke und per Seilbahn wieder hinab, insgesamt knapp 20 km, 5 Std., ca. 200 m Aufstieg*

Eine Wanderung durch die **Bodeschlucht** gehört zu den Höhepunkten eines Harzurlaubs. Hier frisst sich der Fluss durch das Rambergmassiv, dessen Granitpluton und Hornfels besonders hart sind. Die so entstandene Klamm wurde eiszeitlich überformt: Frost sprengte Felsen, bizarre Formen und Trümmer entstanden – eine wildromantische Szenerie.

Taleinwärts bis zum Startpunkt der Wanderung bei den Seilbahnen herrscht meist viel Betrieb, der sich jedoch auf dem weiteren Weg bald legt. Es geht nun immer am Fluss entlang,

# Wanderung durch die Bodeschlucht

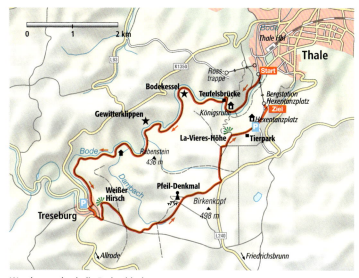

**Wanderung durch die Bodeschlucht**

und nicht nur die Ausblicke auf die Bode, sondern auch die hinauf auf die Schluchtwände sind beeindruckend. Das Tal wird bald enger, die Bode rauscht durch das felsige Flussbett. Wasseramseln – braun mit weißer Brust – tauchen nach Flohkrebsen und Insektenlarven.

Beim **Ausflugslokal Königsruhe** (Tel. 03947 27 26, im Sommer 10 bis 20 Uhr) führt eine bogenförmige Steinbrücke über die Bode – ein schöner Aussichtsplatz über steil aufragende Granitspitzen, darunter der Goethefelsen. Am bisherigen Ufer geht es weiter, und bald, über die **Teufelsbrücke** hinweg, folgt nun der spektakulärste Abschnitt. Steile Felsen rücken näher, der Pfad windet sich aufwärts, vorbei an Strudeltöpfen ehemaliger Flussniveaus. Der Fluss tief unterhalb hat hier den **Bodekessel**, ein glattes Halbrund, aus den Schluchtwänden modelliert. Dann weitet sich das Tal,

eher gemütlich geht es jetzt bis nach **Treseburg,** wo Lokale auf hungrige Wanderer warten (s. S. 217).

Etwas weiter flussaufwärts Richtung Allrode beginnt beim Hotel Zur Luppbode ein steiler Aufstieg zum **Aussichtspunkt Weißer Hirsch.** Von dort führt ein Wanderweg (Markierung roter Punkt) durch schönen Misch- und Buchenwald zum **Pfeil-Denkmal,** anschließend vorbei am Aussichtsplatz **La-Vieres-Höhe** zum **Hexentanzplatz.** Hinter diesem Namen verbirgt sich nicht nur die **Bergstation der Seilbahn,** mit der es wieder zum Ausgangspunkt hinabgeht, sondern auch der **Tierpark** mit riesigem Parkplatz, der passiert werden muss (s. S. 222). Auch das Harzer Bergtheater und das Berghotel »Hexentanzplatz« sind gleich hinter der Seilbahn zu finden – nach der geruhsamen Wanderung wieder ganz schön viel Trubel.

Der Unterharz
# Zur Harzhochstraße

## Friedrichsbrunn ▶ G 4

Zwischen Selke- und Bodetal steigt der **Ramberg** zur Unterharzer Hochfläche an. Bewaldete Kuppen wechseln mit flachen Bachmulden ab. Von Thale geht es Richtung Hexentanzplatz harzeinwärts auf schöner Strecke nach Friedrichsbrunn. Nachdem hier an einem zunächst ganz normalen Trinkbrunnen der gleichnamige, spätere ›große‹ Preußenkönig 1754 gerastet und getrunken hatte, war der Ortsname geboren. Da es aber mehrere Brunnen gab und unklar ist, an welchem Majestät sich erquickte, hat man ihm zu Ehren gleich drei Königsbrunnen. Am Eingang der lang gezogenen, knapp 1100 Einwohner zählenden Ortschaft ist einer davon im Ramberggarten zu finden, mit Schöpfeimer und Rastbank. Nicht nur der Name, auch die Siedlung selbst, entlang der breiten, schnurgeraden Hauptstraße gelegen, geht erkennbar auf die Zeit des Preußenkönigs zurück; 1773 bis 1775 entstand hier eine Kolonie von ungefähr 50 Familien, die sich als Holzfäller, Köhler und Steinhauer mehr schlecht als recht durchschlugen.

Eine erste Verbesserung trat ein, als Mitte des 19. Jh. der Weihnachtsbaum in Mode kam. Friedrichsbrunn belieferte damit Berlin und Hamburg, und jeder zweite Weihnachtsbaumgroßhändler in Deutschland soll damals aus Friedrichsbrunn gekommen sein. Ein weiteres Standbein entwickelte sich ab 1860 mit der Stockmacherei, um die Jahrhundertwende wurde das ganze Land mit dieser Gehhilfe versorgt. Bis 1950 stellte man die bekannten Friedrichsbrunner Spazierstöcke her.

Der erste Urlauber wurde 1886 in Friedrichsbrunn gesichtet, und ab 1888 kamen weitere, als der Ort Straßenanschluss bekam. Die Entwicklung zum Kur- und Erholungsort begann.

### Kurpark
*tgl. 8–21 Uhr*
Der kleine Kurpark des Orts liegt auf dem Gelände des ehemaligen Wald-

# Friedrichsbrunn

schwimmbads, das vor einigen Jahren in einen hübschen **Badeweiher** verwandelt wurde. Ein kleiner Bachlauf plätschert hinein, das Baden erfolgt auf eigenes Risiko, da es keinen Bademeister gibt. Auch ein Gradierwerk wurde angelegt: Über Weißdornreisig rieselt calciumhaltige Bergsole, sodass in der Nähe leicht salzhaltige, feuchte Luft entsteht (Aerosol), was gut bei Atemwegserkrankungen ist. Der **Ruhepavillon** ist nur zu speziellen Anlässen geöffnet.

## Rambergstraße

In den Wäldern rings um Friedrichsbrunn findet man zahlreiche markierte Rundwanderwege. Die für Kraftfahrzeuge gesperrte **Rambergstraße** (über Hotel Harzresi-

Wild rauscht die Bode in der gleichnamigen Schlucht durch das felsige Flussbett

## Der Unterharz

denz, s. u.) führt Richtung Gernrode mitten durch den Wald und ist eine schöne Fahrradstrecke. Zum Teil sind noch die alte Pflasterung und Wegemale zu erkennen. Oberhalb liegt links der Route mit der **Viktorshöhe** der höchste Punkt des Rambergmassivs (582 m). Das ehemalige Lokal ist heute eher eine Ruine. Rechts der Straße steht das **Bärendenkmal** an einem Forstweg. Hier soll 1686 einer der letzten Bären des Harzes erlegt worden sein. Nicht weit entfernt liegt das **Harzcamp Bremer Teich Gernrode,** Campingplatz mit Badestelle und Ferienhäusern (Dammteich 3, Tel. 039485 608 10, 35–60 €/ bis 4 Pers.).

**Ski- und Heimatmuseum**
Informativ und mit viel Liebe zum Detail hat das originelle Museum in der ältesten Pension von Friedrichsbrunn die Ortsgeschichte aufbereitet. Das urige alte Gebäude passt gut zu den reizenden bis skurrilen Ausstellungsstücken. Auch als Wintersportort hat Friedrichsbrunn eine lange Tradition: Bis in die 1970er-Jahre wurden hier DDR-Meisterschaften ausgetragen. Und so findet man hier ›Ehrentafeln unserer Meister‹ und Wintersportgeräte aus dem 20. Jh., die sorgsam auf weißem Plüsch ausgebreitet sind, der in eine Schneelandschaft an der Wand übergeht. Auch dem Winter-Bergrettungsdienst, der hier vor 50 Jahren durch das Deutsche Rote Kreuz gegründet wurde, ist ein Raum gewidmet (Hauptstr. 111, Mo/Mi und Do 14–17, Di und Do 10–12 Uhr, Eintritt frei).

## Übernachten, Essen

*Auferstanden* – **Hotel Harzresidenz:** Infang 4 (von Thale kommend geradeaus über die Kreuzung Richtung Viktorshöhe), Tel. 039487 747 40, www.harzresidenz-friedrichsbrunn.de, DZ 70–85 €. Modernisiertes früheres Betriebserholungsheim mit Sauna, Gartenterrasse und Restaurant (9–15 €).

*Beliebt* – **Ferienpark Merkelbach:** Am Bergrat Müllerteich, 2 km vom Ort entfernt im Wald, Tel. 039487 75 30, www.ostharz.de, verschiedene Ferienhäuser für 2–6, 8 und 12 Personen, Preise pro Person mit zunehmender Hausgröße günstiger, Mietmöglichkeit wochenweise, oder Fr–So 2 Pers./7 Nächte ab 175 €, bzw. So–Fr, 4 Pers/7 Nächte ab 255 €. Die Häuser sind zumeist aus Holz, alle mit Kamin. Im riesigen Blockhausrestaurant, das aus 700 Festmetern Fichtenholz erbaut ist, gibt es nicht nur Hausmannskost (9–15 €), sondern man kann auch bowlen, kickern oder Billard spielen. Angeschlossen ist ein **Elchpark** (12 und 16 Uhr Führung, 5 €).

## Infos

**Tourist-Information:** Hauptstr. 33a, 06507 Friedrichsbrunn, Tel. 039487 288, www.bodetal.de, Mo/Mi und Fr 9–12, Mo und Fr auch 12.30–17 Uhr.

## Allrode ▶ G 4

Zweigt man hinter Friedrichsbrunn Richtung Allrode ab, durchquert man eine weite, parkartige Wiesenlandschaft – hier ist in der Tat ›alles gerodet‹ worden. Besonders idyllisch liegt kurz vor dem Ort ein kleiner Teich mit Parkplatz. Auch von Treseburg ist die Strecke nach Allrode entlang der **Luppbode** landschaftlich reizvoll. Mal ist das

Tal ganz eng und dicht bewaldet, dann wieder öffnet es sich zu kleinen Auen. Der Ort selbst hat von seiner langen Geschichte – bereits in einer Urkunde Ottos I. von 961 wird er genannt – nichts bewahrt. Die beschauliche Umgebung macht den Reiz aus.

# Güntersberge ▶ G 4

Die langgestreckte Siedlung entlang der Harzhochstraße entstand an einer Kreuzung der mittelalterlichen Heerstraße von Quedlinburg quer über den Harz nach Tilleda – zwei bedeutenden Pfalzorten seit den Ottonen – mit der ›Hohen Straße‹, wie die heutige Längsachse über das Gebirge um 1300 genannt wurde. Wichtigste Sehenswürdigkeit im Ort ist das

**Mausefallen- und Kuriositätenmuseum und Galerie der Stillen Örtchen**
*Klausstr. 138, Tel. 039488 430, www.mausefallenmuseum.de, Sa/So 14–17 Uhr, je 2,50 €*
Die originelle Sammlung spiegelt den ganzen Erfindungsreichtum, den Menschen entwickelten, um ihre nagenden Mitbewohner loszuwerden. Andere mehr oder weniger praktische Alltagshelfer sind im angrenzenden Kuriositätenmuseum zu entdecken, wie etwa eine ›Barttasse‹. Zunächst gab es hier auch einige ›Kackstühle‹ zu sehen, aus denen sich mittlerweile eine eigenständige Galerie entwickelt hat.

**Eulenwelt-Falkenhof-Harz**
*Stollberger Weg 36 h, Harzgerode, OT Guntersberge, Tel. 039488 79 33 77, www.eulenwelt-falkenhof-harz. de, Flugschau Ostern–Okt. 11–12 und 15–16 Uhr, 6 €, Tierschau Di–So 10–18 Uhr, 1 €*

Hier kann man die Greifvögel nicht nur in Volieren sehen, sondern auch bei Flugvorführungen beobachten. Wer will, darf sie auch füttern und streicheln oder seine Schulter als Landeplatz bereitstellen.

## Aktiv

*Im und auf dem See* – **Bergsee (Mühlenteich):** Güntersberge, Tel. 039488 515, Mitte Mai–Aug. ab 9 Uhr, 3 €, Baden, auch Ruderboot-Verleih. Stausee von 1752.

# Stiege ▶ F 4

Richtung Hasselfelde liegt nicht weit entfernt Stiege, das sich um zwei für den Bergbau angelegte Teiche erstreckt. Das über dem malerischen **Gondelteich** aufragende Schloss, bereits 1203 erstmals erwähnt, gehörte einst den Blankenburger Grafen, wurde aber mehrmals zerstört und verändert. Auf dem Unteren Teich wird im Sommer Tretboot gefahren.

Wenige Kilometer weiter erreicht man mit Hasselfelde wieder das Zentrum des Unterharzes.

## Übernachten, Essen

*Günstig* – **Haus am See:** Lange Str. 2, Tel. 039459 74 80, www.hausamsee stiege.de, FeWos 2 Pers. (ab 50 €) bis 5 Pers. Restaurant mit Terrasse zum See (tgl. 10–22 Uhr).
*Idyllisch* – **Domäne Stiege:** an der B 242, Tel. 039459 703 33, www.domae ne-stiege.de, DZ 70 €. Baumbestandene Campingwiese mit Streichelzoo. Im Gästehaus gibt es hell-rustikale Zimmer und einen herrlichen Frühstücksraum. Bei Bikern beliebt. An Sommerwochenenden Imbisskaffee.

## Das Beste auf einen Blick

# Östliche Harzausläufer und Mansfelder Land

## Highlights!

**Burg Falkenstein:** So stellt sich jeder eine alte Ritterburg vor, trutzig und uneinnehmbar auf einem hohen Felssporn – natürlich mit hohen Mauern und schweren Toren. All das bietet diese Burg und dazu eine Falknerei, die ihre Greifvögel vor prächtiger Kulisse allerlei Kunststücke vorführen lässt. S. 236

**Europa-Rosarium:** Der Rosenpark von Sangerhausen hält besonders im Juni/Juli ein spektakuläres Sinneserlebnis für Augen und Nase des Besuchers bereit. S. 253

## Auf Entdeckungstour

**Industriegeschichte rund um das Mansfeld-Museum:** Im Mansfelder Land wurde 800 Jahre lang Kupferschiefer-Bergbau und wird bis heute die Verhüttung und Verarbeitung der Erze betrieben. Die Spuren sind im Museum – ordentlich gesammelt und erklärt – sowie im Umfeld in Form einer Industrie- und Bergbaulandschaft zu finden, aus der besonders die Spitzkegelhalden im doppelten Sinne des Wortes herausragen. S. 242

## Kultur & Sehenswertes

**Bergwerksmuseum Grube Glasebach bei Straßberg und Röhrigschacht Wettelrode:** In diesen Besucherbergwerken erlebt man die Arbeit der Bergleute hautnah. S. 234 , 251

**Mansfeld und Eisleben:** Eigentlich hätten beide Städte den Zusatz ›Lutherstadt‹ verdient, denn in beiden hat der Reformator gelebt und Spuren hinterlassen. S. 245 , 246

## Aktiv unterwegs

**Freizeitbad Albertine Harzgerode:** Draußen in einem Edelstahlbecken baden und eine 65 m lange Rutsche hinabsausen. S. 233

**Sommerrodelbahn Wippra:** Egal zu welcher Jahreszeit, eine 1000 m lange Abfahrt mit dem Schlitten ist ein Erlebnis, nicht nur für Kinder. S. 251

## Genießen & Atmosphäre

**Luisentempel bei Alexisbad:** Herrliche Aussichtspunkte und der romantische kleine Pavillon lohnen den Aufstieg zum Höhenweg nach Mägdesprung. S. 235

**Museums-Café Allstedt:** Ob im Burghof oder hinter dicken Mauern – bei Kaffee und Tee wird der Hauch der Geschichte mitgeliefert. S. 255

## Abends & Nachts

**Schlosstheater Ballenstedt:** Vielleicht gefällt einem auch das Programm, das klassizistische Theater ist für sich allein schon einen Besuch wert. S. 238

**St. Marien-Kloster Helfta:** Statt Party – warum nicht mal im Kloster übernachten? St. Marien südöstlich von Lutherstadt Eisleben bietet dazu den besinnlichen Rahmen. S. 247

# Natur- und Industrielandschaft

Nach Osten fällt der Harz allmählich zum sonnenverwöhnten **Mansfelder Land** hin ab. Bis in die sanft gewellten Höhen um Harzgerode gräbt sich das herrliche **Selketal** ein, in dem Wanderer und Radfahrer streckenweise unter sich sind. Ab Mägdesprung nutzt auch die Selketalbahn den Talzug hinauf zur Harzhochfläche. Alte Berg- und Hüttenorte werden unterwegs ebenso passiert wie der ehemalige Kurort **Alexisbad**. Das südlich gelegene Pendant **Wippertal** kann man im gemütlichen Tempo mit der Wipperliese befahren. Ab Wippra eröffnen sich beschauliche Spazier- und Wanderrouten, z. B. um die **Wippertalsperre**.

Zwischen Hettstedt und Sangerhausen schlug einst das Herz des ›roten Mansfeld‹ und **Spuren** des nur noch historischen Bergbaus und der Erzverarbeitung sind häufig zu finden, in Wettelrode sogar fast 300 m unter der Erdoberfläche. Auch auf die Spuren Martin Luthers und Thomas Müntzers trifft man, nicht nur in **Eisleben**. **Schloss Ballenstedt** gilt als die ›Wiege Anhalts‹ und auf **Burg Falkenstein** bekommen nicht nur kleine Jungen Rittergefühle, außerdem ziehen die Flugkünste großer Greifvögel die Aufmerksamkeit auf sich. Berühmt ist auch das **Europa-Rosarium** in Sangerhausen, das in der Saison unzählige Rosenfreunde anzieht.

## Harzgerode ▶ H 5

Die Hochfläche um Harzgerode ist umgeben von den Bachtälern der Selke und Wipper. Das Städtchen – als Rodeort im 10. Jh. entstanden – entwickelte sich mit Bergbau, Erzverhüttung und -verarbeitung zum Wirtschaftszentrum der Region und war zeitweilig anhaltisch-fürstliche Residenz. Heute prägen Verwaltung, Handel und mittelständische Betriebe das Wirtschaftsleben.

### Schloss

*Schlossplatz 3, Heimatmuseum und Schlossrundgang: Tel. 039484 423 70, tgl. 11–16 Uhr, 3 €*

Das um 1550 erbaute Renaissanceschloss markiert neben dem angrenzenden Marktplatz den Siedlungsmittelpunkt von Harzgerode. Rings um einen Innenhof beherbergt der recht schlichte Bau im restaurierten Ostflügel u. a. die informative Heimatstube, einen Festsaal mit interessantem Parkettboden aus Harzhölzern und eine sehenswerte Ausstellung zum Eisenkunstguss.

## Infobox

**Reisekarte:** ▶ G–L 3–7

**Die Region im Internet**
Da die gesamte Region in Sachsen-Anhalt liegt, ist www.sachsen-anhalt-tourismus.de hilfreich. Über »Regionen« kann man sich dort zum Harz durchklicken oder den Suchbegriff Mansfelder Land eingeben.

**Weiterkommen**
Die **Selketalbahn** fährt ab Quedlinburg (DB-Anschluss) über Gernrode und Alexisbad nach Straßberg oder Harzgerode, www.selketalbahn.de. Regionale **Busse**: VGS-Südharzlinie, Tel. 0391 536 31 80, www.vgs-suedharzlinie.de.

### Am Markt

Unweit davon erhebt sich am Markt das schmucke **Fachwerk-Rathaus**, das 1901 auf älteren Grundmauern errichtet wurde. Ein moderner Steinbrunnen davor soll an den Erzbergbau errinnern, schöne Fachwerkbauten liegen gegenüber.

### Marienkirche

*Marktplatz, Mo–Sa 10–15, So 10–13 Uhr*
Sehenswert ist die nahe Marienkirche von 1698. Das Innere des Hauptschiffes, von einem hölzernen Tonnengewölbe überspannt, beeindruckt durch dreistöckige Emporen und die mit reicher Schnitzkunst verzierte Fürstenloge. Die Brüstungsfelder sind mit Medaillons geschmückt, unter denen neben Abbildungen der Fürstenfamilien zwei Motive herausstechen: Links neben dem Altar sind die Grube Albertine und die Silberverhüttung im Selketal dargestellt.

### Gottfried August Bürger-Museum ▶ J 5

*Molmerswende, 10 km östlich von Harzgerode, Hauptstr. 14, Tel. 034779 203 09, Mi/Sa und So nach tel. Absprache mit dem Förderverein*
Im Geburtshaus des Dichters (1747–94) wird sein Leben und Werk nachgezeichnet. Auch wenn er heute vor allem für seinen »Münchhausen« bekannt ist: Bürger war Anhänger der Aufklärung und machte sich mit politischen Gedichten wie ›Der Bauer an seinen durchlauchtigsten Tyrannen‹ oft unbeliebt.

### Übernachten, Essen

*Ländlicher Stil –* **Gasthaus zur Linde:** Dankerode (7 km südl. von Harzgerode), Hinterdorf 79, Tel. 039484 21 40, www.harz-dankersrode.de, DZ 52 €, Gerichte 7–16 €. Freundlich-schlichte Zimmer. Auch Camping, Stellplätze mit eigener Nasszelle.
*Speisen mit dem Schlossgespenst –* **Schlosskeller:** Tel. 039484 22 43, Mo–Fr 11–15 Uhr, 7–9 €. Typisch deutsche Küche, Gaststätte seit 1675.

### Aktiv

*Zum Abtauchen –* **Freizeitbad Albertine:** Harzgerode, Neudorfer Weg 1a, Tel. 039484 410 02, Ende Mai–Mitte Sept. 11–19 Uhr, 5 €. Modernes Freibad mit Plansch-, Erlebnis- und Schwimmerbecken aus Edelstahl, 65 m lange Riesenrutsche.

### Infos

**Infos**
**Tourist-Information Harzgerode:** Markt 7, 06493 Harzgerode, Tel. 039484 747 67 03, www.harzgerode.de, Mo–Fr 9–16, Di bis 18, Sa 10–14 Uhr.

**Verkehr**
**Selketalbahn** ab Quedlinburg, Gernrode über Alexisbad nach Straßberg oder Harzgerode, www.selketalbahn.de. **Regionale Verbindungen:** Harzer Verkehrsbetriebe (HVB) – Bereich Quedlinburg, Tel. 03946 22 36.

# Durch das Selketal

▶ G/H 4/5

Am 7. August 1887 wurde der Betrieb der Schmalspurbahn nach Gernrode eröffnet und bald talaufwärts via Mägdesprung und Alexisbad bis Harzgerode verlängert. 1892 hatte man ab Alexisbad – der Selke über Straßberg bis Güntersberge folgend – auch Hasselfelde erreicht und taufte die Strecke ›Selketalbahn‹. Noch heute ist

# Östliche Harzausläufer und Mansfelder Land

sie eine beliebte und landschaftlich reizvolle Verkehrsverbindung in den Unterharz hinein.

## Straßberg ▸ G 5

Die 70 km lange Selke entspringt bei Güntersberge (s. S. 229) und gräbt sich schnell in den Untergrund hinein, sodass Autofahrer bereits in Straßberg 12 % Gefälle und Serpentinen bewältigen müssen. Am Ortsrand lohnt das folgende Museum einen Besuch.

**Bergwerksmuseum Grube Glasebach**
*Glasebacher Weg, www.grubeglasebach.de, Tel. 039489 226, April–Okt. Di–Do 10–16, Sa/So bis 17 Uhr, 7 €, nur über Tage 3 €*
Schon ab dem späten 17. Jh. wurde hier neben silberhaltigen Erzen vor allem Flussspat abgebaut, der als Zugabe bei der Metallgewinnung wichtig war: Er verbessert die Fließeigenschaften der Schmelze. Nach der Auserzung 1982 diente Glasebach als Wetterschacht für eine andere Grube und ist seit 1995 ein Besucherbergwerk. Eine besondere Attraktionen ist die **Radkammer** mit dem funktionsfähigen Kunstrad. Spannend ist die Führung unter Tage, zu Fuß windet man sich durch die engen Gänge des **Altbergbaus** und vorbei an farbigen Mineralien. Über Tage informiert eine Ausstellung mit zahlreichen anschaulichen **Modellen** über Entwicklung der Bergbautechnik seit dem Mittelalter.

## Silberhütte ▸ G/H 5

*Museum Waldhof: Tel. 0174 325 80 11, www.harzgerode.de, immer zugänglich*
Durch schöne Talauen führt die Strecke alleeartig von Straßberg nach Silberhütte, dessen Name die ursprüngliche Funktion der Industrieanlage verrät. Später zogen Pyrotechnik und Holzverarbeitung hierher. Heute zeichnet der **Waldhof** als Mitmach-Museum diese Vergangenheit nach und informiert über Wald und Natur.

**Wildromantisches Selketal**

*Durch das Selketal*

## Alexisbad ▶ H 4

Wie Silberhütte ist auch Alexisbad ein Ortsteil von Harzgerode. 1810 durch Herzog Alexius gegründet, entwickelte sich das Kurbad mit seinen repräsentativen Hotels und der Spielbank bald zum beliebten Treffpunkt der besseren Gesellschaft. Auch als Tagungsort machte sich Alexisbad einen Namen – immerhin gründete sich hier 1856 der Verein Deutscher Ingenieure.

Zwar rühmt man sich, das älteste deutsche Bad zu sein, jedoch haben verschiedene Publikumswechsel Spuren hinterlassen, und nach der Wende kam es zum Einbruch des Kurbetriebs. Die derzeitige Ruhe hat aber auch einen hohen Erholungswert. So ist ein Spaziergang auf dem **Promenadenweg** an der Selke mit steilen Felsen auf der einen und netten Brückchen auf der anderen Seite sehr romantisch. Am Selkeufer liegt auch das Mundloch des alten Schwefelstollens, ein Hinweis auf die bergmännische Vorgeschichte des Ortes: Man suchte nach Silber, fand aber nur Schwefelkies, dessen Förderung schon 1699 eingestellt wurde. Erst später bemerkte man das eisenhaltige Wasser, das aus dem Stollen kam und zur Grundlage des Kurbetriebs wurde.

Lohnend ist der Aufstieg zum **Luisentempel,** einem Pavillon auf gusseisernen Säulen und 1823 in Mägdesprung hergestellt. Eine einstündige, aussichtsreiche Wanderung führt auf dem **Klippenweg** hoch über dem Selketal nach Mägdesprung.

## Mägdesprung ▶ H 4

Gleich hinter Alexisbad folgt mit Mägdesprung ein weiterer Ortsteil von Harzgerode, ehemals ein bedeutender Industriestandort. Reiche Erzvorkommen in der Umgebung sowie die Wasserkraft bildeten gute Voraussetzungen für die 1646 gegründete Eisenhütte, denen aber hohe Transportkosten entgegenstanden. So begann man schon früh mit der Weiterverarbeitung des Eisens vor Ort. Besonders für den **Eisenkunstguss** war die Hütte bekannt, wie die große Tierplastik »Besiegter Hirsch« (1862) auf dem Hüttenplatz zeigt.

### Neue Maschinenfabrik Carlswerk
*www.harzgerode.de/carlswerk,*
*Tel. 039484 747 67 03, April–Okt tgl.*
*10–16 Uhr, Spende erwünscht*
Neben den Eisenkunstguss trat später der Maschinenbau: Die Neue Maschinenfabrik Carlswerk wurde 1829 als eine der ersten in Deutschland gegründet und produzierte auch nach dem Ende der Verhüttung 1875 weiter, nun mit angeliefertem Roheisen. Hier wurden Förderanlagen, Mühlen, Dampfkessel, zuletzt auch Gaskocher gefertigt – bis die Geschichte dieser Fabrik 1991 wie die so vieler anderer endete. Heute kann man die Industrie- und Technikgeschichte von Mägdesprung in der zum Museum gewordenen Maschinenfabrik nachvollziehen. Der Ziegelbau von 1865 mit seinen riesigen Rundbogenfenstern, an der Abzweigung Richtung Selkemühle gelegen, ist für sich schon sehenswert.

## Richtung Selkemühle
▶ H 4

Die Eisenbahnlinie verlässt das Selketal, und auch Autos dürfen nur noch bis zum ehemaligen Gasthaus Selkemühle fahren (Wanderparkplatz). Dahinter sind die letzten 7 km bis zur Burg Falkenstein Fußgängern und Radfahrern vorbehalten, die eine

# Östliche Harzausläufer und Mansfelder Land

weite, nahezu parkartige Talaue genießen können. Als Erweiterung der Hütte von Mägdesprung entstanden flussabwärts zwischen 1777 und 1786 der **I. bis IV. Friedrichshammer,** deren Namen heute noch an der Straße zu lesen sind.

### III. Hammer
Auf dem kleinen Friedhof am III. Hammer sind noch etliche Kunstgüsse erhalten. Hinter dem III. Hammer ist über eine Brücke das 5,20 m hohe Mundloch-Bauwerk des **Herzog-Alexis-Erbstollens** zu erreichen. Das metallene Portal – um 1830 natürlich in Mägdesprung gegossen – besteht aus zwei dorischen Säulen mit klassizistischem Kapitell obendrauf. Eine Tafel informiert recht fachchinesisch darüber, dass der ca. 2,3 km lange ›Erbstollen‹, d. h. der tiefste Entwässerungsstollen in einem Grubenrevier, der die darüberliegenden ›enterbt‹, im ›Gegenortbetrieb‹ hergestellt, also von zwei Orten aus durch den Berg getrieben wurde. Der ›Durchschlag‹ erfolgte 1862 – man traf sich also im Berg – und die ›Wasserhaltung‹ funktioniert seitdem: Man sieht, dass Wasser herauskommt.

## Burg Falkenstein❗ ▶ J 4

*www.falkenstein-harz.de, Tel. 034743 53 55 90, April–Okt tgl. 10–18, Nov.–März Di–So 10–16.30 Uhr, 6,10 €. Greifvogelschau Di–Fr 11.30 und 15 Uhr, Sa/So 11, 14 und 16 Uhr; Burggaststätte, Tel. 034743 620 12, Gerichte 8–16 €. Zu Fuß erreicht man die Burg vom Parkplatz und Gasthaus ›Gartenhaus‹ südlich von Meisdorf aus in ca. 20 Min., von der anderen Richtung führt ein 7 km langer, beschaulicher Wanderweg ab dem Parkplatz Selkemühle hierher (ca. 1,5 Std.). Ab ›Gartenhaus‹ fährt auch eine kleine Bahn hinauf (Tel. 034742 81 74, auch Kremserfahrten Tel. 034742 81 64)*

Wie das Musterbeispiel einer Ritterburg erhebt sich die Festung auf einer Felsplattform über dem Selketal. Beim Aufstieg passiert man die Reste einstiger Befestigungen: Gräben, Wälle und Pallisaden, bevor die Ostbastion in den eigentlichen Burgbereich leitet. Ein hoher Bergfried ragt über den trutzigen Mauern der vollständig erhaltenen Kernburg auf, die mächtigen Torhäuser dienten zum Schutz vor Angreifern.

Um 1120 erbaut, stellte Falkenstein eine typische Grafenburg von mittlerer Größe dar. Die Umwandlung der Burg in ein Wohnschloss im 16. Jh. hat den äußeren Eindruck der Wehrhaftigkeit kaum geschmälert. Sind

**Burg Falkenstein – eine Festung wie aus dem Bilderbuch**

---

### *Unser Tipp*

**IV. Hammer**
Im IV. Friedrichshammer ist der **Selketaler Waldgasthof** eingezogen – ein einziges Idyll: Die Gastronomie findet seit 2009 in der alten Scheune und natürlich auch draußen statt, der Kuchen wird selbst hergestellt, das Essen ist vegetarisch bis vegan, im alten Hammerwerk von 1786 wird gewohnt. (Ferienwohnung 2 Pers. 55 €, bis 4 Pers. dann 75 €, auch Zimmer ab 5 Pers. bei 2 Pers. 50 €, dann wieder 10 €/Pers.) Und ringsherum findet sich Natur ohne Verkehr (Mitte Jan.–Feb. und Mo/Di geschlossen).

## Östliche Harzausläufer und Mansfelder Land

die weite, von Stall- und Wirtschaftsgebäuden gesäumte Vorburg und der Mittelhof durchquert, gelangt man in den dreieckigen Burghof mit dem **Bergfried** und dem umliegenden Wohnbereich. Zu den interessantesten Räumen zählen die alte **Küche** mit der zentralen Feuerstelle, der **Rittersaal** und die **Burgkapelle** mit kunstvollen mittelalterlichen Glasfenstern. Andere Räume haben im Laufe der Zeit ihr Gesicht stärker verändert. So findet man Ergänzungen aus Neugotik und Biedermeier, Stilmöbel des 17. und 18. Jh., historische Gemälde und Waffen. Ein anderer Gebäudeteil beherbergt eine Ausstellung zum ›**Sachsenspiegel**‹, der vermutlich hier von Eike von Repgow niedergeschrieben wurde (s. S. 61). Von der Plattform des Bergfrieds hat man eine fantastische Aussicht über Burg und Täler.

Spannend sind auch die 30-minütigen Vorführungen mit verschiedenen Greifvogelarten, die in der Vorburg durch den **Falkenhof** gezeigt werden.

Zwischen Gartenhaus (Parkplatz zur Burg Falkenstein) und Wiesenrode liegt der **Landschaftspark Degenershausen**. Der Park von 1924 im englischen Stil und mit schönem Staudengarten ist frei zugänglich (April–Sept. 8–19, übrige Zeit 9–17 Uhr).

### Übernachten, Essen

*Edel* – **Resort Habichtstein:** Alexisbad, Kreisstr. 4, Tel. 039484 780, www.habichtstein-harz.de, DZ ab 98 €. Engagiert geführtes Wellnesshotel, z. T. im alten Hotelgebäude Försterling von 1890. Im **Restaurant** werden Speisen mit gehobenem regionalem Akzent serviert (10–24 €).
*Nah zur Burg* – **Gartenhaus:** Tel. 034743 81 74, DZ 70 €, Gerichte 10–15 €. Gasthaus mit Biergarten, abends wird es hier ruhig.

*Etwas trubelig* – **Ferienpark Birnbaumteich:** Neudorf (7 km südl. von Alexisbad), Tel. 039484 62 43, www.ferienpark-birnbaumteich.de, Hütten ab 25 €/2 Pers., Ferienhäuser ab 59 €/4 Pers. Der Campingplatz mit Badesee ist gut für Familien geeignet.

### Aktiv

*Freizeit am Wasser* – **Birnbaumteich:** Badesee (s. o.), Spielplatz, Beachvolleyballplatz, Tretboote.

### Infos

Die **Tourist-Information Harzgerode** ist auch für das Selketal zuständig (s. S. 233).

**Verkehr**
**Selketalbahn** ab Gernrode (s. S. 233), www.selketalbahn.de.
**Regionale Verbindungen:** HVB-Bereich Quedlinburg, Tel. 03946 22 36.

# Ballenstedt ▶ H/J 4

Ballenstedt war ab 1765 Residenz der Fürsten von Anhalt (Askanier), deren berühmter Stammvater Albrecht der Bär hier begraben liegt. So wird die Stadt noch heute markant vom Schlossberg überragt.

# Schlossberg

Den Schlossplatz umgibt ein sehenswertes Gebäudeensemble. Das **Städtische Museum** (Tel. 039483 88 66, Di–Fr 10–16, Sa/So 10–12, 14–16 Uhr, 3 €) hat seinen Sitz in einem barocken Stadtpalais von 1756. Benachbart liegt das **Schlosstheater** von 1788, ein klassizistisches Kleinod und älteste Spielstätte Sachsen-Anhalts mit umfangreichem

## Ballenstedt

Programm. Der ehemals verfallene ›Große Gasthof‹ von 1733 wurde originalgetreu nachgebaut und beherbergt heute das noble **Schlosshotel**. Am Parkplatz ist die alte **Burg Anhalt** als Modell zu besichtigen.

**Schloss und Schlosspark**
*Schlossplatz, Tel. 039483 825 56, Di–So 10–16, Mai–Okt. nur Sa/So bis 17 Uhr, 2 €, Schlosskirche und -turm 1 € extra*
Das barocke Schloss wurde im 17. Jh. auf den Resten einer Burg- und Klosteranlage erbaut, Kirche, Turm und Galerie können besichtigt werden. Der Südflügel beherbergt die **Askanierausstellung**, im Nordflügel zeigt das Cinemax alte Filme, in den Westtrakt sind Kunstgalerien eingezogen. Der angrenzende **Schlosspark** wird von einer terrassenförmigen Hauptachse mit vier Wasserbassins geprägt. Ein idyllischer Landschaftsgarten mit Bachlauf und Teich, verspielten Brücken und Bänken umschließt sie.

## Altstadt

Vom Schlossplatz führt die lange, prachtvolle Allee hinunter ins Zentrum, am Anhaltiner Platz beginnt die **Fußgängerzone**. Durch diese und über die verkehrsreiche Wallstraße hinweg gelangt man durch die Breite Straße zum alten Ortskern, wo Fachwerk enge Gassen und kleine Plätze säumt. Vorbei am Neuen Rathaus und dem von Mauern abgeschirmten Oberhof – Adelssitz aus dem 15. Jh. und heute wieder als solcher privat genutzt – erreicht man den **Kirchhofplatz** mit dem Alten Rathaus, einem schönen Fachwerkbau von 1683 – heute Sitz der Stadtbibliothek und eines Lokals. Alte Wohnhäuser, darin eine schöne Pension, und der trutzige Marktturm, Teil der einstigen Stadtmauer, umgeben den malerischen Platz.

## Ausflüge in die Umgebung

**Gegensteine** ▶ H 3
*Richtung Schießsportzentrum, ab der B 185 beschildert*
Vor den Toren der Stadt lohnen diese markanten Felsbänder, ähnlich der Teufelsmauer (s. S. 206), einen Besuch. Mit einem schönen Aussichtspunkt, erreichbar über steile Steintreppen.

**Roseburg** ▶ H 3
*www.roseburg-harz.de, Tel. 0152 59 71 89 74, Nov.–März 11–16, April–Okt. 10–18 Uhr, 3 €*
Nicht weit entfernt liegt auf einer felsigen Anhöhe zwischen Ballenstedt und Gernrode das neuromantische Fantasieschloss von 1925 mit verwunschener Gartenanlage und Café (Sa/So 12–17, Fr ab 14 Uhr.

**Klosterkirche Konradsburg** ▶ J 4
*Tel. 034743 925 64, Mo–Fr 11–16, Sa/So 11–17, Spende (2 €) wird erwartet. Sa/So Café: 14–17, April–Okt. bis 18 Uhr, auch einfache DZ 49 €*
Wirklich alt ist diese Klosterkirche bei Ermsleben, 10 km östlich von Ballenstedt gelegen. Die romanische Hallenkrypta von 1200 ist berühmt für ihre reiche Bauplastik an Säulen und Kapitellen.

**Burgruine Arnstein** ▶ K 4
*Besichtigung frei*
Die romantische Ruine (1130) mit gut erhaltenem Palas, Bergfried und Gewölbekeller liegt inmitten alter Obstwiesen auf hohem Bergsporn zwischen Harkerode und Sylda, südöstlich der Ortschaft Falkenstein (Parkmög-

# Östliche Harzausläufer und Mansfelder Land

**Im Innenhof von Schloss Ballenstedt**

lichkeiten und ein idyllischer Rastplatz unterhalb, unbeschildert).

## Übernachten, Essen

*Sehr nobel* – **Schlosshotel Großer Gasthof Ballenstedt:** Schlossplatz 1, Tel. 039483 510, www.ballenstedt.vandervalk.de, DZ ab 109 €. Fürstlich wohnen am Barockschloss.

*Nobel* – **Parkhotel Schloss Meisdorf:** Meisdorf (7 km östl. von Ballenstedt), Allee 5, Tel. 034743 980, www.meisdorf.vandervalk.de, DZ ab 79 €. Das gräfliche Schloss von 1787 inmitten schöner Parkanlagen ist heute ein Golfhotel mit allem Komfort.

*Freundlich* – **Pension am Markt:** Alter Markt 8, Tel. 039483 535 38, www.pension-ballenstedt.de, DZ 68 €. Die Pension im Fachwerkhaus von 1710 strahlt eine helle Atmosphäre aus, originell ist die Weinstube im Gewölbekeller.

*Für Pferdefreunde* – **Feriencamp Reiterhof Pansfelde:** Pansfelde (11 km südl.), Gartenhaus 1, Tel. 034743 81 64, www.reiterhof-pansfelde.de. Ferienhäuser 4 Pers. ab 360 €/Woche. Auch Kremserfahrten.

## Aktiv

*Schönes Gelände* – **Golfpark:** am Schlosshotel Meisdorf (s. o.), abwechslungsreicher 18-Loch-Platz.

## Infos & Termine

**Infos**
**Ballenstedt Information:** Anhaltiner Platz 11, 06493 Ballenstedt, Tel. 039483 263, www.ballenstedt.de, Mo–Fr 9–17, Mi nur bis 12 Uhr.

**Verkehr**
**Selketalbahn** ab Gernrode (s. S. 233), www.selketalbahn.de.
**Regionale Busverbindungen:** Harzer Verkehrsbetriebe (HVB) – Bereich Quedlinburg, Tel. 03946 22 36, hvb-harz.de.

**Termine**
**Rockharz:** Anfang Juli in Ballenstedt, www.rockharz-festival.com. Metalfestival.

# Hettstedt ▸ K/L 4/5

Hettstedt hat durch die wirtschaftliche Talfahrt seit der Wende etwa ein Viertel seiner ehemals 21 000 Einwohner verloren. Das **Stadtzentrum,** in dem die Gassen neu ›auf alt‹ gepflastert sind, strahlt eine gemütliche Atmosphäre aus – hier etwas Stuck, dort ein herrschaftliches Haus. Man meint den einstigen Wohlstand durch Kupfer noch zu spüren. Die Altstadt ist teilweise noch mit der Stadtmauer von 1439 umgeben. Technikinteressierte können das **Museum der Drucktechnik** vor dem Digitalzeitalter besichtigen. In der seit 1886 bestehenden Historischen Druckerei Heise werden auf Wunsch viele der Maschinen von 1890–1940 in Betrieb gesetzt (Wilhelmstr. 2, Tel. 03476 857 45 98, Mo–Fr 10–17 Uhr, Spende erwünscht). Hettstedts bedeutendste Sehenswürdigkeit ist jedoch das **Mansfeld-Museum** (siehe Entdeckungstour S. 242).

## Übernachten

*Außerhalb* – **Reit- und Sporthotel Nordmann:** Stangerode, Deistr. 23, Tel. 034742 95 30, DZ ab 98 €. Schöne Lage im Einetal, Fahrradverleih, Sauna, Pool.
*Gemütlich* – **Pension & Café am Markt:** Markt 37, Tel. 03476 81 02 13, DZ ab 55 €.

## Essen & Trinken

*Gutbürgerlich* – **Ratskeller:** Am Markt 1–3, Tel. 03476 936 31 84, tgl. ab 10 Uhr, 12–23 €. Beliebtes Lokal.

**Mansfelder Bergwerksbahn**
▸ K/L 5
Ab 1880 verband die Werksbahn mit einer Spurbreite von nur 75 cm sieben Schächte und sechs Hütten und umfasste 1925 eine Strecke von ca. 50 km. Nach Schließung der letzten Hütten wurde 1990 der reguläre Güter- und Berufsverkehr eingestellt. Seit 1991 betreibt ein Verein sie als **Museumsbahn:** Freizeit-Lokführer lenken sie in 40 Min. von Klostermansfeld/Benndorf über Siersleben bis Hettstedt Kupferkammerhütte (Mitte April–Anfang Okt. Sa 15 Uhr Ab-, 16 Uhr Rückfahrt). Bei der vorletzten Station Eduardschacht gibt es einen Shuttle zum Mansfeld-Museum, wobei die Zeit für einen Besuch knapp ist. Dieses lohnende Ziel sollte man gesondert besuchen (s. S. 242). Achtung: Züge nur 3. und 4. Klasse! (Auskunft Mo–Fr 7–14 Uhr, Tel. 034772 276 40, www.bergwerksbahn.de, 12 €).

## Aktiv

*Erfrischend* – **Freibad:** Sandersleber Str., Tel. 03476 81 26 30, Mai–Sept. 10–20 Uhr, 3,50 €.

## Infos & Termine

**Infos**
**Stadtinformation Hettstedt:** Markt 1–3, 06333 Hettstedt, Tel. 03476 81 21 92, www.hettstedt.de, Mo/Mi 8.30–14, Di–18, Do bis 16.30, Fr bis 12.30 Uhr.

**Termine**
**Hettstedter (Modell-)Dampftage:** Mitte Aug. stehen im Mansfeld-Museum die verschiedensten Maschinen unter Dampf. Dass sich darunter auch die Museumseisenbahn befindet, versteht sich von selbst. ▷ S. 245

# Auf Entdeckungstour: Industriegeschichte rund um das Mansfeld-Museum

Im Mansfelder Land wurde 800 Jahre lang Kupferschiefer-Bergbau und wird bis heute seine Verhüttung und Verarbeitung betrieben. Die Spuren sind sowohl im Museum als auch in der Umgebung zu finden, aus der besonders die Spitzkegelhalden herausragen – und das im doppelten Sinne des Wortes.

**Reisekarte** ▶ K/L 5

**Start/Ziel:** Mansfeld-Museum, Schlossstr. 7, Hettstedt, Tel. 03476 20 07 53, www.mansfeld-museum.hettstedt.de
**Anfahrt:** Auf der B 86 (Mansfelder Str.) von Süden Richtung Hettstedt, zwischen Großörner und Hettstedt zweigt auf der Höhe des MKM-Betriebsgeländes die Schlossstraße rechts ab, an der das Museum liegt und in deren Verlängerung die Radtour beginnt.

**Öffnungszeiten:** Mi–So 11–17 Uhr, Weihnachten geschl., 3 €.
**Haldenbesteigung:** Das ist eigenständig verboten! Hin und wieder finden aber geführte Aufstiege statt, bei denen Profis für die notwendige Sicherheit sorgen. Interessierte googeln ›Haldenbesteigung Mansfelder Land‹.
**Tourinfos:** knapp 50 km von/bis Mansfeld-Museum, gut als Radtour geeignet: ein 3 km langer Abschnitt auf der B 180 (ohne Radweg), sonst Neben-, Ortsstraßen und Feldwege

Zwei zugewanderte Bergleute seien es gewesen, die um 1200 bei Hettstedt das erste Kupfer fanden: Nappian und Neuke. Diese legendären Entdecker flankieren heute in Stein gemeißelt den Eingang des Hettstedter Mansfeld-Museums. Halb liegend mit geneigtem Kopf erinnern sie an die beschwerliche Arbeit in den oft nur einen halben Meter hohen Stollen: Diese Haltung brachte den frühen Kumpeln den Beinamen Schiefhälse ein. Übrigens: Mit spitzer, ausgestopfter Filzkappe, dunklem Umhang, einer Laterne und oft kleinem Wuchs, hat auch der deutsche Gartenzwerg seine Wurzeln unter Tage.

Bis zur Erschöpfung der Lagerstätten 1969 wurden im Laufe von 800 Jahren 110 Mio. t Kupferschiefer gefördert, aus denen 2,6 Mio. t Kupfer, gut 14 000 t Silber und andere Metalle gewonnen wurden. Das riesige Werksgelände der »Mansfeld-Kupfer-Messing« (MKM) erstreckt sich noch heute entlang der Mansfelder Straße (siehe Anfahrt).

### Kupfer als Lebensmittel
Zu DDR-Zeiten waren hier 9000 Arbeiter tätig, das Mansfelder Land stellte das Buntmetallzentrum der DDR dar und das Mansfeld-Kombinat beschäftigte insgesamt 50 000 Menschen – der mit den Gesetzen der freien Marktwirtschaft und der Globalisierung einhergehende Niedergang kam nach der Wende schnell und traf die Menschen der Region mit voller Wucht. Da half es den Arbeitslosen wenig, dass ihr Revier traditionell als kämpferisch galt – ausgedrückt im Begriff ›rotes Mansfeld‹, was zum einen auf die Färbung des Kupfers Bezug nahm und zum anderen auf die politische Gesinnung.

Heute hat die MKM über 1200 Beschäftigte und einen Jahresumsatz von ca. 1 Mrd. €. Auch einige kleinere Betriebe haben sich angesiedelt.

### Das Mansfeld-Museum
Der stilvolle, 1721 errichtete Barockbau des Mansfeld-Museums ist bekannt unter dem Namen ›Humboldtschlösschen‹, weil hier Wilhelm von Humboldt ab 1791 die ersten Ehejahre im Hause seiner Frau Christine von Dacheröden verbrachte. 1921 bis 1945 nutzte die Mansfeld AG es als Wohnhaus für leitende Angestellte, 1945 kam es an die Stadt Hettstedt, 1985 ans Mansfeld-Kombinat und wurde sorgfältig restauriert, bevor es 1989 als Museum eröffnet wurde.

Im Gebäude gelangt man über eine zweiläufige, weiße Holztreppe in eine kleine Mineralien- und Fossiliensammlung mit Exponaten aus der Region. Insgesamt 86 Filme – Videos zum Mansfelder Land und zur Entstehung der Hüttenbetriebe sowie alte Stummfilme über die Arbeitsbedingungen in den Gruben – werden auf Wunsch im Museum gezeigt. Auf dem Außenge-

lände der alten Villa wurde ein kleiner ›Industriepark‹ installiert, mit Abraumhalden und technischen Gerätschaften aus Bergbau, Hüttenwesen und Metallverarbeitung. Anhand einer Besuchermappe kann man sich die einzelnen Exponate erschließen.

Das Filetstück der Sammlung allerdings ist der in einem Extragebäude untergebrachte Nachbau der ersten in Deutschland gebauten **Dampfmaschine Wattscher Bauart,** der 1985 entstand. Detailgetreu bis zur letzten Schraube wurde das Original rekonstruiert und ist heute ein funktionsfähiges Industriedenkmal.

Die Geschichte des Originals ist ein früher Fall von Industriespionage, denn der junge Bergmaschinenmann Carl Friedrich Bückling erkundete die Wattschen Dampfmaschinen vor Ort in England und baute sie 1783 bis 1785 in Hettstedt nach. Der erfolgreiche Bau der ersten Dampfmaschine in Deutschland setzte bald einen Boom in Gang. Die Hettstedter Werkstatt lieferte Dampfmaschinen, die als Modelle für den aufkommenden Maschinenbau in anderen Regionen dienten. Diese technische Initialzündung der Industrialisierung ging also von Hettstedt aus – ein Grund, warum der Verein Deutscher Ingenieure (VDI) hundert Jahre später der ›Hettstedter Feuermaschine‹ ein Denkmal setzte.

### Unterwegs durch die Industrie- und Bergbaulandschaft

Um zu diesem **Maschinendenkmal (1)** zu gelangen, folgt man weiter der Schlossstraße, die einen Bogen nach rechts macht, und biegt dann links auf die Humboldtstraße. Diese und die folgende Straße immer geradeaus bis zur Eislebener Straße. Nach ca. 300 m links führt die erste Straße rechts durch eine Eisenbahnunterführung zum Denkmal, das vom Straßenende auf kurzem Fußweg zu erreichen ist.

### Große und kleine Halden

Spannender als das Denkmal selbst ist seine Umgebung, die man von einer angrenzenden Abraumhalde überblickt: Die zahlreichen sogenannten **Familienhalden,** die heute aus weiten Weizenfeldern aufragen, entstanden in der Frühzeit des Bergbaus ab 1200. Botanisch Interessierte können studieren, wie Pflanzen trotz der giftigen Schwermetallsalze das Revier zurückerobern: Kupferblümchen (!), Gemeine Grasnelke, Blasses Knabenkraut und Sauerampfer haben eine gewisse Resistenz entwickelt. Ein **Bergbaupfad** erschließt das Haldengebiet Richtung Welfesholz.

Im Laufe der Industrialisierung wurden die Schächte immer tiefer und die Halden immer höher. Zurück auf der B 180 geht es nun nach links bis Siersleben und dort links Richtung Helmsdorf. Nach gut 3 km liegt sie dann zur Rechten, die 104 m hohe **Spitzkegelhalde des Otto-Brosowski-Schachts (2),** hier endete der Mansfelder Bergbau 1969. Aber es geht noch höher: weiter bis Helmsdorf, dort rechts ab nach Polleben, ca. 5 km hinter Polleben nach rechts Richtung Volkstedt, schon von weithin zu sehen steht bald links mit 153 m Höhe der höchste Kegel der Region, der zum **Fortschrittschacht 1 (3,** 1967 geschlossen, ehemals Wolfsschacht) gehört.

In Volkstedt geht es nun rechts ab auf die Hübitzer Straße, in ihrer Verlängerung führt ein Feldweg auf die 130 m hohe Halde des **Ernst-Thälmann-Schachts (4)** zu, die er rechts passiert. Dann geht es nach halblinks, durch Hübitz nach Siersleben, wo die Runde sich schließt. Nach rechts erreicht man auf der vom Hinweg bekannten Strecke wieder Hettstedt.

# Mansfeld ▶ K 5

Der Beginn des Bergbaus im Mansfelder Land fällt in das frühe 13. Jh. Im Jahre 1484 zog ein gewisser Hans Luder mit Frau und Kindern, darunter dem Säugling Martin, von Eisleben nach Mansfeld, wo er bald zum Hüttenunternehmer und später sogar Ratsherrn aufstieg. Später änderten Martin und sein Bruder Jacob die Schreibweise ihres Familiennamens in Luther.

### Luthers Elternhaus
*Lutherstr. 26–29, Tel. 034782 919 38 10, April–Okt. tgl. 10–18, Nov.–März Di–So 10–17 Uhr, 4 €*
Mit diesem Namen ist nicht nur das Gebäude aus dem 15. Jh., sondern seit Sommer 2014 auch ein neuer Museumsbau gegenüber bezeichnet. Hier werden Exponate ausgestellt, die 2003 bei Grabungen auf dem Gelände des Elternhauses gefunden wurden. Neben tönernen Murmeln, mit denen der kleine Martin wohl gespielt hat, fand man auch metallene Überreste von Kleidungsstücken wie Nadeln und Schnallen. Interessant auch die Reste organischer Abfälle, aus denen man den Speisezettel der Familie erschließen konnte, der für die damalige Zeit recht anspruchsvoll war – z. B. wurde auch die damalige Delikatesse »Singvögel« verspeist. Am Lutherplatz steht der **Lutherbrunnen** von 1913, der den Reformator als Kind zeigt.

### St. Georg-Kirche
*Lutherstr., Mai–Okt. Di–So 10–16 Uhr*
Den Bau der benachbarten St. Georg-Kirche ab 1497 hat Luther also verfolgen können, und später hat er mehrfach in diesem Gotteshaus gepredigt. Im Inneren der Kirche ist vor allem die sogenannte **Armenbibel** sehenswert: An den Seitenwänden der hölzernen Empore wird auf 49 bemalten Holztafeln das Leben Christi dargestellt. Anfang des 17. Jh. konnte so auch das leseunkundige Volk erreicht werden. Nach dem Schutzpaton der Kirche, dem hl. Georg, nannte sich Luther während seines ›Untertauchens‹ auf der Wartburg ›Junker Jörg‹ – ein Hinweis auf seine Herkunft aus Mansfeld.

Rings um die Kirche liegt der ansprechend renovierte **Altstadtkern** mit seiner gelungenen Pflasterung. Die Stadtinformation befindet sich in der wieder aufgebauten Schule, die Luther besuchte. Schräg gegenüber vom Rathaus steht das **Lutherdenkmal,** das Phasen aus seinem Leben darstellt.

### Schloss
Einen Besuch wert ist das Schloss hoch über der Stadt, das zu Fuß in 15 Min. zu erreichen ist. Genau genommen gab es hier drei Schlösser, die zu Beginn des 16. Jh. für verschiedene Familienmitglieder der Mansfelder Grafen errichtet wurden, doch nur eins ist erhalten. Seit 1948 beherbergt die Anlage eine Christliche Jugendbildungs- und Begegnungsstätte. Gegen eine kleine Spende (1 €) sind die **Außenanlagen** zu besichtigen – rechts führt ein Durchgang zu einem zinnenbewehrten Vorsprung, von dem man einen herrlichen Blick hinunter auf den Ort hat. Auch sonst ist das alte, kaum touristisch aufbereitete Schlossgelände sehenswert, etwa der romantisch-verwilderte Schlossgraben und viele überwucherte Ruinen. Nach Voranmeldung kann man im Schloss übernachten (s. u.).

In der historischen Wächterstube befindet sich das **Schlosscafé,** zu dessen Öffnungszeiten man auch die bis 2016 sanierte Schlosskirche besichtigen kann (April–Okt. Mi–So 13–18 Uhr, sonst Fr–So 13–17 Uhr).

## Östliche Harzausläufer und Mansfelder Land

Lutherdenkmal am Markt von Eisleben

## Übernachten

*Historisches Ambiente* – **Pension Schlossblick:** Junghuhnstr. 4, Tel. 034782 909 13, DZ 59 €. Gleich hinter der Kirche.
*Verwunschenes Umfeld* – **Schloss Mansfeld:** nur nach Voranmeldung unter 034782 202 01, www.schloss-mansfeld.de, DZ 59 €.
*Familienfreundlich* – **Feriendorf am Vatteröder Teich:** 3 km westl., Tel. 034 782 87 28 55, Ferienhaus April–Okt. ab 55 €/4 Pers., übrige Zeit ab 44 €. Schöne Lage am Ausgang des Wippertals, Fahrradverleih, Restaurant.

## Essen & Trinken

*Biergarten* – **Mansfelder Hof:** Sangerhäuser Str. 29a, Tel. 034782 207 01, Di–So 11.30–14.30 und 17–22 Uhr.
*Der Name ist Programm* – **Café Wohlsein:** Teichstr. 7, Tel. 034782 202 47, Di–So 10–18 Uhr.

## Infos

### Infos
**Stadtinformation Mansfeld:** Junghuhnstr. 2, 06343 Mansfeld, Tel. 034782 903 42, www.mansfeld.eu, Mo–Fr 9–12, 13–15.30 Uhr, Führungen nach Vereinbarung.

### Verkehr
Klostermansfeld ist ein Eisenbahnknotenpunkt: Neben der DB fährt hier die **Wipperliese** nach Wippra (s. S. 251).

# Lutherstadt Eisleben ▶ L 6

Auch in Eisleben sind die Spuren des Reformators zahlreich: Zwischen Fremdenverkehrsverein und Markt widmet sich in **Martin Luthers Geburtshaus**, einem steinernen Bürgerhaus des 15. Jh., eine Ausstellung seiner Jugend in Eisleben. Auch eine bergbaugeschichtliche Sammlung ist hier angesiedelt (Lutherstr. 15, Tel. 03475 714 78 14, tgl. 10–18, Nov.–März Di–So bis 17 Uhr, 4 €).

Am **Markt** erhebt sich das **Lutherdenkmal** von 1883, vorbei am Rathaus führt der Weg zu **Luthers Sterbehaus,** wo auf drei Etagen unterschiedliche Aspekte aus seinem Leben und Werk behandelt werden. Auch das Zimmer, in dem er 1546 gestorben sein könnte, ist zu sehen (Andreaskirchplatz 7, Öffnungszeiten siehe Geburtshaus, 4 €, Kombiticket 6 €).

Gegenüber liegt die **St. Andreaskirche.** In dieser Kirche von 1498 hielt

Luther seine letzte Predigt. Kanzel, Schnitzaltar und Chorgestühl stammen aus dieser Zeit (nur April–Okt. Mo–Sa 10–16, So ab 11.30 Uhr).

**St. Marien-Kloster Helfta und Süßer See**
Keine Lutherstätte im eigentlichen Sinne ist das **Kloster** südöstlich der Stadt, das 1525 aufgelöst wurde und verfiel. Ab 1992 rekonstruiert, ist es wieder von Zisterzienserinnen bewohnt. Besucher sind willkommen, ein Gästehaus bietet Unterkunft in besinnlichem Rahmen (s. u.).

Nahe Helfta liegt der **Süße See** mit schönen Badestellen und dem trutzigen Schloss Seeburg im Südosten.

## Übernachten, Essen

*Gepflegt –* **Mansfelder Hof:** Hallesche Str. 33, Tel. 03475 61 26 20, www.mansfelderhof.de, DZ 69 €. Familiär geführt, zentral.
*Besinnlich –* **Kloster Helfta und Gästehaus:** Lindenstr. 36, Tel. 03475 71 14 00, www.kloster-helfta.de, DZ 61 €, ohne Verpflegung.
*Günstig –* **Pension Morgenstern:** Hallesche Str. 18, Tel. 03475 60 28 22, DZ 55 €. In zentraler Lage und mit garantiert frischen Brötchen zum Frühstück.

## Infos & Termine

**Infos**
**Tourist-Information Lutherstadt Eisleben/Mansfelder Land:** Hallesche Str. 4, 06295 Eisleben, Tel. 03475 60 21 24, www.lutherstadt-eisleben.de, Mo–Fr 10–17, Di–18, Sa bis 14 Uhr.

**Termine**
**Eisleber Wiesenmarkt:** 3. Wochenende im Sept. Im Jahr 2021 wird das größte Volksfest Mitteldeutschlands zum 500. Mal ausgetragen werden.

# Wippra und Umgebung ▶ H/J 5

An der Harzhochstraße (B 242) zwischen Mansfeld und Harzgerode liegt das Hotel Rammelburgblick (Tel. 034 775 75 30, DZ 70 €, Lokal 8–21 Uhr, 9–15 €). Von der Aussichtsterrasse des Hotels wirkt die namensgebende Burg inmitten bewaldeter Hänge des Wippertals aber eher unscheinbar. Sie gehörte der Familie Thurn und Taxis, die sie 1940 verkaufte. Versuche von Fürstin Gloria, die Burg nach der Wende zurückzuerhalten, scheiterten. Heute steht sie leer und ein Insolvenzverwalter herrscht seit 2016 über die Anlage. Zweigt man kurz hinter dem Lokal Richtung Wippra ab, so taucht nach wenigen Kurven die **Rammelburg** wieder auf – nun bedeutend näher und imposanter.

## Wippra ▶ J 5

Der kleine Ort wirkt mit seinen 1400 Einwohnern beschaulich (s. a. S. 65). Es gibt einige Fachwerkhäuser und auch die **St. Marien-Kirche** hat einen Fachwerkturm aus dem 18. Jh. Die Kirche selbst stammt aus dem Jahr 1000 und besitzt einen bedeutenden geschnitzten Marienaltar (1490). Zur Besichtigung meldet man sich im Pfarramt nebenan (Tel. 034775 203 48), untergebracht in einem der schönsten Fachwerkgebäude. Der Ort selbst ist noch älter und bereits im Hersfelder Zehntregister von 840 verzeichnet.

**Museumsbrauerei**
*Böttchenbachstr. 1, Tel. 034775 202 05, www.wippra-bier.de, Führungen nach Vereinbarung*
Auch die örtliche Brauerei kann auf eine lange Geschichte zurückblicken.

*Lieblingsort*

**Wippertalsperre** ▶ H 5
Außer einem Handtuch braucht man für dieses Badeerlebnis vor allem gutes Schuhwerk, denn von einem Wanderweg rechts oberhalb des Sees geht es steil hinab zu verwunschenen Einstiegs- und Lagerplätzchen. Hier hat man das Gefühl, in einen norwegischen Fjord einzutauchen, denn außer einer langgezogenen kristallklaren Wasserfläche sieht man nur steil ansteigendes Grün und, wenn überhaupt, die nächsten Badenden drei Buchten weiter (Anfahrt s. S. 250).

# Östliche Harzausläufer und Mansfelder Land

1480 entstanden, ist sie seit 1530 an ihrem heutigen Standort zu finden. Ihre gräflichen Besitzer erkannten schon 1598 sehr weise, dass »die Welt also beschaffen sei, dass ihr das Saufen nicht abgewöhnt werden kann, sondern täglich angenehmer wird«. Das heutige Familienunternehmen produziert das prämierte ›Original Wippraer Bier‹ für den eigenen Ausschank und liefert in die Umgebung. Die letzte bedeutende Modernisierung erfolgte 1905, als eine Dampfmaschine das alte Göpelwerk (durch Pferde betrieben) ablöste. Auch heute werden die Maschinen per Transmissionsriemen angetrieben, jedoch mit Strom. So kommt es, dass das heutige Bier in einer denkmalgeschützten Produktionsstätte hergestellt wird.

### Spaziergang um die Wippertalsperre ▶ H 5

Auf der Poststraße passiert man das Forstamt mit dem Wildhandel Reise (siehe Unser Tipp). Rechter Hand von der Museumsbrauerei zweigt die Eckardtstraße ab, auf der nach 6 km durch schöne Talaue die Wippertalsperre erreicht ist. Die 1951/52 errichtete Staumauer gehört mit 18 m Höhe und 126 m Länge eher zu den kleineren. Dahinter werden 2 Mio. m³ Wasser gestaut, vorrangig zum Hochwasserschutz. Ein **Rundweg** (grünes Dreieck, Nr. 4, 2 Std.) führt um die Talsperre: Nach links den Forstweg bergauf, vorbei an einer Zufahrt, die nächste Gabelung rechts, erreicht man nach 700 m das Schild »**Hundsrückental**«. Bevor man ihm nach halblinks folgt, lohnt ein kurzer **Abstecher** geradeaus bis zur Hütte eines Angelvereins: Von hier ist der Blick auf den See herrlich.

Zurück am Rundweg, geht es nun hoch über den bewaldeten Ufer entlang, zu dem bald ein Abzweig führt. Man kommt zunächst zu einen **Rastpavillon,** dann führt der Weg allmählich bergab, und nach rechts gelangt man zur **Armbrusterbrücke.** Hier, wo die Wipper in den See mündet, ist er flach und schilfig. Vorbei an einigen Ferienhäuschen, führt der Weg nun dicht am Ufer entlang, wo bald Badeplätze, Bänkchen und Aussichtspunkte zur Pause einladen. Eine **Bojenreihe** markiert den Sperrbereich nahe der Staumauer, auf deren Höhe der Weg nach links biegt und durch den Wald hinab zum Parkplatz führt.

## Übernachten

*Selbstversorger* – **Ferienanlage Schweizer Haus:** Waldstr. 11, Tel. 034775 216 91, www.ferienanlage harz.de, 4 Pers. 80 €. Große Ferienwohnungen in weitläufiger Anlage.
*Günstig* – **Ferienhaus Hahn:** Bornholz 3, Tel. 034775 204 89, zwei kleine Ferienhäuser mit schönem Garten, pro Tag 30 €/3 Pers. oder 45 €/4 Pers.

## Essen & Trinken

*Netter Garten* – **Mühlencafé:** Poststr. 8, Tel. 034775 217 04, Mi–So 11–18, Mo 12–22 Uhr. Netter Garten mit Pavillon neben dem Mühlrad. Hier gibt es Eis,

*Unser Tipp*

### Garantiert frisch

Die Jäger der Region beliefern den **Wildhandel Reise** neben dem Forstamt in Wippra. Was hier verkauft wird, stammt garantiert aus den Harzwäldern. Eine kleine Ausstellung ist dem heimischen Wild gewidmet, ein Imbiss gehört zum Geschäft (Poststr. 31, Tel. 034775 202 46, Mi–Fr 9–18 Uhr).

hausgemachte Torten und preiswerte kleine Gerichte.

## Aktiv

*Rasant* – **Sommer- und Winterrodelbahn:** am Ortseingang aus Richtung Sangerhausen, Tel. 034775 201 60, März–Okt. tgl. 10–18 Uhr, im Winter ›eingeschränkt‹, 2,50 €, 6er-Ticket 12 €. 1000-m-Abfahrt mit Tunnel, diversen Steil- und S-Kurven, außerdem ein 15 m hoher Kletterfelsen und ein Nautic Jet für Kinder (1 €) – hier wird man eine Rampe hochgezogen, um anschließend hinabzufahren und nach einem kurzen Flug im Wasser zu landen. Spielplatz und Gaststätte, selbstgemachter Kuchen und Eis auf der Terrasse.
*Luftig* – **Kletterpark Wolfstal:** Tel. 0160 93 15 95 98, Di–So 11–18 Uhr, 18 €. Gleich neben der Rodelbahn kann man in die Luft gehen. Auf sieben Parcours (davon zwei für Kinder) klettert und gleitet man durch die Bäume.
*Klassisch* – **Wippertalbad:** Tel. 034775 202 80, Mitte Mai–Aug. tgl. 10–19 Uhr. Freibad mit Liegewiese und großer Rutsche, 2016 erfolgte eine Sanierung mit neuem Becken!
*Informativ* – **Wald- und Gesteinslehrpfad Knüppeldamm:** 2,5 km, gegenüber dem Wasserwerk.
*Wandern* – Unter mehreren ausgewiesenen Wanderwegen gibt es als Besonderheit auch einen 14 km langen **»Naturistenstieg«** – wirklich für FKK-Freunde eingerichtet! Wer sich an das Thema herantasten möchte, startet vielleicht auf dem 4 km langen ›Barfußwanderweg‹ bei der Rodelbahn.

## Infos

**Infos**
www.wippra-harz.de: Website mit allen Informationen zum Ort.

**Verkehr**
Mit der **Wipperliese** von Mansfeld nach Wippra: Da der Triebwagen für die 20 km lange Strecke entlang der Wipper ca. 30 Minuten braucht und höchstens 80 km/h erreicht, hat man Zeit, das landschaftlich reizvolle Wippertal zu genießen. Mit dem Fahrplan und einer guten Karte im Rucksack haben **Wanderer** einige Gestaltungsmöglichkeiten (Weg neben Bahn jedoch lückenhaft!). Nach vorübergehender »Verschnaufpause« fährt sie nun wieder Sa/So, aber nur von Ostern bis Oktober, jedoch nicht Christi Himmelfahrt, da volltrunkene ›Väter‹ einmal einen Triebwagen zerstörten (Fahrplan unter www.wipperliese.de oder Tel. 034772 202 57).

# Röhrigschacht Wettelrode ▶ J 6

*Tel. 03464 58 78 16, Mi–So 9.30–17 Uhr, Juni–Aug. auch Di, nur über Tage 3,50 €, Einfahren unter Tage 12 €*
Das spannende Besucherbergwerk liegt zwischen Wippra und Sangerhausen. Hier ist die Geschichte des Bergbaus über und unter Tage zu erleben. Mit einer originalen Schachtförderanlage, also einer Art Aufzug, geht es senkrecht 283 m tief hinunter und dann mit einer Grubenbahn gut 1000 m in den Berg hinein. In einem alten Abbaufeld erklären ehemalige Kumpel anhand von Schauobjekten und Originalmaschinen, wie sich der Abbau von den Anfängen bis zur Einstellung des Betriebs entwickelt hat. Das Gebiet unter Tage hatte zum Schluss eine Ausdehnung von 12 x 18 km und eine Tiefe von 1000 m.

Gut nachvollziehbar ist die enorme körperliche Belastung früherer Bergleute, wenn man die z. T. nur 40 cm schmalen Spalten sieht, in denen sie

# Östliche Harzausläufer und Mansfelder Land

dem Erzgang folgten. Die ungesunde Haltung, die sie dort einnehmen mussten, brachte ihnen den Beinamen ›Schiefhälse‹ ein (s. S. 242). Die spätere Einführung Kraft sparender Druckluftgeräte veränderte nur die Art der Belastung: Der kurze Probelauf einer Maschine macht deutlich, dass durch diese Geräte alle Arbeiter einen Hörschaden bekamen. Außerdem erfährt man, wie es zu dem Mansfelder Spruch »Wir lassen mal die Ratten quieken« kam. Die in Käfigen mitgeführten Tiere reagierten (nicht nur) auf ›schlechte Wetter‹ mit Quieken, für die Bergleute ein Zeichen, die Grube schnell zu verlassen. Heute wird mit diesem Spruch ein Kneipengang angekündigt – bei jedem Wetter.

Im **Übertagebereich** des Museums sind weitere Ausstellungsstücke aus der Bergbaugeschichte, Modelle und Bilddokumente zu besichtigen.

Ein beschilderter **Bergbaulehrpfad** führt vom Museum zu mehreren Zeugnissen des Altbergbaus am Waldhang. Besonders beeindruckend sind die Pingen, bis zu 5 m tiefe trichterförmige Gruben, die bis an den Kupferschieferflöz heranreichten. Der gemütliche Pfad führt weiter bis zum **Kunstteich**, in dem Wasser als Energiereserve gespeichert wurde. Heute liegt der Teich direkt an der Straße nach Horla, dient bei schönem Wetter als großes Freibad und ist entsprechend bevölkert.

## Übernachten

*Günstig* – **Ferienobjekt Am Kunstteich:** Tel. 0345 691 96 20, www.lebenshilfe-halle.de, dort das Stichwort Freizeit anklicken. Drei voll ausgestattete Bungalows und eine Finnhütte der Lebenshilfe, die auch anderen Gästen zur Verfügung stehen (60 €/4 Pers.), 50 m bis zum Kunstteich.

## Essen & Trinken

*Beliebt* – **Waldcafé am Kunstteich:** Tel. 03464 279 24 11, ganzjährig Di–So 11–19 Uhr, 8–15 €. Schön gelegenes Ausflugslokal.

## Infos & Termine

**Verkehr**
Busse in die umliegenden Orte.

**Termine**
Tag des Bergmanns: 2. So im Juli, Fr und Sa Begleitprogramm.

# Sangerhausen ▸ J 6/7

Die Stadt, die heute für ihr Rosarium bekannt ist, war früher durch Silber- und Kupferbergbau zeitweilig bedeutend. Ein kleines Residenzschloss zeugt davon, aber auch die ausgedehnten Plattenbausiedlungen, die außerhalb der Altstadt dominieren und dort für optische Eintönigkeit sorgen. In Sangerhausen musste ab den 1950er-Jahren schnell und günstig Wohnraum geschaffen werden, denn der Kupferbergbau verlagerte sich von der ausgeerzten Mansfelder Mulde ins Sangerhäuser Revier, und zahlreiche ›Kumpel‹ mussten mit ihren Familien ein neues Zuhause finden: Wohnungen für etwa 28 000 Menschen entstanden bis in die 1970er-Jahre, und die Bevölkerung stieg sprunghaft auf 36 000 an.

Und so war Sangerhausen damals nicht nur für seine Rosen berühmt, sondern auch für den Bergbau bekannt. Bis zur Schließung der letzten Grube 1990 zählte man im Sangerhäuser Revier insgesamt 270 Schächte auf Kupferschiefer. Fast 8000 Bergleute wurden hier 1990 arbeitslos, und die Einwohnerzahl sank dramatisch. 2016

# Sangerhausen

zählte man in der Kernstadt noch 20 333 Bewohner – Tendenz weiter fallend.

Schon vom Rosarium aus sind die riesigen Kegel zu sehen, die pyramidenförmig aufragen und aus dem Abraum bestehen, der bei der Erzförderung anfiel. Der größte überragt mit seinen 147 m die Cheopspyramide um immerhin 10 m. ›Erbaut‹ wurde er 1956 bis 1990 aus 18 Mio. t Gestein, die auf einer Fläche von fast 6 ha lagern. Auch zwischen Sangerhausen und Allstedt (s. u.) kommt man bei Niederröblingen relativ dicht an einer Spitzkegelhalde vorbei, sodass man die Dimensionen direkt erfahren kann (s. a. S. 242).

## Europa-Rosarium ❗ ▶ J 7

*Am Rosengarten 2, Tel. 03464 57 25 22, www.europa-rosarium.de, April und Okt. tgl. 10–18, Mai und Sept. 9–19, Juni–Aug. –20 Uhr, April 2,50 €, Mai, Sept./Okt. 5 €, Juni–Aug. 10 €, Parkplätze rings um den Park, Kombitickets u. a. mit dem Röhrigschacht (s. S. 251), Kyffhäuser und Barbarossahöhle (s. S. 258)*

Auf einer Fläche von 12,5 ha beherbergt der 1903 eröffnete Park heute über 8000 Rosensorten und 500 Wildrosenarten. Schön eingebettet zwischen Gehölzgruppen, Wiesen, Stein- und Wassergärten, bietet er besonders zur **Hauptblüte** im Juni/Juli ein spektakuläres Spiel der Farben und Düfte. Zu den Seltenheiten zählen die Grüne und die Schwarze Rose. Ab Mai beginnt die Blüte der Wildrosen und noch im Herbst blühen einige Beet- und Strauchrosen. Über 100 000 Besucher jährlich sorgen zeitweilig für etwas Gedränge. Ruhiger ist es frühmorgens oder ab 18 Uhr, da dann die Busgesellschaften fehlen, zudem gibt es die ›Guten-Abend-Karte‹ zum halben Preis.

**Blühende Pracht im Europa-Rosarium**

Östliche Harzausläufer und Mansfelder Land

## Stadtzentrum

Auf der Riestedter Straße ist die kleine Innenstadt von Sangerhausen schnell erreicht. Links liegt am Alten Markt das **Alte Schloss** von 1260 in einem kleinen Park. Die mehrfach veränderte Burg dient heute als Musikschule und Aufführungsort (Tel. 03464 34 21 10). Nach rechts durch die Rittergasse trifft man auf die **Ulrichkirche,** eine romanische Pfeilerbasilika von etwa 1120 (Mai–Okt. Mo–Sa 10–12, 14–16, So 14–16, Nov.–April nur nach Voranmeldung: Mo–Fr 10–16 Uhr, Tel. 0160 91 65 40 17).

Nach links erreicht man mit dem Kornmarkt und Markt das Zentrum der Altstadt. Das trutzige **Rathaus** (1437) und das **Neue Schloss** (1586, heute Gerichtshaus) liegen sich gegenüber. Nicht weit davon erhebt sich die spätgotische **Jacobikirche,** in der ein kunstvoller Schnitzaltar und die 1726 von dem Silbermann-Schüler Hildebrandt gebaute Orgel einen Besuch lohnen (Öffnungszeiten wie Ulrichkirche). Repräsentative Bürgerhäuser, in den Obergeschossen mit Fachwerk versehen, säumen den Markt und die umliegenden Straßen.

### Spengler-Museum

*Bahnhofsstr. 33, Tel. 03464 57 30 48, Di–So 13–17 Uhr, 2 €; Spenglers Wohnhaus: Hospitalstr. 56, nur So 13–17 Uhr, 2 €, mit Museum 3,50 €*

Im Norden der Stadt erreicht man in Bahnhofsnähe das Spengler-Museum. Es präsentiert Stadtgeschichte, Bergbau und Naturkunde der Region. Die Hauptsehenswürdigkeit ist das **Skelett eines Mammuts** aus der Elster-Eiszeit (vor ca. 500 000 Jahren), das in einem eigens dafür gebauten Saal ausgestellt ist. Spengler entdeckte es 1930 in einer Kiesgrube bei Edersleben und setzte das 6 m lange und 3,45 m hohe Skelett in fast dreijähriger Arbeit Stück für Stück zusammen.

**Spenglers Wohnhaus** in der Hospitalstraße ist dem Museum angeschlossen und dokumentiert die Sammelleidenschaft des Heimatforschers.

## Übernachten

*Familiär* – **Hotel-Pension Am Rosarium:** Finkenstr. 24, Tel. 03464 57 82 73, DZ 68 €. Haus in ruhiger Lage.
*Modern & hell* – **Rosen-Hotel:** Juri-Gargarin-Str. 31, Tel. 03464 54 46 44, www.rosenhotel.net, DZ ab 58 €. Unterkunft am Stadtrand nahe der Schnellstraße.
*Nomen est omen* – **Harzer Erlebnishof:** Grillenberg (5 km nördl., Richtung Wippra), Hühnerberg 1, Tel. 03464 58 00, www.harzererlebnishof.de, DZ 78 €. Seminar- und Ferienhof in schöner Umgebung, mit breitem Freizeitangebot. Im **Restaurant** Wild und Vegetarisches, 7–18 €.

## Essen & Trinken

*Deftig* – **Ratskeller:** Markt 1, Tel. 03464 57 92 90, Mo–So 11–23 Uhr, 9–15 €. Im großen Gewölbe unter dem gotischen Rathaus wird gutbürgerlich gekocht.
*Auch für große Leute* – **Café ›Bück Dich‹:** Karl-Liebknecht-Str. 33, Tel. 03464 51 99 99, Mo–Fr 9–22, Sa/So 14–22 Uhr. Vor dem Umbau war der Eingang 1,60 m hoch, der Name blieb. Viel Licht und Grün sorgen für Wintergarten-Flair. Frühstücks- und Internet-Café, hausgemachte Kuchen- und Eissorten.
*Ländlich* – **Kulturscheune:** Teichstr. 2, Othal (Richtung Beyernaumburg), Tel. 03464 27 85 60, Mi–Sa 11–17, So bis 14 Uhr. Schöner alter Fachwerkscheune.

## Aktiv

*Klassisch* – **Stadtbad:** Riestedter Str. 70, Tel. 03464 57 38 33, Mai–Sept. tgl. 9–20 Uhr. Großes Freibad.

## Allstedt

*Auch im Winter* – **Schwimmhalle Sangerhausen** – »**SaWanne**«: Otto Nutschke Str. 29, Tel. 03464 52 18 09. Nach ›vollumfänglicher Sanierung‹ wurde sie Mitte 2017 wieder eröffnet (mit Sauna).

## Infos & Termine

### Infos
**Tourist-Information:** Markt 18, 06526 Sangerhausen, Tel. 03464 194 33, www.sangerhausen-tourist.de, Mai–Sept. Mo–Fr 9–18, Sa 10–14, Juni/Juli auch So 10–14, Okt.–April Mo–Sa erst ab 10 Uhr.

### Verkehr
**Züge** der Deutschen Bahn nach Nordhausen, Halle und Erfurt.

### Termine
**Rosenfestwochen:** 2. Junihälfte. Zwei Wochen lang finden Veranstaltungen im und um den Rosenpark statt.
**Nacht der 1000 Lichter:** 2. Sa im Aug.
**Kobermännchenfest:** 1. Wochenende im Sept. Die Sagengestalt aus dem Kupferbergbau gibt diesem Altstadtfest seinen Namen.

## Allstedt ▸ K 7

Gehörte Allstedt während der ottonischen Zeit zu den bedeutendsten Pfalzen des Reiches finden sich hiervon keine Überreste mehr. Aber hoch über dem Ort auf einem Felsplateau wurde eine mächtige Burg gebaut.

### Burg
*Tel. 034652 519, Di–So 10–17 Uhr, Nov.–März Di–Fr 10–16.30, Sa/So 13–17 Uhr, 6 €*
Die ältesten Teile sind gotisch, die Kernburg entstand um 1500, ihre Räume wurden um 1690 barock umgestaltet. Mit Gräben, Vorburg, Toren, Türmen und Brücken wirkt die Anlage bereits von außen sehr beeindruckend. Im Inneren ist die **Burgküche** von 1460 sehenswert; ein riesiger Kaminschlot öffnet sich über der zentralen Herdstelle. Die Einrichtung wurde nach alten Inventarlisten erstellt, und sie ist noch heute bei Burgabenden in Gebrauch.

Ein **Rundgang** führt durch prunkvolle Gemächer und die barocke Kapelle; eine Sammlung von Eisenkunstgussobjekten aus Mägdesprung ziert den Nordflügel-Korridor. Der Ostflügel beherbergt eine **Thomas-Müntzer-Ausstellung.** Der große Gegenspieler Luthers hatte in Allstedt eine seiner wichtigsten Wirkungsstätten (s. S. 59).

## Übernachten

*Modern und alt* – **Stadtmühle Allstedt:** Tel. 034652 123 99, www.stadtmuehle-allstedt.de. 1 DZ ab 40 €, zwei Ferienwohnungen in der historischen Wassermühle, 55 €/4 Pers.

## Essen & Trinken

*Burgenambiente* – **Schloss-Café Allstedt:** Tel. 034652 67 95 77, www.schloss-cafe-allstedt.de, Feb.–Dez. Mi–So 11–18 Uhr. Süßes Café, auch warme Küche: 8–13 Taler. Der Zugang ist auch ohne Schlossbesichtigung möglich.

## Infos

### Infos
An der Kasse der Burg werden die Fragen von Touristen geklärt und Info-Material bereitgehalten.

### Verkehr
**Busverbindungen** in die umliegenden Orte.

## Das Beste auf einen Blick

# Der Gebirgsrand von Süd bis West

### Highlights!

**Stolberg:** »Eine Stadt wie im Bilderbuch« nennt sich Stolberg ebenso werbewirksam wie zutreffend. Mehr als 380 Fachwerkhäuser, eines reicher verziert als das andere, besitzt das Städtchen. Überragt wird es von einem Schloss, von dessen Terrasse das Gesamtkunstwerk gut zu überblicken ist. S. 261

**Kloster Walkenried:** Das Kloster zieht viele Besucher in seinen Bann. Neben beeindruckenden Ruinen lässt seit einigen Jahren auch ein Museum in Ausstellungen und Inszenierungen das alte Klosterleben neu erwachen. S. 275

### Auf Entdeckungstour

**Nordhausen – Promenade zwischen alt und modern:** Wenig erinnert im Stadtbild an Nordhausens fast 1100-jährige Geschichte; zu viel ging durch Krieg und Vernachlässigung verloren. Umso erstaunlicher ist die spannende Mischung der Baustile: Plattenbau neben Postmoderne, Neoklassik neben Jugendstil und Fachwerk. S. 266

**Israel Jacobsen – auf den Spuren eines Reformers:** Seine Initiative wirkte jahrhundertelang nach – und dennoch muss man die Spuren Israel Jacobsons in Seesen suchen. S. 290

## Kultur & Sehenswertes

**Heimkehle:** Riesige Hallen und kleine Seen sind in der Unterwelt der Gipshöhle Heimkehle zu erleben, und die jüngere Geschichte hat bedrückende Spuren hinterlassen. S. 261

**Uhrenmuseum in Bad Grund:** Wem die Stunde schlägt. Man ahnt gar nicht, wie viele verschiedene Varianten der Zeitmessung es gibt. S. 285

## Aktiv unterwegs

**Wanderung zum Josephskreuz:** Auf steilem Weg von Stolberg zum aussichtsreichen Ziel, dem einzigen Ort, von dem man das stählerne Monstrum nicht sehen muss. S. 264

**Kirchberg-Therme in Bad Lauterberg:** Der einzige ›Stressfaktor‹ beim Entspannen und Wohlfühlen: Welche Sauna will ich als Nächstes nutzen? S. 279

## Genießen & Atmosphäre

**Zum Socken:** Uriges Ambiente herrscht im Fachwerkhaus von 1720, in der Gaststube werben nostalgische Reklameschilder für Nordhäuser Produkte. S. 270

**Originell speisen:** In diesem ›Harzer Hof‹ in Scharzfeld wird nach dem Essen von den Wirtsleuten Hoftheater gespielt. Hier werden wirklich alle Sinne angesprochen. S. 282

## Abends & Nachts

**Jugendclubhaus:** Hier wissen Eltern, wo sich der Nachwuchs aufhält, denn im Jugendclubhaus von Nordhausen sind sie selbst groß geworden oder besuchen es noch immer: wohl weniger am Samstag zur Disco als vielmehr zu einem anderen Event aus dem umfangreichen Programm. S. 270

# Gebirgs-Feeling am Harzrand

Die Harzränder im Süden und Westen waren schon früh ein bevorzugtes, weil fruchtbares Siedlungsgebiet. Ab dem Mittelalter lagen hier die Umschlagsplätze für den Handel mit den Bergbaurevieren im Gebirge: Diverse alte **Burgen** und **Pfalzen** zeugen davon, dass deren Herren ihren Anteil an der Erzausbeute hatten. Später kam in vielen Orten das Kurwesen hinzu, das durch die Gesundheitsreformen jüngerer Jahre jedoch stark kränkelt.

Bei Besuchern aus dem Flachland stellt sich angesichts steil aufragender Hänge erstes Gebirgs-Feeling ein, was auf so mancher Serpentinenstrecke in engen Tälern verstärkt wird. Biker wissen diese zu schätzen, die unmotorisierten finden auf einsamen Forst- und Waldwegen ihre Herausforderung: Zwischen Seesen und Bad Sachsa führen besonders viele attraktive Routen ins Gebirge. Und immer wieder finden sich hübsche Orte mit altem Fachwerk oder repräsentativen Bürgerhäusern, die zu Spaziergängen einladen. **Wandern** kann man im Harz zwar ohnehin nahezu überall, aber am Südharzrand besonders auf dem bestens eingerichteten Karstwanderweg.

## Der Kyffhäuser

▶ G/H 7

Mit Burgen und Pfalz, Höhlen und Wald ist der kaum 15 km lange und 473 m hohe Bergrücken, der kleine Bruder des Harzes, untrennbar verbunden mit dem Namen Friedrich I. Barbarossa (ca. 1124–90). Der Kaiser, der auf dem Kreuzzug ins Heilige Land den Tod fand, schlummert der Sage nach in seinem unterirdischen Schloss im Kyffhäuser, aus dem er ei-

## Infobox

**Reisekarte:** ▶ A–H 1–8

### Die Region im Internet
Wie der gesamte Harz ist auch diese Region ausführlich unter www.infoharz.de zu finden.

### Verkehr
Im niedersächsischen Teil der Region sind der **VSN** zuständig (Verkehrsverbund Süd-Niedersachsen, Tel. 0551 99 80 99, www.vsninfo.de), um Nordhausen die **Nordhäuser Verkehrsbetriebe** (Tel. 03631 63 92 15, www.stadtwerke-nordhausen.de), weiter östlich auch die **Regionalbus GmbH Unstrut-Hainich und Kyffhäuser** (Tel. 03632 78 23 18, www.regionalbus.de) sowie die **Verkehrsgesellschaft Südharz** (Tel. 0391 536 31 80, www.vgs-suedharzlinie.de).

### Zu Fuß unterwegs
Der 200 km lange **Karstwanderweg** zieht sich am Südharzrand entlang durch abwechslungsreiche Gipskarstlandschaft. Teiletappen eignen sich als interessante Kurztouren (www.karstwanderweg.de). Der **Harzer Baudensteig** führt in sechs Etappen von Bad Grund nach Walkenried (www.harzerbaudensteig.de).

# Der Kyffhäuser

nes Tages zurückkehren und das alte Reich wiederherstellen wird.

## Barbarossahöhle ▶ G 8

*Rottleben, An den Mühlen 6, Tel. 034671 54 50, www.barbarossa hoehle.de, tgl. 10–17, Nov.–März Di– So 10–16 Uhr; 7,50 €, Kombiticket mit Rosarium Sangerhausen s. S. 253*

Als 1865 ein Höhlensystem am Südrand des Kyffhäuser entdeckt wurde, war die Namensgebung klar: Hier schien der passende Schlafplatz des ›Alten‹ zu sein. Die Höhle bietet außer Barbarossas ›Thron‹ glasklare Seen, gebänderte Felsstrukturen aus Anhydrit und Dolomit, mächtige, herabhängende Gipslappen und weiße Alabasteraugen.

## Reichsburg Kyffhausen und Kyffhäuserdenkmal

▶ H 7

*Steinthaleben, Tel. 034651 27 80, tgl. 9.30–18, Nov.–März 10–17 Uhr, 7,50 €*

Auch die unübersehbare **Reichsburg Kyffhausen** ist mit Barbarossas Namen verbunden. Bereits im 10. Jh. entstanden, erlebte die Höhenburg Zerstörung und Wiederaufbau, bis sie ab 1152 unter Barbarossa zu ihrer endgültigen Größe ausgebaut wurde. Als die mittlerweile verfallene Anlage im Zuge der Nationalromantik wieder entdeckt wurde, entstand ab 1890 dort das monumentale **Denkmal:** Am Sockel erwacht Friedrich aus 700-jährigem Schlaf, vor dem Torbogen darüber erscheint hoch zu Ross Kaiser Wilhelm I., eine in Stein gemeißelte Symbiose zwischen dem alten Rotbart und dem Monarchen des zweiten deutschen Kaiserreichs. Die verwunschenen Ruinen der Unterburg sind kostenlos zugänglich.

## Spaziergang von Burg Kyffhausen zur Königspfalz Tilleda ▶ H 7

*Barbarossaweg: beschildert, 1 Std., 300 Höhenmeter Freilichtmuseum Königspfalz Tilleda: Anfahrt über Kelbra, www.pfalz-tilleda.de, Tel. 034651 29 23, April–Okt. 10–18, Nov., März bis 16 Uhr, Dez.–Feb. geschl., 4 €*

Von der Burg führt der **Barbarossaweg** über bewaldete Hänge und durch malerische Streuobstwiesen hinunter zum **Freilichtmuseum.** Die Burg Kyffhausen wurde einst zum Schutz dieser Pfalz errichtet. 972 erstmals urkundlich erwähnt, diente sie nach den Ottonen auch Friedrich Barbarossa als zeitweilige Residenz. Neben den Grundmauern der kaiserlichen Hauptburg geben besonders die rekonstruierten Wirtschaftsgebäude einen lebendigen Eindruck vom Alltag in einer Pfalz: Hier wurde gewebt und geschmiedet, gemahlen und getöpfert.

## Panorama-Museum ▶ H 8

*Bad Frankenhausen, Am Schlachtberg 9, www.panorama-museum.de, Tel. 034671 61 90, Di–So, April–Okt. 10–18, Nov.–März bis 17, Juli/Aug. auch Mo 13–18 Uhr, 6 €*

Bei Bad Frankenhausen befindet sich das beeindruckende Monumentalgemälde »Frühbürgerliche Revolution in Deutschland« von Werner Tübke (1929–2004), einem der bedeutendsten Maler der DDR. Von 1983 bis 1987 bemalte er in Öl eine Fläche von 14 x 123 m. Das Museum steht am Schauplatz der Entscheidungsschlacht im Bauernkrieg 1525 (s. a. S. 59).

Der Gebirgsrand von Süd bis West

## Infos & Termine

**Infos**
**Kyffhäuser Information:** 06576 Bad Frankenhausen, Anger 14, Tel. 034671 717 16/17, www.kyffhäuser-tourismus.de, April–Okt. Mo–Fr 9.30–18, Sa bis 12.30, So bis 11.30, Nov.–März Mo–Fr 10–17, Sa bis 12 Uhr.

**Termine**
**Heerlager:** Mittsommer auf der Pfalz: Historienspektakel verschiedener Mittelaltergruppen in der Königspfalz Tilleda (s. S. 259), Ende Juni.

# Goldene Aue ▶ F/G 7

Mit diesem Namen wird das fruchtbare Tal der Helme zwischen Harz und Kyffhäuser bezeichnet, die bei **Kelbra** zur Talsperre aufgestaut ist – im Sommer ein beliebtes Freizeitrevier.

## Karstwanderweg ▶ G/H 6

Über **Roßla** erreicht man am Harzrand den Karstwanderweg (Parkplatz südl. von Agnesdorf, beschildert), der nach Westen zum **Periodischen See** im Bauerngraben führt, einer der vielen Bachschwinden der Region: In dem schmalen Tal unterhalb der Gipsfelsen findet sich je nach Wasserstand ein See, Tümpel oder eine flache Erdkuhle (ca. 30 Min.). Richtung Osten führt der Wanderweg nach Questenberg (ca. 1 Std.).

## Questenberg ▶ H 6

Ein Holzpfahl mit der ›Queste‹, einem alten Sonnensymbol, überragt auf hohem Gipsfelsen den malerisch ins schmale Nassetal gezwängten Ort – ein herrlicher **Aussichtspunkt**. Zwei kurze, steile Abstiege führen zu Tal, wo am kleinen **Kirchplatz** ein ›Halseisen‹ – Zeichen der niederen Gerichtsbarkeit – und eine Rolandsfigur davon zeugen, dass der ein wenig verschlafen wirkende Ort einst bedeutender war als heute. Auch die **Ruine Questenburg,** auf einem Pfad ab der Kirche zu erreichen, stammt aus bewegteren Zeiten, als hier die Grafen von Bleichingen das enge Durchbruchtal kontrollierten. Von den beeindruckenden, verwunschen anmutenden Burgruinen reicht der Blick talauswärts bis in die Goldene Aue.

## Übernachten, Essen

*Mit Stil* – **Harzhotel Fünf Linden:** Wickerode (bei der Autobahnabfahrt Roßla), Schulplatz 94, Tel. 034651 350, www.hotel-fuenf-linden.de, DZ 82 €. Modernisiertes Traditionshaus in idyllischen Dörfchen Wickerode, ganz in der Nähe des Karstwanderweges.
*Gemütlich* – **Ferienhotel Wolfsmühle:** Rodishain (bei Rottleberode), Zur Wolfsmühle 20, Tel. 034653 348, www.wolfsmuehle.de, DZ ab 59 €. Landgasthof mit Camping.
*Keltische Spezialitäten* – **Gasthaus zur Queste:** in Questenberg, Dorfstr. 9, Tel. 034651 27 92, tgl. 11–23 Uhr, Do geschl., 8–13 €. Die Wirtin vermittelt auch private Zimmer für ca. 20 €/Pers. Auf Wunsch werden Filmdokumente vom Questenfest (s. u.) gezeigt.
*Mit Strandbad* – **Seecamping Kelbra:** Lange Str. 150, Tel. 034651 452 90, www.seecampingkelbra.de, FeHa für 4 Pers. ab 76 €/2 Nächte, Schlaf-Fässer für 2 Pers. ab 30–35 €. Einfache Ausstattung, schöne Seelage, mit Restaurant.

## Aktiv

*Originell* – **Freibad Kiesgrube:** A 38 Abfahrt 14 (Roßla), dort Richtung

Roßla, dann links ausgeschildert, Tel. 034654 454, Juni–Aug. Di–Fr 14–19, Sa/So ab 11 Uhr, 3 €. Baden in der Kiesgrube mit Aussicht auf Schwimmbagger. Herrlich klares Wasser, Beachvolleyballfeld und Spielplatz, schönes Wiesengelände. Achtung: Es gibt nur einen kleinen Nichtschwimmerbereich!

## Termine

**Questenfest:** Am Pfingstmontag wird das Sonnensymbol oberhalb von Questenberg erneuert.

# Stolberg und das Thyratal ▸ F/G 5/6

## Heimkehle ▸ F 6

*Bei Rottleberode, Tel. 034653/3 05, www.hoehle-heimkehle.de, nur auf Führungen zugänglich, März–Okt. und in den Ferien ab 10 Uhr alle 1,5 Std., Nov.–Feb. nur Fr–So 11, 12.30, 13.45 und 15 Uhr, 5,50 €, auch für Rollstuhlfahrer. Achtung: Innen nur 7 °C, Ausstellung zur Geologie der Karstregion am Ausgang*

Harzeinwärts Richtung Stolberg liegt im Thyratal diese weitläufige **Gipskarsthöhle,** die durch Auswaschung des hier vorherrschenden Anhydritgesteins entstanden ist. Von den gut 2 km langen erschlossenen Hohlräumen werden 600 m auf der Führung gezeigt. Beeindruckend sind die Ausmaße mancher Räume, darunter der große **Dom** mit 22 m Scheitelhöhe, und die **Lasershow.** Auch heute noch durchfließt Wasser die Höhlen und bildet unterirdische Seen.

Wie etliche Höhlen der Harzregion war die Heimkehle ab 1944 Standort einer unterirdischen Rüstungsfabrik, in der sich Hunderte von Zwangsarbeitern aus dem Außenlager Rottleberode des KZ Mittelbau Dora zu Tode schuften mussten (s. S. 63). Ein Mahnmal und die Betonflächen der Produktionshallen erinnern noch an diese Zeit.

## Stolberg ! ▸ F/G 5

In Stolberg herrscht überall Parkverbot, denn schließlich stellt man sein Auto ja nicht in einem Freilichtmuseum ab (Parkplätze an den Zufahrtsstraßen). Der kurze Weg durch den 1300 Einwohner zählenden Ort dauert seine Zeit, denn immer wieder zieht eines der über **380 Fachwerkhäuser** die Aufmerksamkeit auf sich. 18 von ihnen sind bereits vor 1530 erbaut worden.

Neben Handel und Handwerk spielte Fremdenverkehr früh eine Rolle, besonders nachdem 1923 die Zugverbindung hergestellt war. Die idyllische Lage und das bereits Anfang der 1970er-Jahre unter Denkmalschutz gestellte Stadtbild sorgen bis heute für einen regen Besucherstrom. Dennoch hat sich das ›Rothenburg des Harzes‹ gegenüber dem Original eine ruhige Beschaulichkeit bewahrt.

### Schloss
*Tel. 034654 85 88 80, April–Okt und in den Ferien Di–So 11–17, Nov.–März Fr–So 11–16 Uhr Spende erwünscht, öffentliche Führung: Fr 20, Sa 14 Uhr, 4 €*

Auf einem Bergsporn hoch über der Stadt thront das Schloss der Grafen zu Stolberg, 1210 erstmals urkundlich erwähnt. Sein heutiges Aussehen erhielt es durch Umbauten zum Ende des 17. Jh. Ab 1951 diente das Schloss der Gewerkschaft Unterricht und Erziehung als Erholungsheim. Während der

## Der Gebirgsrand von Süd bis West

Ganz Stolberg scheint aus wunderschönem Fachwerk erbaut zu sein

›blaue Saal‹ als Fest- und Konzertsaal genutzt wurde, stand der ›rote Saal‹ (Entwurf Karl Friedrich Schinkel) schon damals unter Denkmalschutz. Seit 2002 ist die Deutsche Stiftung Denkmalschutz Besitzerin des Schlosses und führt umfangreiche Sanierungsarbeiten durch, die in einer kleinen Ausstellung dokumentiert werden. Die Sanierung soll 2018 abgeschlossen sein, fertige Teile wie den **Fürsten- und Barockflügel** (mit blauem Salon) kann man schon besichtigen, und die schöne Aussicht über die Fachwerkstadt lohnt ohnehin einen Besuch.

### Museum Alte Münze
*Niedergasse 19, Tel. 034654 859 60, Nov.–März 10–16, sonst bis 17 Uhr, 2 €*
In einem prächtigen Fachwerkbau von 1535 ist eine der besterhaltenen historischen Münzprägestätten untergebracht. Reiche Silbervorkommen bildeten die Grundlage. Hier wurde die Jahresmedaille 2006 **Juliana von Stolberg** gewidmet, deren Geburtstag sich zum 500. Mal jährte. Sie kann quasi als die Harzer Stamm-Mutter des niederländischen Königshauses gelten: Juliana brachte in zwei Ehen 16 Kinder zur Welt,

# Stolberg und das Thyratal

wobei der älteste Sohn aus zweiter Ehe als Wilhelm von Oranien in die Geschichte einging.

### Markt

Stattliche Fachwerkbauten umgeben den Markt. Das **Rathaus** am Markt stammt von 1452, erhielt jedoch diese Funktion – sowie auch die Sonnenuhr – erst 1724. Zuvor war es unten als Handelshaus, darüber als Tanzboden und zuoberst als Schule genutzt worden. Im Inneren existieren keine Treppen, die beiden oberen Etagen haben ihren Zugang von der breiten Treppe, die hinauf zur St. Martini-Kirche führt.

Vor dem Rathaus steht das **Thomas-Müntzer-Denkmal** von 1989. Mit ihm wurde der berühmteste Sohn der Stadt zu seinem ungefähr 500. Geburtstag geehrt, genauere Daten fehlen, nur der Beginn seines Studiums 1506 in Leipzig ist beurkundet. Als Theologe schlug Müntzer sich zunächst auf die Seite Luthers, im Bauernkrieg 1524/25 war er der Anführer der Aufständischen in Thüringen, gegen die Luther 1525 in der Stolberger Martinikirche erfolglos wetterte. In der Schlacht von Frankenhausen erlit-

## Der Gebirgsrand von Süd bis West

ten sie wenig später eine vernichtende Niederlage (s. S. 59).

Schräg gegenüber dem Rathaus steht als eines der wenigen gemauerten Gebäude Stolbergs der **Seigerturm** aus dem 13. Jh., mit einem Aufsatz aus dem frühen 19. Jh. Der Begriff *seigern* bedeutet ›ausschmelzen‹, verweist also darauf, dass auch bei Stolberg Bergbau betrieben wurde, allerdings nur bis ins 17. Jh.

**Museum Kleines Bürgerhaus**
*Rittergasse 14, Tel. 034654 859 55, April–Okt. und in den Ferien Di–Fr 13–16, Sa/So 10–12 und 14–16 Uhr, sonst nur Fr–So, Spende erwünscht*
Das kleine Fachwerkhaus von 1450 ist anschaulich mit altem Hausrat und der Werkstatt eines Schusters eingerichtet.

**Josephskreuz** ▶ G 5
*April–Okt. Mo–Fr 10–17, Sa/So bis 18 Uhr, Nov.–Anf. Feb. Fr–So 11–16 Uhr, ab 2. Woche Feb. Mi–So 11–16, März Di–So 10–16 Uhr, 3,50 €*
Von der Neustadtstraße in Stolberg führt ein knapp 5 km langer Wanderweg zum Aussichtsturm auf dem 579 m hohen **Großen Auerberg**; kürzer gelangt man ab dem Hotel Schindelbruch (s. u.) hinauf. Das eiserne Doppelkreuz wurde 1896 errichtet, hat eine Höhe von 38 m und wiegt 123 t. Bei seinem Bau wurden allein 100 000 Nieten verwendet, mit denen auch die 200 Stufen befestigt sind (Turmlokal: Bergstüb'l Josephskreuz, Tel. 034654 476, www.bergstuebljosephskreuz.de, Tel. 034654 859 63, Mai–Okt. tgl. 10–17, Dez.–April Di–So 10–16 Uhr.)

Am Berghang heißt ein Wegstück nach einer Idee des bekannten deutschen Chorleiters Gotthilf Fischer »Straße der Lieder«. Seit 1994 gibt es an 14 Stationen Hinweise auf je ein Volkslied, das man singen kann – aber nicht muss.

## Übernachten, Essen

*Komfortabel* – **Naturresort Schindelbruch:** Schindelbruch 1, Tel. 034654 80 80, www.schindelbruch.de, DZ ab 184 € inkl. VP und Nutzung der Saunen, Bäder und Fitnessbereiche. Am Fuß des Auerbergs, mit Wellnessbereich und Ausflugslokal (13–25 €).

Historischen Fachwerkstil haben folgende Häuser, in den Restaurants wird durchweg gute Harzer und deutsche Küche serviert, im Bürgergarten mit Tendenz zu mehr Leichtigkeit:

*Für Aktive* – **Hotel Zum Bürgergarten:** Thyratal 1, Tel. 034654 81 10, www.hotel-zum-buergergarten.de, DZ ab 78 €. Mit Fitnessbereich, Sauna und Whirlpool. **Restaurant**, 13–22 €.

*Verwinkelt* – **Hotel Zum Kanzler:** Markt 8, Tel. 034654 205, www.zum-kanzler.de, DZ 90 €. **Restaurant**, 10–17 €. Vorne das Rathaus, nach hinten Blick ins Grüne.

*Alles schief* – **Gasthaus Kupfer:** Am Markt 23, Tel. 034654 422, www.gasthaus-kupfer.de, DZ 76 €. **Restaurant**, 10–17 €. Kein Zimmer ist wie das andere, aber jedes gemütlich.

*Je länger, desto günstiger* – **Ferienwohnungen Südharz:** 06536 Rott-

---

**›Stolberger Lerchen‹**
Wenn Sie die auf der Speisekarte finden, ist dies kein Fall für den Tierschutzverein. Es handelt sich nämlich um dünne, geräucherte **Bratwürste**, die meist mit Sauerkraut oder Grünkohl serviert werden. Ihren Namen verdanken die Stolberger Lerchen dem ›zwitschernden‹ Geräusch, das beim Braten entsteht.

Nordhausen

leberode/Südharz, Hauptstr. 1, Tel. 034653 72 45 86, www.ferienwohnungen-suedharz.de, FeWo bis 4 Pers. ab 110 €/2 Nächte.

## Einkaufen

*Lecker* – **FRIWI-Verkaufsstelle und Café:** Niedergasse 21, Tel. 034654 502, tgl. 9–18, So/Mo ab 11 Uhr. Seit 1891 gibt es hier Gebäck aus eigener Produktion. Spezialität: die ›Harzer Perle‹.

## Aktiv

*Wellness* – **Thyra-Grotte:** Thyratal 5a, Tel. 034654 921 10, tgl. 10–21 Uhr; Sauna Fr–So 10–21 Uhr, Mi ab 17 Uhr. Geschmackvoll gestaltete Schwimm- und Badeanlage, Whirlpool. Saunabereich mit Dampfbad, aber ohne Tauchbecken. 6 €/90 Min., 9 €/3 Std., 12,50 €/Tag, Sauna immer plus 3 €!
*Heimisch* – **Harzgarten:** am Festplatz/Rittertor. Hübsche Grünanlage mit typischen Harzpflanzen.

## Infos & Termine

### Infos
**Tourist-Information:** Niedergasse 17/19, 06536 Stolberg, Tel. 034654 454 und 034654 194 33, www.stadt-stolberg-harz.de, tgl. 10–17, Nov.–März nur bis 16 Uhr.

### Verkehr
**Busverbindungen** über die Verkehrsgesellschaft Südharz (Tel. 0391 536 31 80, www.vgs-suedharzlinie.de).

### Termine
**Stolberger Lerchenfest:** 2. Wochenende im August. Historisches Stadtfest rings um den Markt.
**Heimattümliche Veranstaltungen:** Winterfest (1. bzw. 2. So in Feb.), Walpurgis- und Waldfest (Mitte Juli) – alle am Josephskreuz.

# Nordhausen ▶ E 6

Gegründet auf Handel und Handwerk, entstand um eine ottonische Burg bald eine Siedlung, die im 13. Jh. zur Freien Reichsstadt aufstieg. Deren Bürger zerstörten 1277 die Heinrichsburg des verhassten Adels und bewiesen auch danach Selbstbewusstsein, erkennbar im Beitritt zur Hanse im 15. Jh. oder dem Erwerb höchster Reichsämter im 18. Jh. Industrialisierung prägte das 19. Jh., während in das 20. ein Schreckenstag fällt:

Im April 1945 fielen Dreiviertel der Altstadt und fast 9000 Bewohner einem britischen Bombenangriff zum Opfer – die nahe **NS-Waffenschmiede Mittelbau Dora** (s. S. 63) wurde der Stadt zum Verhängnis. Heute ist Nordhausen eine lebhafte Stadt, in der sich alt und modern baulich mischen (siehe Entdeckungstour S. 266).

### Dom zum Heiligen Kreuz
*Domstr. 5, tgl. 9–16 Uhr*
Die dreischiffige gotische Hallenkirche besitzt schöne Bündelpfeiler, die in ein Netzgewölbe übergehen. Chor und Krypta stammen von zwei Vorgängerbauten. Überlebensgroße **Sandsteinfiguren** schmücken die Chorwände – vermutlich den ottonischen Stiftern gewidmet. Reiches Schnitzwerk ziert das **Chorgestühl** von 1380.

### Altes Rathaus
*Markt*
Der Renaissancebau am Markt entstand in seiner heutigen Form 1610. Der zentrale, schlanke Treppenturm und die knallrote **Rolandsfigur** an der Hausecke sind besonders markant.  ▷ S. 270

## Auf Entdeckungstour: Nordhausen – Promenade zwischen alt und modern

Wenig erinnert im Stadtbild an Nordhausens fast 1100-jährige Geschichte; zu viel ging durch Krieg und Verfall verloren. Umso spannender ist die Mischung der Baustile: Plattenbau und Postmoderne, Neoklassik neben Jugendstil und Fachwerk.

**Reisekarte:** ▶ E 6
**Ausgangspunkt:** Parkplatz am Badehaus, Grimmelallee
**Nordhäuser Traditionsbrennerei:** Grimmelallee 11, Tel. 03631 99 49 70, www.traditionsbrennerei.de, Führung (nicht im Dez.) Mo–Sa 14 Uhr, 7 € inkl. Verkostung, Kornshop 10–16 Uhr.
**Museum im Tabakspeicher:** Bäckerstr. 20, Tel. 03631 98 27 37, Di–So 10–17 Uhr, 5 €
**Flohburg:** Barfüßer Str. 6, Tel. 03631 472 56 80, Di–So 10–17 Uhr, 5 €, Fr 2 €

An der ersten Station des Rundgangs, am und um das **Badehaus** (s. S. 268), fallen schöne Jugendstilelemente an den Fassaden auf, die den Wohlstand des Nordhäuser Bürgertums um 1900 belegen – einer Zeit, als Maschinenbau, Textil-, Tabak- und Branntweinindustrie blühten.

Das Badehaus im Rücken, wendet man sich auf der Grimmelallee nach rechts, wo kurz darauf gegenüber die **Traditionsbrennerei** liegt. Hier erfährt man inmitten historischer Industriearchitektur viel über Nordhausens Geschichte des Schnapsbrennens. Dieser Wirtschaftszweig sorgte ab 1500 für einen beachtlichen Aufschwung der Reichs- und Hansestadt.

Auf der Straße Grimmel passiert man die **Stadtmauer**. Um 1300 errichtet, umgibt sie die erhöht liegende Altstadt noch weitgehend. Die Wassertreppe hinauf, liegt in der Domstraße 23 die **Finkenburg** im Fachwerkstil des 15. Jh., in der nahen Bäckerstraße der **Tabakspeicher**, heute das Handwerks- und Industriemuseum der Stadt. Eine besondere Rolle spielte seit 1750 die Tabakverarbeitung, besonders Kautabak kam von hier.

### Entlang der Stadtmauer zum Petersberg

Zurück zur Wassertreppe und auf ihr zur **Stadtmauer** hinunter, geht es den Spazierweg nach links. Über die monumentale **Lessertreppe** steigt man zu einem weiten Platz an der Rautenstraße ab, der von realsozialistischen Bauten, darunter der ehemaligen HO-Gaststätte ›Stadtterrasse‹, gesäumt wird. Jenseits der verkehrsreichen Straße geht es zum **Petersberg** hinauf. Um den Judenturm von 1460 erstrecken sich grüne Terrassen, von denen man eine weite Aussicht genießt. Oberhalb liegt der Turm der 1945 zerstörten Petrikirche, in der Nähe ein Schulzentrum aus den 1960er-Jahren.

### Vom Kornmarkt zur Promenade

Die Straße Am Petersberg führt über die Petersbergtreppe hinunter zum breiten **Kornmarkt**: Eintönige Wohnblocks haben hier Farbe bekommen. Der **Filmpalast** ›Neue Zeit‹ von 1949 (Ecke Töpferstr.) könnte ebenso auf der Berliner Stalinallee stehen, daneben hat das kultige **Café Central** seinen Sitz (Mo–Fr ab 9, Sa ab 10, So ab 14 Uhr). Gut 100 m rechts auf der Töpferstraße liegt gegenüber das neoklassizistische **Theater** von 1915. Vorbei am Zwinger, Teil der Stadtbefestigung, geht es die parkähnliche Promenade entlang. Zur Käthe-Kollwitz-Straße hin ist sie von noblen Bürgerhäusern aus dem späten 19. Jh. gesäumt, links verläuft die **Stadtmauer**, an der Sinnsprüche großer Dichter und Denker angebracht wurden. Neben dem Brecht-Zitat betritt man durch einen niedrigen Durchlass den Brunnenhof Hagen und damit wieder den Altstadtkern.

### Durch den Altstadtkern

Geradeaus auf der schmalen Blasiistraße ist an der **Flohburg** die Barfüßerstraße erreicht. Der Fachwerkbau aus dem 14. Jh. beherbergt das Museum zur Stadtgeschichte. Um die **Blasiikirche** liegen verwinkelte Gassen, hinter der Fachwerkfassade dreier schmaler Häuschen breitet sich das **Lokal Felix** (Barfüßerstr. 12) aus. Davor sitzt man auf der alten Stadtmauer und genießt die Aussicht; ganz oben mithilfe einer Orientierungstafel.

Gegenüber die Elisabethstraße hinab und weiter auf der Hohensteiner Straße erreicht man, vorbei an Gründerzeithäusern, wieder das Badehaus.

## Lieblingsort

**Frei- und Jugendstil im Badehaus** ▶ E 6

Baden in einer Jugendstilhalle von 1907 mit Mosaikbrunnen und Wasser speiendem Löwenkopf – das hat Stil. Aber auch Sport, Spaß, Sauna und Wellness kommen in moderneren Anbauten nicht zu kurz. Trotz harter Konkurrenz ist das Badehaus in Nordhausen unser Lieblingsbad im Harz (s. S. 270).

## Der Gebirgsrand von Süd bis West

**Karstquelle Salzaspring** ▶ E 6
Auf dem Weg zur Gedenkstätte Mittelbau Dora (s. o.) trifft man an der Straße für die Opfer des Faschismus auf einen links abzweigenden, holperigen Zufahrtsweg zur Karstquelle Salzaspring. Die klaren Teiche, in denen unterirdische Abflüsse der Zorge und Wieda zu Tage treten, liegen von Bäumen umgeben in einem Wiesengelände.

## Übernachten

*Komfortabel –* **Landgasthof Zur Goldenen Aue:** Nordhäuser Str. 63 (Richtung Ilfeld), Tel. 03631 60 30 21, www.hotel-zur-goldenen-aue.de, DZ ab 66 €. Neues Haus mit Sauna, Whirlpool sowie Restaurant mit Sommergarten.
*Zentral –* **Pension Rolandstuben:** August-Bebel-Platz 36, Tel. 03631 47 85 35, www.rolandstuben.de, DZ 64 €.
*Mit Badehaus-Nutzung –* **Wohnmobilplatz:** Grimmelallee, am Badehaus, 10 €, inkl. 90 Min. Bad für eine Person.

## Essen & Trinken

Das gastronomische Zentrum der Altstadt liegt an der Barfüßerstraße/Ecke Hohensteinerstraße:
*Modern in Alt –* **Felix:** Barfüßerstr. 12, Tel. 03631 60 22 00, tgl. ab 10 Uhr. Bistro im Fachwerk-Look und auf Stadtmauerbalkonen, 9–23 € (s. S. 267).
*Urig –* **Zum Socken:** Barfüßerstr. 23, Tel. 03631 98 34 36, Di–So ab 11, So nur bis 15 Uhr, 10–17 €. Drei Sorten Fassbier und frische Hausmannskost sorgen fürs leibliche Wohl – auch im Biergarten. In dem schönen Fachwerkhaus gibt es viele alte Reklameschilder zu bestaunen.
*Abkühlung –* **Eiscafé Adam:** Altendorf 63, Tel. 03631 98 37 27. Im Sommer täglich leckeres Eis in unzähligen Sorten.

### Bergbaulehrpfad Möncheberg
Als ›Mönche‹ wurden die in weite Umhänge gekleideten venezianischen Erzsucher bezeichnet, die ab dem 13. Jh. den Harz durchstreiften. Der Braunstein, ein Manganit, war als Rohstoff für die Glasherstellung wichtig und wurde in Norditalien mit Gold aufgewogen. Daher sagte man in der Region um Ilfeld von jemandem, der einen Stein warf, er werfe mit Gold (Richtung Appenrode, ab Braunsteinhaus).

## Aktiv

*Stilvoll –* **Badehaus:** Grimmelallee 40, Tel. 03631 47 99 47, www.badehaus-nordhausen.de, Mo–Fr 8–22, Sa/So 9–22 Uhr; Sauna tgl. ab 11, Di ab 18 Uhr Damensauna. Ab 6 €/1,5 Std., mit Sauna ab 12 €/2 Std., Tageskarte 10,50 €, mit Sauna 16,50 €, siehe Lieblingsort S. 268.

## Abends & Nachts

*Eine Institution –* **Jugendclubhaus:** Käthe-Kollwitz-Str. 10, Tel. 03631 98 23 58, www.jugendclubhaus.de. 1868/69 von der Harmoniegesellschaft als Vergnügungshaus für Bälle und Tagungen gebaut, findet hier auch heute ein buntes Programm statt: u. a. Disco und Liveauftritte.

## Infos & Termine

### Infos
Stadtinformation: Markt 1, 99734 Nordhausen, Tel. 03631 69 67 97, www.nordhausen.de, Mo–Fr 9–18, Sa 10–13 Uhr.

### Verkehr
**Bahn:** DB- und HSB-Stationen treffen hier zusammen, letztere fährt als **Harzquerbahn** nach Wernigerode.

**Termine**
**Rolandsfest:** 1. Junihälfte. Großes Stadtfest, nicht nur rings um den Markt.
**Altstadtfest:** 1. August-Wochenende.
**Frühjahrs- und Herbstmarkt:** Mai und Anfang Sept. auf dem August-Bebel-Platz.

# Ilfeld und Neustadt

## Ilfeld ▶ E 5

Bei Ilfeld beginnt das Tal der **Bere**, das bald steil in die vulkanischen Schichten des jungen Perm einschneidet. Nördlich des Ortes verengt sich das Tal klammartig; bizarre Klippen überragen es, das Flussbett ist mit Felsbrocken übersät.

Nahe Netzkater liegt das **Besucherbergwerk Rabensteiner Stollen,** in dem seit der Entdeckung 1737 Steinkohle gefördert wurde, allerdings nur für den häuslichen Bedarf vor Ort, da die Qualität schlecht war. Letzte Bergbauaktivitäten erfolgten in den Jahren 1921–24 und 1946–49 (Tel. 036331 481 53, www.rabensteiner-stollen.de, April–Okt. Di–So 10–17 Uhr durchgehend Führungen, Nov.–Ende Dez. nur So 10.45 und 12, Ende Dez.–März Di–Do, Sa/So 10.45, 12 und 13.15 Uhr, 11 €, Achtung: ganzjährig nur 8 °C).

Ein Wanderweg von hier in Richtung Poppenberg bietet oberhalb der Grube schöne Ausblicke auf drei Talzüge.

## Neustadt ▶ F 5

Der kleine Luftkurort abseits der Durchgangsstraßen wirkt auf eine Weise typisch, die längst überholt scheint. Noch gibt es hier keine Supermärkte am Ortsrand, alles geht eher gemütlich zu. Als ›Novenstadt‹ bereits 1372 urkundlich erwähnt, brannte der Ort 1678 komplett nieder und wurde im Fachwerkstil wieder aufgebaut. Nur das steinerne **Alte Stadttor** von 1412 hat überlebt. Vom Parkplatz gegenüber erreicht man durch das Tor schnell den Kirchplatz, an dem ein Roland von 1730 an die frühere Bedeutung des Ortes erinnert. Auf der Burgstraße gelangt man zum **Kurpark** mit dem Gondelteich, malerisch von Wald und Streuobstwiesen umgeben. Spazierwege führen hinauf zum idyllischen **Waldbad**. Auch hier ist noch alles so wie bei seinem Bau vor fünfzig Jahren – das Wasser erfrischend kalt, die Bahnen 50 m lang, alles schlicht und freundlich.

Unbestrittene Attraktion jedoch ist die Ruine der 1120 erbauten **Burg Hohnstein,** die man vom Freibad zu Fuß in 15 Minuten erreicht (siehe Lieblingsort S. 272).

## Wanderungen ▶ F 5

Zum 600 m hohen **Poppenberg** führen schöne Wanderwege: Von **Neustadt** über die idyllisch gelegene Nordhäuser Talsperre (ab Gondelteich, Markierung blaues X) oder ab **Ilfeld** durch das Gottestal (ab Bahnhof und der Tourist-Information beschildert). Oben bietet ein 33,5 m hoher Eisenturm von 1894 eine weite Aussicht. Eine fünfstündige Runde verbindet beide Strecken und führt vom Waldbad durch herrliche Hangwiesen nach Ilfeld (bis Wiegersdorf grünes X).

## Übernachten, Essen

*Schlafen in der Schule* – **Hotel am Kloster:** Ilfeld, Neanderplatz 6, Tel. 036331 366, www.harzhotel-kloster.de, DZ 62 €. Hotel in den Mauern der ehe-

## *Lieblingsort*

**Fernblick von alten Mauern – Burgruine Hohnstein** ▶ F 5
Wer diese Burgruine betritt, bleibt in herrlicher Weise sich selbst überlassen. Ohne Museumspädagogen, Audioguide und Kassenhäuschen kann man allein verwunschene Ecken und romantische Winkel erkunden, die Burg für sich in Besitz nehmen. Seitdem sie 1627 zerstört wurde, blieb sie sich selbst überlassen, bis in der Neuzeit einige Treppen und Wege für Erkundungen angelegt wurden, was die ganze Anlage nur noch sympathischer macht. Gleich unterhalb der Burg liegt der gemütliche Burggasthof – und ein Kaffee auf der Terrasse mit Blick bis zum Kyffhäuser gehört irgendwie dazu (Tel. 036331 490 49, Jan./Feb. Do–So 12–22 Uhr, März–Okt. Di–So 11–22 Uhr, Nov.–Dez. Mi–So 12–22 Uhr, auch gute Harzer Küche 10–25 €).

## Der Gebirgsrand von Süd bis West

**Flugkünstler und ein Märchenpark** ▶ C 5
Am Fahrweg zum Ravensberg liegt am Katzenstein die Zucht- und Forschungsstation für Greifvögel. Beliebt sind die Flugvorführungen, bei denen die Tiere bei gutem Wetter ihre Jagdkünste zeigen (**Harzfalkenhof**, Tel. 05523 32 91, April–Okt. tgl. 10–17 Uhr, Mai–Okt. Flugschau 11, 15 Uhr, 7 €). In der Nähe liegt idyllisch im Katzental der **Märchengrund,** einer der ältesten Märchenparks Deutschlands (Katzentalstr. 3, Bad Sachsa, Tel. 01520 265 43 77, April–Okt Do–Di 10–17, Dez.–März Sa/So 11–16 Uhr, große Zwerge 3 Thaler, kleine bis 10 J. 50 Kreutzer).

maligen Klosterschule. Gespeist wird heute im Gewölbekeller.
*Denkmalgeschützt –* **Hotel Hohnstein:** Neustadt, Burgstr. 42, Tel. 036331 467 18, www.hotel-hohnstein.de, DZ ab 60 €, 2 Tage 100 €. Traditionshaus. Im **Restaurant** sehr preiswerter Mittagstisch und gute Hausmannskost, tgl. 8–20 Uhr, 4–12 €.
*Gesundheitshof –* **Pension Haus Ibe:** Neustadt, Burgstr. 28, Tel. 036331 422 98, www.pension-ibe.de, DZ 40 €, FeWo 50 €/2 Pers., Kneippferien, Sauna und Streichelzoo. Im Hofcafé hausgemachter Kuchen, Do–Mo 14–19 Uhr.
*Camping –* **Am Waldbad:** Neustadt, An der Burg 3, Tel. 036331 47 98 91, www.neustadt-harz-camping.de.

Die Bäumchen auf dem schön gelegenen Gelände müssen noch etwas wachsen, um Schatten spenden zu können.

## Aktiv

*Klassisch –* **Waldbad Neustadt:** An der Burg, Tel. 036331 462 77, Mitte Mai–Mitte Sept. tgl. 10–18 Uhr.
*Rutschig –* **Freibad Niedersachswerfen:** Ilfeld, Am Kirchberg, Tel. 036331 424 21, Mai–Sept. tgl. 10–19, Juni–Aug. 9–20 Uhr, 3,50 €. Nicht nur Kinder werden auf der 47 m langen Rutsche ihren Spaß haben.
*Zu Pferde –* **Reitstall Klosterhof:** Neustadt, Klostergasse 5, Tel. 036331 307

66. Auch Kinderreiten und Verpflegung vor Ort.
*Interessant –* **Naturdenkmal** und **Kupferschiefer-Bergwerk Lange Wand** (Ilfeld, Uferstraße, Tel. 0152 38 46 48 27, www.lange-wand.de, Bergwerk nur mit Führung April–Okt. Sa 14 Uhr).

## Infos

**Neustadt Information/Neustädter Kur- und Fremdenverkehrsverein:** Stolberger Str. 3, 99762 Neustadt, Tel. 036331 462 77, www.neustadt-harz.de, Mo–Fr 9–13, Mo und Do 14–16, Di bis 18 und Sa 9–11 Uhr.

**Verkehr**
In Ilfeld hält die **Harzquerbahn**.

# Bad Sachsa ▶ D 5

Gut 300 m steigen die Südhänge zum Harz an, enge Talzüge führen auf kurzem Weg ins Gebirge.

Seit 1905 trägt Sachsa das ›Bad‹ im Namen. Und damals wie heute prägt der Kurbetrieb den kleinen Ort, dessen Flaniermeile sich vom Uffeplatz bis zum Kurpark erstreckt. Die barocke **Nicolaikirche** mit dem angrenzenden Rathaus markiert sein Zentrum, in dem einige ansehnliche Fachwerkhäuser wie die **Stadtapotheke** von 1734 (Marktstr. 54) erhalten sind. Am großen Kurzentrum fällt der Uffebach über Steinstufen vom **Schmelzteich** in die Grünanlagen hinunter. Oben kann man mit dem Tretboot über den See strampeln, den Kurpark auf Lehr- und Spazierpfaden durchqueren und Minigolf spielen – Beschaulichkeit pur!

Flankiert wird der Ort vom 660 m hohen **Ravensberg** mit kleinem Ski- und Rodelhang sowie ausgedehntem Wander- und Loipennetz.

## Ausflüge in die Umgebung

**Grenzlandmuseum** ▶ D 5
*Tettenborn (südlich von Bad Sachsa), Tel. 05523 99 97 73, www.gm-bad sachsa.de, Ende Juni–Anfang Nov. Mo–Sa 13–16, So 10–12 Uhr, übrige Zeit nur Mi 13–16 und So 10–12 Uhr, 3,50 €*
Kernstück der kleinen Sammlung ist ein rekonstruierter Abschnitt des alten Grenzzaunes, der nahe dem Ort verlief. Zwischen Hohegeiß, Zorge und Braunlage wandert man teilweise entlang der alten Grenze.

**Wanderungen** ▶ C/D 4/5
Die landschaftlich schönen Täler von **Zorge** und **Wieda** mit den gleichnamigen Dörfchen sind ein reizvolles Wanderterrain. Von Wieda führen Wege zum aussichtsreichen **Stöberhai** (718 m) hinauf (Start am nördl. Ortsausgang, Forstweg, markiert, ca. 1 Std.). Von Zorge zum **Krödberg** (578 m) hinauf läuft man streckenweise auf der ehemaligen innerdeutschen Grenzschneise (ab Kurhaus, Elsbach-Tal, beschildert, ca. 1,5 Std.).

Der beschauliche Kur- und Skiort **Hohegeiß** liegt bereits auf 640 m Höhe inmitten schöner Bergwiesen und dicht an der einstigen Grenze. Ein Spaziergang führt zu 450 Jahre alten **Rotfichten** (Dicke Tannen, südlich des Ortes gegenüber Campingplatz, beschildert). Bis hier herauf ins Gebirge reichte einst der Landbesitz des Klosters Walkenried.

**Kloster Walkenried!** ▶ D 5
*Tel. 05525 959 90 64, www.kloster-walkenried.de, Di–So 10–17 Uhr, 6 €, Führung 2 € extra*
Das 1127 gegründete Kloster, seit 2010 UNESCO-Weltkulturerbe, gehör-

## Der Gebirgsrand von Süd bis West

te zu den reichsten Norddeutschlands. Die Zisterzienser – oder besser gesagt: deren »um Gottes Lohn« arbeitende Laienbrüder – machten die Sumpfgebiete der Goldenen Aue urbar, rodeten Waldgebiete am Harzrand, gründeten Bergwerke, betrieben Schmelzhütten bei Wieda und Zorge, und legten ein ausgeklügeltes System von Fischteichen und Gräben an – ein lukratives Wirtschaftsunternehmen, das im **Klostermuseum** veranschaulicht wird.

Untergebracht ist es in der noch erhaltenen Klosteranlage mit dem sehenswerten gotischen **Kreuzgang**, dem noch als Kirche genutzten Kapitelsaal, dem Refektorium und den Wirtschaftsgebäuden. Angrenzend ragt die Westfassade der **Kirchenruine** beeindruckend hoch auf, bis zur Apsis erstreckt sich heute fast 100 m Grasland.

## Übernachten

*Komfortabel* – **Landhaus Helmboldt:** Bad Sachsa, Ortsteil Steina, Waldpromenade 15, Tel. 05523 18 55, www.landhaushelmboldt.de, DZ ab 64 €. Ruhige Lage, schöner Garten, mit Sauna und Dampfbad.
*Ruhige Lage* – **Hotel Pension Ursula:** Bad Sachsa, Moltkestr. 10, Tel. 05523 36 74, www.pensionursula.com, DZ ab 74 €, mit Biergarten, Kamin und Sauna.
*Erlebnisbad inklusive* – **Landal Salztal Paradies:** Bad Sachsa, Talstr. 27, Tel. 05523 953 90 22, www.landal.de. Ferienpark mit FeWos für 2–10 Pers. z.B. 2 Pers. ab 319 €/Woche, geräumig, gut ausgestattet.
*Landschaftlich schön* – **Campingpark Walkenried:** Ellricher Str. 7, nahe Kloster, Tel. 05525 778. Großzügiger Platz mit guter Ausstattung, kinderfreundlich. Hallenbad (inkl.), Sauna, Angelsee.
*Am Waldrand* – **Campingplatz am Bärenbache:** Hohegeiß, Tel. 05583 13 06, www.campingplatz-hohegeiss.de, Freibad und Restaurant angrenzend.

## Essen & Trinken

*Nicht nur Steaks* – **Mende's Steakhaus:** Bad Sachsa, Schulstr. 12, Tel. 05523 37 18, www.steakhaus-mende.de, tgl. 10–23 Uhr. Gerichte 8–29 €, Fünf Sorten Fassbier, mit Terrasse.
*Wildfütterung inkl.* – **Historischer Bahnhof Stöberhai:** Wieda, Weinglastal, Tel. 05586 800 80 55, Mi-Fr ab 16, Sa/So ab 12 Uhr. Gemütlicher Waldgasthof, gutbürgerlich-deftige Karte, 9–14 €. Täglich Wildfütterung.

## Einkaufen

*Märkte* – **Wochenmarkt:** Do vormittags in der Uffestraße von Bad Sachsa.
*Harzer Single Malt Whisky* – **Hammerschmiede:** Zorge, Elsbach 10a, Tel. 05586 82 82, Do/Fr 14, Sa 10 und 12 Uhr, 20 €, siehe auch www.glen-els.de, Verkauf Mo–Fr 10–17, Sa 9–15 Uhr. Wie in Schottland.

## Aktiv

*Für jeden etwas* – **Salztal-Paradies:** Talstr. 28, ww.salztal-paradies.de. **Erlebnisbad,** Tel. 05523 95 09 02, tgl. 9–22, Sauna tgl. ab 10 Uhr (es gibt 5 verschiedene Saunen), 4,60 €/1 Std. bis 12,40 €/Tag, für Sauna 2 € zusätzlich. **Eislaufhalle,** Tel. 05523 95 09 02, Okt.–April Mo–Fr 14–18, Sa 10–21, So bis 18 Uhr, Mai–Sept. Mo–Fr 16–18 Uhr, 4,60 €, Schlittschuhverleih 2,50 €. **Salztal Sportcenter:** Bowling, Fitness, Tennis und Kinder-Indoor-Spielplatz, Tel. 05523 999 52 39, www.salztal-sport-center.de, unterschiedliche Öffnungszeiten und Preise.

# Bad Lauterberg

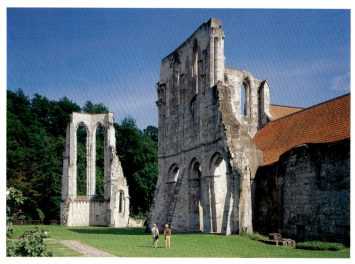

Eindrucksvoll: die Kirchenruine beim Kloster Walkenried

*Badesee* – **Priorteich:** Tel. 05525 23 24, Mai–Aug. 9–19 Uhr. Im Wald gelegener Naturbadesee zwischen Bad Sachsa und Walkenried; Parkplatz an der L 604.

## Infos & Termine

### Infos
**Bad Sachsa Information:** Am Kurpark 6, 37441 Bad Sachsa, Tel. 05523 47 49 90, www.bad-sachsa.de, Mo–Fr 9–17 und Sa 10–14 Uhr.
**Tourist-Information Hohegeiß:** s. S. 164.

### Verkehr
**Bahnen** und **Busse** in die umliegenden Orte.

### Termine
**Walkenrieder Kreuzgangkonzerte:** Mai–Dez. Klassische Konzerte, geistliche Musik, Lesungen und Liederabende in der stimmungsvollen Atmosphäre des Klosters (Kartentelefon Tel. 05521 56 10, www.walkenried.de, Programm und Vorverkauf auch im Kloster Walkenried).
**Lichterfest:** Ende Juli. Im Kurpark von Bad Sachsa.
**Walkenrieder Klostermarkt:** Mitte Sept. Historischer Markt mit Buden und Gauklern.

# Bad Lauterberg ▸ B/C 5

Das ehemalige Bergbaustädtchen mit heute 13 000 Einwohnern entwickelte sich seit dem 19. Jh. zu einem bedeutenden Kneippkurort. Sein **Zentrum** ist überschaubar, aber lebendig. Läden und Lokale reihen sich entlang der Hauptstraße auf, schönes Fachwerk ist in der Schulstraße erhalten, darunter die Neue Schule von 1817, vor der die stattliche Bergstadtlinde an die 1521 erteilte Bergfreiheit erinnert. Zur Oder hin erstreckt sich der **Kurbezirk** mit

## Der Gebirgsrand von Süd bis West

Kurhaus, Park und Teichen. Seit der Sanitätsrat Dr. Ritscher hier 1839 die erste Kaltwasserheilanstalt begründete, wird das Flüsschen auch zu diesem Zweck genutzt: Zwei Wassertretanlagen sind direkt in die Oder gebaut.

Eine Köhlerhütte und der Eingang zum **Besucherstollen Scholmzeche** (Tel. 05524 85 31 90, Führungen Fr/Sa, April–Okt. auch Di je um 15 Uhr, 3 €, Treffpunkt Wilhelmi-Brücke im Kurpark) erinnern am Flussufer an die Geschichte des Bergbau- und Hüttenwesens.

### Königshütte
*Hüttenstr. (vom Bahnhof vorbei an der Feuerwehr), Außengelände frei zugänglich, Führungen Mai–Okt. Di, Nov.–April jeden 2. und 4. Di im Monat, 15 Uhr, Treffpunkt am Hüttenbrunnen, www.koenigshuette.com, Tel. 0551 770 06 83, Spende erwünscht, Sonderführungen 5 €/Pers.*
Von der montanen Vergangenheit zeugt auch die Königshütte. Industrieromantik erlebt man rings um den **Hüttenbrunnen** der frühindustriellen Eisengießerei von 1733: Das neuromanische Formhaus, die Hüttenschenke und das klassizistische Magazingebäude mit Eisensäulen stammen aus dem frühen 19. Jh. Vorbei am Beamtenwohnhaus erreicht man das kleine **Südharzer Eisenhüttenmuseum** und die **Maschinenfabrik.** Auf Führungen werden die Maschinen in Gang gesetzt, die älteste stammt von 1875. Vielleicht macht der Förderkreis ja auch die **Alte Mühle** wieder zugänglich.

## Ausflüge in die Umgebung

### Hausberg und Kummelberg ▶ C 4/5
*Hausberg-Seilbahn: hinter der Andreaskirche, tgl. 10.30–18 Uhr, April–Okt. 10–19, Juli–Okt. Fr/Sa bis 21 Uhr, Nov.–März 10.30–18 Uhr, einfach 2,50 €, rauf und runter 4 €*

Das Kurhaus des traditionsreichen Badeortes

# Bad Lauterberg

Das schmale Odertal wird vom 422 m hohen **Hausberg** flankiert. Der schöne Aussichtsberg ist per Seilbahn zu erreichen. Zu Fuß kommt man über die steil ansteigende Sträßchen namens ›Weinberg‹ hinauf. Oben auf dem Hausberg befindet sich die gleichnamige ›Berggaststätte‹ (Tel. 05524 21 80, tgl. ab 10.30 Uhr, 7–16 €, Shuttle-Service 5 € beide Wege, wenn die Bahn nicht fährt oder man sie nicht benutzen kann).

Auch zum benachbarten Kummelberg startet man am ›Weinberg‹, nimmt dann aber bei einer Gabelung den beschilderten Weg nach rechts. Oben auf dem Kummelberg erhebt sich der **Bismarkturm** (tgl. 9–20 Uhr, 1 €) mit benachbarter Gaststätte (Tel. 05524 806 61, tgl. 9–20 Uhr, 8–16 €, Shuttle-Bus 8 € für max. 8 Pers.). Der trutzige Turm wurde 1904 vom Harzclub errichtet. Weit reicht der Blick von hier harzeinwärts durch das Odertal.

### Stöberhai ▶ C/D 4

Zum Harz hin grenzt die Odertalsperre an den Ort. Der Blick über den See reicht bis zum markanten, gut 700 m hohen Stöberhai, dessen einstiges Wahrzeichen 2005 zu Fall gebracht wurde: Von einem 1967 in Betrieb genommenen, klotzigen Turm wurde bis zum Ende der DDR der Telefon- und Funkverkehr im Osten überwacht; ein Pendant zum Brocken sozusagen.

Beschauliche Wege verlaufen am Ufer, ab dem Campingplatz führen Routen hinauf (beschildert).

## Übernachten

Für Kuraufenthalte stehen in Bad Lauterberg etwa 20 Sanatorien, Kneipp- und Schroth-Kurheime zur Auswahl; die Übergänge zu den Angeboten der Wellnesshotels sind fließend:

*Fünf-Sterne-Wellness* – **Park- & Sporthotel Revita**: Am Kurpark, Tel. 05524

### *Unser Tipp*

**Kirchberg-Therme**
Die Saunalandschaft, teils mit fernöstlichem Ambiente, ist einfach gelungen; unser Lieblingsraum: das Laconium. Entspannen auf gewärmten Kachelbänken unter Sternenhimmel bei ruhiger Musik (Bad Lauterberg, Kirchberg 7–11, Tel. 05524 285 91 40, Mo–Sa 10–22.30, So 9–22.30 Uhr, 4,60 €/1. Std. bis 14,50 €/Tag).

831, www.revita-hotel.de, DZ über 200 € (bei längerem Aufenthalt z. T. auch günstiger) inkl. HP, Fitnessbereich sowie der tollen Therme. Von innen schöner als von außen.

*Stilvoll* – **Vital Resort Mühl**: Ritscherstr. 1–3, Tel. 05524 850 80, www.muehlvitalresort.de, DZ ab 200 €, inkl. HP. Komfortables Wellnesshotel am Kurhaus. Im **Gourmetrestaurant** fantasievolle Kreationen und Harzer Spezialitäten.

*Beihilfefähig* – **Parkhotel Weber-Müller**: Sebastian-Kneipp-Promenade 33, Tel. 05524 96 00, www.harz-parkhotel.de, DZ 91 €, mit Frühstück 107 €, HP 135 €, VP 155 €. Sanatorium mit Kur- und Wellnessangebot.

*Gemütlich* – **Schnibbe Ferienwohnungen**: wie Café s. S. 279, 2 Pers. ab 59 €.

*Terrassiert* – **Campingpark Wiesenbeker Teich** (südöstl. von Bad Lauterberg): Tel. 05524 25 10, www.campingwiesenbek.de. Auch beliebter Badeplatz, mit Bootsverleih und Gaststätte.

## Essen & Trinken

*Wildgerichte* – **Alt Lauterberg**: Hauptstr. 116, Tel. 05524 37 33, Do–Di 11.30–14 und 17–21 Uhr, 10–24 €. In einem Fachwerkhaus von 1892.

## Der Gebirgsrand von Süd bis West

*Große Kuchenauswahl* – **Café-Restaurant Schnibbe:** Hauptstr. 137, Tel. 05524 921 00, tgl. 9–18 Uhr. Außer Kuchen auch Mittagstisch (11.30–14.30 Uhr, 8–13 €).

### Einkaufen

*Ganz süß* – **Confiserie Mangold:** Hauptstr., Hausgemachte Pralinen, süße Harzspezialitäten, z. B. Schierker Feuersteintrüffel. Auch Café (tgl. 8–18, So ab 13 Uhr).
*It's Teatime* – **Teehaus:** Hauptstr. 153, Tel. 05524 12 49, 200 Sorten Tee und Zubehör, außerdem Feinkost und Wein.

### Aktiv

*(Sonnen-) Baden* – **Wiesenbeker Teich** (s. o., Camping): Tel. 05524 25 10, Mai–Sept. tgl. 10–19 Uhr. Badestrand, Beachvolleyballplatz, Surfbrett- und Bootsverleih.
*Badespaß* – **Freizeitbad Vitamar:** Masttal 1, Tel. 05524 85 33 00, Mo–Sa 9.30–22, So bis 21 Uhr, 4,50 €/1 Std. bis 14 €/Tag, Sauna ab 10.30 Uhr, inkl. Bad 7,15 bzw. 16,95 €. Wellen- und Spaßbad mit Whirlpools und Rutsche, Saunatrakt mit Dampfbad und Tauchbecken.

### Infos

**Infos**
**Tourist-Information:** Haus des Gastes, Ritscherstr. 4, 37431 Bad Lauterberg, Tel. 05524 35 31 90, www.badlauterberg.de, Mo–Fr 9–12, 14–17, Sa 9.30–12, So 10–12 Uhr. Im selben Haus gibt es auch verschiedene Ausstellungen und eine **Wandelhalle mit Wasserausschank** (Mo–Fr 9–12, 14.30–17, Sa 10–11.30 Uhr).

**Verkehr**
**Bahnen** und **Busse** in die umliegenden Orte.

# Herzberg ▶ B 4

Die strategisch günstige Lage führte im 12. Jh. zur Anlage einer Burg, die bis ins 19. Jh. von verschiedenen Linien der Welfen genutzt wurde. Das heutige, vierflügelige **Fachwerkschloss** entstand um 1510 und beherbergt u. a. ein **Museum zur Schloss- und Stadtgeschichte** (Tel. 05521 47 99, www.museum-schlossherzberg.de, April–Okt. Mi–So 10–16, übrige Zeit ab 11 Uhr).

Richtung Innenstadt liegt unterhalb des Schlossberges rechts an der Bahnlinie der **Ochsenpfuhl**, ein flacher, üppig umwucherter Tümpel, der durch die Sieber unterirdisch gespeist wird. Über die Verkehrsachse Osteroder Straße und durch die Fußgängerzone erreicht man den **Marktplatz** und nach rechts durch den Innenhof des Neuen Rathauses den **Juessee**. Hier stürzten gegen Ende der letzten Eiszeit zwei Auslaugungshöhlen ein und schufen den fast 30 m tiefen Erdfallsee, ein beliebtes Nahherholungsgebiet. Über Rathausstraße und Papiermühlenweg erreicht man die Sieber und über diese und die einmündende Lonau hinweg den **Wasserfall der Lonau.**

# Ausflüge in die Umgebung

**Steinkirche ▶ B 5**
Bei **Scharzfeld** liegt die »Steinkirche«, eine hallenförmige Höhle, die seit der Eiszeit von Menschen bewohnt war. Ab dem frühen Mittelalter bis ins 14. Jh. hinein fungierte die prähistorische Wohnhöhle als Kirche und Begräbnisstätte.

*Das 500 Jahre alte Fachwerkschloss in Herzberg*

# Der Gebirgsrand von Süd bis West

**Einhornhöhle** ▶ B/C 5
*2 km nördl. von Scharzfeld, beschildert ab B 27/243, Tel. 05521 99 75 59, www.einhornhoehle.de, April–Okt. Di–So 11–17, Führung zur vollen Stunde, letzte Führung 16 Uhr, 8 €*
In der bedeutend größeren Einhornhöhle wurden zwar keine Fabelwesen, aber Höhlenbären nachgewiesen. Im Tertiär durch kohlensaures Wasser aus dem Dolomit gewaschen, wurden die Hohlräume später durch Sedimente teils wieder aufgefüllt. Ein 600 m langer Weg erschließt Hallen und Gänge.

In Sichtweite liegt die **Burgruine Scharzfels** auf hohen Kalkfelsen inmitten schöner Laubwälder. Die Ursprünge der Burg reichen bis ins 12. Jh. zurück (Feb.–Dez. Do–So 11–17 Uhr).

**Rhumequelle** ▶ B 5
*Nördlich von Rhumspringe, Parkplatz Herzberger Straße*
Die unterirdischen Abflüsse der Harzflüsse Sieber und Oder treten erst 10 km südlich vom Harzrand entfernt in der Rhumequelle wieder zutage. Der beeindruckende Quelltopf fördert je nach Niederschlagssituation 1–5 m³ Wasser/Sek.

**Harzeinwärts** ▶ B/C 4
Herzbergs Vororte **Lonau** und **Sieber** liegen in schönen Tälern zwischen dem Quarzitrücken **Acker** und der Porphyrkuppe des **Großen Knollen**, zu denen Wanderwege führen (z.B. zum Knollen ab Freibad Sieber, Europäischer Fernwanderweg, Markierung E 6 und blauer Punkt, ca. 1,5 Std.).

## Übernachten, Essen

*Schöne ruhige Lage* – **Hotel Zum Paradies**: Siebertal 2, Tel. 05521 926 40 30, www.hotel.zum.paradies.harz.de. Fachwerkgebäude von 1880, Nov.–Jan. geschl., DZ ab 80 €.
*Mit Theater* – **Hotel-Restaurant Harzer Hof**: Scharzfeld, Harzstr. 79, Tel. 05521 99 47 00, www.hotel-harzer hof.de, DZ ab 85 €, FeWo ab 115 €/4 Pers. Ausflugslokal mit Harzer Küche, 8–20 €. Zum Essen werden bei 10 bis 60 Gästen Komödien gespielt.
*In Wiese und Wald* – **Campingplatz am Blockhaus**: Scharzfeld, Bremkestr. 35, ganzjährig, mit **Blockhaus-Gaststätte**, tgl. ab 17, So ab 12 Uhr, Nov.–April Mo/Di Ruhetag, Tel. 05521 999 99 70, 6–13 €. Freibad und Spielplatz; Wanderwege führen von hier u. a. zur Einhornhöhle.
*Beim Waldfreibad* – **Campingplatz Mariental**: Lonau, Tel. 0176 391 71.

## Aktiv

*Freibäder* – **Juessee** in Herzberg, Waldbäder in Lonau und in Scharzfeld, beheiztes **Freibad** in Sieber, alle: Tel. 05521 85 21 63, Mai–Sept. tgl. 11–19 Uhr, Juessee bis 19.30 und Scharzfeld Mo–Fr ab 13 Uhr, 3 €.
*Scaten* – **Juessee**: Scaterbahn.
*Bewegung* – **Auerhuhngehege** (15 Min. Fußweg ab der Nationalpark-Info im Gemeinschaftshaus Lonau, Tel. 05521 726 53). Großer **Spielplatz** und **Minigolf** am Kurpark, **Fluss-Lehrpfad** in Sieber.

## Infos

**Infos**
**Tourist-Information Herzberg**: Marktplatz 30/32, 37412 Herzberg, Tel. 05521 85 21 11, www.herzberg.de, Mo–Sa 9–12, Mo/Di und Fr 14.30–17.30, Do 12.30–17.30 Uhr.

**Verkehr**
DB-Anschluss, **Regionalbusse** in die Orte der Umgebung.

# Osterode ▸ A/B 3/4

Als alter Rodeort bereits für das 9. Jh. nachgewiesen, entwickelte sich Osterode im Mittelalter zu einem wichtigen Handelsort für den Oberharz, im 18. Jh. gewann die Tuchmacherei an Bedeutung. Handel und Handwerk prägen auch heute das Wirtschaftsleben der 26 000 Einwohner zählenden Kreisstadt, die mit ihrem historischen Kern ein beliebtes Besuchsziel ist.

## Altstadt

Zwischen Bahnhof und Kurpark liegt die klassizistische Schachtrupp-Villa von 1819, benannt nach einem Fabrikanten. Vorbei an der Berufsschule erreicht man am Neustädter Tor die Altstadt, umgeben von der weitgehend erhaltenen mittelalterlichen Stadtmauer. Von dem Tor selbst sind nur noch zwei Türme vorhanden. Über den Spritzenhausplatz geht es, vorbei an schönem Fachwerk, zur Neustadt, wo etliche Ackerbürgerhäuser mit großer Toreinfahrt erhalten sind.

### Museum Ritterhaus

*www.museum.osterode.de, Tel. 05522 91 97 93, Di–Fr 10–13, 14–17, Sa/So 14–17 Uhr, 2,50 €*

An der Ecke Rollberg/Untere Neustadt liegt dieses reich verzierte Fachwerkhaus von 1650. In schönem Rahmen präsentieren sich Handwerkstradition und Wohnkultur, dazu Repliken einiger Werke von Tilman Riemenschneider, der hier in Osterode seine Kindheit verbrachte und sich ab 1483 in Würzburg zum bekanntesten Bildhauer der Spätgotik entwickelte. Eine naturkundliche Abteilung und archäologische Funde aus der Region runden das vielfältige Angebot ab.

### Am Rollberg

Den Rollberg flankieren Fachwerkhäuser, besonders stilrein erhalten ist **Haus Nr. 26** aus dem 16. Jh., mit schönen Sonnenrosen sowie zwei Narrenköpfen beiderseits des Eingangs. ›Am Schilde‹ beginnt die Fußgängerzone, die links auf das **Alte Rathaus** von 1552 zuführt. Sein steinernes Erdgeschoss wurde früher als Markthalle benutzt. Eine Bronzeplastik davor erinnert an die Eseltreiber, die einst den Getreidehandel mit dem Oberharz betrieben.

Links grenzt die **Marktkirche** an den Martin-Luther-Platz. Ihr massiger Turm stammt aus dem 13. Jh., das Kirchenschiff wurde nach einem Stadtbrand im Jahr 1545 erneuert. Innen sind die kunstvollen Grabtafeln der Herzöge von Braunschweig-Grubenhagen sehenswert.

### Ratswaage und Kornmagazin

Durch die schmale Güldenstraße trifft man auf die Waagestraße, in der links die **Ratswaage** von 1550 liegt, ein besonders reich verzierter Fachwerkbau. Nach rechts gelangt man zum **Kornmarkt,** einen weiten, von schönen Fachwerkhöfen umgebenen Platz, im Mittelalter Hauptumschlagplatz für Waren in den Harz, heute für Eis und Kaffee.

Am **Rinneschen Haus** von 1610 geht es durch die gleichnamige Passage zur **Stadtmauer,** hinter der rechts das palastartige **Harzkornmagazin** von 1722 am Ufer der Söse liegt. Seit 1989 wird das barocke Gebäude als Rathaus benutzt – wahrlich eine noble Adresse. An der Wasserseite prangt das hannoversche Wappen mit dem recht euphemistischen Motto ›Utilitati Herzyniae‹ (zum Nutzen des Harzes) – stellte sich der größte ›Nutzen‹ doch eher in der herrschaftlichen Schatulle als bei den Harzer Bergleuten ein.

Der Gebirgsrand von Süd bis West

# Ausflüge in die Umgebung ▶ B/C 3

Richtung Clausthal-Zellerfeld ziehen sich Vororte bis ins hübsche **Lerbachtal**. Das südlicher gelegene **Tal der Söse** füllt teils eine Trinkwassertalsperre, dahinter erreicht man mit **Riefensbeek-Kammschlacken** den Ausgangspunkt für Wanderungen zum gut 800 m hohen Bergrücken **Acker** mit dem Ausflugslokal Hanskühnenburg (Tel. 0170 864 03 48, Fr–Mi 9–17, Dez.–März bis 16 Uhr, Nov. geschl.).

## Übernachten

*Komfortabel* – **Hotel Sauerbrey:** Ortsteil Lerbach, Friedrich-Ebert-Str. 129, Tel. 05522 509 30, www.hotel-sauerbrey.de, DZ ab 95 €. Traditionshotel mit Pool und Sauna, MTB-/Biker-freundlich.

*Alteingesessen* – **Hotel Harzer Hof:** Bahnhofstr. 26, Tel. 05522 505 50, www.hotel-harzer-hof.de, DZ ab 80 €. Stadthotel an der Sösepromenade, MTB-/Biker-freundlich.

*Preiswert* – **Pension Coesfeld:** Ortsteil Freiheit, Richtung Lerbach, Hengstrücken 111, Tel. 05522 712 22, www.pensioncoesfeld.de. Mit großem Garten und Teeküche. DZ ab 64 €.

*An der Söse im Wald* – **Campingplatz Eulenburg:** Scheerenberger Str. 100, Tel. 05522 66 11, www.eulenburg-camping.de. Spazierweg zum Zentrum (2 km).

*Naturerlebnispark* – **Camp Melua in Lerbach:** An der Mühlwiese 6, bei Lerbach, Tel. 01573 139 90 74, www.camping-melua.com. Kleiner Skihang direkt nebenan, ein Ziel insbesondere für Familien mit Kindern.

## Essen & Trinken

*Regionale Vielfalt* – **Tilman Riemenschneider Haus:** Fuchshaller Weg 79, Tel. 05522 762 82, Di-So 11.30–24 Uhr, 8–20 €, Mittagstisch 7 €. Mit schönem Blick auf die Altstadt.

*Große Auswahl* – **Ratskeller:** Altes Rathaus, Tel. 05522 50 56 70, Do–Di 12–14.30 und ab 17 Uhr. Gute Bratkartoffelgerichte, 9–20 €.

*Urig* – **Ratswaage:** Waagestr. 8, Tel. 05522 711 05, 11–14 und ab 17 Uhr, Mo geschl. Nette Kneipe und Restaurant (6–19 €, Di–Fr Mittagstisch 6,50 €), Bowling- und Kegelbahn.

## Einkaufen

*Märkte* – **Wochenmarkt:** Di und Sa 8–13 Uhr auf dem Kornmarkt.

*Harzwurst* – **Koithahn:** Osterode, Marientorstr. 9, 05522 755 23. Schlachterladen mit Produkten von ausgewählten Freilandhöfen.

## Aktiv

*Uhu & Co.* – **Vogelstation:** Scheerenberger Str 104 a (B 498), April–Okt. tgl. 10–18 Uhr, 3 €. Etwa 50 heimische Vogelarten können in Freigehegen bestaunt werden. Vom Parkplatz Campingplatz Eulenburg 600 m Fußweg.

---

**MTB-Zentrum Osterode**
Allein drei Touren des Routennetzes der ›Volksbank-Arena‹ (s. S. 28) beginnen hier, dazu vier weitere von der Tourist-Information beschriebene. Besonders der Acker ist ein abwechslungsreiches Revier.
**Start aller Touren:** Parkplatz Bleichestelle am Butterberg-Tunnel der B 241. Mountainbike-freundliche Unterkünfte bieten Infos, Wasch- und Trockenraum, Werkzeug und Stellplatz fürs Rad.

*Baden –* **Aloha:** Schwimmbadstr. 1, Tel. 05522 90 64 15, www.aqualand-osterode.de, Mo 13–22, Di, Mi und Fr 6–22, Do 9–22, Sa 9–20, So 8–20 Uhr, Freibad im Sommer auch Mo ab 8 Uhr, Sauna: Mo 13–22, Do 9–15 Uhr nur Damen, sonst ab 9 Uhr geöffnet. Schwimm- und Spaßbad, außen 50-m-Becken, Beachvolleyballfeld und Liegewiese, innen 25-m-Becken, 85-m-Rutsche (3,20 €/1 Std., 6,80 €/Tag, nur Freibad 4,50 €/Tag), Saunabereich mit 7 Saunen (14 €/Tag inkl. Bäder). **Waldfreibad:** in Riefensbeek-Kammschlacken (Badesee, ab Juni geöffnet, keine Badeaufsicht!).
*Radfahren –* s. S. 284; Radverleih und Reparatur: **Zweirad Müller:** Dörgerstr. 25, Tel. 05522 55 00.
*Reiten und Kutschfahrten –* **Reit- und Fahrverein Osterode,** Tel. 05522 716 00.
*Angeln –* am unteren **Sösestausee** und an der **Söse,** Gastkarten bei Angelgerät Bohnhorst, An der Bahn 71, Tel. 05522 823 36, oder bei der Tourist-Information.
*Boule –* **Bahn** an der Sösepromenade.
*Aussichtsturm –* auf der **Kuckholzklippe** (550 m) bei Lerbach.
*Spazierwege –* im **Osteroder Stadtwald,** Richtung Sösetalsperre, am Stausee **Fischereilehrpfad,** Richtung Riefensbeek **Waldlehrpfad.**
*Spielplatz –* beim Schwimmbad Aloha (s. o.).

## Infos & Termine

### Infos
**Tourist-Information:** Eisensteinstr. 1, 37520 Osterode, Tel. 05522 31 83 33, www.osterode.de, Juni–Okt. Mo–Fr 9–17, Sa bis 13, Nov.–Mai Mo–Do 9–16, Fr 9–14 Uhr.

### Verkehr
**DB-Bahn und Busse** in die umliegenden Orte.

### Termine
**OHA-City-Beach-Cup:** Ende Mai/Anf. Juni Seit 2008 findet diese Sportveranstaltung auf dem Kornmarkt statt, zu sehen gibt es Volley-, Hand- und Fußball.
**Stadtfest:** Ende Mai, mit Musik und Handwerkermarkt.
**Harzer Hexentrail:** Anfang Sept. Nachdem der Oxfam Trailwalker 2013 in Osterode auslief, hat man nun einen neuen Spendenlauf zu einem guten Zweck aufgelegt. Jetzt geht es in Vierer-Teams über 60 km in maximal 15 Stunden.

# Bad Grund ▶ A 2/3

Der kleine Kurort abseits der Durchgangsstraßen wirkt beschaulich. Das alte **Kurhaus** von 1924 wurde 1989 bis 1992 zum ›Atrium‹ umgebaut, heute ist es ein Veranstaltungszentrum (Clausthaler Str. 32, Tel. 05327 70 82 00). Am modernen Kurmittelhaus nebenan steht der Förderwagen, mit dem 1992 das letzte silberhaltige Blei- und Zinkerz aus der Grube geholt wurde, gewissermaßen der örtliche ›Letzte Hunt‹ (siehe Entdeckungstour S. 96). Als kleine Grünanlage existiert um das Atrium noch der **Kurgarten.** Am anderen Ende sind sehenswert:

## Uhrenmuseum
*Elisabethstr. 14, Tel. 05327 10 20, www.uhrenmuseum-badgrund.de, Di–So 10–18 Uhr, 6 €*
Rund 1700 funktionierende Uhren aus verschiedenen Epochen sind zu bestaunen. Die älteste, eine Schweizer Klosteruhr von 1430, noch ohne Zifferblatt, kündigt die Stunden nur mit Glockenschlägen an. Weitere Themen: frühe Elementaruhren und die Geschichte der Zeitmessung. An-

## Der Gebirgsrand von Süd bis West

geschlossen ist das Café Antique. Gegenüber führt ein Fußweg zum Knesebeck-Schacht (s. u.).

### St. Antonius-Kirche
*Markt, April–Okt. 9–18 Uhr*
Um den kleinen Marktplatz steht hübsches Fachwerk und die schieferverkleidete Kirche von 1640, die auf kräftigen Steinmauern ruht. Innen wirkt sie mit dem hölzernen Tonnengewölbe und den Emporen schlicht, aber stilvoll – eben eine Bergmannskirche. Überraschend ist auch das harmonische Miteinander von Kruzifix und Lutherbildnis.

### Knesebeck-Schacht
*Knesebeck 1, Tel. 05327 28 26, www.knesebeckschacht.de, Di–So 11 und 14 Uhr, Nov.–April nur So, 6 €*
Das Bergbaumuseum ist der 500-jährigen Montangeschichte des Ortes gewidmet, die 1992 endete. Auf Führungen unter Tage werden Fördertechniken und Arbeitsbedingungen erklärt (Jacke und feste Schuhe erforderlich). Weithin sichtbar ist das Wahrzeichen der Anlage, der 47 m hohe Hydrokompressorenturm von 1912!

# Ausflüge in die Umgebung

### Teufelstal ▶ A 2
Von den Sportanlagen im Teufelstal führt ein Weg aufwärts in Richtung des 1869 aufgegebenen **Eisensteinstollen**. Hinein kommt man aber nur zur Späleo- oder Höhlentherapie (Buchung über Kurverwaltung). Seit 1987 werden hier Atemwegserkrankungen behandelt. Gleich dahinter liegt das **Sagen- und Märchental**, ein Park, der besonders kleine Kinder anspricht (April–Okt. 10–18.30 Uhr, 2 €, Kinder 1 €). Der Weg endet an der Straße am Iberg.

### HöhlenErlebnisZentrum
### Iberger Tropfsteinhöhle ▶ A 2
*An der B 242, Tel. 05327 82 93 91, www.hoehlen-erlebnis-zentrum.de, Di–So 10–17 Uhr, Juli/Aug., Okt. auch Mo, Nov. teilweise geschl., 8 € inkl. Führung, die Temperatur beträgt 8 °C, Achtung: bei der Führung gibt es ca. 100 z. T. hohe Stufen!*
Der **Iberg** ist im Devon, also vor 385 Mio. Jahren, als Korallenriff im Meer entstanden. Vor 60 Mio. Jahren begann die Höhlenentstehung: Kohlensäurehaltiges Grundwasser zersetzte den Kalkstein und schuf so seltene Verwitterungshöhlen. Um die 100 Hohlräume wurden im Iberg entdeckt, die mit sinkendem Grundwasserspiegel trockenfielen, sodass die Tropfsteinbildung einsetzen konnte. Daher sind die Tropfsteine in den oberen Höhlen älter und mächtiger als in den unteren Räumen.

Die **Iberger Tropfsteinhöhle** wird seit 2008 museal flankiert: Die Ausstellung *am* Berg bildet die Lichtensteinhöhle (bei Osterode) mit einem fast 3000 Jahre alten Bronzezeitgrab nach. Ein Museum **im** Berg – neu in den Felsen gesprengt – beschäftigt sich die Geologie des Ibergs mit Spuren uralten Eisenerzabbaus. Auch lokale Funde von Ammoniten und ihrer Vorläufer (Goniatiten) werden präsentiert. Die Höhle selbst erlebt man auf einer Führung.

### Albertturm ▶ A 2
Ganz in der Nähe der Tropfsteinhöhle befindet sich die nachgebaute **Köhlerhütte** ›Schweinebraten‹ und weiter führt ein beschilderter Weg zum **Albertturm**, selbst keine Augenweide, aber ein schöner Aussichtspunkt. Ein Gasthaus (Tel. 05327 15 35, tgl. 10–18 Uhr, Fr geschl.) und einige Gletschertöpfe finden sich in der Nähe. Etwas entfernt liegt umzäunt der riesige

# Bad Grund

Steinbruch Münchehof, wo Kalk abgebaut und zu Gipsfaserplatten verarbeitet wird. Bei täglich 100 000 m² dürfte der Iberg bald völlig zerlegt sein.

**Hübichenstein** ▶ A 2
Richtung Seesen passiert die B 242 diesen 50 m hohen Korallenfelsen. Von oben reicht die Aussicht bis nach Bad Grund und zum »Weltwald« (siehe Unser Tipp rechts).

## Übernachten

*Zentral –* **Hotel Glück Auf:** Osteröder Str. 17, Tel. 05327 327 40 95, www.glueck-auf-hotel.de, DZ ab 79 €. Ruhige Lage, mit Terrasse und Kaffeegarten.
*Jugendstilvilla –* **Hotel-Pension Bellevue:** Braugasse 5, Tel. 05327 869 70 00, www.hotel.bellevue.harz.de, DZ ab 48 €. Verspielte alte Villa, zentral.
*Günstig –* **Waldwinkel:** Eichelberg (am Ortsrand), Tel. 05327 324 93 64, DZ 30 €. Loipen und Wanderwege vor dem Haus.
*Campingplatz –* **Hübichalm:** Am Weltwald, Tel. 05327 31 90, www.harz-camping.de.

## Essen & Trinken

*Üppige Karte –* **Gaststätte Altes Backhaus:** Helmkampffstr. 3, Tel. 05327 27 50, Do–Di 11–14 und 17.30–21 Uhr, Mi Ruhetag, 5–22 €. Stilvoll im alten Fachwerkhaus, auch eine FeWo, mindestens 3 Tage, 30 €/Nacht.

## Aktiv

*Wellness –* **Sole-Hallenbad:** im Kurzentrum, Schurfbergstr. 2, Tel. 05327 70 07 10, www.gesundheitszentrum-bad-grund.de, Mo–Fr 9–21, Sa 10–16, So bis 14 Uhr, z. B. 3,40 €/1 Std. Hier auch Fitness-Studio, Bowling-Center und Pool-Billard.

## *Unser Tipp*

**Weltwald Harz (Arboretum)** ▶ A 2
1975 auf einem vom Sturm zerstörten Fichtenacker angepflanzt, müssen hier Bäume und Sträucher anderer Erdteile ihre Harztauglichkeit beweisen. Zur Freude der Besucher stellt die niedersächsische Landesforstverwaltung fast jeden Baum auf Tafeln vor, etwa die Mammutbäume, die zwar nach 40 Jahren noch nicht 9 m dick und 100 m hoch sind, dieses Ziel aber in 3000 Jahren erreichen werden – völlig neue Perspektiven! Drei Rundwege erschließen die Waldgemeinschaften: Im Frühjahr sollte man wegen der Rhododendren den ›Himalaya‹ besuchen, im Spätsommer bietet sich der ›Indian Summer in Nordamerika‹ an. (Eingang am Hübichenstein und am Campingplatz Hübichalm, immer geöffnet, www.weltwald-harz.de)

*Finnisch –* **Eichelbach Sauna:** Eichelbachtal 10, Richtung Osterode bis Laubhütte, dort links zum Haus Waldfrieden (beschildert), Tel. 05327 25 37, Mi und Do nur Damen, Di nur Herren, Fr gemischt (jeweils 15–21 Uhr), Sa gemischt 14–20 Uhr, Tageskarte 8 €.
*Für Groß und Klein –* **Minigolf:** Clausthaler/Ecke Pfarrwiese, Tel. 05327 23 52, April–Okt. tgl. 10–12, 14–19 Uhr, bei geeignetem Wetter.

## Infos

**Infos**
**Tourist-Information/Gesundheitszentrum:** Schurfbergstr. 2, 37539 Bad Grund, Tel. 05327 70 07 10, www.bad-grund.de, Mo–Fr 9–20, Sa 10–15, So bis 13 Uhr.

## Der Gebirgsrand von Süd bis West

**Verkehr**
Busse zu den Orten in der Umgebung.

# Seesen ▶ A/B 1

Das Städtchen hat manch Harztypisches zu bieten: Fachwerkhäuser, ein Schlösschen mit Museum, ein Freizeitbad mit Sole-Therme und bewaldete Harzhänge vor der Haustür. Davon, dass Seesens Ursprünge bis ins 10. Jh. zurückreichen, als Kaiser Otto II. das Gebiet dem Reichsstift Gandersheim übertrug, ist jedoch nichts mehr zu sehen. Ein Brand verwüstete 1673 weite Teile der Stadt; schachbrettartig angelegte, breite Straßen und stattliche Fachwerkbauten entstanden daraufhin. Beiderseits der Durchgangsstraße B 248 liegt der Schlossbezirk.

## Schlossbezirk

### Städtisches Museum
*Wilhelmsplatz 4, Tel. 05381 488 91, Di–Fr 11–17, Sa/So 14–17 Uhr*
Im ehemaligen Jagdschloss der Braunschweiger Herzöge, einem Fachwerkbau von 1707, entdeckt man Interessantes: ›**Vom Baum zum Flügel**‹ heißt die Ausstellung zu H. E. Steinweg, dem von Seesen nach Amerika ausgewanderten Klavierbauer, der unter dem teil-anglisierten Namen Steinway weltberühmt wurde. Auch andere Handwerke werden vorgestellt, u. a. die Produktion von **Konservendosen** von der Manufaktur – pro Stunde eine Dose (!) – zur industriellen Fertigung – diese findet noch heute in Seesen statt.

Ein Raum ist Israel Jacobson gewidmet (siehe Entdeckungstour S. 290), auch der Harzer Bergbau ist mit typischen Mineralien und Versteinerungen vertreten.

### Andreaskirche und Ratskeller
*Wilhelmplatz*
Der ungewöhnliche Altarbereich der benachbarten Kirche von 1702 wird von einem von Säulen getragenen Baldachin überspannt, der zugleich die Kanzel trägt.

Der heutige Ratskeller an der Ecke Am Markt (B 242) liegt im ehemaligen **Gildehaus der Brauer** (1592), das nach dem Brand von 1673 zum Rathaus umfunktioniert wurde.

### Burg Sehusa
*Wilhelmplatz 1*
Zahlreiche bauliche Veränderungen erlebte die gegenüberliegende Burg, heute Sitz des Amtsgerichts. Die Anlage entstand 1592 als Renaissanceschloss des Herzogs von Braunschweig-Wolfenbüttel. Älter ist der wuchtige **Wohnturm**, an den ein Treppenturm angefügt wurde, die Seitenflügel stammen aus dem späten 19. Jh.

Ein schöner **Park** umgibt Jagdschloss, Teich und Burg, wird allerdings von der Hauptstraße geteilt.

## Altstadt

Am **Markt** erinnert vor dem heutigen Rathaus eine Bronzestatue an Wilhelm Busch, der hier in Seesen seine letzten Lebensjahre verbrachte.

Weitere schöne Gebäude sind der **Kochsche Hof** mit Torbogen und reizvollem Innenhof von 1674 in der Jacobsonstraße, das **Bürgerhaus** am Jacobsonplatz, 1890 als Schülerheim der Jacobsonschule gebaut, und der **St. Vititurm** mit der benachbarten Alten Schreibschule von 1640 am Schulplatz/Ecke Bollergasse. Der Turm ist das einzige Überbleibsel der ältesten Kirche von Seesen aus dem 13. Jh., die ebenfalls einem Brand zum Opfer fiel.

# Seesen

**Kurpark**
An der Straße Richtung Lautenthal beginnt noch in Seesen der Kurpark, dessen naturnahe Anlage nahezu fließend in die Harzwälder übergeht. Der **Stifterfamilie Steinway** ist am Eingang ein Denkmal gesetzt. Die Straße führt nun weiter, bald merklich ansteigend über eine kleine Passhöhe hinüber ins Innerstetal – ein schöner Einstieg in den Harz.

## Übernachten

*Stilvoll* – **Hotel Goldener Löwe:** Jacobsonstr. 20, Tel. 05381 93 30, www.loewe-seesen.de, DZ ab 95 €. Komforthotel in der Poststation von 1523 und einem Neubau, originell ist der Frühstücksraum auf der Brücke.
*Ruhig und hell* – **Hotel Görtler:** Bulkstr. 1, Tel. 05381 788 77, www.hotel-goertler.de, DZ ab 80 €, FeWo 85 €/2 Pers. Mit schönem Garten.
*Am Wald* – **Campingplatz am Brillteich** (nördlich der Stadt): Tel. 05381 28 39, www.campingverein-seesen.de. Schattenspendende Bäume, Gaststätte, angrenzendes Freibad.

## Essen & Trinken

*Anspruchsvoll* – **Restaurant Anna:** im Hotel Goldener Löwe (s. o.), Di–Sa ab 18, So 12–14 Uhr, 25–47 €. Viele Fischgerichte, interessante Menüs, wie auch die Brasserie im Guide Michelin vertreten.
*Rustikal-regional* – **Brasserie** im Goldenen Löwen, tgl. ab 17 Uhr, gemütliches Restaurant, 19–38 €.
*Zeit für Muße* – Nette **Eisdielen** und **Cafés** liegen an der Jacobsonstraße.

## Aktiv

*Spaß- und Wellnessbad* – **Sehusa-Wasserwelt:** Engelader Str. 3, Tel. 05381 980 72 80, www.sehusa-wasserwelt.de, Mo–Fr 9–22, Sa 8–21, So 8–20 Uhr, die Sauna beginnt jeweils 1 Std. später, Di Damensauna. Vielfältige, 32 °C warme Sole-Therme, ab 3,90 €/Std. bis 6,20 €/Tag, Tageskarte inkl. Sauna 13,90 €, Sa/So alles um einige Cent teurer.

## Infos & Termine

### Infos
**Tourist-Information:** Marktstr. 1, 38723 Seesen, Tel. 05381 752 43, www.stadtverwaltung-seesen.de, Mo–Mi 8–16, Do bis 18, Fr bis 13 Uhr.

### Verkehr
**DB**-Bahnhof, Tel. 05381 49 37 51, **Busse** vom ZOB Bahnhofstraße nach Clausthal-Zellerfeld, Bad Grund und Goslar u. a.

### Termine
**Sehusafest:** 1. Wochenende im Sept. Großes Historienfest mit Tanz-, Kampf- und Spielszenen aus Seesens Geschichte. Dazu Buden, Gaukler, Speis und Trank zwischen Markt und Burg, 6 €, »Gewandete« 3 €!

*Unser Tipp*

**Frischer Wind im Café Steinway Seesen**
Mit viel Liebe zum Detail ist dieses Bistro in der Nähe des Wilhelmplatzes gestaltet, an Sommerabenden sitzt man herrlich im Terrassengarten. Die kleine Speisekarte wird vom wechselnden Tagesangebot und guten Weinen begleitet, der Kochstil ist jung und frisch (Hinter der Kirche 9, Tel. 05381 491 09 41, Mi–So ab 16 Uhr, 8–20 €).

# Auf Entdeckungstour: Israel Jacobson – auf den Spuren eines Reformers

Im Museum von Seesen ist eine Ausstellung einem ungewöhnlichen Bürger dieser Stadt gewidmet. Sein Erbe klingt noch heute in Schul- und Straßennamen nach. Die Tour verbindet beide Elemente.

**Reisekarte:** ▶ A/B 1

**Städtisches Museum:** Wilhelmsplatz 4, Tel. 05381 488 91, Di–Fr 11–17, Sa/So 14–17 Uhr, Spende erbeten

### Leben in zwei Welten

Bis ins späte 18. Jh. waren Juden aus der deutschen Gesellschaft ausgegrenzt, schlossen sich untereinander eng zusammen. Das kulturelle Leben war von der Synagoge geprägt, man wohnte in eigenen Vierteln und sprach Jiddisch. Kinder lernten kaum Schreiben oder Hochdeutsch und hatten keinen Zugang zu christlichen Schulen. Berufliche Restriktionen der Landesherren und die Weigerung der Zünfte, Nichtchristen aufzunehmen, kamen hinzu.

Israel Jacobson, 1768 in Halberstadt geboren, wuchs in einer Hochburg der Aufklärung auf. Die Idee von Freiheit und Gleichheit erreichte auch so manche jüdische Gemeinde. Und Jacobson brachte sie nach Seesen, das in seinem Amtsgebiet als Landesrabbiner lag: Mit der Stiftung eines »Instituts für arme Judenkinder« verband er zwei Reformgedanken: Verbesserung der sozialen Lage der Juden durch Bildung und die Idee der Reformschule, mit der handwerkliche Ausbildung in die Volkserziehung einging.

Im September 1801 begann in Seesen der Schulbetrieb. Neben den üblichen ›Kostgängern‹, die für den Unterricht zahlten, nahm die Schule Kinder aus armen Familien als ›Freizöglinge‹ auf. Schon 1802 traten auch die ersten christlichen Schüler ein. Ziel war es, im täglichen Umgang von Christen und Juden das gegenseitige Verständnis zu fördern – interkulturelles Lernen also.

### Spuren vergangener Schulzeit

Zeugnisse dieser Geschichte sind im **Städtischen Museum** bewahrt – ein altes Pult, Schulflagge und Emblem, Porträts und Aufzeichnungen. Das eigentliche Wirken dahinter bleibt schemenhaft, bedarf der Erzählung. Das Schulhaus selbst, besser gesagt das **ehemalige Alumnat** am Jacobsonplatz, in dem die Schüler von außerhalb wohnten, existiert noch. Es dient heute als **Bürgerhaus,** in dem u. a. die Stadtbibliothek ihren Sitz hat. Der Schulhof dahinter, gesäumt vom modernen Einkaufszentrum, wird als Markt- und Festplatz genutzt.

Jacobson wurde für seine Stiftung mit der ›Naturalisierung‹ belohnt: Als erster Seesener Jude erhielt er die Bürgerrechte. Jedoch verließ er die Stadt bald, denn größere Aufgaben riefen. Unter Napoleons Bruder Jérôme reformierte er ab 1808 das Schulwesen in dessen Königreich Westfalen; eine kurze Phase bürgerlicher Freiheit und Gleichheit, bevor die deutschen Territorialstaaten diese ab 1814 rückgängig machten. Jacobson zog nach Berlin, blieb als Rabbiner seinen Reformzielen treu, auch gegen Ablehnung aus den eigenen Reihen: Orthodoxe Juden sahen seine Ideen als Schwächung und Aufweichung des Judentums an.

### Hundert Jahre Erfolgsgeschichte

Sein Seesener Erbe allerdings bestand fort. Hier gingen jüdische und christliche Kinder weiterhin in dieselbe Schule. Reformpädagogische Ansätze wurden auch weiter gepflegt; praktischer und naturwissenschaftlicher Unterricht, Experiment und Exkursion blieben üblich. Waren in den ersten Jahrzehnten etwa zwei Drittel der Schüler jüdischen Glaubens gewesen, hatte sich deren Zahl um 1920 auf ein Drittel reduziert. Dennoch funktionierte das Miteinander, bis es ab 1933 systematisch unterbunden wurde. 1937 mussten die letzten sechs jüdischen Schüler die Anstalt verlassen, die längst auch ihre übrigen Reformziele hatte ablegen müssen.

Heute trägt das Seesener Gymnasium wieder den Namen Jacobsons und knüpft an die Tradition des beispielhaften Reformers an.

# Register

19-Lachter-Stollen, Besucherbergwerk 120

**A**bbegraben 165
Achtermann 40, 162
Acker 282, 284
Acker-Bruchberg-Höhenzug 123, 133
Ahrensklint 155
Aktivurlaub 28
Albert, Julius 69, 108
Albertturm 286
Albrecht II., Graf 192
Alexisbad 235
Allrode 228
Allstedt 60, 255
Altenau 123
Altenbrak 216
Andersen, Hans Christian 74
Angeln 113, 208, 217
Anreise 22
Arnstein, Burgruine 239
Ärztliche Versorgung 35

**B**aden 130
Bad Frankenhausen 44, 60, 259, 263
Bad Grund 65, 285
Bad Harzburg 165
Bad Lauterberg 277
Bad Sachsa 275
Bad Suderode 198
Ballenstedt 238
Baumannshöhle 209
Behinderte auf Reisen 36
Benneckenstein 158
Bere (Fluss) 271
Bergbau 45, 51, 65, 67, 83, 96, 106, 107, 121, 127, 133, 232, 242, 251, 271, 286
Bergbaulehrpfad Lautenthal 122
Bergbaulehrpfad Mönchenberg 270
Bergwerksmuseum Grube Glasebach 234
Besucherbergwerk 19-Lachter-Stollen 120
Besucherbergwerk Rabensteiner Stollen 271
Besucherbergwerk Röhringschacht Wettelrode 251
Blankenburg 202
Blauer See 209
Bocksberg 117, 118
Bode (Fluss) 55, 224
Bodeschlucht 219, 224
Bodetal 54, 216

Botho III., Graf 44
Braunlage 160
Braun, Wernher von 46, 63
Brocken 40, 47, 50, 142, 151, 154
Brockenbahn 76, 151
Brockentorte 213
Bruchberg 40, 129, 132
Büchenberg, Schaubergwerk 211
Buntenbock 112, 119
Bürger, Gottfried August 74, 233
Busch, Wilhelm 288

**C**age, John 183
Camping 25
Clausthal-Zellerfeld 104, 106
- Alte Zellerfelder Münze 109
- Ausstellung zum Oberharzer Wasserregal 112
- Bergapotheke 109
- Ehemalige Rüstungsfabrik Werk Tanne 112
- GeoMuseum 111
- Glockenspiel 109
- Glück-Auf-Saal 111
- Kaiser-Wilhelm-Schacht 112
- Kunsthandwerkerhof 109
- Kur- und Waldpark 110
- Marktkirche zum Heiligen Geist 111
- Oberbergamt (heute Landesbergamt) 111
- Oberharzer Bergwerksmuseum 107
- Ottiliae-Schacht 108
- Robert-Koch-Wohnhaus 112
- St. Salvatoriskirche 109
- Technische Universität 111
Concordia-See 47
Crola, Georg Heinrich und Elise 170

**D**ammgraben 45, 126, 132
DDR-Museum Thale 219
Derenburg 148
Diplomatische Vertretungen 35
Drei-Annen-Hohne 151
Drei Kronen und Ehrt, Besucherbergwerk 210
Dreißigjähriger Krieg 45
Drübeck, Kloster 42, 170

Drube, Willy 153
Duricke, Friedrich 199

**E**ichendorff, Joseph von 73
Eike von Repgow 61, 238
Einhornhöhle Scharzfeld 282
Elbingerode 210
Elend 158
Ermsleben 239
Essen und Trinken 26
Europa-Rosarium Sangershausen 253

**F**achwerkbau 71
Falkenstein, Burg 61, 236
Fauna 52
Feiertage 35
Feininger, Lyonel 186
Feste 32
Feuersteinklippen 153
Fontane, Theodor 74, 216
Fremdenverkehrsämter 19
Friedrich I. Barbarossa, dt.-röm. Kaiser 44, 258, 259
Friedrichsbrunn 226
Fürst-Stolberg-Hütte 169

**G**edenkstätte Zwieberge/Langenstein 184
Geologie 49
Gernrode 194
Geschichte 41, 43, 56
Glasmanufaktur Harzkristall, Derenburg 148
Gloria von Thurn und Taxis 247
Goethe, Johann Wolfgang von 19, 68, 73, 153, 165
Goetheweg 165
Goldene Aue 260
Goslar 43, 80
- Altstadt 84
- Domvorhalle 86
- Frankenberg, Bergmannsviertel 94
- Frankenberger Kirche 94
- Gasthaus Weißer Schwan 89
- Gildehaus der Bäcker 94
- Gildehaus der Färber und Walker 95
- Gildehaus der Schuhmacher 88
- Goslarer Kaiserring 93
- Goslarer Museum 99
- Hospiz Kleines Heiliges Kreuz 94
- Hotel Kaiserworth 88

# Register

- Hotel zur Börse 94
- Jakobikirche 89
- Kaiserpfalz 85
- Kaiserringhaus 88
- Klauskapelle 94
- Klostergarten 90
- Lohmühle 99
- Maltermeisterturm 100
- Marktbrunnen 88
- Marktkirche 87
- Mönchehaus-Museum 92
- Neuwerkkirche 89, 90
- Patrizierhaus ›Brusttuch‹ 87
- Rammelsberg - Museum und Besucherbergwerk 83, 96
- Rathaus 88
- Rosentor 89
- Siemenshaus 94
- Spital Großes Heiliges Kreuz 86
- Stadttor Breites Tor 95
- St.-Annen-Stift 95
- Stubengalerie 95
- Worthmühle 101
- Zinnmuseum 99
- Zwinger 95

Granetalsperre 103
Grenzlandmuseum 275
Grube Samson 134
Güntersberge 229

**H**agenmühle 213
Hahnenklee-Bockswiese 117
Halberstadt 16, 42, 46, 176
- Berend-Lehmann-Museum 182
- Burchardikloster 183
- Domplatz 179
- Dom St. Stephan und St. Sixtus 178
- Gleimhaus 179
- Johanniskirche 183
- Liebfrauenkirche 183
- Martinikirche 178
- Museum Heineanum 179
- Petershof 183
- Rathaus 178
- Schraube-Museum 181
- Spiegelsberge 183
- Städtisches Museum 179
- Steinhof 183
- Synagoge 182
- ›Weltkugel‹ 183

Hartesburg 165
HarzCard 37, 82
Harzer Baudensteig 258
Harzer Hexenstieg 113, 126, 132
Harzer Roller (Kanarienvögel) 69, 136
Harzer Rotvieh 120
Harzer Schmalspurbahnen (HSB) 22, 75, 151
Harzer Verkehrsbetriebe (HVB) 23
Harzgerode 232
Harzhochstraße 226
Harzquerbahn 76, 157
Hasselfelde 212
Hasserode 150
HATIX - Harzer Urlaubsticket 23
Hausberg 278
Heimkehle, Höhle 261
Heine, Heinrich 19, 73
Heinrich der Löwe 44
Heinrich Heine-Weg 171
Heinrich-Heine-Weg 155
Heinrich I., dt.-röm. König 43, 56, 83, 190
Heinrich II., dt.-röm. König 83
Heinrich III., dt.-röm. König 43, 86
Heinrich IV., dt.-röm. König 44, 83, 165, 198
Helmsdorf 244
Hermannshöhle 210
Herrmannsklippe 155
Herzberg 280
Hettstedt 241
Hexentanzplatz Thale 219, 225
Hoetger, Bernhard 166
Hohegeiß 275
HöhlenErlebnisZentrum Iberger Tropfsteinhöhle 286
Hohnstein, Burgruine 271, 272
Holtemme (Fluss) 150
Hübichenstein 287
Hüttenrode 209
Hüttenteich 125

**I**berger Tropfsteinhöhle 286
Ilfeld 159, 271
Ilse (Fluss) 171
Ilsenburg 169
Ilsenburg, Kloster 170
Ilsetal 170
Informationsquellen 18
Innerste (Fluss) 119
Innerstetal 119
Innerstetalsperre 120

Jacobson, Israel 288, 290
Jugendherbergen 25
Juliana von Stolberg 262

**K**aiserweg 43
Karl der Große 42, 56, 165, 176
Karstwanderweg 258, 260
Kelbra 260
Kinder 35
Klettern 30
Klopstock, Friedrich Gottlieb 74, 186
Koch, Robert 112
Königsburg, Ruine 212
Königshütte 211
Konradsburg, Klosterkirche 239
Krödberg 275
Kummelberg 278
Kurtaxe 25
Kyffhausen, Reichsburg 259
Kyffhäuser 258
Kyffhäuserdenkmal 259
KZ Buchenwald 46
KZ Mittelbau Dora 46, 63, 261

**L**auenburg 198
Lautenthal 121
Lehmann, Berend 182
Leibniz, Gottfried Wilhelm 112
Lerbachtal 284
Lesetipps 19, 73
Liebesbank-Weg 118
Lonau 282
Löns, Hermann 74
Luchsschaugehege 53
Luther, Martin 44, 59, 245, 246
Lutherstadt Eisleben 246

**M**ägdesprung 235
Mansfeld 245
Mansfelder Land 230, 242
Mansfeld-Museum 241, 242
Michaelstein, Kloster 42, 205
Mietwagen 23
Mountainbike fahren 117, 284
Müntzer, Thomas 45, 59, 255, 263

**N**abental 132
Nachterstedt 47
Nationalpark Harz 36, 40, 47, 52
Nationalparkhaus Torfhaus 164
Natur 51

293

# Register

Netzkater 271
Neustadt 271
Niederröblingen 253
Nordhausen 46, 62, 265
Nordic Walking 128
Notruf 36
Novalis (Friedrich von Hardenberg) 74

**O**berer Hausherzberger Teich 113
Oberharz 104
Oberharzer Wasserregal 45, 68, 112, 124, 165
Odertal 133, 139
Odertalsperre 279
Oderteich 136, 139
Öffnungszeiten 36
Oker (Fluss) 103, 129
Oker (Ort) 103
Okerstein 132
Okertal 103
Okertalsperre 129
Osterode 283
Ottofelsen 150
Otto I., dt.-röm. Kaiser 58
Otto II., dt.-röm. Kaiser 58
Otto III., dt.-röm. Kaiser 58

**P**anorama-Museum, Bad Frankenhausen 60, 259
Pixhaier Mühle 113
Plessenburg, Waldgasthof 172
Polleben 244
Polsterberger Hubhaus 126
Polstertal 125
Polsterthaler Teich 125
Poppenberg 271

**Q**uast, Ferdinand von 194
Quedlinburg 58, 71, 186
– Eisenbahn- und Spielzeugmuseum 193
– Fachwerkmuseum 71
– Gildehaus zur Rose 189
– Hagenschen Freihaus 189
– Klopstock-Museum 186
– Lyonel-Feininger-Galerie 186
– Marktkirche St. Benedikti 188
– Münzberg 189
– Museum für Glasmalerei 187
– Rathaus 187
– Schloss 186, 192
– Stiftskirche 186, 191

– Wipertikirche 193
Questenberg 260

**R**abenklippen, Große und Kleine 213
Rabenklippe, Waldgaststätte und Luchsgehege (b. Bad Harzburg) 53, 169
Rabensteiner Stollen, Besucherbergwerk 271
Radau-Wasserfall 167
Radfahren 28, 119
Ramberg 226
Rambergmassiv 50
Rammelburg 247
Rappbodetalsperre 54, 209, 211
Ravensberg 275
Regenstein, Burgruine 204
Rehberger Graben 136
Reisekosten 36
Reisezeit 20
Rhumequelle 282
Riemenschneider, Tilman 283
Röhrigschacht Wettelrode 251
Roseburg 239
Roßla 269
Rosstrappe 222
Rotenberger Wasserlauf 126
Rübeländer Tropfsteinhöhlen 209

**S**achsenspiegel 61
Salzaspring, Karstquelle 270
Sangerhausen 252
Sankt Andreasberg 69, 133
Scharzfeld 280
Schaubergwerk Büchenberg 211
Schierke 151, 154
Schinkel, Karl Friedrich 262
Schmidt, Benno alias ›Brocken-Benno‹ 154, 157
Schnarcherklippen 153
Schulenberg 129
Seesen 288
Selketal 233
Selketalbahn 77, 159, 176, 194, 232, 233
Sieber 282
Siersleben 244
Silbergrube ›Lautenthals Glück‹ 122
Silberhütte 234
Skaten 28
Sonnenberg 133
Sonnenberger Graben 139
Sorge 158

Souvenirs 37
Sperberhaier Damm 126
Spiegeltal 120
Steckbrief Harz 41
Stecklenberg 198
Steinerne Renne 150
Steinkirche, Höhle 280
Steinweg, H. E. 288
Stiege 229
Stöberhai 275, 279
Stolberg 261
Stolberger Lerchen 264
Straßberg 234
Sumpfteich 113

**T**alsperre Mandelholz 211
Tanne 212
Telefonieren 37
Tettenborn 275
Teufelsmauer 50, 198, 204, 206
Teufelstal 286
Thale 218
Theophanu, dt.-röm. Kaiserin 58, 195
Thermen 128
Thumkuhlental 151
Thyratal 261
Timmenrode 208
Torfhaus 164
Torfhausmoor 165
Tourismus 41
Trautenstein 212
Treseburg 217
Tübke, Werner 60, 109, 259

**Ü**berleitungssperre 212
Übernachten 24
Unterharz 200

**V**eranstaltungskalender 33
Verkehrsmittel 22
Vienenburg 168
Volkstedt 244

**W**alkenried, Kloster 275
Walpurgisfeiern 32
Walpurgisnacht 152
Wandern 29, 103, 118, 124, 139, 149, 165, 171, 206, 224, 250, 251, 260, 271, 275
Wassersport 30, 129
Weddersleben 198
Weddersleben, Papiermühle 199
Wellness 30

# Register

Weltwald Harz (Arboretum) 287
Wendefurth-Talsperre 215
Wendhusen, Kloster 42, 218, 221
Wernigerode 140
- Christianental 147
- Feuerwehrmuseum 147
- Gadenstedter 145
- Handwerkerhaus 145
- Harzmuseum 145
- Haus Krummel 143
- Kaiserturm 147
- Kleinstes Haus 145
- Krellsche Schmiede 143
- Miniaturenpark ›Kleiner Harz‹ 147
- Rathaus 145
- Schierstedtschen Haus 145
- Schloss Wernigerode 145
- St.-Johannis-Kirche 143
- Teichmühle 145
- Wernigeröder Bürgerpark 147
- Wildpark 147
Westernstadt Pullman City II 213
Wettelrode 251
Wetter 20
Wieda 275
Wildemann 120
Wilhelm I., dt. Kaiser 146, 259
Wintersport 21, 31, 117, 129, 133, 160
Wippertal 247
Wippertalsperre 248, 250
Wippra 66, 247
Wolfswarte 132
Wurmberg 31, 40, 160

**Z**ellerfeld 106
Ziegenberger Teich 113
Zorge 275

## Das Klima im Blick — atmosfair

Reisen bereichert und verbindet Menschen und Kulturen. Wer reist, erzeugt auch $CO_2$. Der Flugverkehr trägt mit einem Anteil von bis zu 10 % zur globalen Erwärmung bei. Wer das Klima schützen will, sollte sich für eine schonendere Reiseform (z. B. die Bahn) entscheiden – oder die Projekte von *atmosfair* unterstützen. *Atmosfair* ist eine gemeinnützige Klimaschutzorganisation. Die Idee: Flugpassagiere spenden einen kilometerabhängigen Beitrag für die von ihnen verursachten Emissionen und finanzieren damit Projekte in Entwicklungsländern, die dort den Ausstoß von Klimagasen verringern helfen. Dazu berechnet man mit dem Emissionsrechner auf *www.atmosfair.de,* wie viel $CO_2$ der Flug produziert und was es kostet, eine vergleichbare Menge Klimagase einzusparen (z. B. Berlin – London – Berlin 13 €). *Atmosfair* garantiert die sorgfältige Verwendung Ihres Beitrags. Klar – auch der DuMont Reiseverlag fliegt mit *atmosfair!*

# Autoren/Abbildungsnachweis/Impressum

**Die Autoren:** Sabine Gorsemann und Christian Kaiser bereisen den Harz seit Jahrzehnten. Für Christian Kaiser lag er während seines Studiums in Göttingen quasi vor der Haustür, Sabine Gorsemann entdeckte den Harz auf Exkursionen im Referendariat. Gemeinsam verfassten sie mehrere Reiseführer, vor allem über den skandinavischen Raum. Wenn die Zeit für eine Tour in den Norden nicht reicht, nutzen sie jede Gelegenheit, in den Harz zu fahren – man kann ihn immer wieder neu entdecken, finden die beiden.

**Abbildungsnachweis**
DuMont Bildarchiv, Ostfildern: S. 27, 30, 40, 43, 48, 67, 74, 75, 80 li., 87, 96, 98, 101, 105 li., 110, 121, 140 re., 152, 167, 177, 210, 214, 223, 231 li., 234, 246, 274, 278, 281 (Johaentges); 9, 37, 60, 140 li.,143, 154, 173, 218, 230 li., 237, 256 re., 262/263 (Lubenow)
Huber-Images, Garmisch-Partenkirchen: S. 11, 21, 38/39, 50, 141 li., 146, 174 re., 188/189, 277 (Gräfenhain); Titelbild, 80 re., 88/89, 104 li., 118 (Piai); 7 (Schmid); 200 li., 204/205 (Szyszka)
Christian Kaiser, Bremen: S. 6, 12 o. beide, 12 u. re., 13 o. re., 90/91, 114/115, 201 li., 220/221, 230 re., 240, 248/249, 253, 296
Hans-Jürgen Koch, Clausthal-Zellerfeld: S. 12 u. li., 51, 53, 162/163
laif, Köln: S. 13 u. re., 256 li., 272/273 (Babovic); 200 re., 226/227 (Gerber); 124 (Gläscher); 29 (Hahn); 70 (Kerber); 78/79 (Kreuels); 16/17 (Selbach)
Look, München: S. 242 (Johaentges); 57, 195 (Terra Vista); 104 re., 134/135 (Wrba)
Mauritius Images, Mittenwald: S. 136/137 (Alamy); 92 (Dumrath)
Städtisches Museum, Seesen: S. 290
picture-alliance, Frankfurt a. M.: S. 59 (akg-images); 13 o. re., 174 li., 196/197 (Bein); 54/55, 65, 76/77, 180 (Förster); 81 li., 102 (Niedersächsisches Forstamt, Clausthal); 206 (Picture24); 13 u. li., 257 li., 266, 268/269 (Schutt); 62, 175 li., 190 (Wolf)
Bildagentur Schapowalow, Hamburg: Umschlagklappe vorn (Gräfenhain)
Sealand, Halberstadt: S. 185
Transit, Leipzig: S. 45 (Härtrich)

**Kartografie**
DuMont Reisekartografie, Fürstenfeldbruck
© DuMont Reiseverlag, Ostfildern

**Umschlagfotos**
Titelbild: Stiftskirche St. Servatius auf dem Schlossberg über Quedlinburg
Umschlagklappe vorn: Winter auf dem Brocken

**Hinweis:** Autoren und Verlag haben alle Informationen mit größtmöglicher Sorgfalt geprüft. Gleichwohl erfolgen alle Angaben ohne Gewähr. Bitte schreiben Sie uns! Über Ihre Rückmeldung und Ihre Verbesserungsvorschläge freuen wir uns: **DuMont Reiseverlag**, Postfach 3151, 73751 Ostfildern, info@dumontreise.de, www.dumontreise.de

4., aktualisierte Auflage 2018
© DuMont Reiseverlag, Ostfildern
Alle Rechte vorbehalten
Redaktion/Lektorat: S. Engel, N. Gebhardt
Bildredaktion: S. Pollex
Grafisches Konzept: Groschwitz/Blachnierek, Hamburg
Printed in China